부동산물권 법리의 쟁점

김 판 기

(충북대학교 법학전문대학원 교수)

부동산물권 법리의 쟁점

저 자	김 판 기
발행처	충북대학교 출판부
발행인	윤 여 표
주 소	(28644) 충북 청주시 서원구 충대로1 (개신동12)
전 화	043)261-2952, 3014
팩 스	043)274-1256
이메일	presscbu@chungbuk.ac.kr
등 록	제1983-2001-7호
초판 1쇄 인쇄	2018년 8월 30일
인쇄처	다해 02)2266-9247

* 이 저서는 2015학년도 충북대학교 학술도서지원사업에 의하여 발행되었음.

ISBN 978-89-7295-328-9 93360

값 22,000원

충북대학교 인문사회연구총서

부동산물권 법리의 쟁점

김 판 기

충북대학교 출판부

머리말

개인적으로 올해는 대학의 교수로 임용된 지 10년, 법학과에서 강의를 시작한 지는 16년이 되는 해이다. 저자는 그동안 민법 영역, 특히 물권과 채권 영역에서의 강의와 연구를 계속해 왔고 이를 통해 나름을 결과물들을 만들어낼 수 있었다. 이에 저자는 이 시점에서 그간의 강의와 연구 성과를 바탕으로 지난 10여 년을 점검하고, 향후 10년을 준비하는 마음에서 본서를 발간하게 되었다. 때마침 교수 임용 후 처음으로 주어진 2017년 1년 동안의 연구년은 이러한 작업을 하는데 많은 도움이 되었다.

물권은 특정한 물건을 직접 지배하여 이익을 얻는 배타적 권리를 의미하며, 물건은 크게 부동산과 동산으로 구분해 볼 수 있다. 민법 제99조 제1항은 부동산을 '토지 및 정착물'로 규정하고 있다. 많은 상품이 공장에서 대량생산되어 그 개성을 잃고 있는 현대사회에서 부동산은 가장 개성이 많은 거래의 대상이라고 할 수 있다. 이로 인해 부동산을 둘러싼 분쟁은 다른 물건에 비해 중요하다고 할 수 있으며, 특히 부동산의 거래는 거래금액이 크고 인간의 생존에 불가결한 주거에 관한 것이기 때문에 분쟁에 휩싸이는 경우에 입게 되는 피해가 크다는 점에서 부동산물권의 주요 쟁점에 대한 구체적인 법리적 검토가 필요하다.

부동산물권과 관련된 여러 가지 법리적 쟁점에 대해서는 물권 법리의 기본적인 이론과 그동안 축적된 다양한 판례들을 비교·검토함으로써 합리적인 해석론을 제시할 필요가 있다. 이에 본서에서는 부동산물권 법리의 주요 쟁점에 대한 기본개념, 주요 판례의 사실관계 및 판결의 쟁점, 각 쟁점별 해석론의 문제점 지적과 입법론 등을 통해 나름의 대안을 제시해 보고자 하였다.

부동산물권은 재산권의 핵심이며, 이를 다루는 부동산물권법은 재산법 체계의 핵심이라고 할 수 있다. 본서가 민법 제정 이후 꾸준히 논의되어 오고 있는 부동산물권 법리의 주요 쟁점에 대한 논의를 현대적 의미에서 재정립함으로써 부동산물권 법제의 발전에 기여할 수 있길 기대해 본다.

끝으로 본서의 출간에 있어 인생과 학문의 동반자로서 늘 저자와 함께하고 있는 아내 홍진희 법학박사와 늘 아빠·엄마에게 즐거움과 행복을 안겨 주며 잘 자라고 있는 초등학교 6학년 우리 딸 은재에게 감사의 말을 전한다.

2018년 6월

저자 김 판 기

목 차

제 1 장

부동산물권이란?

중요 쟁점 미리보기

- 부동산물권의 개념
- 부동산물권의 종류
- 부동산물권의 효력

기본이론 들여다보기

부동산물권이란

일반적으로 물권은 물건을 직접·배타적으로 지배하는 것을 내용으로 하는 재산법상의 권리를 말한다. 물권과 채권은 재산권이라는 점에서 공통되지만, 그 권리의 내용 면에서 본질적인 차이가 있다. 즉 물권은 물건을 직접 지배하는 권리인데, 채권은 특정인에게 급부를 청구할 수 있는 권리라는 점이다. 물권의 객체는 직접·배타적 지배를 위해 ① 직접 지배에 의한 이익의 향수가 가능하고, ② 거래 안전을 위해 그 존재가 공시에 적합한 것이어야 한다. 이에 물권의 객체는 특정되고 독립한 단일물(객체로서의 일물일권주의)일 것이 요구된다. 부동산물권은 이러한 물권 중 그 객체를 부동산으로 한정하여, 해당 부동산을 소유하고 이를 사용·수익·처분하는 것을 내용으로 하는 권리라고 강학상 정의할 수 있다.

부동산물권의 종류(1) - 물권법정주의

우리 민법은 물권법정주의의 원칙을 취하여, 물권의 종류와 내용을 법률로 정하는 것에 한정시키고 있다. 이에 따라 물권의 종류와 내용은 민법 기타 법률이나 관습법으로 정하는 것에 한하여 인정되며, 당사자가 자유로이 물권을 창설하지 못한다(민법 제185조). 이러한 물권법정주의의 원칙에 의해 물권법은 임의법규성이 강한 채권법과는 달리 강행법규성을 가지게 되며, 물권법 영역에서는 원칙적으로 계약자유의 원칙이 인정되지 않는다.

물권법정주의를 규정하고 있는 민법 제185조에서의 "법률"은 국회에서 제정한 형식적 의미의 법률만을 의미하고, 명령·규칙 등을 포함하지 않는다. 물권은 제3자의 이해관계에 큰 영향을 미치므로 행정기관의 명령 등에 의하여 물권을 창설케 하는 것은 부당하기 때문이다. 참고로 민법 제1조에서의 "법률"은 명령, 규칙, 자치법규, 조약, 헌법재판소 결정 등도 포함되는 광의의 개념이다.

민법 제185조 규정상 물권법정주의에 관습법에 의한 물권의 창설이 당연히 포함된다. 관습법에 의한 물권의 성립을 인정하는 것은 경제사회의 발전에 따른 새로운 물권에 대한 거래계의 수요에 부응하기 위한 것으로, 정형적인 물권법정주의의 결함을 보충하고 있다고 할 수 있다. 그런데 이러한 관습법에 의한 물권이 성문법상의 물권에 대하여 어떠한 지위에 있는가에 관하여는 학설(보충적 효력설, 대등적 효력설, 변경적 효력설)이 대립하고 있다.

민법 제185조의 "창설하지 못한다"는 ① 법률 또는 관습법이 인정하지 않는 새로운 종류의 물권을 만들지 못한다는 것(종류강제)과 ② 법률 또는 관습법에 의해 인정되는 물권이라 하더라도 법률 또는 관습법이 인정하는 것과 다른 내용을 부여하지 못한다(내용강제)는 두 가지의 의미를 가진다.

물권을 법정해 놓는 경우에는 물권이 고정화되는 까닭에 실제사회의 움직임에 따라갈 수 있는 탄력성을 가지지 못하게 되어 경제거래관계의 발전에 따른 새로운 종류의 물권에 대한 거래계의 수요가 있어도 이에 응할 수 없는 폐단을 가져온다. 또한 토지에 관한 관습을 충분히 조사하지 못한 채 외국법을 계수한 우리나라의 실정으로서는 물권 관계를 모두 성문법 테두리에 한정하는 것은 너무나 무리한 것이다. 이러한 이유 때문에 현행 민법은 물권의 요건을 법률 또는 관습법이라 규정하여 명문으로 관습법에 의한 물권의 창설을 인정함으로써 물권법정주의의 결함을 시정하고 있다. 다만, 관습법도 엄격한 성립요건·관습법 존재의 불분명성 등으로 인한 결점이 있으므로 적절한 입법으로 보완하는 것이 필요하다.

부동산물권의 종류(2) - 물권의 분류

물권은 다양한 기준에 따라 구분할 수 있다. 민법이 정하는 물권은 ① 본권과 점유권, ② 소유권과 제한물권, ③ 용익물권과 담보물권, ④ 부동산물권과 동산물권으로 구분할 수 있으며, 민법 이외의 법률로서 상법이나 기타 특별법에 의해서도 물권이 분류될 수 있다. 또한 관습법상의 물권으로서 관습법상의 법정지상권과 분묘기지권으로 분류될 수 있다.

우리 민법이 규정하고 있는 물권 중에는 점유권, 소유권, 지상권, 지역권, 전세권, 유치권, 저당권을, 관습법에 의한 물권 중에는 관습법상 법정지상권과 분묘기지권 등을 부동산물권의 범주에 포함시킬 수 있다.

부동산물권의 효력

부동산물권의 기본적인 효력은 일반 물권의 효력과 사실상 동일하다. 물권은 물건을 직접 지배하는 배타적 권리이므로, 물권의 일반적 효력은 우선적 효력과 물권적 청구권이다.

물권의 우선적 효력은 동일한 물건 위에 수개의 권리가 존재하는 경우에 그 중의 한 권리가 다른 권리에 우선하여 취급되는 효력을 말하는 것으로, 물권의 배타성에 기인하여 물권 상호 간 및 물권과 채권 간에 문제가 된다.

물권적 청구권은 물권의 내용실현이 어떤 사정으로 말미암아 방해당하고 있거나 또는 방해당할 염려가 있는 경우에, 물권자가 방해자에 대하여 그 방해의 제거 또는 예방에 필요한 일정한 행위(작위 또는 부작위)를 청구할 수 있는 권리를 말한다. 우리 민법은 점유권과 소유권에 관하여 이에 관한 규정을 두고, 소유권에 관한 물권적 청구권에 관한 규정을 다른 물권에 준용하고 있다.

◈ 물권적 청구권과 불법행위로 인한 손해배상청구권의 차이

	물권적 청구권	불법행위로 인한 손해배상청구권
성립 요건	방해의 가능성이 있는 때나 방해자의 고의 또는 과실이 없는 때에도 물권 방해의 사실이 있기만 하면 발생(예: 태풍으로 이웃의 나무가 옆집에 쓰러져 들어온 경우에 그 제거를 청구하는 것)	손해가 현실로 발생하고 또 가해자의 고의 또는 과실에 의한 것인 때에만 성립
효과	방해의 배제를 위한 작위 또는 부작위를 청구하여 물권 본래의 내용을 실현	피해를 금전으로 손해배상 받아 이를 전보하는 것
	양 제도는 별개의 제도이므로 두 청구권이 경합 가능(예: 타인의 건물을 불법으로 점유하고 있는 자에 대해 소유자는 소유권에 기해 건물의 반환을 청구하고, 그 밖에 입은 손해에 대해서는 불법행위를 이유로 그 배상 청구 가능)	

판례를 통한 법리의 이해

물권법정주의 - 종류강제

□ 대법원 2013. 08. 22. 선고 2012다54133 판결

[1] 물건에 대한 배타적인 사용·수익권은 소유권의 핵심적 권능이므로, 소유자가 제3자와의 채권관계에서 소유물에 대한 사용·수익의 권능을 포기하거나 사용·수익권의 행사에 제한을 설정하는 것을 넘어 이를 대세적, 영구적으로 포기하는 것은 법률에 의하지 않고 새로운 물권을 창설하는 것과 다를 바 없어 허용되지 않는다.

[2] 토지소유자가 그 소유 토지를 일반 공중의 통행로로 무상제공하거나 그에 대한 통행을 용인하는 등으로 자신의 의사에 부합하는 토지이용상태가 형성되어 그에 대한 독점적·배타적 사용·수익권이 인정되지 않는다고 보는 경우에도, 이는 금반언이나 신뢰보호 등 신의성실의 원칙상 기존의 이용상태가 유지되는 한 토지소유자는 이를 수인하여야 하므로 배타적 점유·사용을 하지 못하는 것으로 인한 손해를 주장할 수 없기 때문에 부당이득반환을 청구할 수 없는 것일 뿐이고, 그로써 소유권의 본질적 내용인 사용·수익권 자체를 대세적·확정적으로 상실하는

것을 의미한다고 할 것은 아니다. 따라서 그 후 토지이용상태에 중대한 변화가 생기는 등으로 배타적 사용·수익권을 배제하는 기초가 된 객관적인 사정이 현저히 변경된 경우에는, 토지소유자는 그와 같은 사정변경이 있은 때부터는 다시 사용·수익권능을 포함한 완전한 소유권에 기한 권리주장을 할 수 있다고 보아야 한다. 이때 그러한 사정변경이 있는지는 당해 토지의 위치와 물리적 성상, 토지소유자가 토지를 일반 공중의 통행에 제공하게 된 동기와 경위, 당해 토지와 인근 다른 토지들과의 관계, 토지이용 상태가 바뀐 경위 및 종전 이용상태와의 동일성 여부 등 전후 여러 사정을 종합적으로 고려하여 판단할 것이다.

물권법정주의 - 내용강제

□ 대법원 2009. 03. 26. 선고 2009다228 판결

[1] 소유권은 외계 물자의 배타적 지배를 규율하는 기본적 법질서에서 그 기초를 이루는 권리로서 대세적 효력이 있으므로, 그에 관한 법률관계는 이해당사자들이 이를 쉽사리 인식할 수 있도록 명확하게 정하여져야 한다. 그런데 소유권의 핵심적 권능에 속하는 사용·수익의 권능이 소유자에 의하여 대세적으로 유효하게 포기될 수 있다고 하면, 이는 결국 처분권능만이 남는 민법이 알지 못하는 새로운 유형의 소유권을 창출하는 것으로서, 객체에 대한 전면적 지배권인 소유권을 핵심으로 하여 구축된 물권법의 체계를 현저히 교란하게 된다. 종전의 재판례 중에는 타인의 토지를 도로 등으로 무단 점용하는 자에 대하여 소유자가 그 사용이득의 반환을 사후적으로 청구하는 사안에서, 이른바 공평을 이념으로 한다는 부당이득법상의 구제와 관련하여 그 청구를 부인하면서 소유자의 '사용수익권 포기' 등을 이유로 든 예가 없지 않다. 그러나 그 당부는 별론으로 하고, 그 논리는 소유권의 내용을 장래를 향하여 원만하게 실현하는 것을 내용으로 하여 소유권의 보호를 위한 원초적 구제수단인 소유물반환청구권 등의 물권적 청구권과는 무관한 것으로 이해되어야 한다.

[2] 토지의 소유권자가 그 토지에 관한 사용수익권을 점유자에 대한 관계에서 채권적으로 '포기'하였다고 하여도, 그것이 점유자의 사용·수익을 일시적으로 인정하는 취지라면, 이는 사용대차의 계약관계에 다름아니다. 그렇다면 사용대주인 소유권자는 계약관계의 해지 기타 그 종료를 내세워 토지의 반환 및 그 원상회복으로서의 건물의 철거(민법 제615조 참조)를 청구할 수 있다. 그러므로 사용수익권의 채권적 포기를 이유로 위 청구들이 배척되려면, 그 포기가 일시적인 것이 아닌 영구적인 것이어야 한다.

□ 대법원 2012. 06. 28. 선고 2010다81049 판결

[1] 민법 제211조는 "소유자는 법률의 범위 내에서 그 소유물을 사용, 수익, 처분할 권리가 있다."고 규정하고 있으므로, 소유자가 채권적으로 상대방에 대하여 사용·수익의 권능을 포기하거나 사용·수익권 행사에 제한을 설정하는 것 외에 소유권의 핵심적 권능에 속하는 배타적인 사용·수익 권능이 소유자에게 존재하지 아니한다고 하는 것은 물권법정주의에 반하여 특별한 사정이 없는 한 허용될 수 없다.

[2] 甲 지방자치단체가 토지소유자 乙을 상대로 일반 공중의 통행에 무상으로 제공하는 토지임을 이유로 배타적 사용·수익권의 부존재 확인을 구한 사안에서, 乙이 토지를 내왕하는 사람들에 대하여 배타적 사용·수익권을 주장하며 통행을 방해하는 등의 행위를 할 수 없다고 하더라도, 이러한 권리행사 제약이나 그에 따른 법률상 지위는 채권적인 것에 불과하여 구체적 상황과 맥락에 따라 乙이 수인하여야 하는 권리행사상 제약의 내용이나 범위가 달라질 수밖에 없으므로, 일반적으로 토지소유자에 대하여 '배타적 사용·수익권이 존재하지 않는다'는 취지의 확인을 구하는 것은 특별한 사정이 없는 한 당사자 또는 제3자 사이의 권리관계 불안이나 위험을 제거할 수 있는 유효·적절한 수단이 된다고 볼 수 없어 확인을 구할 이익이 없는데도, 이와 달리 본 원심판결에 법리오해의 위법이 있다.

관습법상 물권 여부

① 미등기 건물매수인의 소유권

☐ 대법원 2006. 10. 27. 선고 2006다49000 판결

미등기 무허가건물의 양수인이라도 그 소유권이전등기를 경료하지 않는 한 그 건물의 소유권을 취득할 수 없고, 소유권에 준하는 관습상의 물권이 있다고도 할 수 없으며, 현행법상 사실상의 소유권이라고 하는 포괄적인 권리 또는 법률상의 지위를 인정하기도 어렵다.

☞ 토지소유자와 건물매수인 간 무허가 건물의 철거보상금의 수령권에 관해 다툼이 생긴 사례

☐ 대법원 1999. 03. 23. 선고 98다59118 판결

미등기 무허가건물의 양수인이라 할지라도 그 소유권이전등기를 경료받지 않는 한 건물에 대한 소유권을 취득할 수 없고, 그러한 건물의 취득자에게 소유권에 준하는 관습상의 물권이 있다고 볼 수 없다.

② 온천수

☐ 대법원 1972. 08. 29. 선고 72다1243 판결

온천에 관한 권리는 관습상의 물권이나 준물권이라 할 수 없고 온천수는 공용수 또는 생활상 필요한 용수에 해당되지 않는다.

③ 지하수 이용권

☐ 대법원 2005. 7. 29. 선고 2003두2311 판결

'먹는샘물'(생수) 제조에 사용되던 지하수에 대한 이용권이, 관계 법령상 물권에 준하는 권리 또는 관습상의 물권이라고 할 수 없고, 구 먹는물관리법(1997. 12.

13. 법률 제5453호로 개정되기 전의 것) 제9조에 의한 샘물개발허가를 받은 것만으로는 그 토지의 지면 하에 있는 지하수를 계속적, 배타적으로 이용할 수 있는 권리가 생긴다고 볼 수도 없다는 이유로, 구 토지수용법(2002. 2. 4. 법률 제6656호 공익사업을위한토지등의취득및보상에관한법률 부칙 제2조로 폐지) 제2조 제2항 제3호에서 수용대상으로 규정한 '물의 사용에 관한 권리'에 해당하지 않는다.

④ 기타

□ 대법원 2002. 02. 26. 선고 2001다64165 판결

[1] 민법 제185조는, "물권은 법률 또는 관습법에 의하는 외에는 임의로 창설하지 못한다."고 규정하여 이른바 물권법정주의를 선언하고 있고, 물권법의 강행법규성은 이를 중핵으로 하고 있으므로, 법률(성문법과 관습법)이 인정하지 않는 새로운 종류의 물권을 창설하는 것은 허용되지 아니한다.

[2] 관습상의 사도통행권 인정이 물권법정주의에 위배된다.

□ 대법원 1995. 05. 23. 자 94마2218 결정

도시공원법상 근린공원으로 지정된 공원은 일반 주민들이 다른 사람의 공동사용을 방해하지 않는 한 자유로이 이용할 수 있지만 그러한 사정만으로 인근 주민들이 누구에게나 주장할 수 있는 공원이용권이라는 배타적인 권리를 취득하였다고는 할 수 없고, 골프연습장 설치인가처분에 하자가 있다는 이유만으로는 근린공원 내의 개인 소유 토지상에 골프연습장을 설치하는 것이 인근 주민들에 대한 불법행위가 된다고 할 수도 없다.

□ 대법원 2004. 09. 13. 선고 2003다64602 판결

어느 토지나 건물의 소유자가 종전부터 향유하고 있던 경관이나 조망이 그에게 하나의 생활이익으로서의 가치를 가지고 있다고 객관적으로 인정된다면 법적인 보호의 대상이 될 수 있는 것인바, 이와 같은 조망이익은 원칙적으로 특정의

장소가 그 장소로부터 외부를 조망함에 있어 특별한 가치를 가지고 있고, 그와 같은 조망이익의 향유를 하나의 중요한 목적으로 하여 그 장소에 건물이 건축된 경우와 같이 당해 건물의 소유자나 점유자가 그 건물로부터 향유하는 조망이익이 사회통념상 독자의 이익으로 승인되어야 할 정도로 중요성을 갖는다고 인정되는 경우에 비로소 법적인 보호의 대상이 되는 것이라고 할 것이고, 그와 같은 정도에 이르지 못하는 조망이익의 경우에는 특별한 사정이 없는 한 법적인 보호의 대상이 될 수 없다.

물권적 청구권

□ 대법원 2012. 5. 17. 선고 2010다28604 전원합의체 판결

소유자가 자신의 소유권에 기하여 실체관계에 부합하지 아니하는 등기의 명의인을 상대로 그 등기말소나 진정명의회복 등을 청구하는 경우에, 그 권리는 물권적 청구권으로서의 방해배제청구권(민법 제214조)의 성질을 가진다. 그러므로 소유자가 그 후에 소유권을 상실함으로써 이제 등기말소 등을 청구할 수 없게 되었다면, 이를 위와 같은 청구권의 실현이 객관적으로 불능이 되었다고 파악하여 등기말소 등 의무자에 대하여 그 권리의 이행불능을 이유로 민법 제390조상의 손해배상청구권을 가진다고 말할 수 없다. 위 법규정에서 정하는 채무불이행을 이유로 하는 손해배상청구권은 계약 또는 법률에 기하여 이미 성립하여 있는 채권관계에서 본래의 채권이 동일성을 유지하면서 그 내용이 확장되거나 변경된 것으로서 발생한다. 그러나 위와 같은 등기말소청구권 등의 물권적 청구권은 그 권리자인 소유자가 소유권을 상실하면 이제 그 발생의 기반이 아예 없게 되어 더 이상 그 존재 자체가 인정되지 아니하는 것이다. 이러한 법리는 선행소송에서 소유권보존등기의 말소등기청구가 확정되었다고 하더라도 그 청구권의 법적 성질이 채권적 청구권으로 바뀌지 아니하므로 마찬가지이다.

□ 대법원 1982. 7. 27. 선고 80다2968 판결

乙이 1926. 12. 24경 甲으로부터 임야를 매수하고 그 소유권이전등기까지 마쳤으나 그 대금을 지급하지 않고 있던 중 1927년에 위 매매계약을 합의해제하고, 해당 임야는 甲 및 그의 아들인 丙이 현재까지 관리하고 있다.

이에 대법원은 매매계약이 합의해제된 경우에도 매수인에게 이전되었던 소유권은 당연히 매도인에게 복귀하는 것이므로 합의해제에 따른 매도인의 원상회복청구권은 소유권에 기한 물권적 청구권이라고 할 것이고 이는 소멸시효의 대상이 되지 아니한다고 판시하였다.

□ 대법원 1980. 9. 9. 선고 80다7 판결

소유권에 의하여 발생되는 물상청구권을 소유권과 분리하여 이를 소유권 없는 전소유자에게 유보하여 행사시킬 수는 없는 것이므로 소유권을 상실한 전소유자는 제3자인 불법점유자에 대하여 소유권에 기한 물권적 청구권에 의한 방해배제를 구할 수 없다.

□ 대법원 1996.03.22. 선고 95다55184 판결

저당권자는 물권에 기하여 그 침해가 있는 때에는 그 제거나 예방을 청구할 수 있다고 할 것인바, 공장저당권의 목적 동산이 저당권자의 동의를 얻지 아니하고 설치된 공장으로부터 반출된 경우에는 저당권자는 점유권이 없기 때문에 설정자로부터 일탈한 저당목적물을 저당권자 자신에게 반환할 것을 청구할 수는 없지만, 저당목적물이 제3자에게 선의취득되지 아니하는 한 원래의 설치 장소에 원상회복할 것을 청구함은 저당권의 성질에 반하지 아니함은 물론 저당권자가 가지는 방해배제권의 당연한 행사에 해당한다.

□ 대법원 1999. 07. 09. 선고 98다9045 판결

불법점유를 이유로 하여 그 명도 또는 인도를 청구하려면 현실적으로 그 목적물을 점유하고 있는 자를 상대로 하여야 하고 불법점유자라 하여도 그 물건을

다른 사람에게 인도하여 현실적으로 점유를 하고 있지 않은 이상, 그 자를 상대로 한 인도 또는 명도청구는 부당하다.

□ 대법원 1983.05.10. 선고 81다187 판결

불법점유를 이유로 한 건물명도청구를 하려면 현실적으로 불법점유하고 있는 사람(직접점유자 - 전대차관계에 의한 전차인)을 상대로 하여야 할 것이나 그렇지 않는 경우에는 간접점유자(전대차관계에서의 전대인)를 상대로 명도를 청구할 수 있다.

제2장

부동산물권의 주체와 객체

중요 쟁점 미리보기

- 권리의 주체와 객체
- 토지
- 건물

기본이론 들여다보기

부동산물권의 주체

민법상의 법률관계는 권리·의무의 관계로써 구성된다. 일반적으로 권리란 일정한 생활상 이익을 향유할 수 있도록 인정한 법률상 힘이며, 권리의 주체란 그러한 권리를 향유할 수 있는 사람을 말한다. 민법상의 법률관계의 중심이 되는 권리·의무의 주체는 자연인과 법인이며, 부동산물권의 주체도 역시 자연인과 법인이다. 자연인이란 살아서 태어난 인간을 의미하고, 법인이란 자연인 이외에 법에 의하여 권리능력을 인정한 자연인의 단체(사단법인) 또는 일정한 목적에 의하여 출연된 재산을 말한다.

민법은 자연인에 관해서는 제3조 내지 제30조에서 능력, 주소, 부재와 실종에 관하여 규정하고, 법인에 관해서는 제31조 내지 제97조에서 총칙, 설립, 기관, 해산, 벌칙 등에 관하여 규정하고 있다.

부동산물권의 객체 (1) - 권리의 객체로서의 물건

권리의 내용이나 목적이 성립하기 위해서는 일정한 대상이 필요한데 이와 같이 권리의 대상이 되는 것을 권리의 객체라고 한다. 물권법에서 물권의 객체가 되는 것은 물건이고, 채권법에서 채권의 객체가 되는 것은 채무자의 행위(급부)이다.

민법 제98조는 유체물 및 전기 기타 관리할 수 있는 자연력을 물건으로 정의하고 있다. 이러한 물건은 크게 부동산과 동산으로 구분할 수 있는데(민법 제99조), 부동산은 토지 및 정착물을, 동산은 부동산 이외의 물건을 의미한다.

※ 민법상 물건의 분류

① 부동산과 동산
우리 민법은 토지 및 그 정착물을 부동산으로, 부동산 이외의 모든 물건을 동산으로 정의하고 있다(민법 제99조). 가장 대표적인 부동산은 토지와 건물이다.

② 주물과 종물
물건의 소유자가 그 물건의 경제적 효용을 지속적으로 돕기 위하여 자기 소유인 다른 물건을 이에 부속하게 한 때에는 그 도움을 받는 물건을 주물이라 하고 그 부속물을 종물이라고 한다(민법 제100조).

③ 원물과 과실
과실은 원물로부터 발생한 경제적 수익을 말하는 것이고, 원물은 과실을 발생시키는 물건을 말한다(민법 제101조). 과실은 물건의 용법에 의하여 수취하는 산출물인 천연과실과, 물건의 사용 대가로서 받는 금전 기타 물건인 법정과실로 구분된다.

부동산물권의 객체 (2) - 물권의 객체로서의 부동산

부동산물권의 객체로서 가장 대표적인 것이 토지와 건물이며, 수목·미분리과실·농작물 등이 토지의 정착물로서의 부동산에 해당되는지 여부가 논의되고 있다.

토지는 연속하고 있으나 인위적으로 그 지표에 선을 그어서 경계로 삼아 구별하며, 지적공부인 토지대장 또는 임야대장에 등록된다(공간정보의 구축 및 관리 등에 관한 법률 제64조). 등록된 각 구역은 독립성이 인정되며, 그 개수는 필로써 계산하며 독립한 지번이 부여된다. 그러므로 독립된 지번이 부여된 각 필지가 1개의 토지가 되는 것이다. 한 필지를 수 필지로 나누거나, 수 필지를 한 필지로 합하려면 분필 또는 합필의 절차를 밟아야 한다(공간정보의 구축 및 관리 등에 관한 법률 제79조 이하, 부동산등기법 제35조).

건물은 토지의 정착물 중에서(민법 제99조) 가장 중요한 것이며, 우리 법제하에서는 토지로부터 완전히 독립한 별개의 부동산이다(부동산등기법 제14조·제15조). 따라서 토지와는 독립한 물권의 객체가 된다. 문제가 되는 것은 건축 중인 건물을 언제부터 독립한 부동산으로 볼 것인지, 또 헐고 있는 건물을 언제부터 건물이 아닌 것으로 볼 것인지 등인데, 이는 물리적 구조에 의해서 정해지지 않고 사회통념 내지 거래관념에 의하여 결정된다. 건물은 건물등기부상의 하나의 등기기록을 갖추어 등기되어 있는 것을 1개의 건물로 봄이 보통이다. 따라서 1동의 건물은 1개의 물건으로 보아 1개의 소유권이 성립됨이 원칙이나, 민법은 수인이 한 채의 건물을 구분하여 각각 그 일부분을 소유할 수 있는 것으로 하였다(민법 제215조). 이것을 「구분소유」라 한다.

수목은 토지의 정착물이며 독립하여 물권의 객체로 되지 못하는 것이 원칙이다. 그러나 수목은 토지 위에 자라고 있는 채로 토지와 분리하여 거래할 필요가 적지 않으므로, 입목에 관한 법률에 의해 등기된 입목이나, 명인방법을 갖춘 입목은 예외적으로 독립한 물권의 객체가 된다.

미분리과실은 수목의 일부에 지나지 않으나 독립해서 거래되어야 할 사회적 필요성이 있고, 또한 공시방법으로서 명인방법을 구비할 수 있으므로 명인방법을 갖춘 때에는 독립한 물건으로서 거래의 목적으로 할 수 있다. 명인방법을 갖춘 미분리과실을 부동산으로 보는 것이 다수설과 판례의 입장이나, 동산으로 보는 견해도 있다.

농작물은 파종 후 수개월 내에 수확할 수 있으므로 비록 이것이 남의 토지에 위법하게 경작·재배된 것이라도 경작자에게 귀속한다는 것이 판례의 태도이다(이른바 不附合說). 따라서 그 한도 내에서 토지의 정착물 중 농작물만은 그것이 부착하고 있는 토지와는 별도로 독립한 물건으로 다루어진다.

판례를 통한 법리의 이해

부동산물권의 객체 - 토지

□ 대법원 1990. 12. 07. 선고 90다카25208 판결

토지의 개수는 지적법에 의한 지적공부상의 토지의 필수를 표준으로 하여 결정되는 것으로 1필지의 토지를 수필의 토지로 분할하여 등기하려면 먼저 위와 같이 지적법이 정하는 바에 따라 분할의 절차를 밟아 지적공부에 각 필지마다 등록이 되어야 하고 지적법상의 분할절차를 거치지 아니하는 한 1개의 토지로서 등기의 목적이 될 수 없는 것이며 설사 등기부에만 분필의 등기가 실행되었다 하여도 이로써 분필의 효과가 발생할 수는 없는 것이므로 결국 이러한 분필등기는 1부동산1부등기용지의 원칙에 반하는 등기로서 무효라 할 것이다.

부동산물권의 객체 - 건물

☐ 대법원 2011. 06. 30. 선고 2009다30724 판결

지상 3층 규모의 철골구조물로 된 주차시설이 구분소유권의 객체가 될 수 있는지가 문제된 사안에서, 철제 에이치빔으로 기둥을 세우고 바닥에 철판을 깔아 차량이 주차할 수 있는 공간을 페인트로 선을 그어 구획하여 놓았으며 각 층 전면의 절반 가량의 높이에 철판을 잇대어 가려 놓았을 뿐 벽이라고 볼만한 것은 없으므로, 위 주차시설은 독립한 부동산인 건물로서의 요건을 갖추지 못하여 구분소유의 객체가 될 수 없다고 한 사례

☐ 대법원 1990. 7. 27. 선고 90다카6160 판결

공장 울 안에 공장건물과 인접하여 설치된 저유조가 그 설치된 장소에서 손쉽게 이동시킬 수 있는 구조물이 아니고 그 토지에 견고하게 부착시켜 그 상태로 계속 사용할 목적으로 축조된 것이며 거기에 저장하려고 하는 원유, 혼합유 등을 풍우 등 자연력으로부터 보호하기 위하여 둥그런 철근콘크리트 및 철판 벽면과 삿갓모양의 지붕을 갖추고 있는 경우, 그 저유조는 유류창고로서의 기능을 가진 독립된 건물로 보아야 한다.

부동산물권의 객체 - 명인방법을 갖춘 입목

☐ 대법원 1990. 02. 13. 선고 89다카23022 판결

명인방법은 지상물이 독립된 물건이며 현재의 소유자가 누구라는 것이 명시되어야 하므로, 법원의 검증당시 재판장의 수령 10년 이상된 수목을 흰 페인트칠로 표시하라는 명에 따라 측량감정인이 이 사건 포푸라의 표피에 흰 페인트칠을 하고 편의상 그 위에 일련번호를 붙인 경우에는 제3자에 대하여 이 사건 포푸라에 관한 소유권이 원고들에게 있음을 공시한 명인방법으로 볼 수 없다.

□ 대법원 2001. 07. 27. 선고 99두9919 판결

골프장에 식재된 입목에 대하여 이른바 명인방법을 취한 것으로 볼 수 없다는 이유로 그 입목의 구입 및 식재비용은 골프장 조성에 따른 간주취득 대상에 해당한다고 본 사례

□ 대법원 1996. 02. 23. 선고 95도2754 판결

[1] 물권변동에 있어서 형식주의를 채택하고 있는 현행 민법하에서는 소유권을 이전한다는 의사 외에 부동산에 있어서는 등기를, 동산에 있어서는 인도를 필요로 함과 마찬가지로 이 사건 쪽파와 같은 수확되지 아니한 농작물에 있어서는 명인방법을 실시함으로써 그 소유권을 취득한다.

[2] 쪽파의 매수인이 명인방법을 갖추지 않은 경우, 쪽파에 대한 소유권을 취득하였다고 볼 수 없어 그 소유권은 여전히 매도인에게 있고 매도인과 제3자 사이에 일정 기간 후 임의처분의 약정이 있었다면 그 기간 후에 제3자가 쪽파를 손괴하였더라도 재물손괴죄가 성립하지 않는다고 판단한 원심판결을 긍인한 사례.

□ 대법원 1991.04.12. 선고 90다20220 판결

토지의 주위에 울타리를 치고 그 안에 수목을 정원수로 심어 가꾸어 온 사실만으로는 명인방법을 갖추었다고 보기 어렵다고 한 사례.

□ 대법원 1989. 10. 13. 선고 89다카9064 판결

명인방법의 실시는 법률행위가 아니며 목적물인 입목이 특정인의 소유라는 사실을 공시하는 팻말의 설치로 다른 사람이 그것을 식별할 수 있으면 명인방법으로서는 충분한 것이니, 갑이 제3자를 상대로 입목소유권확인판결을 받아 확정된 후 법원으로부터 집행문을 부여받아 집달관에게 의뢰하여 그 집행으로 집달관이 임야의 입구부근에 그 지상입목들이 갑의 소유에 속한다는 공시문을 붙인 팻말을 세웠다면, 비록 확인판결이 강제집행의 대상이 될 수 없어서 위 확인판결에 대한 집행문의 부여나 집달관의 집행행위가 적법시될 수 없더라도 집달관의 위 조치만으

로써 명인방법이 실시되었다고 할 것이니 그 이후 임야의 소유권을 취득한 자는 갑의 임목소유권을 다툴 수 없다.

☐ 대법원 1967.12.18. 선고 66다2382 판결

임야지반과 분리하여 입목을 매수하여 그 소유권양도를 받은 사람이 임야의 수개소에 "입산금지 소유자 아무"라는 표기를 써서 붙였다면 입목 소유권 취득의 명인방법으로 부족하다 할 수 없다.

부동산물권의 객체 - 농작물

☐ 대법원 1979. 08. 28. 선고 79다784 판결

적법한 경작권 없이 타인의 토지를 경작하였더라도 그 경작한 입도가 성숙하여 독립한 물건으로서의 존재를 갖추었으면 입도의 소유권은 경작자에게 귀속한다.

☐ 대법원 1969.02.18. 선고 68도906 판결

남의 땅에 권한없이 경작 재배한 농작물의 소유권은 그 경작자에게 있고 길이 4,5 센치미터에 불과한 모자리도 농작물에 해당한다.

심화 쟁점 생각해 보기

[쟁점 1]
- 동물도 부동산물권의 주체가 될 수 있는가?[1)]

최근 우리나라에서는 반려동물을 키우는 사람의 수가 계속 증가함에 따라 반려동물과 관련된 여러 문제들이 이슈화 되고 있다. 당연히 동물과 관련한 법률적인 측면에 관한 논의도 부각되고 있다.

사전적 의미의 동물은 생물계의 두 갈래 중 하나로, 사람을 제외한 길짐승, 날짐승, 물짐승 따위를 통틀어 이르는 말이다.[2)] 너무도 당연한 이야기이지만 하늘을 나는 독수리부터 아파트 창가의 참새까지, 태평양의 돌고래부터 거실 어항의 금붕어까지, 아프리카 밀림의 호랑이부터 집에서 키우는 강아지까지 모두 동물이다. 이러한 사전적 의미의 동물의 개념을 상기해보는 이유는 법률상 동물의

1) 아래의 내용은 홍진희·김판기, “동물 관련 법제의 체계화를 위한 시론적 고찰”, 법학연구 제52집, 전북대학교 법학연구소, 2017. 5.을 요약·정리하였음.

2) 국립국어원 표준국어대사전.

개념과 비교해보기 위해서이다. 그렇다면 우리나라의 법률은 동물에 대해서 어떻게 정의하고 있을까. 먼저, 현행법상 동물에 관한 기본법이라고 할 수 있는 동물보호법을 살펴보자. 동물보호법은 동물을 고통을 느낄 수 있는 신경체계가 발달한 척추동물로서 ① 포유류, ② 조류, ③ 파충류 · 양서류 · 어류(식용을 목적으로 하는 것은 제외)라고 정의하고 있다.[3] 사전적 의미의 동물 중 무척추동물이나 곤충은 동물보호법상 보호되는 동물에 해당하지 아니한다. 그렇지만 우리가 흔히 생각하는 개와 고양이와 같은 애완동물뿐만 아니라 새와 같은 조류, 뱀이나 거북이 등 파충류, 개구리와 같은 양서류, 물고기 등도 동물보호법상 동물이고, 그 생명과 안전을 보호받는 대상이다. 동물을 정의하고 있는 법률로 수의사법도 있다. 수의사법에서는 동물을 소, 말, 돼지, 양, 개, 토끼, 고양이, 조류(鳥類), 꿀벌, 수생동물(水生動物), 노새, 당나귀, 친칠라, 밍크, 사슴, 메추리, 꿩, 비둘기, 시험용 동물, 그 외 앞에서 규정하지 않은 동물로서 포유류, 조류, 파충류 및 양서류로 정의하고 있다.[4] 수의사법은 동물의 건강증진, 축산업의 발전을 목적으로 하고 있어서 동물보호법의 대상에 포함되지 않았던 곤충인 '꿀벌'도 동물에 포함되어 있다. 동물보호법과 수의사법은 각각 목적이 다르고, 그 목적에 따라 '동물'에 관해 다르게 정의하고 있음을 알 수 있다.

동물은 인간에게 어떤 존재인가. 가정에서 키우고 있는 강아지나 고양이를 생각하면 동물은 아끼고 사랑해주어야 할 대상이다. 그런데 이 강아지나 고양이를 구입할 때에는 다른 물건과 마찬가지로 동물가게에서 돈을 주고 산다. 강아지나 고양이가 다치거나 학대받는 경우에 사람들은 구호해주어야 한다고 생각하기도 한다. 나아가서 누군가 동물에게 해를 끼칠 때 동물은 하나의 권리주체가 되어 자신들의 권리를 보호받아야 할 것 같은 생각도 든다.

동물에 대한 인간의 복합적인 생각과 태도는 법률에 그대로 반영되어 있는 듯하다. 동물의 법적 지위는 크게 네 가지로 분류된다. ① 사람이 소유하는 특수한 물건으로서의 지위, ② 생명체라는 관념에서 동물복지의 대상으로서의 지위,

3) 동물보호법 제2조 제1호, 동물보호법 시행령 제2조.

4) 수의사법 제2조 제2호, 수의사법 시행령 제2조.

③ 애호의 대상으로서의 지위, ④ 권리주체로서의 지위이다.[5]

권리와 의무에 관해서 정하고 있는 기본법인 민법은 권리를 가지는 주체와, 권리의 대상인 객체를 나누어 설명한다. 권리를 가질 수 있는 주체는 사람인 자연인과 회사나 국가, 지방자치단체 등 법인이 있을 뿐이다. 사람도 법인도 아닌 동물은 권리의 주체가 아니다. 동물은 권리의 객체인 물건이다. 권리의 주체와 권리의 객체가 어떻게 구분되는지 예를 들어 설명해보자. 사람은 사람을 소유할 수 없다. 부모도 자식을 소유할 수 없다. 부모에게 있어 자녀는 보호와 양육의 대상일 뿐이다. 왜냐하면 사람은 물건이 아니기 때문이다. 그렇지만 사람은 동물을 소유할 수 있다. 동물은 권리의 객체인 물건이기 때문이다.[6] 또한 사람은 사람을 매매하는 인신매매계약을 체결할 수 없다. 만약 사람을 매매하는 계약을 체결했더라도 이는 선량한 풍속 기타 사회질서에 위반되어 효력이 없는 무효이다 (민법 제103조). 그렇지만 사람은 동물을 매매하는 계약을 체결할 수 있다. 동물은 물건이기 때문이다. 동물이 물건인 것은 동물을 다치게 한 경우에 다시 확인된다. 만약 우리가 다른 사람을 사망하게 했다면 살인죄로, 다치게 했다면 상해죄로 처벌받는다. 그렇지만 우리가 다른 사람의 동물을 죽이거나 다치게 한 경우에 재물손괴죄로 처벌받을 뿐이다.[7] 동물은 물건이기 때문이다.

한편, 일부 국가에서는 민법에 "동물은 물건이 아니다."라는 규정을 두기 시작했다. 이는 1970년대 이후 본격적으로 전개된 현대적 동물권 운동과 동물권 논쟁의 영향으로 동물을 권리의 객체에서 제외시키고자 한 정책적 노력이 입법에 반영된 결과이다. 그 대표적인 예로는 오스트리아 민법 제285조(1988년), 독일 민법 제90조 a(1990년) 그리고 스위스 민법 제641조(2003년) 등을 들 수 있다. 더 나아가 뉴질랜드에서는 1999년 10월 세계 최초로 침팬지, 보노보, 고릴라 그리고 오랑우탄 등 유인원에게 기본권을 부여하는 입법을 통과시켰다.[8] 이는 민법상 동물을 물건에

5) 유선봉, "동물의 법적 지위와 법인격 논쟁", 법학논총 19권 2호, 조선대학교 법학연구원, 2012, 325-333면 참조.

6) 부산지방법원 2008. 4. 16. 선고 2007가단82390 판결(동물은 동산으로서 점유, 소유의 대상이다).

7) 의정부지방법원 고양지원 2012. 1. 13. 선고 2011고정1770 판결; 서울중앙지방법원 2010. 10. 1. 선고 2010고단4474 판결; 창원지방법원 진주지원 2010. 6. 8. 선고 2010고정147 판결; 서울동부지방법원 2010. 5. 6. 선고 2010고단328 판결.

서 분리하여 별개의 독립된 생명체로 접근한 것이라고 할 수 있다. 다만, 여전히 우리나라에서는 동물을 물건으로 보는 것이 일반적인 견해이다.

동물은 물건이지만, 생명을 가지고 있다. 동물의 생명성은 동물을 복지의 대상이 되게 했다. 이러한 시각에서 출발한 법률들은 이미 오래전부터 여러 나라에서 만들어지고 있다. 대표적으로 독일에서는 1933년 동물관련 법령의 기원이라 할 수 있는 제국동물보호법이 만들어졌고, 이것을 기초로 1972년 동물보호법이 제정되었다.[9] 국제적으로는 1978년 유네스코 '동물의 권리에 대한 세계 선언'이 있다. 이 선언에서는 모든 동물은 동일하게 생존의 권리를 가지며(제1조), 모든 동물은 존중될 권리를 갖고(제2조), 어떠한 동물도 학대 또는 잔혹행위의 대상이 되어서는 아니된다(제3조)고 규정한다. 세계동물보건기구(OIE)는 2005년부터 현재까지 운송·도축·살처분 등 12개 분야의 동물 복지 기준을 제정하였으며, 최신 과학적 연구결과를 바탕으로 동물복지 기준을 지속적으로 개정하고 있다. 우리나라도 1991년부터 '동물의 생명보호, 안전보장 및 복지증진을 꾀하고 동물의 생명 존중'을 목적으로 동물보호법을 제정하여 시행하고 있다. 동물의 적정한 사육 관리, 학대금지 등을 요청하고, 이를 위반한 경우는 처벌할 수 있는 근거를 두고 있다. 이로써 생명이 있는 동물을 일반적인 물건과는 다르게 특별히 보호하고 있으며, 동물을 생명체를 가진 복지의 대상으로 보고 있음을 알 수 있다.

동물은 보호해야 하는 복지의 대상인 물건이지만, 최근에는 많은 사람들로부터 사랑받는 대상이 되고 있다. 사랑받는 동물은 다른 물건(자동차 등)이나 사랑의 대상이 아닌 단순한 경제적 이익을 목적으로 사육되는 동물(가축 등)과 법률적으로 달리 취급될 수 있다. 예를 들면 한 사람이 가지고 있는 자동차 등의 물건을 파손한 경우, 자동차 소유자가 입은 손해는 경제적 손해에 그친다. 한 사람이 다른 사람의 가축을 죽인 경우, 가축의 소유자가 입은 손해 역시 경제적 손해에 그친다. 그렇지만 한 사람이 다른 사람이 사랑하면서 키우고 있는 애완동물을 죽인 경우, 애완동물 소유자가 입은 손해는 경제적 손해에 한정되지 않고 정신적

---

8) 유선봉, "동물의 법적 지위와 법인격 논쟁", 법학논총 19권 2호, 조선대학교 법학연구원, 2012, 332-333면.
9) 김동훈, 「동물법 이야기」, PetLove, 2013, 30면.

손해까지 발생할 것이다. 이와 같이 사랑받는 애완동물에 손해가 발생한 경우 다른 물건이나 가축과는 다른 법원리로 판단하게 된다. 우리나라에서는 애완동물은 사랑받는 대상이라는 인식이 확산되고 있음에도 불구하고, 이를 구체적으로 뒷받침할 만한 법적인 근거규정은 없다. 다만, 최근 국내 법원에서는 애완동물을 단순한 물건이 아닌 애호의 대상으로 인정하는 판결들이 나오고 있다.[10]

앞서 살펴본 바와 같이 현시점에서 동물은 권리의 주체가 아니다. 그럼에도 동물이 권리의 주체인지 여부가 논쟁의 대상이 되는 이유는 재산의 소유와 관련하여 동물에게 자신의 재산을 넘겨줄 수 있는지, 동물이 피해를 입은 경우에 동물 소유자의 이름이 아닌 동물 자신의 이름으로 손해배상을 청구할 수 있는지 등에 의문을 제기하는 사람들이 있기 때문이다. 그렇지만 동물은 권리의 주체가 아니기 때문에 현행법상으로는 재산을 소유할 수 없으며, 특정인에게 주장하는 권리인 채권(손해배상청구권)도 가질 수 없다. 또한 원칙적으로 민법과 그 밖의 법률에 의하여 권리능력을 가진 자만이 민사소송에 있어서 당사자능력(소송법상 당사자가 될 수 있는 능력)을 가지기 때문에, 동물은 자신의 이름으로 손해배상을 주장하는 소송을 제기할 수도 없다.[11] 결국 현행법상으로는 동물은 권리를 가질 수도,

---

10) 대구지방법원 2014. 2. 13. 선고 2013가소35765(애완견은 단순한 동물을 넘어 반려동물로 여겨지는 만큼 남의 불법 행위로 애완견이 죽었다면 정신적 고통에 따르는 손해도 배상받아야 한다고 판시하였다. 사실관계를 보면, 2013년 1월 대구에서 A씨의 치와와와 B씨의 진돗개가 서로 싸우던 중 치와와가 진돗개에 물려 죽었다. 당시 치와와와 진돗개 모두 목줄에 묶여 있지 않은 채 다니다가 싸움이 났다. 이에 A씨가 치와와를 구입하는데 들어간 비용과 반려견인 치와와가 죽음으로써 입게 된 정신적 손해 100만원 등의 배상을 요구하는 소송을 냈다. 재판부는 A씨가 B씨를 상대로 낸 손해배상 청구소송에서 "피고는 원고에게 180만원을 지급하라"며 원고 일부승소 판결하였다. 재판부는 "개에 대한 관리를 소홀히 한 피고는 원고에게 손해를 배상할 책임이 있다."면서도 "다만, 사고 당시 원고의 개도 목줄에 묶여 있지 않은 채 다닌 것으로 보이므로, 개를 목줄에 묶지 않는 등 관리를 소홀히 한 원고의 과실을 50%로 봐 피고의 책임을 50%로 제한한다."고 밝혔다. 이에 치와와 구입가 300만원의 절반인 150만원을 배상액으로 인정했다. 또 위자료와 관련, 재판부는 먼저 "물건의 멸실에 따른 정신적 고통은 통상 재산적 손해의 배상에 의해 회복되나, 그로써도 회복될 수 없는 정신적 고통은 특별사정에 의한 손해"라고 말했다. 재판부는 "일반적으로 애완견 소유 목적은 애완견과 정신적인 유대와 애정을 나누기 위함이고, 원고도 같은 이유로 개를 소유한 것인 점, 애완견은 보통 물건들과 달리 생명을 가진 동물인 점, 그런 의미에서 요즘 애완견을 단순한 동물을 넘어서 반려견으로 여기는 점 등을 고려하면, 원고처럼 애완견 주인이 가지는 정신적 고통의 손해는 애완견의 구매가 또는 시가 상당액을 배상받는 것만으로는 회복될 수 없는 특별사정에 의한 손해"라고 판단했다. 재판부는 그러면서 "목줄을 매지 않은 채 개를 방치해 사고를 야기한 피고는 그러한 특별사정을 알았거나 알 수 있었다고 봄이 타당하다"며 "사고 경위 및 정도, 원고의 개가 애완견으로 지내온 기간, 치와와의 교환가치 등 모든 사정을 참작해 원고의 위자료를 30만원으로 정한다."고 판시했다.

11) 소송을 제기하기 위해서는 소송요건을 갖추어야 하는데, 소송요건이란 소장에 제시된 소송상의 청구에 대해 법원의 판결이 행해지기 위해 구비하여야 할 요건을 말한다. 소송요건에 속하는 주된 사항으로는

소송의 당사자가 될 수도 없다.[12)13)]

(1) 법원에 관하여는 법원이 관할권을 가질 것, (2) 당사자에 관하여는 당사자가 현존하고 당사자능력 및 당사자적격을 가질 것, (3) 원고가 소의 내용에 관하여 판결을 받을 법률상의 이익 내지 필요가 있을 것 등이다. 소송요건이 결여된 소는 본안판결을 받을 수 없고 소의 각하결정을 받게 된다.

12) 대법원 2013. 04. 25. 선고 2012다118594 판결(애완견 주인 김모씨는 2009년 3월 평소 집에서 기르던 개 2마리를 동물사랑실천협회에 월 14만원의 위탁료를 내는 조건으로 맡겼다. 동물사랑실천협회는 김씨의 개를 위탁받아 키우던 중 2011년 3월 실수로 김씨 개를 유기견으로 오인해 안락사 시켰다. 이에 김씨는 자신이 입은 정신적 고통에 대한 위자료는 물론 자신의 애완견들이 입었을 정신적 고통에 대한 위자료(마리당 200만원)를 포함, 모두 2천만 원의 손해배상 소송을 냈다. 1·2심은 개 2마리의 위자료 청구 부분은 받아들이지 않고, 원고에 대한 위자료 600만원을 지급하라고 판결했다. 법원은 김씨가 "안락사한 애완견 2마리에 대한 위자료를 지급하라."며 제기한 손해배상청구소송에서 원고 일부 승소한 원심을 확정했다. 재판부는 "동물의 생명보호, 안전 보장 및 복지 증진을 꾀하고 동물의 생명 존중 등 국민의 정서를 함양하는 데에 이바지함을 목적으로 한 동물보호법의 입법 취지나 그 규정 내용 등을 고려하더라도, 민법이나 그 밖의 법률에 동물에 대하여 권리능력을 인정하는 규정이 없고 이를 인정하는 관습법도 존재하지 아니하므로, 동물 자체가 위자료 청구권의 귀속주체가 된다고 할 수 없다. 그리고 이는 그 동물이 애완견 등 이른바 반려동물이라고 하더라도 달리 볼 수 없다."고 판시하였다.)

13) 대법원 2006. 06. 02. 자 2004마1148,1149 결정(2003년 '도롱뇽의 친구들'이라는 환경 단체가 경상남도 양산시 천성산에 사는 도롱뇽을 원고로 내세워 경부고속철도 공사 중지 가처분 소송을 낸 사건이 있었다. 경상남도 양산시는 멸종 위기 종으로 보호되고 있는 1급수 환경지표종인 꼬리치레도롱뇽의 대규모 서식지여서 많은 개체수의 도롱뇽이 살고 있다. 그런데 1990년대 정부가 경부고속철도 건설 노선을 발표하고 결정하면서 대구~부산 구간에서 천성산을 관통하는 13.3㎞의 터널(원효터널)을 뚫기로 결정하였다. 그러자 환경 단체인 '도롱뇽의 친구들'은 한국고속철도건설공단을 상대로 '천성산 구간(원효터널) 착공 금지 가처분 소송'을 제기했다. 대법원은 2006년 6월 2일 '도롱뇽의 친구들'이 낸 소송에서 고속철도 터널 공사가 환경에 큰 영향을 미치지 않는 것으로 조사되어, 공사 중단 이유가 없다고 판결했다. 또한 대법원은 소송 대상자인 '도롱뇽'의 지위를, 사건을 수행할 당사자능력이 없는 자연물로 규정해 소송 대상자로 인정하지 않았다.)

[쟁점 2]
- 동식물 관련 건축물도 등기의 대상이 되는 건물인가?[1)]

□ 논의의 필요성

우리 민법은 "지상물은 토지에 따른다"는 원칙에 충실한 서구의 법제와는 달리[2)] 토지 및 그 정착물을 부동산으로 정의하고 있다(민법 제99조). 이러한 부동산 중 토지와 건물은 부동산등기법에 의한 등기의 대상으로 되어 있고, 토지에 부착된 수목의 집단은 입목에 관한 법률에 의한 등기의 대상으로 되어 있다. 현행 부동산등기법에 의하여 등기의 대상이 되는 토지와 건물에 대하여 민법상 명확한 정의규정이 있지는 않다. 일반적으로 토지는 인위적으로 구분된 일정한 범위의 지면과 정당한 이익이 있는 범위내에서 그 지면의 상하를 포함하는 것으로 정의[3)]되고 있다. 그러나 건물의 경우에는 건물이 토지의 정착물 중에서 가장 중요한 것으로 토지로부터 독립한 별개의 부동산이 된다고는 하고 있으나[4)] 구체적으로 어떠한 요건을 갖추어야 건물이 되는지에 대하여는 명확한 규정이 없는 실정이다. 이러한 이유로 등기의 대상이 되는 건물이 되기 위해서는 판례와 대법원 등기예규에서 정하고 있는 일정한 요건을 갖추는 방법 외에는 다른 방법을 생각해 볼 수가 없다.

우리가 일반적으로 부동산에 대하여 등기를 하는 것은 해당 부동산을 담보로 제공하여 금융을 얻는 등 재산권 행사가 용이하고, 이러한 등기가 부동산의 거래안전에도 도움이 되기 때문이다. 그러나 개방형 축사[5)] 등[6)]과 같은 동물 및 식물관련

1) 아래의 내용은 김판기, "개방형 축사 등 동식물 관련 건축물의 등기에 관한 연구", 한양법학 제20권 제3집, 한양법학회, 2009. 8.을 요약·정리하였음.

2) 지원림, 민법강의, 홍문사, 2009, 158면; 김준호, 민법강의, 법문사, 2008, 184면; 독일(민법 제94조), 스위스(민법 제655조), 프랑스(민법 제517조) 등은 "건물 기타 토지의 정착물"을 토지의 일부로 보아 건물을 토지와 별개의 부동산으로 보지 않는다(오시영, "미등기건물에 대한 강제집행상의 문제점 및 입법론적 고찰", 민사소송 제11권 제2호, 한국민사소송법학회, 2007, 227면).

3) 조성민, 민법총칙, 두성사, 2007, 133면; 지원림, 위의 책, 544면; 김형배, 민법학강의, 신조사, 2001, 422면; 이영준, 민법총칙, 박영사, 2007, 993면; 김준호, 위의 책, 184면.

4) 지원림, 위의 책, 158면; 김형배, 위의 책, 309면.

건축물의 경우에는 건축물의 범주에 포함되고, 재산적 가치도 충분이 존재하지만 등기가 가능한 건물로서의 요건을 충족하지 못하여 등기를 하지 못하는 경우가 있어 이러한 건축물 소유자의 권리행사가 상당부분 제약을 받고 있는 실정이다.7)

다만, 개방형 축사의 경우에는 2009. 10. 21. 법률 제9805호 "축사의 부동산등기에 관한 특례법"이 제정되어 시행됨으로써 권리행사의 가능성이 열리게 되었다.

□ 부동산등기의 대상으로서의 건물

1. 우리나라

가. 현행법의 태도

(1) 건축기본법에 있어서의 건물

건축기본법 제3조 제1호는 ""건축물"이란 토지에 정착하는 공작물 중 지붕과 기둥 또는 벽이 있는 것과 이에 부수되는 시설물을 말한다."고 규정하고 있고,

---

5) 대법원 등기선례 200502-1는 "건물로 등기할 수 있기 위하여는 지붕 및 주벽 또는 그에 유사한 설비를 갖추고 토지에 견고하게 부착되어 일정한 용도로 계속 사용할 수 있는 것이어야 하는 바(대법원 1990. 7. 27. 선고 90다카6160 판결 등), 건축물대장에 용도가 축사나 사일로로 기재되어 있는 건축물에 대하여 이를 독립된 건물로 등기할 수 있는지는 일률적으로 정할 수 있는 것이 아니고, 해당 축사나 사일로가 위와 같은 건물로서의 요건을 구비하였는지 여부에 따라 개별적·구체적으로 판단할 문제이다. 만일 축사가 강파이프조의 기둥에 칼라강판지붕을 갖추고 있으나 커텐식으로 개폐가 가능한 1면 또는 2면의 벽면 또는 차단시설을 갖춘 정도라면, 위 건물로서의 요건에 해당되지 아니하여 건물소유권보존의 대상이 될 수 없을 것이며, 사일로의 경우에도 지붕시설이 별도로 없는 원통형 합금 및 사각의 콘크리트 구조물로 사람이 드나들 수 있는 출입구가 없이 윗 부분에 기계로 작업할 수 있게 뚜껑이 있는 정도라면, 건물소유권보존등기의 대상이 될 수 없을 것이다."라고 하여(2005. 2. 1. 부등 3402-51 질의회답) 축사의 경우에도 지붕 및 주벽 또는 그에 유사한 설비를 갖추고 토지에 견고하게 부착된 경우에는 등기될 수 있는 가능성을 인정하고 있다. 그러나 대부분의 축사는 통풍 등의 이유로 개방형으로 이루어진 경우가 많아 위와 같은 요건충족이 불가능하여 현행법 내에서는 등기가 곤란한 실정이다.

6) 대법원 등기선례에 의하면 동물 및 식물관련 건축물 중 농업용 고정식온실은 철근콘크리트 기초 위에 설치됨으로써 토지에 견고하게 부착되어 있고 경량철골의 조립식 구조와 내구성이 있는 유리에 의한 벽면과 지붕을 갖추어 반영구적 시설로서 독립된 건물로 볼 수 있는 경우에는 그 소유권보존등기를 할 수 있다(등기선례4-323, 1994. 8. 12. 등기 3402-1030 질의회답).

7) 실제로 법무부 법무심의관실 내부자료에 따르면 축사나 유리온실과 같은 건축물에 대하여 등기할 수 있도록 해달라는 요청이 국민제안 등을 통해 접수되고 있다고 한다.

건축법 제2조 제1항 제2호가 “"건축물"이란 토지에 정착(定着)하는 공작물 중 지붕과 기둥 또는 벽이 있는 것과 이에 딸린 시설물, 지하나 고가(高架)의 공작물에 설치하는 사무소·공연장·점포·차고·창고, 그 밖에 대통령령으로 정하는 것을 말한다.”라고 규정하여 건축물에 관한 개념정의만을 하고 있을 뿐,[8] 법률에 의하여 구체적인 건물의 개념이 정의되고 있지는 않다.

(2) 민법 등에 있어서의 건물

민법 제99조 제1항은 “토지 및 그 정착물은 부동산이다”라고 규정하고 있을 뿐 구체적으로 어떠한 것들이 토지의 정착물에 해당하는 건물인지에 대한 정의 규정은 없다. 또한 집합건물의 소유 및 관리에 관한 법률, 부동산등기법 등 관련 법률에서도 이에 관한 명확한 정의 규정은 없다.

나. 판례의 태도

건물의 요건에 대하여 대법원은 “지하 1, 2층 및 지상 1층까지의 콘크리트 골조 및 기둥, 천장(슬라브)공사가 완료되어 있고, 지상 1층의 전면(남쪽)에서 보아 좌측(서쪽) 벽과 뒷면(북쪽) 벽 그리고 내부 엘리베이터 벽체가 완성된 사실을 인정할 수 있으므로, 이 사건 공작물은 최소한의 지붕과 기둥 그리고 주벽이 이루어졌다고 할 것이어서 미완성 상태의 독립된 건물(원래 지상 7층 건물로 설계되어 있으나, 지상 1층만으로도 구분소유권의 대상이 될 수 있는 구조임이 분명하다)로서의 요건을 갖추었다고 할 것이다.”라고 판시하여, 독립된 부동산으로서의 건물이라고 하기 위하여는 최소한의 기둥과 지붕 그리고 주벽이 이루어져야 됨을 요구하고 있다.[9]

---

8) 이러한 “건축물”에는 건물로 인정되어 부동산등기법에 의한 등기의 대상이 되는 것과 건물로 인정이 되지 않아 부동산등기법에 의한 등기의 대상이 되지 않는 것으로 나뉜다.

9) 대법원 2001. 1. 16. 선고 2000다51872 판결; 대법원 1996. 6. 14. 선고 94다53006 판결; 대법원 1990. 7. 27. 선고 90다카6160 판결(이건 저유조는 그 설치된 장소에서 손쉽게 이동시킬 수 있는 구조물이 아니고 그 토지에 견고하게 부착시켜 그 상태로 계속 사용할 목적으로 축조된 것임이 분명하고 거기에 저장하려고 하는 원유, 혼합유 등을 풍우 등 자연력으로부터 보호하기 위하여 둥그런 벽면과 삿갓모양의 지붕을 갖추고 있으므로 그 저유조는 유류창고로서의 기능을 가진 독립된 건물로 보아야 할 것이다); 대법원 1977. 4. 26. 선고 76다1677 판결(건축중의 건물이 어느 정도에 이르렀을 때 이를 독립된 부동산으로 볼 것이냐

다. 등기능력 있는 물건 여부의 판단에 관한 업무처리지침

등기능력 있는 물건 여부의 판단에 관한 업무처리지침[10]은 건축물의 등기능력 유무에 대하여 아래와 같은 판단기준을 정하고 있다.

① 건축법상 건축물에 관하여 건물로서 소유권보존등기를 신청한 경우, 등기관은 그 건축물이 토지에 견고하게 정착되어 있는지(정착성), 지붕 및 주벽 또는 그에 유사한 설비를 갖추고 있는지(외기분단성), 일정한 용도로 계속 사용할 수 있는 것인지(용도성) 여부를 당사자가 신청서에 첨부한 건축물대장등본 등에 의하여 종합적으로 심사하여야 한다.

② 건축물대장등본 등에 의하여 건물로서의 요건을 갖추었는지 여부를 알 수 없는 경우, 등기관은 신청인으로 하여금 소명자료로서 당해 건축물에 대한 사진이나 도면을 제출하게 하여 등기능력 없는 건축물이 건물로서 등기되지 않도록 주의를 기울여야 한다.

③ 건물인지 여부를 판단하기 어려운 경우에는 동 지침의 예시[11]를 참고하되 그 물건의 이용 상태 등을 고려하여(위 소명자료 참조) 등기관이 개별적, 구체적으로 판단하여야 한다.

하는 문제는 반드시 그 물리적 구조만을 표준으로 하여 획일적으로 이를 결정지을 수는 없는 것이지만 건물의 기능과 효용면에서 적어도 기둥과 지붕 그리고 주벽만이라도 이루어져야 된다).

10) 등기예규 제1086호(2004. 10. 01 제정).

11) 〈등기능력 있는 건축물의 예시〉
지붕 및 주벽 또는 그에 유사한 설비를 갖추고 있고, 토지에 견고하게 정착되어 있는 것으로서 유류저장탱크, 사일로(silo), 농업용 고정식 온실, 비각, 경량철골조 경량패널지붕 건축물, 조적조및컨테이너구조 슬레이트지붕 주택 등은 건물로서 소유권보존등기를 할 수 있다.

〈등기능력 없는 건축물의 예시〉
지붕 및 주벽 또는 그에 유사한 설비를 갖추지 않고 있거나, 토지에 견고하게 부착되어 있지 않는 것으로서 농지개량시설의 공작물(방수문, 잠관 등), 방조제 부대시설물(배수갑문, 권양기, 양수기 등), 건물의 부대설비(승강기, 발전시설, 보일러시설, 냉난방시설, 배전시설 등), 지하상가의 통로, 컨테이너, 비닐하우스, 주유소 캐노피, 일시 사용을 위한 가설건축물, 양어장, 옥외 풀장, 경량철골조 혹은 조립식 패널 구조의 건축물 등은 건물로서 소유권보존등기를 할 수 없다.

2. 일본

가. 현행법의 태도

(1) 건축기준법에 있어서의 건물

일본도 건축기준법 제2조 제1호에서 건축물은 "토지에 정착한 공작물 중, 지붕 및 수 또는 벽을 갖는 것(이것에 유사한 구조의 것을 포함한다), 이것에 부속한 문 또는 울타리, 관람을 위한 공작물 또는 지하 또는 고가의 공작물 내에 설치한 사무소, 점포, 흥행장, 창고 그 밖에 이것들에 유사한 시설(철도 및 궤도의 선로 부지내의 운전 보안에 관한 시설 및 구름다리, 플랫폼의 가건물, 저장조 그 밖에 이것들에 유사한 시설을 제외한다)을 말하고, 건축설비를 포함한 것으로 한다."고 규정하고 있을 뿐 법률에 의하여 구체적인 건물의 개념이 정의되고 있지는 않다.

건축기준법은 국민의 생명, 건강 및 재산의 보호를 도모하는 것을 목적으로 제정된 것으로 동법에 의한 건축물의 개념은 부동산등기법상의 건물의 개념보다도 더 넓다고 할 수 있다.

(2) 민법 등에 있어서의 건물

일본민법은 제86조 제1항에서 "토지 및 그 정착물은 이것을 부동산이라고 한다"라는 취지의 규정을 두고 있지만, 어떤 토지의 정착물을 건물이라고 할 것인지에 대하여는 어떠한 정의규정도 없다. 또한 이것은 민법의 부속법이라고 할 수 있는 건물의 구분소유 등에 관한 법률, 차지차가법, 건물보호에 관한 법률, 공장저당법 등의 법률에서도 마찬가지이다.

나. 판례의 태도

판례는 건물의 정의에 대하여 목재를 짜 올리고, 지붕을 덮은 것만으로는 건물이라고 할 수 없지만, 지붕이 덮이고 주벽이 쌓여지면, 아직 마루·천정을 갖추지 않은 것도 건물이라고 말할 수 있다고 판시하여[12], 건물의 요건을 갖추려면

지붕과 주벽이 완성되어 외기와 차단될 것으로 요구하고 있는 것으로 보인다.[13][14]

그러나 일본의 최근 지방법원 판례[15]는 개방형 축사를 부동산등기법상의 건물로 인정하고 있는 것으로 보인다. 본 판결은 肉牛를 사육하고 있던 농사조합법인(원고)이 西根읍장(피고)의 2000년도의 고정자산세 부과결정에 대하여 축사 등이 과세대상이 아니라고 주장하며 위 결정의 취소를 청구한 사안에 대하여, 법원이 축사 등이 과세대상인지 여부를 판단하면서 부동산등기법상 건물로 인정되기 위한 요건을 검토하고 있다. 그 판결요지는 아래와 같다.

※ 盛岡地方裁判所 2002. 5. 10. 平成13(行ウ)2 판결요지

지방세법 제341조 제3호는 고정자산세의 과세객체인 「가옥」에 대해서, 「住家, 점포, 공장(발전소 및 변전소를 포함한다), 창고 기타 건물을 말한다」고 규정하고 있으며, 또한 「지방세법의 시행에 관한 취급에 대해서(시읍면세 관계)」란 제목의 自治廳 次長通達[16]의 「제3장 고정자산세」 「제1절 통칙」 「제1 과세객체」의 2항(이하 「依命通達」이라한다)은 「가옥이란, 부동산등기법의 건물과 의의를 같이하는 것이며, 따라서 건물등기부에 등기되는 건물을 말하는 것이다」고 규정하고 있다. 그리고 부동산등기법상의 건물의 인정기준에 대해서, 부동산등기사무취급절차준칙(법무성 민사국장 통달) 제136조 1항은 「지붕 및 周壁 또는 이것과 유사한 것이 있고, 토지에 정착한 건조물로서, 그 목적으로 하는 용도에 제공할 수 있는 상태에 있는 것을 말한다.」고 규정하고 있으며, 나아가, 동조 2항은 건물인지 여부를 정하기 곤란한 건조물에 대하여, 「다음의

12) 大判 昭和 10. 10. 1 民集 14-1671.

13) 井上英治, ロースクール民法(上) 民法總則·物權總論, 辰已法律研究所, 2003, 100頁.

14) 일본에서 등기가 가능한 건물로 인정되기 위한 구체적인 기준에 대하여는 전혜정, “등기능력 있는 건물 여부의 판단기준”, 법조 통권 631호, 법조협회, 2009. 4, 390면 이하 참조.

15) 盛岡地方裁判所 2002. 5. 10. 平成13(行ウ)2.

16) 通達이라 함은 ‘國家行政組織法 제14조 제2항’에 의거하여 각 대신(大臣), 각 위원회 및 각 청의 장관이 그 소관사무에 관하여 관할기관이나 직원에 대한 명령 또는 시달하는 형식의 일종이다. 주로 법령의 해석, 운영 또는 행정집행의 방침에 관한 것이 많다. 법문상 훈령과 명확하게 구별되지 않지만, 실무상 혼란이 없다는 것이 일반적인 평가이다(법제처 홈페이지 http://world.moleg.go.kr/참조).

예시로부터 유추하여, 그 이용상황 등을 감안하여 판단해야 한다.」 고 규정한 후에, 「건물로서 취급되는 것」 이라고 하고, 「정차장의 승강장 및 화물집하장, 다만, 상실(上室)이 있는 부분에 한한다.」 고 예시하고 있다.

이상을 종합하면, 준칙은, 「건물」 의 인정기준으로서, ① 토지의 정착성, ② 외기차단성 ③ 용도성을 일응 요구하고 있는 점, ②에 대해서는, 위의 예시로부터 유추하여 적어도 周壁에 대해서는 반드시 완전한 외기차단성이 있을 것 까지 요구하는 것은 아니며, 그 건축물의 용도나 이용상황을 감안하여, 완전한 주벽을 설치하지 않은 것이 그 건조물의 효용상 합리적이며, 완전한 주벽을 설치하면 오히려 불편을 초래한다고 인정될 경우에는, 이 요건을 완화하여 인정하는 것을 방해하지 않는다는 취지로 해석하는 것이 상당하다.

그리고 고정자산세의 과세객체가 되는 「가옥」 에 대해서도, 기본적으로 동일하게 해석해야 하지만, 의명통달은 앞의 해석에 이어서, 「계사(鷄舍), 돈사(豚舍)의 축사, 퇴비사(堆肥舍) 등은, 일반적으로 사회통념상 가옥으로는 인정되지 않는다고 생각되기 때문에, 특히 그 구조나 기타에서 보아 일반 가옥과의 균형상 과세객체로 하지 않을 수 없는 것을 제외하고는 과세객체로 하지 않을 것」 이라고 규정하고 있는 점에서 비추어보면, 지방세법 제341조 제3호의 해석에 대해서는, 사회통념상 가옥으로 인정되는가, 구조 및 규모 등의 점에서 일반가옥과의 균형을 잃지 않는가 등의 점도 함께 고려한 후, 「가옥」 에 해당하는지 여부를 판단하는 것이 상당하다.

증거에 의하면, 원고가, 「가옥」 이라는 것을 타투고 있는 각 물건에 대해서, 각각 아래의 사실이 인정된다.

일부는 원고가 축사로서 이용하고 있으며, 동계에 보온을 위해서 베니아판 내지 커텐을 친 것은 있지만, 항구적인 주벽은 설치되어 있지 않다. 이것은 축사내의 바닥에 톱밥이 깔려있으며, 육우가 그 위에 분뇨를 배설함으로 인해 산(酸)이 발생하는데, 이것을 육우가 흡입하면 폐가 상하기 때문에 축사내의 통풍성을 높이기 위해서 주벽을 설치하지 않은 것이다.

다른 물건은 원고가 퇴비사로서 이용하고 있는 것이며, 주1회정도 축사에 깔려있던 톱밥을 이곳에 축적하여, 유기비료로 하고 있다.

이상의 인정사실을 전제로 하여, 위 물건이 지방세법 341조 3호에 규정된 고정자산세의 과세객체인 「가옥」에 해당하는지 여부에 대해서 판단한다.

축사로 사용하는 각 물건은, 어느 것도 완전한 주벽을 갖고 있지 않으며, 그러한 구조는 이들 물건이 다수의 육우를 수용하여 사육하기 위한 축사로서 사용되고 있는 관계에서 그 통기성을 확보하고 육우의 분뇨로부터 발생하는 산이 축사내에 체류하는 것을 방지하기 위해 필요한 것이며, 그 용도에 비추어 합리적인 것이라고 해야한다. 그리고 각각의 축사도 일정한 견고한 구조를 가진 대규모이며, 그 자산가치가 상당히 높은 것으로 인정되는 점이나 일반가옥과의 균형에서도 과세객체가 되어야 하는 것이라고 할 수 있다. 따라서 위의 물건은 모두가 고정자산세의 과세객체인 「가옥」에 해당한다고 해야 한다.

또한 퇴비사는 한면에 벽이 설치되어 있지 않는 것으로, 이것은 퇴비사로서 톱밥 또는 유기비료를 집적 운반하는 필요상 그러한 구조로 되어 있는 것이며, 그 용도에 비추어 합리적인 것이라고 해야 하며, 준칙 136조 2항의 1. 가목이 예시하는 「화물집하장」과도 형태가 유사한 것이라고 해석된다. 또한 동물건은 그 구조나 규모의 크기에 비추어 보아도 일반적으로 퇴비사로 예상되는 것과 명백하게 다른 것이며, 그 자산가치가 상당히 높은 것으로 인정되는 점이나 일반가옥과의 균형에서도 과세객체로 되어야 할 이유가 있는 것이라고 할 수 있다. 따라서 이 물건도 「가옥」에 해당한다고 해야 한다.

이상과 같이 위의 물건은 모두 고정자산세의 과세객체로서의 「가옥」에 해당하기 때문에 이들에 고정자산세를 부과한 피고의 본건 처분은 적법하다.

다. 부동산등기사무취급절차준칙

(1) 2005년 개정 전

2005년 개정 전 부동산등기사무취급절차준칙 제136조 제1항에서는 "건물이란 지붕 및 둘레벽(周壁) 또는 이와 유사한 것을 갖추고, 토지에 정착한 건조물로서 그 목적으로 하는 용도에 제공될 수 있는 상태에 있는 것을 말한다."고 규정하고, 제2항에서 "건물인지 여부를 정하기 곤란한 건조물에 대해서는 다음의 예시로부터 유추하여 그 이용상황 등을 감안하여 판정해야 한다."고 하여 구체적으로 건물로서 취급되는 것[17]과 건물로서 취급되지 않는 것[18]을 예시하여 이것을 토대로 건물인지 여부를 판단하였다.

(2) 2005년 개정 이후

2005년 개정된 부동산등기사무취급절차준칙[19]은 건물의 인정기준으로서 "건물의 인정에 관해서는 다음의 예시[20]에서 유추하여 그 이용상황 등을 감안하여 판정하는 것으로 한다."라고만 규정하여 과거 준칙에서 건물로 인정되기 위한 요건인 ① 외기분단성과 ② 정착성 ③ 용도성 등에 대한 내용을 삭제하고 있다. 이를 통해 일본은 등기의 대상이 되는 건물의 범위가 기존의 것보다 확대할 수 있다는 여지를 남겨두고 있는 것으로 보인다.

---

17) 동 준칙은 건물로 취급되는 것으로 ① 정차장의 승강장 및 하물집하장(다만, 상실(上室)이 있는 부분에 한함), ② 야구장, 경마장의 관람석(다만, 지붕이 있는 부분에 한함), ③ 육교를 이용하여 축조한 점포, 창고 등의 건조물, ④ 지하정차장, 지하주차장 및 지하도의 건조물, ⑤ 원예, 농경용의 온상시설(다만, 반영구적인 구조물로 인정되는 것에 한함) 등을 예시하고 있다.

18) 동 준칙은 건물로 취급되지 않는 것으로 ① 가스탱크, 석유탱크, 급수탱크, ② 기계위에 건설한 건조물(다만, 지상에 기각(基脚)이 있거나 지주를 세운 것을 제외), ③ 浮船을 이용한 것(다만, 고정되어 있는 것을 제외), ④ 아케이드를 씌운 상점가(公衆用 도로위에 지붕을 덮은 부분), ⑤ 용이하게 운반할 수 있는 매표소, 입장권판매소 등을 예시하고 있다.

19) 不動産登記事務取扱手続準則の改正について(2005年 2月 25日 法務省民二 第456号 通達).

20) 〈건물로서 취급되는 것〉

① 정차장의 승강장 또는 하물집하장. 다만, 상실(上室)이 있는 부분에 한한다.
② 야구장, 경마장의 관람석. 다만, 지붕이 있는 부분에 한한다.
③ 육교를 이용하여 축조한 점포, 창고 등의 건조물
④ 지하정차장, 지하주차장 또는 지하도의 건조물
⑤ 원예 또는 농경용의 온상시설, 다만, 반영구적인 건조물로 인정되는 것에 한한다.

〈건물로서 취급되지 않는 것〉

① 가스탱크, 석유탱크, 급수탱크
② 기계위에 건설한 건조물, 다만, 지상에 기각(基脚)이 있거나 지주를 세운 것을 제외한다.
③ 浮船을 이용한 것, 다만, 고정되어 있는 것을 제외한다.
④ 아케이드를 씌운 상점가(公衆用 도로위에 지붕을 덮은 부분)
⑤ 용이하게 운반할 수 있는 매표소, 입장권판매소 등

3. 검토

일본은 토지와 건물을 독립한 거래의 객체로 취급하여 별도의 등기부를 두고 있다는 점에서 우리나라와 매우 유사하며, 우리보다 먼저 근대적인 등기제도를 마련하여 시행해 오고 있기 때문에 다른 어느 입법례보다 우리법에 시사하는 바가 크다.

앞서 살펴보았듯이 일본도 우리나라와 마찬가지로 등기의 대상이 건물에 대해서는 별도의 정의 규정은 두고 있지 않으며, 판례 등에서 건물의 인정기준을 정하고 있을 뿐이다. 그러나 일본이 우리와 다른 점은 기존의 고정된 건물인정기준에서 탈피하여, 현재는 모든 건축물에 대하여 일정한 요건만 갖추면 모두 등기할 수 있도록 그 가능성을 넓혀 놓았다는 점이며, 이는 우리에게도 시사하는 바가 크다고 할 수 있다. 따라서 우리나라도 등기의 대상이 되는 건물의 인정기준에 변화를 주어 다양한 건축물들이 등기에 의해 공시될 수 있도록 하는 노력이 필요할 것으로 생각된다. 다만, 본 논문에서는 등기의 대상으로서의 건물인정기준에 대한 광범위한 고찰보다는 현재 등기에 대한 요구가 확대되고 있는 개방형 축사 등 동식물 관련 건축물의 등기방안에 대한 부분으로 범위를 한정하여 고찰하기로 한다.

□ 동식물 관련 건축물의 등기필요성

1. 동식물 관련 건축물의 현황

현재 동식물 관련 건축물이 구체적으로 어느 정도인지에 대한 통계는 정확히 나와 있지 않은 듯하다. 다만, 2008년 10월 8일 통계청에서 발표한 가축통계자료[21]에 따르면 한·육우 사육가구가 186,000호, 젖소의 사육가구가 7,200호, 돼지의 사육가구가 7,800호, 닭의 사육가구가 3,331호로 대략 200,000호의 가구가

21) 통계청 농어업생산통계과, “2008년 9월 가축통계조사 결과”, 보도자료, 2008. 10. 8.

가축을 사육하고 있는 것에 비추어 보면, 동식물 중 특히 동물관련 건축물의 수가 최소 200,000개는 된다는 것을 알 수 있다. 그러나 이러한 건축물은 대부분 부동산등기의 대상이 되는 건물로서는 인정이 되고 있지 못하므로,[22] 해당 동물의 사육농가들은 그 건축물에 막대한 비용을 투자하였음에도 불구하고 이를 금융수단으로 활용하는 것이 곤란한 등 재산권행사가 용이하지 못한 실정이다.[23]

또한 2006년 12월 31일 현재 전산등기부에 등기되어 있는 재산권 행사가 자유로운 건물이 15,648,248동[24]인 것을 감안하면 이러한 동식물 관련 건축물의 숫자도 무시할 수 없는 것으로 건물로서의 등기가능성 여부에 대해서 심도 있게 검토를 해봐야 할 것으로 생각된다.

2. 현행법상 등기가능 여부

부동산등기법상 등기의 목적물이 되는 것은 부동산 중에서도 토지와 건물, 그리고 일정한 요건을 갖춘 개방형 축사[25]이다. 따라서 동식물 관련 건축물을 등기하기 위해서는 당해 건축물이 등기가 가능한 건물로서 인정이 되어야 할 것이다. 앞서 살펴 보았듯이 우리나라의 경우에는 건물에 해당하는지 여부에 대하여 판례가 "보통 건물이라고 하면 지붕 및 주벽 또는 그에 유사한 설비를 갖추고 토지에 견고하게 부착되어 일정한 용도로 계속 사용할 수 있는 것이어야

22) 일반적으로 보면 이러한 시설들은 건물인정의 요건으로써의 외기분단성, 정착성을 갖추지 못하는 것이 대부분일 것이다.

23) 현행법상으로는 상당한 기계설비가 되어 있는 축산시설의 경우에는 그 시설상의 기계・기구 등(축산시설의 일종인 폐수처리장도 포함될 수 있을 것임)을 공장저당권의 대상으로 하여 금융을 얻는 방법 정도만이 가능한 것으로 생각된다(등기선례 2-389, 1989. 4. 18).

24) 법원행정처, 사법연감 2007, 2007. 7, 526-527면.

25) 현행 축사의 부동산등기에 관한 특례법은 소(牛)의 질병을 예방하고 통기성(通氣性)을 확보할 수 있도록 둘레에 벽을 갖추지 아니하고 소를 사육하는 용도로 사용할 수 있는 건축물이 아래의 요건을 갖추면 부동산등기법이 정하는 절차에 따라 건물등기부에 등기할 수 있도록 하고 있다.

1. 토지에 견고하게 정착되어 있을 것
2. 소를 사육할 용도로 계속 사용할 수 있을 것
3. 지붕과 견고한 구조를 갖출 것
4. 건축물대장에 축사로 등록되어 있을 것
5. 연면적이 200제곱미터를 초과할 것

한다"고 판시[26]하고 있다. 또한 등기능력 있는 물건 여부의 판단에 관한 업무처리지침(등기예규 제1086호)도 "건축법상 건축물에 관하여 건물로서 소유권보존등기를 신청한 경우, 등기관은 그 건축물이 토지에 견고하게 정착되어 있는지(정착성), 지붕 및 주벽 또는 그에 유사한 설비를 갖추고 있는지(외기분단성), 일정한 용도로 계속 사용할 수 있는 것인지(용도성) 여부를 당사자가 신청서에 첨부한 건축물대장 등본 등에 의하여 종합적으로 심사하여야 한다."고 규정하고 있다. 그러나 개방형 축사 등의 건축물은 이러한 요건을 충족할 수 없는 경우가 대부분이어서, 현행법상 등기가능성이 희박하다.

3. 등기의 필요성

등기의 대상이 되는 건물로 인정할 것인지에 대하여 지붕이 없는 건축물에 대하여 건물인지 여부가 문제되는 경우는 드물다. 그러나 최근에는 건축물에 대한 수요가 다양하게 됨과 동시에 건축기술이 발달하고, 다양한 용도와 구조를 가진 건축물이 나타나고 있어 과거의 단순한 건물의 개념만으로는 인정하기 곤란한 사례가 증가하고 있다. 실제로 경제적 거래상 요청으로부터 건물로서 인정되어야 할 것으로 생각되는 건축물 중에는 개방형 축사와 같이 주벽이 없기 때문에 외기분단성이라는 요건을 충족하지는 못하지만, 그 용도성의 측면에서 외기가 완전하게 분단되지 않는 것이 오히려 더 효용이 큰 건축물들이 존재한다. 이에 이러한 건축물들에 대해 건물성을 인정하여 등기가 가능하도록 할 필요성이 있다고 생각된다. 실제로 현행 집합건물의 소유 및 관리에 관한 법률 제1조의2는 이용상의 독립성 및 법령에 의한 일정한 요건[27]만 갖추면 구조상의 독립성이

---

26) 대법원 1990. 7. 27. 선고 90다카6160 판결.

27) ① 구분점포의 용도가 「건축법」 제2조제2항제7호의 판매시설 및 같은 항 제8호의 운수시설(집배송시설은 제외한다)일 것
② 1동의 건물 중 구분점포를 포함하여 판매시설 및 운수시설의 용도에 해당하는 바닥면적의 합계가 1천제곱미터 이상인 일 것
③ 경계를 명확하게 식별할 수 있는 표지를 바닥에 견고하게 설치할 것
④ 구분점포별로 부여된 건물번호표지를 견고하게 부착할 것

없더라도 등기가 가능하도록 하는 예외를 인정하고 있는 실정이어서 동물 및 식물관련 건축물의 등기가능성도 충분히 인정될 수 있다.

동식물 관련 건축물을 등기할 수 있도록 한다면, 해당 건축물의 소유자가 이를 담보로 제공하여 금융을 얻는 등 재산권행사가 용이해 질 것이다. 또한 등기부에 공시가 됨에 따라 거래안전에도 도움이 될 것이며, 이러한 등기를 인정하더라도 실무상 별다른 문제점은 없을 것으로 생각된다.[28)]

다만, 이러한 등기를 인정할 경우 그 대상이 되는 건축물을 어떻게 결정할 것인지에 대하여는 민법 등 관련 법률에 별도의 정의 규정을 둘 것인지, 아니면 등기예규를 변경하여 실무상 해결할 것인지, 그리고 등기를 인정한다면 어떤 건축물까지를 인정할 것인지에 대한 별도의 논의가 필요할 것이다.

□ 동식물관련 건축물의 등기인정 방안

1. 등기인정의 방식

가. 민법 등에 건물에 대한 개념 규정을 두는 방안

동식물 관련 건축물의 등기를 인정하기 위해서 실체법인 민법이나, 절차법인 부동산등기법에 별도로 등기의 대상이 되는 건물의 개념에 관한 규정을 두는 방안을 생각해 볼 수 있다.

나. 부동산등기법을 개정하여 등기의 특례를 두는 방안

부동산등기에 관한 일반법인 부동산등기법에 동식물 관련 건축물에 대하여는 건물과 같이 취급하여 등기가 가능하도록 하는 특례규정을 두는 방안을 생각해 볼 수 있다.

---

28) 다만, 해당 건축물의 소유자는 등기를 할 수 있게 됨에 따라 등기로 인한 각종 세금의 부담이 따를 수 있으며, 부동산등기특별조치법이나 부동산 실권리자명의 등기에 관한 법률 등 부동산관련 법령의 제한을 받게 되는 문제는 있을 수 있다.

다. 대법원 등기예규를 수정하는 방안

현재 등기의 대상이 되는 건물로 인정되기 위해서는 판례에 의해 확립된 사항을 토대로 만들어진 등기능력 있는 물건 여부의 판단에 관한 업무처리지침[29]에서 정하는 요건을 갖추어야 한다. 그러므로 이러한 등기예규를 변경하여 개방형 축사 등도 등기가 가능하도록 하는 방안을 생각해 볼 수 있다.

라. 동식물 관련 건축물의 등기에 관한 특례법을 제정하는 방안

동식물 관련 건축물에 대한 등기를 인정하기 위한 방안으로써 가장 쉽고, 관계 당사자들에게 충격을 최소화 할 수 있는 방안으로 고려될 수 있는 것이, 특정한 건축물에 대한 특례법을 마련하는 방안이다.

마. 검토

이상에서 살펴본 바와 같이 동식물 관련 건축물의 등기를 인정하기 위해서는 4가지 정도의 방안을 고려해 볼 수 있다.

민법 등에 건물에 대한 개념 규정을 두는 방안은 건물의 개념정의에 대한 다양한 논의가 전제되는 등 많은 검토가 필요하기 때문에 장기적으로는 이러한 규정을 두는 방안이 타당할 것이나, 당장 등기의 필요성이 인정되는 건축물의 소유자의 요구를 충족시키는 데는 한계가 있다.

부동산등기법을 개정하여 등기의 특례를 두는 방안의 경우에도 등기에 관한 일반법 성격인 부동산등기법에 지나치게 개별적, 구체적인 사항을 규율하는 것으로 바람직하지 않다고 생각된다.

대법원 등기예규를 수정하는 방안의 경우에는 등기예규만을 변경하면 되어 그 진행이 빠르고 쉬울 수가 있으나, 일반적으로 등기예규는 대법원 판례의 태도를 중심으로 작성이 되기 때문에 판례가 변경되지 않는 한 수정이 불가피하다는 문제점이 있다.

하지만 동식물 관련 건축물의 등기에 관한 특례법을 제정하는 방안은 위의

29) 등기예규 제1086호(2004. 10. 01 제정).

다른 방안과는 달리 도입절차가 용이하고, 도입시 발생할 수 있는 문제점이 최소화될 수 있는 장점이 있다. 그러므로 우선적인 필요성이 인정되는 건축물에 대하여 등기를 인정해 주고 일정기간 시행을 거쳐, 이 과정에서 특별한 문제가 없다면 장기적으로 다른 건축물에 대해서도 등기가능성을 열어 주는 쪽으로 관련 법률을 제·개정하면 좋을 것으로 생각된다.

2. 동식물 관련 건축물의 등기에 관한 입법안

가. 기본방향

등기의 대상이 되는 건축물의 범위는 어떤 동식물을 사육 또는 재배 하는지가 아니라, 그 건축물의 재산적 가치의 이용측면을 고려해야 할 것이다.

현행 건축법 제38조 제1항은 지방자치단체로 하여금 직권으로 건축물대장을 작성할 것을 규정하고 있으며,[30] 건축물대장의 작성대상이 되는 용도별 건축물의 종류를 규정하고 있는 건축법시행령 별표 1 제21호는 동물 및 식물관련시설의 범위를[31] 규정하고 있다. 따라서 동식물 관련 건축물의 등기에 관한 법률안에 의한 등기의 대상도 이러한 시설 중 일정한 규모를 갖춘 건축물에 한하여 등기가 가능하도록 특례를 규정하는 것이 타당할 것으로 생각된다.[32]

---

30) 건축법 제38조 ①특별자치도지사 또는 시장 · 군수 · 구청장은 건축물의 소유 · 이용 상태를 확인하거나 건축정책의 기초 자료로 활용하기 위하여 다음 각 호의 어느 하나에 해당하면 건축물대장에 건축물과 그 대지의 현황을 적어서 보관하여야 한다.
1. 제22조제2항에 따라 사용승인서를 내준 경우
2. 제11조에 따른 건축허가 대상 건축물(제14조에 따른 신고 대상 건축물을 포함한다) 외의 건축물의 공사를 끝낸 후 기재를 요청한 경우
3. 그 밖에 대통령령으로 정하는 경우

31) 건축법시행령 별표 1 제21호에 의한 동물 및 식물관련시설
가. 축사(양잠 · 양봉 · 양어시설 및 부화장 등을 포함한다)
나. 가축시설(가축용운동시설, 인공수정센터, 관리사, 가축용창고, 가축시장, 동물검역소, 실험동물사육시설 기타 이와 유사한 것을 말한다)
다. 도축장
라. 도계장
마. 버섯재배사
바. 종묘배양시설
사. 화초 및 분재 등의 온실
아. 식물과 관련된 마목 내지 사목의 시설과 유사한 것(동 · 식물원을 제외한다)

나. 구체적인 입법안

동식물 관련 건축물의 등기를 인정하기 위한 법률의 명칭은 건축법상 용어와의 통일성을 기하고, 동물 및 식물관련 건축물에 대하여 일정한 요건만 갖추면 모두 등기할 수 있는 길을 열어 준다는 의미에서 "동물 및 식물관련 건축물의 등기에 관한 특례법"으로 정하는 것이 타당할 것으로 생각된다. 이에 대한 구체적인 입법안은 아래와 같다.

동물 및 식물관련 건축물의 등기에 관한 특례법

제1조(목적) 이 법은 동물 및 식물관련 건축물의 등기에 관한 특례를 정함으로써 동물 및 식물관련 건축물에 대한 재산권 보장과 거래의 안전을 도모함을 목적으로 한다.

제2조(동물 및 식물관련 건축물의 정의) 이 법에서 "동물 및 식물관련 건축물"이라 함은 건축법시행령 별표1 제21호에 규정된 동물 및 식물관련 시설 중 「부동산등기법」에 의한 건물등기의 대상이 되지 않는 건축물을 말한다.

제3조(동물 및 식물관련 건축물의 등기) ① 다음 각 호의 요건을 갖춘 동물 및 식물관련 건축물에 대하여는 「부동산등기법」에 의한 건물등기를 할 수 있다.

1. 건축물대장에 기재되어 있을 것
2. 토지에 견고하게 정착되어 있을 것
3. 독립된 거래의 객체로서 인정될 만한 재산적 가치를 가지고 있을 것
4. 건축물의 바닥면적의 합계가 1000제곱미터 이상일 것[33)]
5. 기타 대통령령이 정하는 사항[34)]

제4조(준용) 이 법에 의한 동물 및 식물관련 건축물의 등기는 이 법에

32) 등기의 대상과 관련하여 일반적으로는 개방형 축사나 온실이 문제가 되는 듯하나 형평성 차원에서 다른 시설물에 대해서도 일정한 요건을 갖추면 등기할 수 있도록 해 주는 것이 타당할 것이다.

별도의 정함이 없으면 「부동산등기법」에 의한 건물등기의 절차를 준용한다.[35)]

제5조(대법원규칙) 이 법의 시행에 필요한 사항은 대법원규칙으로 정한다.

<부칙>

이 법은 공포한 날부터 시행한다.

---

33) 집합건물의 소유 및 관리에 관한 법률 제1조의2는 구분소유권의 대상이 되는 건물에 대하여 "1동의 건물 중 구분점포를 포함한 제1호의 판매 및 영업시설 용도에 해당하는 바닥면적의 합계가 1천평방미터 이상일 것"을 요건으로 하고 있다. 그러나 동식물 관련 건축물의 경우 그 범위를 어느 정도로 할 것인지에 대하여는 입법시 동식물 관련 건축물의 현황 등을 고려하여 그 면적을 결정해야 할 것이다. 법무부에서 국회에 제출한 "축사의 부동산등기에 관한 특례법안"에서는 연면적 200제곱미터를 초과하는 축사에 대하여 등기가 가능하도록 규정하고 있다.

34) 동 특례법안은 일부 건축물에 대해 시범적으로 실시를 해 보고 그 범위를 확대하는 것을 목표로 하고 있으므로 입법정책상 그 범위의 제한에 필요한 사항을 대통령령으로 정할 수 있도록 한다.

35) 현행 부동산등기부는 토지등기부와 건물등기부로 구성되어 있으므로 동식물 관련 건축물은 건물등기부에 기재하는 것이 타당할 것이므로 그 절차도 부동산등기법상의 건물등기의 예에 따라 이루어져야 할 것이다.

[쟁점 3]
- 건축 중인 건물은 등기할 수 없는가?[1)]

□ 건축 중인 건물에 대한 등기필요성

새로이 회사를 설립하거나 기존 공장건물을 개축하는 등의 사유로 공장건물을 신축하는 경우에 자기자금이 부족한 기업들은 공장신축에 소요되는 비용을 금융기관으로부터 차입하는 경우가 많다. 이 경우 해당 금융기관은 건축 중인 건물을 등기하는 것이 불가능하기 때문에 건축 중인 건물을 담보로 인정하지 않거나, 인정을 하더라도 그 담보평가액을 낮게 평가하고 있어 자금이 부족한 중소기업 등의 공장신축이나 공장증설이 어려운 경우가 있다.

이로 인해 실무상 금융기관은 건축 중인 건물을 양도담보로 취득한 후 건물이 완공되고 보존등기가 이루어진 후에 해당 건물에 근저당권을 설정하고 있다. 이 경우 양도담보권자는 저당권자처럼 등기부상에 담보권자로 표시가 되지 않는다. 또한 대법원은 해당 건축물이 법률상 건물로서 인정되기 위해서는 최소한의 기둥과 지붕 그리고 주벽이 존재해야 한다고 판시하고 있어서,[2)] 법률상의 건물로 볼 수 있을 정도로 공사가 진척되지 않은 경우에는 건물의 양도담보권자는 건축 중인 건물을 제3자가 선의취득하지 않는 경우에는 동산에 대한 양도담보권자로서 보호되나,[3)] 해당 건물의 기성고가 부동산으로 볼 수 있을 정도로 올라갈 경우에는 부동산에 대한 담보권은 등기 등으로 표시되어야 하므로 금융기관이 양도담보권을 가지고는 해당 건물에 대한 우선변제권을 주장할 수 없는 문제가 발생한다.[4)]

---

1) 아래의 내용은 김판기, "기업의 금융수단 다양화를 위한 시론적 고찰", 법학연구 제17권 제2집, 경상대 법학연구소, 2009. 12.을 요약정리 하였음.

2) 대법원 1986. 11. 11. 선고 86누173 판결.

3) 다만, 제3자가 선의취득하는 경우에는 건물에 대한 양도담보권자로서 우선권을 주장하지 못하게 된다.

4) 이 경우 금융기관이 우선변제권을 확보하려면 건축 중인 건물이 부동산으로 볼 수 있을 정도로 기성고가 올라간 후 건물소유주를 상대로 법원에 가처분을 신청하고, 법원은 가처분 신청이 접수되면 직권으로 부동산등기법 제134조에 의하여 보존등기를 한 후 가처분등기를 하게 되고, 법원에 의하여 보존등기가 되면 건물소유주를 상대로 저당권설정이행청구소송을 제기하여야 한다.

이로 인해 금융기관 입장에서는 건축 중인 건물을 담보로 대출을 하지 않으려 하게 되고, 결국 기술력은 충분하지만 자금이 부족한 중소기업 등의 공장신축 등에 도움을 주지 못하게 되는 문제가 발생한다.

따라서 일정규모 이상의 건축 중의 건물에 대하여도 등기를 인정하여 이를 담보로 제공할 수 있도록 하는 제도적 장치 마련이 필요하다.

□ 현행법상 등기의 대상이 되는 건물[5)]

민법 제99조 제1항은 "토지 및 그 정착물은 부동산이다"라고 규정하고 있을 뿐 구체적으로 어떠한 것들이 토지의 정착물에 해당하는 건물이 무엇인지에 대한 정의 규정은 없다. 또한 집합건물의 소유 및 관리에 관한 법률, 부동산등기법 등 관련 법률에서도 이에 관한 명확한 정의 규정은 없다.

다만, 등기능력 있는 물건 여부의 판단에 관한 업무처리지침[6)]은 건축물의 등기능력 유무에 대하여 아래와 같은 판단기준을 정하고 있다.

① 건축법상 건축물에 관하여 건물로서 소유권보존등기를 신청한 경우, 등기관은 그 건축물이 토지에 견고하게 정착되어 있는지(정착성), 지붕 및 주벽 또는 그에 유사한 설비를 갖추고 있는지(외기분단성), 일정한 용도로 계속 사용할 수 있는 것인지(용도성) 여부를 당사자가 신청서에 첨부한 건축물대장등본 등에 의하여 종합적으로 심사하여야 한다.

② 건축물대장등본 등에 의하여 건물로서의 요건을 갖추었는지 여부를 알 수 없는 경우, 등기관은 신청인으로 하여금 소명자료로서 당해 건축물에 대한 사진이나 도면을 제출하게 하여 등기능력 없는 건축물이 건물로서 등기되지 않도록 주의를 기울여야 한다.

③ 건물인지 여부를 판단하기 어려운 경우에는 동 지침의 예시[7)]를 참고하되

---

5) 이에 관한 자세한 사항은 김판기, "개방형 축사 등 동식물 관련 건축물의 등기에 관한 연구", 한양법학 제20권 제3집, 한양법학회, 2009. 8, 159-165면 참조.

6) 등기예규 제1086호(2004. 10. 01 제정).

7) 〈등기능력 있는 건축물의 예시〉

그 물건의 이용상태 등을 고려하여(위 소명자료 참조) 등기관이 개별적, 구체적으로 판단하여야 한다.

따라서 현행법상 건축 중인 건물을 등기하는 것은 불가능하다.

□ 건축 중인 건물의 등기화 방안

1) 현행법상 유사 입법례

① 건조 중인 선박에 대한 특례

현행 상법[8], 선박등기법[9] 및 선박등기처리규칙[10]은 일정규모 이상의 건조중인

지붕 및 주벽 또는 그에 유사한 설비를 갖추고 있고, 토지에 견고하게 정착되어 있는 것으로서 유류저장탱크, 사일로(silo), 농업용 고정식 온실, 비각, 경량철골조 경량패널지붕 건축물, 조적조및컨테이너구조 슬레이트지붕 주택 등은 건물로서 소유권보존등기를 할 수 있다.

〈등기능력 없는 건축물의 예시〉
지붕 및 주벽 또는 그에 유사한 설비를 갖추지 않고 있거나, 토지에 견고하게 부착되어 있지 않는 것으로서 농지개량시설의 공작물(방수문, 잠관 등), 방조제 부대시설물(배수갑문, 권양기, 양수기 등), 건물의 부대설비(승강기, 발전시설, 보일러시설, 냉난방시설, 배전시설 등), 지하상가의 통로, 컨테이너, 비닐하우스, 주유소 캐노피, 일시 사용을 위한 가설건축물, 양어장, 옥외 풀장, 경량철골조 혹은 조립식 패널 구조의 건축물 등은 건물로서 소유권보존등기를 할 수 없다.

8) 제790조 (건조 중의 선박에의 준용) 이 절의 규정은 건조 중의 선박에 준용한다.

9) 제2조 (적용범위) 이 법은 총톤수 20톤 이상의 기선과 범선 및 총톤수 100톤 이상의 부선에 대하여 이를 적용한다. 다만, 선박계류용·저장용등으로 사용하기 위하여 수상에 고정하여 설치하는 부선에 대하여는 적용하지 아니한다.
제3조 (등기할 사항) 선박의 등기는 다음에 게기하는 권리의 설정·보존·이전·변경·처분의 제한 또는 소멸에 대하여 이를 한다.
1. 소유권
2. 저당권
3. 임차권

10) 제36조 (건조중인 선박에 관한 저당권의 등기) 건조중인 선박에 관한 저당권의 등기는 조선지를 관할하는 등기소에 이를 신청하여야 한다.
제37조 (위와 같다) 제36조의 등기신청을 하는 경우에는 신청서에 다음의 사항을 기재하고 신청인이 이에 기명날인하여야 한다.
1. 선박의 종류와 선질
2. 용골의 길이, 선박에 용골의 비치가 없는 경우에는 선박의 길이
3. 계획의 폭과 깊이
4. 계획의 총톤수

선박에 대한 저당권의 설정등기를 인정하고 있어 건축 중인 건물에 대한 등기가능성도 충분히 인정 될 수 있다.

② 축사의 부동산등기 인정

2009년 10월 21일 법률 제9805호로 "축사의 부동산등기에 관한 특례법"이 제정되어 2010년 1월 22일부터 시행이 되었다. 이 법은 개방형 한우축사는 건축허가나 신고를 거쳐 건축물대장에 등록되어 과세대상임에도 둘레에 벽이 없다는 이유로 등기법상 건물로 인정되지 않아 소유권등기를 못함으로써 담보제공을 통한 금융권 대출 등이 어려운 실정을 감안하여, 개방형 한우축사도 등기법상 건물로 인정되도록 등기요건을 완화하는 "특례법"을 제정함으로써 축산농가의 재산권보장과 거래의 안전을 보장함을 목적으로 제정되었다.[11)]

③ 일본의 사례

일본의 경우 2005년 개정 전 부동산등기사무취급절차준칙 제136조 제1항에서는 "건물이란 지붕 및 둘레벽(周壁) 또는 이와 유사한 것을 갖추고, 토지에 정착한 건조물로서 그 목적으로 하는 용도에 제공될 수 있는 상태에 있는 것을 말한다."고 규정하고, 제2항에서 "건물인지 여부를 정하기 곤란한 건조물에 대해서는 다음의 예시로부터 유추하여 그 이용상황 등을 감안하여 판정해야 한다."고 하여 구체적으

---

5. 건조지
6. 조선자의 성명, 주소, 조선자가 법인인 때는 그 명칭과 사무소
7. 「부동산등기법」 제41조제3호 내지 제8호에 게기한 사항
8. 등록세액

제38조 (위와 같다) 제36조의 신청의 경우에는 제37조제1호 내지 제6호에 게기한 사항을 증명하는 조선자의 서면을 첨부하여야 한다.

제39조 (위와같다) 건조중인 선박에 관하여 처음으로 저당권의 등기를 하는 때는 등기용지중 표시란에 제37조제1호 내지 제6호에 게기한 사항을 기재하고 또 갑구 사항란에 등기의무자의 성명, 주소와 저당권의 등기신청으로 인하여 등기를 하는 취지를 기재하여야 한다.

제40조 (건조중의 저당권의 등기있는 선박소유권의 등기) ① 건조중에 저당권의 등기있는 선박에 관한 소유권보존등기는 저당권의 등기를 한 등기소에 이를 하여야 한다.
② 제1항의 등기는 저당권의 등기를 한 등기용지에 이를 하여야 한다.
③ 제1항의 등기를 한 때는 등기용지중 표시란에 기재한 전표시와 제39조의 규정에 의하여 갑구 사항란에 한 등기를 주말하고 소유권보존등기로 인하여 말소한다는 취지를 기재하여야 한다.

11) 국회 법제사법위원회, "축사의 부동산등기에 관한 특례법 심사보고서", 2009. 9. 참조.

로 건물로서 취급되는 것과 건물로서 취급되지 않는 것을 예시하여 이것을 토대로 건물인지 여부를 판단하고 있다. 일본도 우리나라와 마찬가지로 등기의 대상이 건물에 대해서는 별도의 정의 규정은 두고 있지 않으며, 판례 등에서 건물의 인정기준을 정하고 있을 뿐이지만, 일본이 우리와 다른 점은 기존의 고정된 건물인정기준에서 탈피하여, 현재는 모든 건축물에 대하여 일정한 요건만 갖추면 모두 등기할 수 있도록 그 가능성을 넓혀 놓았다는 점이다.[12)]

2) 건축 중인 건물의 등기를 위한 제언

우리가 일반적으로 부동산에 대하여 등기를 하는 것은 해당 부동산을 담보로 제공하여 금융을 얻는 등 재산권 행사가 용이하고, 이러한 등기가 부동산의 거래안전에도 도움이 되기 때문이다. 이러한 측면에서 건조 중인 선박에 대하여 등기를 인정한 예나, 축사에 대하여 특례를 인정하여 등기할 수 있도록 한 예, 일본이 등기가능성을 넓힌 예 등을 감안하여 볼 때 건축 중인 건물에 대한 등기를 부정할 이유는 없을 것이라 생각된다. 다만, 모든 건축중인 건물에 대하여 등기를 인정하는 것은 등기실무상으로나 등기를 통한 실효성 부분에서 무리가 있을 수 있다. 예를 들면 도급계약에 의하여 건축을 하는 경우 도급인과 수급인 중 누가 담보권을 설정할 것인지, 건물 건축 중 자금부족 등의 이유로 건물완성이 불가능하게 된 경우 해당 건물을 어떻게 환가하여 채권의 만족을 얻을 것인지 그리고 채권자가 과연 이러한 위험을 감수하고 자금을 조달해 줄 것인지 등 여러 문제점이 지적될 수 있다. 그러므로 건축 중인 건물을 등기하여 담보로 활용할 수 있도록 하기 위해서는 그 요건을 한정하여 인정하는 방안을 강구해야 할 것이다. 즉, 등기의 대상이 되는 건축 중인 건물의 규모를 제한하거나, 건축주를 제한하거나, 최소한의 기성고를 규정하여 기업의 자금조달을 용이하게 할 수 있는 방향으로의 개선이 필요할 것이라 생각된다.

---

12) 일본의 예에 관하 자세한 설명은 김판기, 앞의 논문, 161-165면 참조.

[쟁점 4]
- 독립된 거래의 객체로서의 건물이란?[1)]

□ 논의의 필요성

우리 민법은 토지 및 그 정착물을 부동산으로 정의하고 있다(민법 제99조). 이러한 부동산 중 토지와 건물은 독립된 거래의 객체로서 여러 측면에서 중요한 의미를 가지고 있으며, 부동산등기법에 따라 토지등기부와 건물등기부가 별도로 편성되어 있다. 그러나 현행법상 토지와 건물에 대한 명확한 정의규정이 없다. 일반적으로 토지는 인위적으로 구분된 일정한 범위의 지면과 정당한 이익이 있는 범위 내에서 그 지면의 상하를 포함하는 것으로 정의되고 있다. 하지만 건물의 경우에는 건물이 토지의 정착물 중에서 가장 중요한 것으로 토지로부터 독립한 별개의 부동산이 된다고는 하고 있으나 구체적으로 어떠한 것을 건물이라고 할 것인지에 대하여는 명확한 규정이 없는 실정이다. 그 결과 현행법은 독립된 부동산으로서의 건물은 무엇인지, 과연 어느 정도의 요건을 갖추어야 등기가 가능한지, 건축 중에 있는 건물에 대한 법률관계는 어떠한지 등에 대한 명확한 해답을 주지 못하고 있다.

건물이 부동산등기의 대상이 되기 위해 필요한 요건이 무엇인가에 관한 것을 단적인 예로 들면, 대법원 판례와 대법원 등기예규에서 정하고 있는 일정한 요건을 갖추는 방법 외에는 다른 방법을 생각해 볼 수가 없다.[2)] 이로 인해 그 요건을 갖추지 못한 수많은 건축물들, 특히 건축물대장에 등재도 되어 있고 재산적 가치도 커서 그 활용가능성이 충분한 건축물들의 소유자는 그 가치에도 불구하고 재산권행사를 제대로 할 수 없는 문제가 발생하고 있다.

이에 현행법상 독립된 거래의 객체로서 인정되고 있는 건물은 구체적으로

1) 아래의 내용은 김판기, "독립된 거래의 객체로서의 건물에 관한 법률문제 연구", 한양법학 제28권 제4집, 한양법학회, 2017. 11.을 요약정리 하였음.

2) 김판기, "개방형 축사 등 동식물 관련 건축물의 등기에 관한 연구", 한양법학 제20권 제3집, 한양법학회, 2009. 8, 158면.

어떠한 것인지에 대한 명확한 규명을 통해, 도대체 어느 정도의 수준에 이르러야 건물이 되는가에 대한 논쟁을 정리해야 할 필요성이 있다.

□ 현행 법체계 내에서의 건물

1. 현행법 내에서의 건물과 건축물의 구분

사전적 의미로 '건물'은 사람이 들어 살거나, 일을 하거나, 물건을 넣어 두기 위하여 지은 집을 통틀어 이르는 말로[3], '건축물'은 땅 위에 지은 구조물 중에서 지붕, 기둥, 벽이 있는 건물을 통틀어 이르는 말로[4] 정의되어, 서로 비슷하면서도 다른 의미를 가지고 있어 명확한 구별이 용이하지 않다.

법률적 의미로는 '건물'에 대한 명시적인 규정은 없으나, 제215조, 제216조, 제239조, 제242조, 제279조, 제280조, 제281조, 제283조, 제285조, 제288조, 제289조, 제304조, 제305조, 제312조, 제365조, 제366조, 제619조, 제620조, 제622조, 제632조, 제633조, 제635조, 제640조, 제641조, 제642조, 제643조, 제644조, 제646조, 제647조, 제649조, 제650조, 제668조, 제671조, 제947조의2에서 '건물'이라는 용어를 사용하고 있다. 다만 '건물'의 개념은 판례 등의 해석론에 의하면 독립된 부동산으로서의 건물이라고 하기 위하여는 최소한의 기둥과 지붕 그리고 주벽이 이루어져야 됨을 요구하고 있다[5], 이에 반해 '건축물'은 건축기본법 제3조 제1호에서 토지에 정착하는 공작물 중 지붕과 기둥 또는 벽이 있는 것과 이에 부수되는 시설물을

3) 국립국어원 표준국어대사전(http://stdweb2.korean.go.kr/search/List_dic.jsp)

4) 국립국어원 표준국어대사전(http://stdweb2.korean.go.kr/search/List_dic.jsp)

5) 대법원 2001. 1. 16. 선고 2000다51872 판결; 대법원 1996. 6. 14. 선고 94다53006 판결; 대법원 1990. 7. 27. 선고 90다카6160 판결(이건 저유조는 그 설치된 장소에서 손쉽게 이동시킬 수 있는 구조물이 아니고 그 토지에 견고하게 부착시켜 그 상태로 계속 사용할 목적으로 축조된 것임이 분명하고 거기에 저장하려고 하는 원유, 혼합유 등을 풍우 등 자연력으로부터 보호하기 위하여 둥그런 벽면과 삿갓모양의 지붕을 갖추고 있으므로 그 저유조는 유류창고로서의 기능을 가진 독립된 건물로 보아야 할 것이다); 대법원 1977. 4. 26. 선고 76다1677 판결(건축중의 건물이 어느 정도에 이르렀을 때 이를 독립된 부동산으로 볼 것이냐 하는 문제는 반드시 그 물리적 구조만을 표준으로 하여 획일적으로 이를 결정지을 수는 없는 것이지만 건물의 기능과 효용면에서 적어도 기둥과 지붕 그리고 주벽만이라도 이루어져야 된다).

의미한다고 규정하고 있고, 건축법 제2조 제1항 제2호에서 토지에 정착하는 공작물 중 지붕과 기둥 또는 벽이 있는 것과 이에 딸린 시설물, 지하나 고가의 공작물에 설치하는 사무소·공연장·점포·차고·창고, 그 밖에 대통령령으로 정하는 것을 의미한다고 규정하고 있다.

건물과 건축물을 현행 법령을 기준으로 인정대상의 범위 측면에서 구별하자면 건축물이 건물보다는 넓은 개념이라고 할 수 있으며, 건물은 주로 독립된 거래의 객체로서 고려되는 사법 영역에서, 건축물은 행정적 측면의 공법영역에서 주로 사용이 되고 있다. 아래에서는 독립된 거래의 객체로서의 건물을 중심으로 논의를 전개하고자 한다.

2. 다원적인 건물의 개념

현재 건물은 등기, 보상, 세제, 평가 등 그 목적이 무엇인지에 따라 건물로 인정하는 기준이 서로 상이하다. 아래에서는 현행 법령 및 해석론에 따라 각 대상별로 구분하여 건물의 인정기준을 검토해 본다.

가. 재산권의 객체로서의 건물

민법은 별도의 정의 규정 없이 제99조 제1항에서 "토지 및 그 정착물은 부동산이다"라고만 규정을 하여, 어떤 물건들이 토지의 정착물에 해당하며, 토지의 정착물로서의 건물이 되기 위해서는 어떠한 요건이 필요한지 등에 대해서는 전적으로 판례 등의 해석에 의존하고 있다. 또한 집합건물의 소유 및 관리에 관한 법률, 부동산등기법 등 민사특별법에도 건물의 개념에 대한 명확한 정의 규정은 없다. 다만 판례는 재산권의 객체인 독립된 부동산으로서의 건물이라고 하기 위하여는 최소한의 기둥과 지붕 그리고 주벽이 이루어져야 됨을 요구하고 있다.[6)]

대법원은 건축 중인 건물에 대하여 "독립된 부동산으로서의 건물이라고 하기

6) 대법원 2001. 1. 16. 선고 2000다51872 판결; 대법원 1996. 6. 14. 선고 94다53006 판결; 대법원 1990. 7. 27. 선고 90다카6160 판결; 대법원 1977. 4. 26. 선고 76다1677 판결 등.

위하여는 최소한의 기둥과 지붕 그리고 주벽이 이루어지면 된다. 신축 건물이 경락대금 납부 당시 이미 지하 1층부터 지하 3층까지 기둥, 주벽 및 천장 슬라브 공사가 완료된 상태이었을 뿐만 아니라 지하 1층의 일부 점포가 일반에 분양되기까지 하였다면, 비록 토지가 경락될 당시 신축 건물의 지상층 부분이 골조공사만 이루어진 채 벽이나 지붕 등이 설치된 바가 없다 하더라도, 지하층 부분만으로도 구분소유권의 대상이 될 수 있는 구조라는 점에서 신축 건물은 경락 당시 미완성 상태이기는 하지만 독립된 건물로서의 요건을 갖추었다."고 판시하였다.[7] 또한 "독립된 부동산으로서의 건물이라고 하기 위하여는 최소한의 기둥과 지붕 그리고 주벽이 이루어지면 된다고 할 것인바 이 사건 공작물은 위 경락 당시 지하 1, 2층 및 지상 1층까지의 콘크리트 골조 및 기둥, 천장(슬라브)공사가 완료되어 있고, 지상 1층의 전면(남쪽)에서 보아 좌측(서쪽) 벽과 뒷면(북쪽) 벽 그리고 내부 엘리베이터 벽체가 완성된 사실을 인정할 수 있으므로, 이 사건 공작물은 최소한의 지붕과 기둥 그리고 주벽이 이루어졌다고 할 것이어서 미완성 상태의 독립된 건물(원래 지상 7층 건물로 설계되어 있으나, 지상 1층만으로도 구분소유권의 대상이 될 수 있는 구조임이 분명하다)로서의 요건을 갖추었다고 할 것이다"라고 판시하였다.[8)9]

나. 부동산등기의 대상으로서의 건물

부동산등기법상 등기부는 토지등기부와 건물등기부로 구분되며(부동산등기법 제14조), 건물등기의 신청정보 또는 등기기록의 표시는 건축물대장과 일치하여야 한다고(부동산등기법 제29조) 규정하여, '건축물'이 아닌, '건물'이라는 용어를 사용하고 있다. 다만, 부동산등기법 규정에는 건물의 개념 내지 기준에 관한

7) 대법원 2003. 5. 30. 선고 2002다21592 판결.

8) 대법원 2001. 1. 16. 선고 2000다51872 판결.

9) 대상판결의 원심은 이 사건 공작물은 원고가 그 부지인 토지를 경락할 당시 지하 1, 2층, 지상 1층의 콘크리트 골조 및 천장공사, 지하 1, 2층에 흙이 무너져 내리는 것을 방지하는 옹벽공사만이 되어 있었고, 주벽은 설치되지 아니하였으며, 공사 진척도는 약 20 내지 30%에 불과하였던 사실을 인정한 다음, 이 사건 공작물을 독립된 건물로 보기는 어렵고 토지에 부합되어 토지와 함께 경락인을 거쳐 원고의 소유가 되었다고 판단하였다(광주고법 2000. 8. 23. 선고 2000나972 판결).

규정은 없고, 등기능력 있는 물건 여부의 판단에 관한 업무처리지침(등기예규 제1086호(2004. 10. 01 제정))에서 등기가 가능한 건물의 기준 등을 정하고 있다.

등기능력 있는 물건 여부의 판단에 관한 업무처리지침[10]에 따른 부동산등기의 대상이 되는 건물은 다음과 같다.

① 건축법상 건축물에 관하여 건물로서 소유권보존등기를 신청한 경우, 등기관은 그 건축물이 토지에 견고하게 정착되어 있는지(정착성), 지붕 및 주벽 또는 그에 유사한 설비를 갖추고 있는지(외기분단성), 일정한 용도로 계속 사용할 수 있는 것인지(용도성) 여부를 당사자가 신청서에 첨부한 건축물대장등본 등에 의하여 종합적으로 심사하여야 한다.
② 건축물대장등본 등에 의하여 건물로서의 요건을 갖추었는지 여부를 알 수 없는 경우, 등기관은 신청인으로 하여금 소명자료로서 당해 건축물에 대한 사진이나 도면을 제출하게 하여 등기능력 없는 건축물이 건물로서 등기되지 않도록 주의를 기울여야 한다.
③ 건물인지 여부를 판단하기 어려운 경우에는 동 지침의 예시[11]를 참고하되 그 물건의 이용상태 등을 고려하여(위 소명자료 참조) 등기관이 개별적, 구체적으로 판단하여야 한다.

다만, 축사에 대해서는 등기능력과 관련하여 예외를 인정하고 있다. 축사의

10) 등기예규 제1086호(2004. 10. 01 제정).

11) 〈등기능력 있는 건축물의 예시〉
지붕 및 주벽 또는 그에 유사한 설비를 갖추고 있고, 토지에 견고하게 정착되어 있는 것으로서 유류저장탱크, 사일로(silo), 농업용 고정식 온실, 비각, 경량철골조 경량패널지붕 건축물, 조적조 및 컨테이너구조 슬레이트지붕 주택 등은 건물로서 소유권보존등기를 할 수 있다.

〈등기능력 없는 건축물의 예시〉
지붕 및 주벽 또는 그에 유사한 설비를 갖추지 않고 있거나, 토지에 견고하게 부착되어 있지 않는 것으로서 농지개량시설의 공작물(방수문, 잠관 등), 방조제 부대시설물(배수갑문, 권양기, 양수기 등), 건물의 부대설비(승강기, 발전시설, 보일러시설, 냉난방시설, 배전시설 등), 지하상가의 통로, 컨테이너, 비닐하우스, 주유소 캐노피, 일시 사용을 위한 가설건축물, 양어장, 옥외 풀장, 경량철골조 혹은 조립식 패널 구조의 건축물 등은 건물로서 소유권보존등기를 할 수 없다.

부동산등기에 관한 특례법[12]은 소의 질병을 예방하고 통기성을 확보할 수 있도록 둘레에 벽을 갖추지 아니하고 소를 사육하는 용도로 사용할 수 있는 개방형 축사의 경우에는 외기분단성의 요건을 갖추지 못하더라도 부동산등기가 가능하도록 특례를 인정하여 부동산등기법이 정하는 절차에 따라 건물등기부에 등기할 수 있도록 하고 있다.[13]

다. 건축물대장 등재 대상으로서의 건물

건축물대장은 건축물의 소유·이용 및 유지·관리 상태를 확인하거나 건축정책의 기초 자료로 활용하기 위하여 작성된 것으로 건축물의 현황을 공시하고 있다. 건축법 제38조는 일정한 건축물에 대하여는 건축물대장을 작성 보관하도록 하고 있고, 제2조 제1항 제2호에서는 건축물의 의미를 "토지에 정착하는 공작물 중 지붕과 기둥 또는 벽이 있는 것과 이에 딸린 시설물, 지하나 고가의 공작물에 설치하는 사무소·공연장·점포·차고·창고, 그 밖에 대통령령으로 정하는 것"으로 정의하여,[14] 앞서 검토한 부동산등기의 대상으로서의 건물과 유사하게 정의되고 있다. 따라서 건축법 등 건축 관련 법령에 건물에 대한 정의 규정은 없지만, 건축물대장의 등재 대상이 되는 건축물 중 상당수는 건물에 해당하게 될 것이다.

라. 과세대상으로서의 건물

건물은 유형의 재산으로서 과세의 대상이 되므로, 건물에 해당되는지 여부에 따라 과세여부가 결정된다. 하지만 현행 세법상으로는 건물에 대한 정의규정이 없다. 다만, 구 지방세법(2000. 12. 29. 법률 제6312호로 개정되기 전의 것, 이하 같음) 제180조 제4호는 건축물의 정의에 대하여 "제104조제4호의 규정에 의한 건축물을 말한다. 다만, 대통령령이 정하는 구축물 및 건물과 구축물의 특수한 부대설비를 제외한다."고 규정하였고, 제104조 제4호는 "건축물, 대통령령이 정하

12) 법률 제9805호, 2009. 10. 21. 제정, 2010.1.22. 시행.

13) 이에 관한 상세는 김판기, 앞의 논문 참조.

14) 구체적으로 어떠한 건축물이 건축물대장의 작성대상이 되는지에 대해서는 윤태영 외2인, "건물에 관한 민법과 건축법의 법리에 관한 연구", 2014년도 법무부 연구용역 과제 보고서, 2014. 9, 12-27면 참조.

는 건물·구축물 및 건물과 구축물의 특수한 부대설비를 말한다."고 규정하여 건축물과 건물, 구축물 등을 구분하였다. 또한 구 지방세법시행령(2000. 12. 29. 대통령령 제17052호로 개정되기 전의 것, 이하 같음) 제75조의2 제1호는 건물을 "주택·점포·사무실·공장·창고·수상건물 등 지붕과 벽 또는 기둥이 있는 것"으로 규정하였다.[15)]

또한 판례는 건물이 재산세과세 대상이 되는지 여부에 대해 일정부분 그 기준을 제시하고 있다.

대법원은 미완공건축물에 대하여 "지방세법 제180조 제2호, 제104조 제4호, 동법 시행령 제75조의2 제1호의 규정을 종합하면 신축건물로서 재산세과세대상이 되는 것은 그 신축행위에 의하여 소유권의 대상이 될 수 있는 독립한 부동산이 되었을 때, 즉 지붕과 벽 또는 기둥을 갖추고 토지에 정착한 1개의 건축물로서 존재하는 상태에 이르면 족하고 현실적으로 그 건축물 본래의 용도에 따른 사용수익이 가능할 정도로 완성됨을 요하지 아니한다 할 것이고(대법원 1984. 4. 10. 선고, 83누682 판결 참조), 지방세과세대장은 과세행정청이 지방세를 적정하고도 원활하게 부과징수하기 위하여 내부적으로 작성, 보관하는 것으로서 비록 그 용도에 따른 사용수익을 할 수 없을 정도로 미완공인 건축물이라 할지라도 과세대상이 될 정도에 이른 건축물이라면 이를 재산세과세대장에 올려 그 납세의무자에게 소정의 지방세를 부과징수할 수 있는 것이므로 과세대상이 되는 미완공건축물을 재산세과세대장에 등재하였다고 하여 곧 허위공문서를 작성하였다고 단정할 수는 없다."고 판시[16)]한 바 있으며, 건물붕괴의 우려가 있다는 이유로 대피명령, 경계구역 설정 및 사용금지명령이 내려진 건물에 대하여 "재산세는 보유하는 재산에 담세력을 인정하여 부과되는 수익세적 성격을 지닌 보유세로서, 재산가액을 그 과세표준으로 하고 있어 그 본질은 재산소유 자체를 과세요건으로 하는 것이므로, 당해 재산이 훼손되거나 일부 멸실 혹은 붕괴되고 그 복구가 사회통념상 거의 불가능하게 된 정도에 이르러 재산적 가치를 전부 상실하게 된 때에는 재산세

15) 현재는 지방세법 및 동법시행령의 개정으로 건물에 관한 정의 규정은 삭제되었고, 지방세법상의 건축물의 개념을 건축법 제2조 제1항 제2호의 건축물로 정의하고 있다(지방세법 제104조 제2호, 제6조 제4호).

16) 대법원 1987. 8. 18. 선고 87도1263 판결

과세대상이 되지 아니하나, 재산세에 있어 현실적으로 당해 재산을 그 본래의 용도에 따라 사용·수익하였는지 여부는 그 과세요건이 아니다. 따라서 건물의 지하층의 일부가 부분 도괴되어 관할 관청이 건물붕괴의 우려가 있다는 이유로 대피명령, 경계구역 설정 및 사용금지명령을 하여 현재 건물의 사용·수익이 제한된 상태에 있으나 건물이 재산적 가치를 전부 상실하였다고 볼 수 없어 여전히 재산세 과세대상에 해당한다."고 판시[17]하여, 재산세의 본질은 재산소유 자체를 과세요건으로 하는 것이므로, 당해 재산이 훼손되거나 일부 멸실 혹은 붕괴됨으로 인하여 재산적 가치를 전부 상실하게 된 때에는 재산세 과세대상이 되지 아니하나 수익적 성격은 반드시 그 본질은 아니어서 현실적으로 당해 재산을 그 본래의 용도에 따라 사용·수익하였는지 여부는 그 과세요건이 아니므로 추상적으로 사용·수익의 가능성이 있으면 과세요건이 충족된다고 하였다.[18]

이처럼 지방세법상의 규정 및 대법원판례를 종합하면 건물이 재산세 과세대상이 되기 위하여는 다음과 같은 기준을 충족해야 한다.[19]

① 적어도 지붕과 주위벽을 갖추고 토지에 정착한 1개의 건축물로서 존재하여야 한다.
② 신축중인 건물의 경우 현실적으로 그 건축물 본래의 용도에 따른 사용·수익이 가능할 정도로 완성된 것을 요하지 아니한다.
③ 건물이 붕괴·훼손된 경우는 여전히 지붕과 벽, 기둥을 갖추고 있어 건물의 요건을 형식적으로 충족한다고 하더라도 사회통념상 그 복구가 거의 불가능한 정도에 이르러 그 실질에 있어 재산적 가치가 없다면, 재산세 부과대상인 건물에서 제외된다.

17) 대법원 2001. 4. 24. 선고 99두110 판결.

18) 이상인, "건물의 지하층의 일부가 부분 도괴되어 관할 관청이 건물붕괴의 우려가 있다는 이유로 대피명령, 경계구역 설정 및 사용금지명령을 하여 건물의 사용 · 수익이 제한된 상태에 있는 경우, 그 건물이 재산세 과세대상에서 제외되는지 여부", 대법원판례해설 37호(2001 상반기), 법원도서관, 2001, 211면.

19) 이상인, 위의 논문, 215면.

마. 감정평가의 대상으로서의 건물

건물에 대한 감정평가는 인간이 거주 또는 다른 목적으로 건축한 건축물의 경제적인 가치를 판단하여 그 결과를 가액으로 나타내는 것으로,[20] 민사집행법에 따른 경매, 민사소송법에 따른 건물의 명도나 철거와 관련된 소송절차, 공익사업을 위한 토지 등의 취득 및 보상에 관한 법률에 따른 취득 및 보상 등 다양한 영역에서 건물의 현존가치를 평가해야 하는 경우가 있다.

건물의 감정평가는 감정평가 및 감정평가사에 관한 법률 및 동법 시행령, 시행규칙 등을 근거로 이루어지게 되는데, 해당 법령에는 이러한 평가대상으로서의 건물이 무엇인지에 대한 개념정의는 없고, 감정평가 실무기준[21]에서 건물의 개념을 정의하고 있다. 다만, 현행 감정평가 실무기준은 "건물이란 토지에 정착하는 공작물 중 지붕과 기둥 또는 벽이 있는 것과 이에 부수되는 시설물, 지하 또는 고가(高架)의 공작물에 설치하는 사무소, 공연장, 점포, 차고, 창고, 그 밖에 「건축법 시행령」으로 정하는 것을 말한다."고 규정하여 감정평가의 대상으로서의 건물과 건축법상의 건축물을 동일한 개념으로 보고 있다.

바. 법정지상권의 대상으로서의 건물

건물로 볼 수 있는지 여부에 따라 법정지상권의 성립여부도 문제가 될 수 있다. 예를 들어 지하공사의 경우 지상으로 올라온 건물은 없어도 지하상가 건축이 어느 정도 이루어졌다면 건물로 볼 수 있어 법정지상권이 성립될 수 있다.

대법원은 "민법 제366조의 법정지상권은 저당권설정 당시 동일인의 소유에 속하던 토지와 건물이 경매로 인하여 양자의 소유자가 다르게 된 때에 건물의 소유자를 위하여 발생하는 것으로서, 토지에 관하여 저당권이 설정될 당시 토지 소유자에 의하여 그 지상에 건물을 건축중이었던 경우 그것이 사회관념상 독립된 건물로 볼 수 있는 정도에 이르지 않았다 하더라도 건물의 규모, 종류가 외형상 예상할 수 있는 정도까지 건축이 진전되어 있었고, 그 후 경매절차에서 매수인이

20) 김석현, "건설감정에서 건물의 현존가치 평가에 관한 개선방안", 광운대학교 박사학위논문, 2015, 12면.
21) 국토교통부고시 제015호, 2016. 12. 14.

매각대금을 다 낸 때까지 최소한의 기둥과 지붕 그리고 주벽이 이루어지는 등 독립된 부동산으로서 건물의 요건을 갖추어야 법정지상권의 성립이 인정된다"고 판시하였다.[22] 다만, 토지에 골프연습장 및 예식장을 건축하기 위하여 건축허가를 받아 그 무렵 공사에 착공하였으나 터파기공사를 마친 후 토사붕괴방지를 위하여 에이취빔(H-beam) 철골구조물만을 설치한 상태에서 공사가 중단된 사안에서는 해당 구조물은 건축 중의 건물로서 그 건물의 규모, 종류가 외형상 예견할 수 있는 정도까지 건축이 진전된 정도에 이르렀다고 인정할 수 없어 법정지상권의 성립을 배척하였다.[23] 이처럼 법정지상권 성립과 관련한 건물의 기준에 대하여 대법원은 기존 민법영역에서 논의되던 건물의 개념보다 확대하여 건물로 인정을 하고 있다.

3. 건물에 대한 개념 및 기준 정립의 필요성

재산법 영역에 있어 독립된 거래의 객체로 인정되는 대표적인 것이 토지와 건물이다. 토지에 대해서는 단지 토지소유권의 범위를 어떻게 할 것인지에 대한 논의는 있으나, 토지의 정의에 대한 논의는 특별히 없으며, 이러한 정의규정이 없더라도 그 개념에 있어 특별한 이견은 없다. 하지만, 건물의 경우에는 어느 정도의 상태에 있어야 독립된 거래의 객체로서의 건물로서 인정을 할 수 있을 것인지에 따라 여러 가지 법률문제가 발생한다. 예를 들면 부동산등기의 대상이 되는 건물의 범위를 어떻게 볼 것인가, 건축 중인 건물에 대한 법률문제로서 소유권은 누구에게 귀속되며, 이에 대한 등기가능성은 있는가 등의 다양한 법률문제가 발생할 수 있다. 또한 독립된 거래의 객체로서 인정이 될 수 있는지 여부에 따라 해당 물건이 재산권의 객체로 취급되어 권리자로 하여금 금융 등 재산권 행사 가능성의 보장 유무가 달라지게 된다.

---

22) 대법원 1992. 6. 12. 선고 92다7221 판결; 대법원 2003. 5. 30. 선고 2002다21585 판결; 대법원 2003. 5. 30. 선고 2002다21592, 21608 판결; 대법원 2003. 9. 23. 선고 2003다26518 판결; 대법원 2011. 1. 13. 선고 2010다67159 판결 등 참조.

23) 대법원 2004. 2. 13. 선고 2003다29043 판결.

앞서 검토한 바와 같이 현행 법률상 건물의 개념에 관한 명시적인 규정이 없어 건물을 어떠한 관점에서 접근하는지에 따라 아래와 같이 다양한 개념이 산재하고 있으며, 경우에 따라서는 건물과 건축물을 동일한 것으로 취급하는 경우도 존재한다.

구분	개념 및 인정기준	
재산권의 객체	판례	〈건물〉 최소한의 기둥과 지붕 그리고 주벽을 갖추고 사회관념상 독립된 부동산으로 볼 수 있는 정도에 이른 것
부동산등기의 대상	등기예규	〈건물〉 정착성, 외기분단성, 용도성
건축물대장 등재 대상	건축법	〈건축물〉 토지에 정착하는 공작물 중 지붕과 기둥 또는 벽이 있는 것과 이에 딸린 시설물, 지하나 고가의 공작물에 설치하는 사무소 · 공연장 · 점포 · 차고 · 창고, 그 밖에 대통령령으로 정하는 것
과세의 대상	(구) 지방세법	〈건물〉 주택 · 점포 · 사무실 · 공장 · 창고 · 수상건물 등 지붕과 벽 또는 기둥이 있는 것
	지방세법	〈건축물〉 토지에 정착하는 공작물 중 지붕과 기둥 또는 벽이 있는 것과 이에 딸린 시설물, 지하나 고가의 공작물에 설치하는 사무소 · 공연장 · 점포 · 차고 · 창고, 그 밖에 대통령령으로 정하는 것
감정평가의 대상	국토교통부고시	〈건물〉 토지에 정착하는 공작물 중 지붕과 기둥 또는 벽이 있는 것과 이에 부수되는 시설물, 지하 또는 고가(高架)의 공작물에 설치하는 사무소, 공연장, 점포, 차고, 창고, 그 밖에 건축법 시행령으로 정하는 것
법정지상권의 대상	판례	〈건물〉 사회관념상 독립된 건물로 볼 수 있는 정도에 이르지 않았다 하더라도 최소한의 기둥과 지붕 그리고 주벽이 이루어지는 등 건물의 규모, 종류가 외형상 예상할 수 있는 정도까지 건축이 진전될 것. 다만, 매각대금 완납시까지 독립된 건물로 인정되기 위한 최소한의 요건을 갖추어야 함

현재 우리나라에는 건축물대장에 등재되어있는 적법한 건축물을 기준으로 2016년 12월말 현재 7,054,733동의 건축물이 존재하고 있고, 이들 건축물 외에도 다양한 형태의 건축물들이 존재하고 있음에도 이들 건축물과 건물을 구별하는 기본적인 정의규정은 존재하지 않는다.

〈건축물현황〉24)

□ 용도별 (단위: 동)

구분	계	주거용	상업용	공업용	문교·사회용	기타(공공용, 농수산용 등)
합계	7,054,733	4,589,295	1,222,344	302,193	189,371	751,530
	100.0%	65.1%	17.3%	4.3%	2.7%	10.7%

□ 층수별

구분	계	1층	2~4층	5층	6~10층	11~20층	21~30층	31층 이상	기타
합계	7,054,733	4,371,257	2,316,594	161,147	81,998	83,614	17,630	1,661	20,832
	100.0%	62.0%	32.8%	2.3%	1.2%	1.2%	0.2%	0.0%	0.3%

□ 소유구분별

구분	계	국공유	개인	법인	기타
합계	7,054,733	185,271	5,636,849	434,117	798,497

이처럼 현행 법령 및 판례 등을 통한 해석론을 보더라도 건축물과 건물은 구분이 되는 개념이다. 그리고 우리나라에 존재하는 건축물 내지 건물의 현황 및 규모 등 사회경제적인 측면에서도 이를 구분할 필요 내지 가치는 충분할 것으로 생각된다.

따라서 법률상 명확성이 없이 실무지침이나 해석론에 의해 정의되고 있는

24) 2016년 12월말 기준, 건축물대장에 등재되어 있는 적법한 건축물 현황(출처: 국토교통 통계누리 / 건축물통계 (http://stat.molit.go.kr/portal/cate/statView.do?hRsId=19&hFormId=560)).

건물의 개념을 명확히 하는 작업이 필요할 것으로 생각되며, 이러한 작업을 통해 건물에 대한 규율이 보다 체계적으로 이루어져 건물에 관한 법률문제와 관련해 일관성 있는 결론을 얻을 수 있을 것이다.

□ 독립된 거래의 객체로서의 건물에 대한 일본의 입법례

1. 서설

로마법에서는 동산과 부동산의 구별이 중요하지 않았으며, 일반적으로 부동산이라고 하면 토지를 의미하고 건물과 같은 토지의 정착물은 "지상물은 토지에 따른다"는 원칙에 따라 토지의 일부분으로 취급될 뿐, 독립된 거래의 객체로서의 물건으로 취급되지 않았다.[25] 하지만 우리나라와 일본의 법제는 토지뿐만 아니라 그 정착물도 독립한 부동산으로 규정하여 일정한 건물은 토지와는 별개인 독립된 거래의 객체로 인정을 하고 있고, 부동산등기부도 토지등기부와 건물등기부로 구분하여 작성하고 있다. 이에 서구에서 논의되는 건물에 대한 검토보다는 일본의 독립된 거래의 객체로서의 건물에 관한 규율형태를 검토하는 것이 효율적일 것으로 생각된다.

2. 민법 및 민사특별법에서의 건물

일본민법은 제86조 제1항에서 "토지 및 그 정착물은 이것을 부동산이라고 한다"라는 취지의 규정을 두고 있지만, 어떤 토지의 정착물을 건물이라고 할 것인지에 대하여는 정의규정이 없다. 또한 민사특별법에 해당하는 건물의 구분소유 등에 관한 법률, 차지차가법, 건물보호에 관한 법률, 공장저당법 등의 법률에서도 건물의 정의에 관한 별도의 규정은 없다. 다만, 판례는 건물의 정의에 대하여 목재를 짜 올리고, 지붕을 덮은 것만으로는 건물이라고 할 수 없지만, 지붕이

25) 윤태영 외2인, 앞의 용역보고서, 40면.

덮이고 주벽이 쌓여지면, 아직 마루·천정을 갖추지 않은 것도 건물이라고 말할 수 있다고 판시하여[26], 건물의 요건을 갖추려면 지붕과 주벽이 완성되어 외기와 차단될 것을 요구하고 있는 것으로 보인다.[27][28]

3. 건축기준법에서의 건물

건축기준법 제2조 제1호에서 건축물은 "토지에 정착한 공작물 중, 지붕 및 주 또는 벽을 갖는 것(이것에 유사한 구조의 것을 포함한다), 이것에 부속한 문 또는 울타리, 관람을 위한 공작물 또는 지하 또는 고가의 공작물내에 설치한 사무소, 점포, 흥행장, 창고 그 밖에 이것들에 유사한 시설(철도 및 궤도의 선로 부지내의 운전 보안에 관한 시설 및 구름다리, 플랫폼의 가건물, 저장소 그 밖에 이것들에 유사한 시설을 제외한다)을 말하고, 건축설비를 포함한 것으로 한다."고 규정하고 있을 뿐 법률에 의하여 구체적인 건물의 개념을 정의하고 있지는 않다.

4. 부동산등기법에서의 건물

부동산등기법 제2조 제1호에서는 부동산은 토지 또는 건물을 말한다고 규정하고 토지와 건물의 부동산등기에 관한 사항을 규율하고는 있으나 부동산등기법에는 건물에 대한 정의규정은 없다. 다만, 일본은 부동산등기규칙 제111조에서는 지붕 및 주벽 또는 이와 유사한 것을 갖추고 토지에 정착한 건조물로서 그 목적에 따른 용도에 제공할 수 있는 상태에 있어야 건물로 인정할 수 있다고 건물의 개념을 정의하고 있으나, 부동산등기사무취급절차준칙 제77조에서는 건물의 인정 기준으로서 "건물의 인정에 관해서는 다음의 예시[29]에서 유추하여 그 이용상황

---

26) 大判 昭和 10. 10. 1 民集 14-1671.

27) 井上英治, ロースクール民法(上) 民法總則·物權總論, 辰已法律硏究所, 2003, 100頁.

28) 일본에서 등기가 가능한 건물로 인정되기 위한 구체적인 기준에 대하여는 전혜정, "등기능력 있는 건물 여부의 판단기준", 법조 통권 631호, 법조협회, 2009. 4, 390면 이하 참조.

29) 〈건물로서 취급되는 것〉

등을 감안하여 판정하는 것으로 한다."라고만 규정하여 과거 준칙(2005년 개정 전)[30]에서 건물로 인정되기 위한 요건으로 규정하였던 ① 외기분단성과 ② 정착성, ③ 용도성 등에 대한 내용을 삭제하고 있다.[31]

5. 소결

일본의 경우 실무관행상 건물로 인정될 것인지 여부에 대하여 상세하고 구체적인 가이드라인을 제시하고 있는 것으로 보인다.[32] 하지만 일본도 우리나라와 유사하게 독립된 거래의 객체로서의 건물에 대한 명시적인 정의규정은 두고 있지 않고, 건축기준법 등 행정법규에서는 건축물을 부동산등기규칙 및 부동산등기사무취급절차준칙 등 등기의 대상과 관련해서는 건물이라는 용어를 사용함으로써 그 개념을 구별하고 있어, 우리 법령 및 해석론과 큰 차이를 보이고 있지는 않다.

---

① 정차장의 승강장 또는 하물집하장. 다만, 상실(上室)이 있는 부분에 한한다.
② 야구장, 경마장의 관람석. 다만, 지붕이 있는 부분에 한한다.
③ 육교를 이용하여 축조한 점포, 창고 등의 건조물
④ 지하정차장, 지하주차장 또는 지하도의 건조물
⑤ 원예 또는 농경용의 온상시설, 다만, 반영구적인 건조물로 인정되는 것에 한한다.

〈건물로서 취급되지 않는 것〉
① 가스탱크, 석유탱크, 급수탱크
② 기계위에 건설한 건조물, 다만, 지상에 기각(基脚)이 있거나 지주를 세운 것을 제외한다.
③ 浮船을 이용한 것, 다만, 고정되어 있는 것을 제외한다.
④ 아케이드를 씌운 상점가(公衆用 도로위에 지붕을 덮은 부분)
⑤ 용이하게 운반할 수 있는 매표소, 입장권판매소 등

30) 2005년 개정 전 부동산등기사무취급절차준칙 제136조 제1항에서는 "건물이란 지붕 및 주벽 또는 이와 유사한 것을 갖추고, 토지에 정착한 건조물로서 그 목적으로 하는 용도에 제공될 수 있는 상태에 있는 것을 말한다."고 규정하고, 제2항에서 "건물인지 여부를 정하기 곤란한 건조물에 대해서는 다음의 예시로부터 유추하여 그 이용상황 등을 감안하여 판정해야 한다."고 하여 구체적으로 건물로서 취급되는 것과 건물로서 취급되지 않는 것을 예시하여 이것을 토대로 건물인지 여부를 판단하였다(상세는 김판기, 앞의 논문, 164면 참조).

31) 不動産登記事務取扱手続準則の改正について(2005年 2月 25日 法務省民二 第456号 通達).

32) 윤태영 외2인, 앞의 용역보고서, 68면.

□ 건물의 개념 및 기준의 정립을 위한 법정책적 제언

1. 건물에 대한 규율방향

앞서 살펴본 바에 따르면 법률적 개념으로서 건물의 정의에 관한 논의는 권리성에 관한 사법영역과 건물의 현황 등에 관련된 공법영역으로 양분되어 있으나, 그렇다고 하여 두 영역의 개념이 전혀 상반되어 있는 것은 아니다. 그러므로 건물에 대한 규율방향을 논의함에 있어 현행과 같은 이원적 규율 내지 접근과 동시에 사법과 공법영역의 조화의 문제도 함께 고민해야 할 것이다. 즉 사법적 측면에서는 권리의 객체로서의 건물에 대한 일반규정을 통해 그 개념을 명확화하고, 이것이 공법적 측면에서 건물의 현황 문제를 중심으로 한 행정법적 측면과 상호 유기적으로 연계될 수 있도록 하여야 할 것이다. 이러한 목적의 달성을 위해서는 권리성 인정과 관련된 사법적 측면에서의 건물개념에 대한 논의가 명확히 이루어지는 것이 우선되어야 할 것이다. 아래에서는 건물의 개념에 대한 사법적 측면과 공법적 측면 중 사법적 측면에서의 법정책적 대안을 제시하는 것에 초점을 두어 검토하고자 한다.

2. 독립된 거래의 객체로서 인정되기 위한 건물의 기준

건물은 일반적인 토지와는 달리 건축과정을 통한 물리적 완성도에 따라 독립된 거래의 객체로서의 건물로 인정할 수 있는지 여부가 결정될 것이다. 따라서 법률에 건물에 대한 개념 내지 인정기준을 마련하기 위해서는 건물이 독립된 거래의 객체로 인정될 수 있는 물리적 완성도가 어느 정도인지에 대한 검토가 필요할 것이다.

일반적으로 건물이 완성 되어가는 과정을 보면, ① 공사에 착공하여 기초공사 등을 하고 있는 단계 ② 공사가 진척되어 건물의 외관을 갖추어 가고 있는 단계 ③ 건물의 외관을 갖추어 사회통념상 토지에 정착된 독립된 정착물로 완성된 단계 ④ 내부공사 등을 통해 완전한 건물의 형태를 갖추었으나 사용승인 등

행정 절차가 남아 있는 단계 ⑤ 행정절차를 마치고 건축물대장에 등재는 하였으나 소유권보존등기는 아직 하지 않은 단계 ⑥ 소유권보존등기까지 경료하여 건물등기부에 건물로 등기된 단계로 구분해 볼 수 있다.[33] ① 단계의 건물은 토지에 부합된 일종의 부합물로 보아 독립된 거래의 객체로 보기 어렵다. ⑥ 단계의 건물은 공시방법으로서의 등기까지 경료된 단계로 당연히 독립된 거래의 객체로 볼 수 있으나, 이는 건물의 인정범위를 너무 좁게 하여 기존의 해석체계와 부조화를 이루거나 혼란을 야기할 우려가 있다. 따라서 물리적 완성도를 기준으로 건물의 개념을 정할 때에는 ②, ③, ④, ⑤ 단계 중 정책적 판단을 통해 건물로 볼 수 있는 적정한 단계를 정하여야 할 것이다. 개인적으로는 앞서 살펴본 건물에 대해 현재 우리나라에서 논의되고 있는 해석론이나 일본의 입법례를 통해 검토한 건물의 개념 등을 참고하고, 기존의 해석체계와의 조화, 건물을 바라보는 일반인의 사회통념 등을 고려할 때는 ③ 단계, 즉 건물의 외관을 갖추어 사회통념상 토지에 정착된 독립된 정착물로 완성된 단계에는 이르러야 독립된 거래의 객체로서의 권리성을 가진 건물로 볼 수 있을 것이라 생각된다.

다음으로는 건물로 판단하기 위한 ① 건물의 외관 ② 사회통념 ③ 토지에 정착된 정착물이라는 구체적인 판단기준에 대한 검토가 필요하다. 물론 이와 관련하여 최근까지의 판례태도에 의하면 정착성, 외기분단성, 용도성 정도의 요건은 충족해야 위 ①, ②, ③의 요건을 갖춘 것으로 볼 수 있을 것이다. 그러나 최근에는 건축물에 대한 수요가 다양하게 됨과 동시에 건축기술이 발달하고, 다양한 용도와 구조를 가진 건축물이 나타나고 있어 과거의 단순한 건물의 개념만으로는 인정하기 곤란한 사례가 증가하고 있다.[34] 이러한 측면에서 실제로 집합건물의 소유 및 관리에 관한 법률에서는 이용상의 독립성 및 법령에 의한 일정한 요건만 갖추면 구조상의 독립성이 없더라도 독립된 거래의 객체로 인정하고 소유권 등기도 가능하도록 예외를 인정하고 있고, 축사의 부동산등기에 관한 특례법에서는 개방형 축사의 경우에 외기분단성의 요건을 갖추지 못하더라도

33) 남동현, "건축 중인 건물의 부동산강제집행 가능성", 민사집행법연구 제1권, 한국민사집행법학회, 2005. 02, 199면.

34) 김판기, 앞의 논문, 167면.

독립된 거래의 객체로 취급하여 소유권 등기가 가능하도록 예외를 인정하고 있다. 따라서 건물의 개념을 정의하는 구체적 기준을 정함에 있어 이러한 사회적 변화도 당연히 고려의 대상이 되어야 할 것이다.

3. 독립된 거래의 객체로서의 건물에 관한 입법안

앞서 검토한 기준들을 종합할 때, 독립된 거래의 객체로서의 건물이 되기 위해서는 부동산으로 취득되기 위한 요건으로서 정착성, 사회통념상 건물로 인정되기 위한 요건으로서 독립된 거래의 객체로 인정될 만한 재산적 가치가 기본적으로 요구되어야 할 것이고, 이는 건물의 개념을 시대에 맞게 변경되거나 시대의 흐름을 즉각적으로 반영할 수 있는 형태로 변경하는데 유리한 장점이 있을 것으로 생각된다. 또한 규정 방식과 관련해 이러한 개념 정의는 실체법이면서 일반법인 민법에 아래와 같이 규정을 하는 것이 타당할 것으로 생각된다.

〈독립된 거래의 객체로서의 건물에 관한 민법 개정(안)〉

현행	개정안
제99조(부동산, 동산) ① 토지 및 그 정착물은 부동산이다. ② 부동산 이외의 물건은 동산이다.	제99조(부동산, 동산) ① 토지 및 그 정착물은 부동산이고, 부동산 이외의 물건은 동산이다. ② 제1항의 정착물은 독립된 재산적 가치와 용도를 가지고 토지에 정착된 공작물인 건물과 건물 이외의 물건이다.

제3장

부동산물권변동과 등기

중요 쟁점 미리보기

- 물권변동과 공시
- 부동산등기
- 부동산물권의 변동

기본이론 들여다보기

물권변동과 공시

물권의 변동이란 물권의 발생·변경·소멸을 말한다(물권의 득실변경). 물권의 발생에는 절대적 발생과 상대적 발생이 있다. 전자는 기존의 물권자와 관계없이 원시적으로 물권을 취득하는 경우로서, 예컨대 시효취득·무주물선점·유실물습득·매장물발견 등이 이에 속한다. 후자는 물권이 전물권자로부터 후물권자에게 그대로 이전함으로써 물권을 취득하게 되는 이전적 취득(예컨대 매매·상속 등에 의한 승계)과 기존의 물권에 기초하여 새로운 물권이 설정되는 설정적 취득(예컨대 지상권·저당권의 설정)으로 나누어진다. 물권의 변경은 물권 자체의 동일성을 유지하면서 물권의 객체나 내용에 변화가 생기는 것을 말한다. 객체인 물건의 증가나 감소, 저당권에 있어서 피담보채권의 변경 등이 그 예이다. 물권의 소멸은 절대적 소멸과 상대적 소멸이 있다. 전자는 목적물의 멸실와 같이 물권 자체가 없어져 버리는 것이고, 후자는 물권 자체는 존속하지만 물권이 타인에게 승계됨으로써 종래의 주체가 물권을 잃는 것, 즉 위에서 본 이전적 취득을 말한다.

민법은 물권의 대상이 부동산인가 동산인가에 따라 부동산물권변동과 동산물권변동으로 나누어 따로 규율하고 있다. 부동산물권변동에 대해서는 제186조와 제187조에서, 동산물권변동에 대해서는 제188조 내지 제190조에서 각각 규율하고 있다. 물권변동은 물권적 법률효과이므로, 그 원인이 되는 일정한 법률요건이 존재하여야 발생한다. 그러한 법률요건은 법률행위와 법률행위 이외의 법률요건으로 나누어진다. 당사자의 의사표시에 의하여 물권변동이 일어나는 것을 '법률행위에 의한 물권변동'이라고 하며, 법률행위에 의한 부동산물권변동은 제186조에서, 법률행위에 의한 동산물권변동은 제188조 내지 제190조에서 규율한다. 법률행위 이외의 원인에 의하여 물권변동이 일어나는 것을 '법률의 규정에 의한 물권변동'이라고도 하며, 법률의 규정에 의한 부동산물권변동은 제187조에서, 법률의 규정에 의한 동산물권변동은 주로 제246조 이하에서 규율한다.

물권은 배타적 효력을 갖는 권리이기 때문에 물권의 소재와 변동을 일정한 외부적 표상에 의하여 인식할 수 있도록 하지 않으면 제3자에게 예상치 못한 손해를 주게 될 뿐만 아니라 권리관계가 복잡해진다. 따라서 거래의 안전을 보호하기 위하여 물권의 변동을 일반 제3자가 용이하게 인식할 수 있도록 하는 표상을 공시방법이라 하고, 공시방법을 통하여 물권의 현상을 공시하는 제도를 공시제도라고 한다. 부동산물권의 공시방법은 '등기'이다. 부동산물권의 귀속과 변동과정은 '부동산등기법'의 정함에 따라 토지는 토지등기부에, 건물은 건물등기부에 각각 기재된다. 한편 입목도 입목등기부에 '등기'하고(입목에 관한 법률), 수목의 집단·미분리의 과실 등에 관하여는 관습법상 '명인방법'이라는 공시제도가 인정된다. 동산물권의 공시방법은 '점유'이다. 동산의 점유를 이전하는 것을 '인도'라고 하는데, 그 방법으로 민법은 현실인도(제188조 제1항)·간이인도(제188조 제2항)·점유개정(제189조)·목적물반환청구권의 양도(제190조)의 4가지를 규정하고 있다.

공시의 원칙과 공신의 원칙

공시의 원칙은 물권의 소재 및 변동은 언제나 공시방법을 갖추어야 한다는 원칙이다. 이 원칙은 물권변동을 외부에서 인식할 수 있도록 하므로 거래의 안전을 위하여 인정되는 것이다. 공시의 원칙을 실현하기 위하여 이를 강제하는 방법으로는 두 가지가 있다. 하나는 공시방법을 갖추지 않으면 일반 제3자에 대한 관계에서는 물론, 당사자 사이에서도 물권변동의 효력이 발생하지 않는 것으로 하는 것이고(성립요건주의), 다른 하나는 공시방법을 갖추지 않은 경우에도 당사자 사이에서는 물권변동의 효력이 발생하지만 그 물권변동으로써 제3자에게 대항하지 못하는 것으로 하는 것이다(대항요건주의). 공시의 원칙은 물권에 관해서 뿐만 아니라 다른 사권에 관해서도 인정되고 있다. 채권의 양도에 있어서의 통지나 승낙이라는 대항요건(제450조 이하), 혼인(제812조)·인지(제859조)·입양(제878조) 등에서의 신고가 그 예이다.

공신의 원칙이란 물권의 존재를 추측케 하는 표상, 즉 공시방법이 존재하는 경우에는 비록 그 표상이 실질적 권리와 일치하지 않는다 할지라도 그 표상을 신뢰한 자는 보호되어야 한다는 원칙이다. 공시의 원칙은 그 공시방법이 진실한 권리관계와 일치한다는 것을 전제로 하나, 경우에 따라서는 그것이 일치하지 않을 수가 있다. 여기서 물권의 표상을 신뢰한 자를 보호하여야 할 필요가 생기고, 공신의 원칙은 이러한 취지를 반영한 것이다. 민법은 부동산등기의 공신력은 인정하고 있지 않지만, 거래안전을 보장하기 위해 아래와 같은 여러 제도들을 두고 있다. 그러나 이러한 제도는 매우 불완전한 것이어서 이러한 제도만으로는 부실등기를 믿고 거래한 당사자와 제3자를 보호하는데 한계가 있다.

① 선의의 제3자 보호규정

민법은 법률행위가 진의 아닌 의사표시, 통정허위표시로서 무효이거나, 착오, 사기, 강박을 이유로 취소된 경우에도 일정한 요건하에 그 법률효과를 선의의 제3자에게 주장할 수 없도록 함으로써(민법 제107조 제2항, 제108조 제2항, 제109조 제2항, 제110조 제3항), 무효의 절대적 효력과 취소의 소급효를 제한하는 선의의 제3자 보호규정을 두고 있다.

② 계약의 해제와 제3자의 권리

민법 제548조 제1항은 "당사자일방이 계약을 해제한 때에는 각 당사자는 그 상대방에 대하여 원상회복의 의무가 있다. 그러나 제3자의 권리를 해하지 못한다." 라고 규정하여 제3자의 권리관계를 보호하기 위한 규정을 두고 있다.

③ 취득시효

우리 민법은 제245조 제1항에서 20년간 소유의 의사로 평온, 공연하게 부동산을 점유하는 자는 등기함으로써 그 소유권을 취득한다고 규정하고, 제2항에서 부동산의 소유자로 등기한 자가 10년간 소유의 의사로 평온, 공연하게 선의이며 과실없이 그 부동산을 점유한 때에는 소유권을 취득한다고 규정하여, 점유취득시효와 등기부취득시효를 인정하고 있다. 이는 일정한 사실상태가 오랫동안 계속한 경우에, 그 상태가 진실한 권리관계에 부합하느냐 않느냐를 묻지 않고서, 그 사실상태를 그대로 존중하여 이로서 권리관계로 인정하는 제도로서 인정이 되고 있다.

④ 기타

앞의 규정들 이외에도 채무불이행책임, 담보책임, 불법행위로 인한 손해배상청구권, 부당이득반환청구권 등에 관한 규정을 두어 부실등기를 신뢰한 사람을 일정부분 보호할 수 있는 방안을 마련하고 있다.

※ 민법의 제정과 공신력의 불인정

민법원안 제177조는 부동산에 관한 법률행위로 인한 물권의 득실변경은 등기하여야 그 효력이 생긴다고 하여 물권변동에 대하여 종전에는 의사주의를 택하던 것을 형식주의를 채택하여 부동산에 있어서는 등기를 효력발생요건으로 함으로써 법률관계의 착잡을 지양하는 동시에 거래의 안정을 기하고자 하였다. 이에 대하여 국회본회의에서는 제1독회

(1957년 11월 6일 부터 1957년 11월 7일)와 제2독회(1957년 11월 25일 부터 1957년 11월 26일)를 거치면서 긴 토론을 하였으며 이 과정에서 부동산등기의 공신력을 인정할 것인지 여부에 대하여도 찬반양론이 대립되었다. 민법원안 제177조에 대한 국회 본회의 과정에서 현석호 의원은 형식주의나 공신력은 밀접한 관련이 있으며, 공신력을 부여하지 않으면 형식주의는 거의 무의미하게 된다고 주장하였다. 그러나 현석호 의원은 여기서 문제가 되는 것은 우리나라에 있어서 등기에 공신력을 인정할 수 있는 상황이 되는가 하는 점이며 우리나라의 현실로 보아서는 공신력을 인정할 수 있는 상황이 아니라고 하고 있다. 왜냐하면 공신력을 부여하자면 적어도 등기부가 명료하고 정확하여야 하는데 실상은 그렇지 않기 때문이다. 등기부가 정확성을 유지하기 위해서는 등기원인이 되는 법률행위가 효력이 있었느냐 없었느냐 취소할 것이냐 여부 등에 대하여 등기관이 실질적으로 심사할 수 있도록 권한을 주어야 하는데 현재 우리나라의 현실로는 도저히 등기관에게 그러한 심사권을 인정할 형편이 못되며, 막대한 수의 등기관을 유지한다는 것이 막대한 비용을 초래할 것이기 때문에 공신력의 인정은 재정상의 입장에서 보더라도 상당히 시행하기 어려운 제도라고 하고 있다. 또한 장경근 의원의 경우도 우리나라에서 등기관은 형식적 심사권밖에 없어 등기의 공신력을 인정하는 것은 불가능하다고 주장하고 있다. 이로 인해 우리 민법은 형식주의를 취하는 법제가 거래안전을 위해 모두 등기에 공신력을 인정하는 것과는 달리 형식주의를 취하면서 등기에 공신력을 인정하지 않는 결과를 낳게 되었다.

※ 공시의 원칙과 공신의 원칙에 대한 외국의 입법례

□ 독일민법

부동산·동산에 대하여 공시의 원칙과 공신의 원칙이 모두 인정된다.

독일 민법은 토지등기부의 내용은 법률행위에 의한 부동산물권 또는 그 위의 권리를 취득한 자의 이익을 위하여 정당한 것으로 본다(독일 민법 제892조 제1항 제1문)고 규정하여, 선의의 제3취득자를 보호하고 있다. 가령, 甲의 소유로 등기되어 있기 때문에 이를 신뢰하고 거래한 乙은 비록 그 부동산의 진정한 권리자가 丙이라고 하더라도 유효하게 소유권을 취득할 수 있다.

문제는 이와 같이 등기의 공신력을 인정하면 거래안전은 보장되는 반면에, 진정한 권리자는 자신의 권리를 상실하게 된다. 따라서 등기의 공신력을 인정하는 경우에는 진정한 권리자의 이익을 충분히 보호할 수 있는 제도적 장치가 마련되어야 한다. 독일 민법은 그 제도적 장치의 하나로 등기정정청구권을 인정하고 있다. 즉, 진정한 권리자는 그러한 불이익을 피하기 위하여 등기의 정정(Berichtigung)을 신청할 수 있다.

□ 프랑스민법

부동산에는 공시의 원칙만이 인정되고, 동산에는 공신의 원칙만이 인정된다.

프랑스에서 등기에 대하여 권리의 추정력은 인정되지만, 공신력은 인정되지 않는다.

무엇보다도 프랑스의 등기는 권원의 등기가 아니기 때문에 등기는 현재의 권리상태도 물권변동의 과정도 정확히 공시하지 못한다(현재 프랑스에서 사용되는 방법은 공시되는 증서 등을 일자별로 분류 · 보관하고, 따로 권리자별로 카드를 작성하여 그 증서를 쉽게 찾아 볼 수 있도록 필요사항을 기재하는 방식을 취하고 있음). 따라서 등기의 권리 추정력은 인정되지만 공신력은 인정될 수 없다.

그 결과 프랑스에서는 등기의 사항이 실체법상 불성립하거나 무효인 때에는 그 불성립, 무효를 가지고 선의의 제3자에게도 대항할 수 있다. 그러나 등기를 할 때에는 반드시 공증을 거쳐야 하고 또 등기의 방식이 당사자가 제출하는 공증문서를 그대로 편철하는 것이므로 공증문서에 단순한 추정력이 아닌 법적 증명력이 인정되므로 실제로는 공신력을 인정하는 것과 비슷한 결과가 된다.

부동산등기제도

부동산등기란 등기관이라는 국가기관이 법정절차에 따라 등기부라는 공적 장부에 부동산의 상황과 권리관계를 기재하는 것 또는 그러한 기재 자체를 말한다. 부동산등기는 등기소에 비치되어 있는 등기부에 행하여지는 점에서 행정청 등에 비치되어 있는 공부에 일정한 권리관계를 기재하는 등록과 구별된다. 등기는 거래관계에 들어가는 제3자를 위하여 권리내용을 명백히 공시하여 예측하지 못한 손해를 방지하는 제도로서 거래의 안전을 보호하는 중요한 구실을 한다.

부동산등기는 그 편성 방식에 따라 물적 편성주의, 인적 편성주의, 연대적 편성주의 등으로 구분할 수 있다. 여기서, 물적 편성주의라 함은 각각 토지·건물을 기준으로 하여 하나의 부동산에 한 용지를 사용하여 등기부를 편성하는 방식을 말하며, 인적 편성주의는 부동산의 소유자를 기준으로 각자에게 한 용지로 편성하는 방식을 말하며, 연대적 편성주의는 부동산 권리의 변동을 기재한 것을 순차적으로 편철하여 등기부를 편성하는 방식을 말한다.

우리나라의 경우에는 등기부의 조직에 있어서 물적 편성주의를, 등기절차에 있어서 공동신청의 원칙과 형식적 심사주의를, 등기의 효력에 관하여 성립요건주의를 취하고 있고, 등기의 공신력은 인정되지 않으며 등기부와 대장이 이원화되어 있다는 점을 그 특징으로 한다.

등기부는 부동산의 상황과 그에 관한 권리관계를 기재하는 공적 장부를 말하며, 토지등기부와 건물등기부의 두 가지가 있다(부동산등기법 제14조 제1항). 등기부에는 1필의 토지 또는 1개의 건물에 대하여 1개의 등기기록을 둔다(부동산등기법 제15조 제1항 본문). 다만 1동의 건물을 구분한 건물에 있어서는 1개의 건물에 속하는 전부에 대하여 1등기기록을 사용한다(부동산등기법 제15조 제1항 단서). 즉, 1동의 건물 전체에 대한 등기부(표제부)와 구분한 건물의 등기부(표제부, 갑구, 을구)를 편철한다. 등기기록에는 부동산의 표시에 관한 사항을 기록하는 '표제부', 소유권에 관한 사항을 기록하는 '갑구', 소유권 이외의 권리에 관한 사항을 기록하는 '을구'를 둔다(부동산등기법 제15조 제2항). 다만 집합건물의 경우 표제부는 1개의 건물의 표제부와 구분한 건물의 표제부를 따로 두고 있다.

대장은 부동산 자체의 현황을 명확히 파악하기 위하여 시장·군수·구청장이 작성하는 장부로서 원래 조세의 부과징수라는 행정목적 달성을 위하여 작성되어 왔다. 토지대장·임야대장·건축물대장이 있다.

우리는 부동산에 관하여 등기부와 대장의 이원적 공부제도를 채용하고 있으나, 양자의 기재가 일치하도록 하고 있다. 최초의 등기인 소유권보존등기는 대장에 기초하여 이루어지고(부동산등기법 제29조 제11호), 그 후 부동산의 권리관계의 변동은 등기부를 중심으로 이루어지고 변경된 등기부에 기초하여 대장상 권리관계의 변동이 이루어진다. 반면 권리관계 이외의 부동산의 사실적 사항(부동산의 현황 내지 동일성에 관한 사항 - 표제부의 사항)은 대장을 중심으로 이루어지고 변경된 대장에 기초하여 등기부의 변경이 이루어진다. 그런데 두 장부는 서로 다른 기관이 다른 목적으로 작성되는 것이므로 서로 불일치하는 경우가 생긴다. 양자가 불일치하는 경우 권리관계는 등기부의 기재가, 권리관계 이외의 사항(부동산의 현황 내지 동일성에 관한 사항 : 표제부의 사항)은 대장의 기재가 우선하게 됨이 원칙이다.

※ 부동산등기법 전부개정(2011. 4. 12. 공포, 2011. 10. 13. 시행)

1. 제안이유

부동산등기부 전산화사업의 완료로 등기사무처리가 전산정보처리조직에 따라 수행되고 있고 전자신청이 전국적으로 시행되고 있으므로 종이등기부를 전제로 한 규정을 정비하고, 법률에 직접 규정하기에 적합하지 아니한 사항을 대법원규칙으로 위임하거나 삭제하여 탄력적인 등기절차를 운용하며, 악용의 소지가 있는 예고등기제도를 폐지하여 부동산에 관한 국민의 권리보전을 도모하고 거래의 안전성을 높이려는 것임.

2. 주요내용

가. 등기의 효력발생시기를 명확하게 하기 위하여 등기관이 등기를 마치면 그 등기의 효력은 접수한 때부터 효력을 발생하는 것으로 함(제6조제2항).

나. 1994년부터 시작된 등기부 전산화 작업이 2002년에 모두 완료되어 모든 등기사무가 전산정보처리조직으로 처리되므로 이를 등기사무처리방식의 원칙으로 규정하고, 종이등기부를 전제로 한 규정 또는 용어(등기용지, 기재, 날인 등)는 전산등기부와 부합하지 아니하므로 모두 삭제함(제11조제2항).

다. 대법원규칙이나 예규에서 정하여도 충분한 사항을 법률에서 규정하고 있어 전산화 등 외부변화나 국민의 요구에 따른 신속하고 탄력적인 등기절차를 운용하는 데에 어려움이 있으므로 신청서 기재사항과 신청서 첨부서면으로 구성되어 있는 현행법 체계를 등기사항 위주로 개편하고, 구체적인 등기신청절차나 등기실행방법은 대법원규칙으로 위임함(제24조제2항, 제34조, 제40조, 제48조, 제69조부터 제72조까지 및 제74조부터 제76조까지).

라. 존속기간의 만료 등으로 전세권이 소멸한 경우 해당 전세권은 전세금반환채권을 담보하는 범위에서 유효한 것이고 이때에는 전세금반환채권의 일부양도가 가능하므로 전세금반환채권의 일부 양도에 따라 전세권일부이전등기를 할 때에는 양도액을 등기할 수 있도록 함(안 제73조).

마. 「민법」 제368조제2항 후단에 따르면 공동저당이 설정되어 있는 경우에 선순위 저당권자가 그 중 일부의 부동산에 관하여만 저당권을 실행하여 채권 전부를 변제받은 경우 후순위 저당권자는 공동담보로 제공되어 있는 다른 부동산에 관하여 선순위 저당권자를 대위하여 저당권을 행사할 수 있으므로 이를 등기할 수 있도록 공동저당 대위등기 규정을 신설함(제80조).

바. 등기관이 가등기에 의한 본등기를 한 경우 가등기 이후에 된 등기로서 가등기상

권리를 침해하는 등기의 말소절차를 명확히 하기 위하여 등기관이 가등기에 의한 본등기를 한 경우 가등기상 권리를 침해하는 등기를 지체 없이 직권으로 말소하도록 함(제92조).

사. 가처분채권자가 그 가처분채권에 따른 등기를 할 경우 해당 가처분등기는 등기관이 직권으로 말소하고 가처분에 저촉되는 등기는 가처분채권자의 신청에 의하여 말소할 수 있도록 함(제94조 및 제95조).

아. 예고등기는 본래 등기의 공신력이 인정되지 아니하는 법제에서 거래의 안전을 보호하기 위하여 인정되는 제도이나, 예고등기로 인하여 등기명의인이 거래상 받는 불이익이 크고 집행방해의 목적으로 소를 제기하여 예고등기가 행하여지는 사례가 있는 등 그 폐해가 크므로 이를 폐지함(현행 제4조, 제39조, 제170조 및 제170조의2 삭제).

자. 구분건물의 표시에 관한 등기관의 실질적 심사권은 「집합건물의 소유 및 관리에 관한 법률」 시행 초기 구분건물 판단기준의 혼선 문제를 해결하려고 도입한 제도인바, 「집합건물의 소유 및 관리에 관한 법률」이 안정적으로 시행되고 있고, 원칙적으로 구분건물인지 여부는 건축물대장 소관청에서 판단하는 것이 타당하며, 구분건물의 표시에 관한 등기관의 실질적 심사권을 그대로 유지할 경우 건축물대장에는 일반건물로 되어 있는 것이 등기부에는 구분건물로 표시될 수 있어 거래의 불안을 야기하므로 이를 폐지함(제52조).

▣ 부동산등기부 예시

등기부 등본 (말소사항 포함) - 집합건물

[집합건물] 충청북도 청주시 흥덕구 분평동 1255 주은프레지던트아파트 제9 동 제 층 제 호 고유번호 1501-2001-008530

【 표 제 부 】 (1동의 건물의 표시)

표시번호	접 수	소재지번,건물명칭 및 번호	건 물 내 역	등기원인 및 기타사항
1	2001년11월22일	충청북도 청주시 흥덕구 분평동 1255 주은프레지던트아파트 제9 동	철근콘크리트벽식구조 철근콘크리트평지붕 15층아파트 제 동 1층 563.240㎡ 2층 563.240㎡ 3층 563.240㎡ 4층 563.240㎡ 5층 554.240㎡ 6층 554.240㎡ 7층 554.240㎡ 8층 554.240㎡ 9층 554.240㎡ 10층 554.240㎡ 11층 554.240㎡ 12층 554.240㎡ 13층 554.240㎡ 14층 554.240㎡ 15층 554.240㎡ 지하1층 566.444㎡	도면편철장제3책879장

(대지권의 목적인 토지의 표시)

표시번호	소 재 지 번	지 목	면 적	등기원인 및 기타사항
1	1. 충청북도 청주시 흥덕구 분평동 1255	대	61774㎡	2001년11월22일

열람일시 : 2010년11월15일 오후 1시27분50초

1/6

[집합건물] 충청북도 청주시 흥덕구 분평동 1255 주은프레지던트아파트 제9 동 제 층 제 호 고유번호 1501-2001-008530

【 표 제 부 】 (전유부분의 건물의 표시)

표시번호	접 수	건물번호	건 물 내 역	등기원인 및 기타사항
1	2001년11월22일	제 층 제 호	철근콘크리트벽식구조 116.699㎡	도면편철장제3책879장

(대지권의 표시)

표시번호	대지권종류	대지권비율	등기원인 및 기타사항
1	1 소유권대지권	61774분의 52.3671	2001년11월19일 대지권 2001년11월22일

【 갑 구 】 (소유권에 관한 사항)

순위번호	등 기 목 적	접 수	등 기 원 인	권 리 자 및 기 타 사 항
1	소유권보존	2001년11월22일 제73606호		공유자 지분 2분의 1 주식회사주은산업 110111-0928949 서울 서초구 양재동 275-3 지분 2분의 1 주식회사대원 150111-0003058 청주시 흥덕구 송정동 140-40
2	공유자전원지분전부이전	2001년11월22일 제73607호	2001년11월21일 신탁	수탁자 주은부동산신탁주식회사 110111-1348237 서울 서초구 서초동 1688-3,4 ~~신탁~~ ~~신탁원부 제405호~~

열람일시 : 2010년11월15일 오후 1시27분50초

2/6

[집합건물] 충청북도 청주시 흥덕구 분평동 1255 주은프레지던트아파트 제9 동 제 층 제 호 고유번호 1501-2001-008530

순위번호	등 기 목 적	접 수	등 기 원 인	권 리 자 및 기 타 사 항
3	소유권이전	2002년3월26일 제25488호	2002년3월12일 매매	소유자 유 -2****** 청주시 흥덕구 분평동 1255 주은프레지던트아파트 동 호
				2번 신탁등기말소 원인 신탁재산의 처분
~~4~~	~~가압류~~	~~2003년7월9일~~ ~~제50914호~~	~~2003년7월8일~~ ~~청주지방법원의 가압류 결정(2003카단13265)~~	~~청구금액 금10,184,502원~~ ~~채권자 엘지카드주식회사 110111-0412926~~ ~~서울 강남구 역삼동 679~~
5	~~압류~~	~~2003년8월20일~~ ~~제61626호~~	~~2003년8월19일~~ ~~압류(세무과-309)~~	~~권리자 청주시흥덕구~~
6	~~임의경매개시결정~~	~~2003년9월8일~~ ~~제66910호~~	~~2003년9월6일~~ ~~청주지방법원의 경매개시 결정(2003타경22830)~~	~~채권자 주식회사국민은행~~ ~~서울 중구 남대문로 2가 9-1~~
7	소유권이전	2004년5월31일 제39890호	2004년5월31일 매각	소유자 이 -2****** ~~대전 서구 둔산동 1383~~
7-1	7번등기명의인표시변경	2008년6월17일 제47948호	2008년5월19일 전거	이 의 주소 대전광역시 서구 삼천동 991
8	4번가압류, 5번압류, 6번임의경매개시결정 등기말소	2004년5월31일 제39890호	2004년5월31일 매각	
9	~~소유권이전청구권가등기~~	~~2008년6월17일~~	~~2008년6월17일~~	~~가등기권자 이 -1******~~

열람일시 : 2010년11월15일 오후 1시27분50초

3/6

[집합건물] 충청북도 청주시 흥덕구 분평동 1255 주은프레지던트아파트 제9 동 제 층 제 호 고유번호 1501-2001-008530

순위번호	등 기 목 적	접 수	등 기 원 인	권 리 자 및 기 타 사 항
		~~제47949호~~	~~매매예약~~	~~대전광역시 중구 사정동 433-36 공원맨션 114-102~~
10	9번가등기말소	2008년8월6일 제73475호	2008년7월29일 해제	
11	소유권이전	2008년8월6일 제73477호	2008년7월29일 매매	소유자 주식회사심텍 150111-0006185 충청북도 청주시 흥덕구 송정동 70-5 거래가액 금200,000,000원
12	소유권이전	2010년7월28일 제85624호	2010년7월13일 매매	공유자 지분 2분의 1 김 -1****** 충청북도 청주시 흥덕구 분평동 1255 주은프레지던트아파트 지분 2분의 1 홍 -2****** 충청북도 청주시 흥덕구 분평동 1255 주은프레지던트아파트 거래가액 금208,000,000원

【 을 구 】 (소유권 이외의 권리에 관한 사항)

순위번호	등 기 목 적	접 수	등 기 원 인	권 리 자 및 기 타 사 항
~~1~~	~~근저당권설정~~	~~2002년3월26일~~ ~~제25489호~~	~~2002년3월26일~~ ~~설정계약~~	~~채권최고액 금156,000,000원~~ ~~채무자 유~~ ~~청주시 흥덕구 분평동 1255 주은프레지던트아파트~~

열람일시 : 2010년11월15일 오후 1시27분50초

4/6

[집합건물] 충청북도 청주시 흥덕구 분평동 1255 주은프레지던트아파트 제9 동 제 층 제 호 고유번호 1501-2001-008530

순위번호	등 기 목 적	접 수	등 기 원 인	권 리 자 및 기 타 사 항
				~~근저당권자 주식회사국민은행 110111-2365321~~ ~~서울 중구 남대문로2가 9-1~~ ~~(주택사청주영업지원센터)~~
~~2~~	~~근저당권설정~~	~~2003년8월27일~~ ~~제63732호~~	~~2003년8월26일~~ ~~설정계약~~	~~채권최고액 금13,910,000원~~ ~~채무자 유 -~~ ~~청주시 흥덕구 분평동 1255 주은프레지던트아파트~~ ~~근저당권자 엘지카드주식회사 110111-0412926~~ ~~서울 강남구 역삼동 679~~
3	1번근저당권설정, 2번근저당권설정 등기말소	2004년5월31일 제39890호	2004년5월31일 매각	
~~4~~	~~근저당권설정~~	~~2004년5월31일~~ ~~제39891호~~	~~2004년5월27일~~ ~~설정계약~~	~~채권최고액 금114,400,000원~~ ~~채무자 아 -~~ ~~대전 서구 둔산동 1363~~ ~~근저당권자 대한생명보험주식회사 110111-0003264~~ ~~서울 영등포구 여의도동 60~~
5	4번근저당권설정등기말소	2004년8월20일 제60783호	2004년8월20일 해지	
~~6~~	~~전세권설정~~	~~2004년8월20일~~ ~~제60784호~~	~~2004년8월20일~~ ~~설정계약~~	~~전세금 금170,000,000원~~ ~~범 위 주거용건물의전부~~ ~~존속기간 2004년8월20일부터2006년8월19일까지~~ ~~반환기 2006년8월19일~~ ~~전세권자 주식회사심택 150111-0006165~~ ~~청주시 흥덕구 송정동 70-5~~

열람일시 : 2010년11월15일 오후 1시27분50초

5/6

[집합건물] 충청북도 청주시 흥덕구 분평동 1255 주은프레지던트아파트 제9 동 제 층 제 호 고유번호 1501-2001-008530

순위번호	등 기 목 적	접 수	등 기 원 인	권 리 자 및 기 타 사 항
~~6-1~~				~~6번 등기는 건물만에 관한 것임~~ ~~2004년8월20일 부기~~
7	6번전세권설정등기말소	2008년8월6일 제73476호	2008년7월29일 해지	
8	근저당권설정	2010년7월28일 제85794호	2010년7월28일 설정계약	채권최고액 금 원 채무자 김 충청북도 청주시 흥덕구 분평동 1255 주은프레지던트아파트 근저당권자 주식회사한국씨티은행 110111-0303539 서울특별시 중구 다동 39 (청주지점)

-- 이 하 여 백 --

관할등기소 청주지방법원 등기과

* 본 등기부는 열람용이므로 출력하신 등기부는 법적인 효력이 없습니다.
* 실선으로 그어진 부분은 말소사항을 표시함. * 등기부에 기록된 사항이 없는 갑구 또는 을구는 생략함. * 등기부는 컬러 또는 흑백으로 출력 가능함.

열람일시 : 2010년11월15일 오후 1시27분50초

6/6

부동산등기청구권

등기청구권이란 등기권리자가 등기의무자에게 등기신청에 협력할 것을 요구하는 권리를 말한다. 실체법적인 권리로서, 국민이 국가기관인 등기관에 대하여 가지는 권리인 등기신청권과는 구별된다. 등기청구권은 공동신청의 경우에 문제되는 것이며, 등기권리자 또는 등기의무자가 단독으로 등기신청을 할 수 있는 경우에는 이러한 문제가 발생하지 않는다.

법률행위에 의한 부동산 물권변동, 예컨대 부동산 매매계약에 기초하여 등기가 이루어져야 하는 경우, 매수인은 매도인에게 등기청구권을 갖는다. 물권변동에 있어서 성립요건주의를 취하고 있는 우리 민법에서는 등기를 갖추어야 비로소 물권이 취득되는 것이므로, 이때의 등기청구권은 채권적 청구권으로 볼 것이다(다수설·판례). 법률행위로 인한 물권변동에서의 등기청구권은 채권적 청구권이므로 10년의 소멸시효기간에 걸리는 것이 원칙이다. 그러나 판례는 시효제도의 존재이유에 비추어 보아 부동산매수인이 그 목적물을 인도받아서 이를 사용·수익하고 있는 경우에는 그 매수인을 권리 위에 잠자는 것으로 볼 수 없고, 또 매도인명의로 등기가 남아 있는 상태와 매수인이 인도받아 이를 사용·수익하고 있는 상태를 비교하면 매도인 명의로 잔존하고 있는 등기를 보호하기 보다는 매수인의 사용·수익상태를 더욱 보호해야 하므로, 목적물을 인도받은 부동산매수인의 소유권이전등기청구권은 소멸시효에 걸리지 않는다고 본다.

실체관계와 등기가 일치하지 않는 경우, 예컨대 등기서류를 위조하여 소유권이전등기가 행해진 경우와 같이 실체관계와 등기가 일치하지 않는 경우에는 진정한 소유자가 현재 등기명의인을 상대로 그 등기의 말소를 청구할 수 있다. 이때의 등기청구권은 소유권에 기한 물권적 청구권으로서의 성질을 갖는다(다수설·판례).

부동산 점유취득시효의 경우 20년간 소유의 의사로 평온·공연하게 부동산을 점유하는 자는 등기함으로써 소유권을 취득한다(민법 제245조 제1항). 시효취득은 원시취득이지만, 등기실무상 이전등기를 하고 있으므로 이 경우에도 등기청구권이 발생한다. 이 때 위 규정에 의하여 등기를 하여야만 소유권을 취득하게 되므로 등기청구권의 성질은 채권적 청구권으로 보아야 한다.

부동산임차인은 당사자간에 반대약정이 없으면 임대인에 대하여 그 임대차등기절차에 협력할 것을 청구할 수 있다(민법 제621조 제1항). 이 규정에 의하여 등기청구권이 발생하고, 그 성질은 채권적 청구권으로 보아야 한다.

그렇다면 등기권리자가 등기이전을 하지 않는 경우, 등기의무자가 등기권리자에 대하여 등기를 이전해 갈 것을 청구할 수 있는가? 이것이 이른바 등기인수청구권의 문제인데, 권리자로 등기된 자가 세금부담 등 불이익을 받을 수 있으므로 등기권리자에게 등기의 인수를 청구할 수 있다고 할 것이다.

부동산등기의 효력

부동산등기는 본등기의 효력과 가등기의 효력으로 구분할 수 있다.

본등기는 권리변동적 효력, 대항적 효력, 순위확정적 효력, 추정적 효력을 가진다.

① 권리변동적 효력

물권행위와 그것에 합치되는 등기가 있으면 부동산물권변동의 효력이 생긴다. 이것이 등기의 가장 기본적이고도 중요한 효력이다.

② 대항적 효력

지상권·지역권·전세권·저당권은 등기함으로써 그 권리가 발생한다. 그러나 이들 권리에 관한 일정한 사항, 예컨대 존속기간·지료·이자·지급시기 등은 등기됨으로써 제3자에게 대항할 수 있게 되고, 그것들이 등기되지 않는 한 당사자들 사이에서만 효력이 있을 뿐 제3자에게 주장할 수 없다.

③ 순위확정적 효력

동일한 부동산에 관하여 등기한 권리의 순위는 법률에 다른 규정이 없으면 등기한 순서에 의하여 정하여진다(부동산등기법 제4조 제1항). 그러므로 등기는 등기된 수개의 권리 사이에서 그 순위를 확정하는 효력을 갖는다. 등기의 순서는 등기기록 중 同區에서 한 등기에 관하여는 순위번호에 의하고, 別區에서 한 등기에 관하여는 접수번호에 의하여 정하여진다(부동산등기법 제4조 제2항). 다만 부기등기의 순위는 주등기의 순위에 의한다(부동산등기법 제5조).

④ 추정적 효력

어떤 등기가 있으면 그 등기가 표상하는 실체적 권리관계가 존재하는 것으로 추정케 하는 효력을 등기의 추정력이라 한다. 즉 부동산등기는 그것이 형식적으로 존재한다는 사실 자체로부터 적법한 등기원인에 의하여 마쳐진 것으로 추정되는 것이다. 민법에 명문규정이 있는 것은 아니나 통설과 판례에 의하여 인정되고 있는 효력이다. 등기의 추정력은 권리귀속, 물권변동의 유효한 성립, 전등기명의인의 등기기간 동안의 권리자 추정, 말소의 경우 권리 소멸이나 부존재, 불법말소의 경우 권리존속, 절차의 적법 등에 미친다. 또한 등기의 추정력은 제3자에 대해서 뿐만 아니라 그 전 소유자에 대해서도 미친다.

가등기는 본등기순위보전의 효력을 가진다. 이에 따라 가등기를 한 후 그에 기한 본등기를 하면 본등기의 순위는 가등기의 순위에 의한다. 가등기는 본등기의 순위를 보전하는데 그 본질적 효력이 있는 것이므로, 가등기가 본등기로 실행되지 않는 한, 그 자체로서는 실체법상 아무런 효력이 없다.

부동산물권의 변동 - 법률행위에 의한 경우

우리 민법은 물권변동에 있어 성립요건주의(형식주의)를 취하고 있으므로 물권적 의사표시 외에 등기를 갖추어야 부동산물권변동이 생긴다. “부동산에 관한 법률행위로 인한 물권의 득실변경은 등기하여야 효력이 생긴다”는 민법 제186조가 바로 이러한 취지를 규정하고 있다. 법률행위에 의한 부동산물권변동에 있어서 등기는 물권변동에 관하여 법률이 요구하는 물권행위 이외의 또 하나의 요건이다. 등기가 물권행위와 더불어 물권변동의 효력을 발생케 하려면 그것이

유효하게 성립하고 있어야 한다. 즉 등기의 절차가 부동산등기법 등에 따라 적법하게 행해져야 하며, 또한 그 내용이 당사자의 물권행위와 일치하는 것이어야 한다. 전자를 등기의 형식적(절차적) 유효요건, 후자를 등기의 실질적(실체적) 유효요건이라 할 수 있다.

부동산물권의 변동 – 법률행위에 의하지 않은 경우

민법 제187조 본문은 "상속·공용징수·판결·경매 기타 법률의 규정에 의한 부동산의 물권의 취득은 등기를 요하지 아니한다"고 규정함으로써 법률행위에 의하지 않은 부동산물권의 변동에 있어서는 제186조와 달리 등기 없이도 그 효력이 발생하는 것으로 하고 있다. 이것을 '법률행위에 의하지 않은 부동산물권의 변동'이라고 한다. 민법이 법률행위에 의하지 않은 부동산물권변동에 관하여 등기를 요하지 않는다고 규정하는 이유에 대하여는 여러 가지 설명이 있다. i) 성질상 등기가 불가능하다거나 법의 정책적 이유로 인한 것이라고 하기도 하고, ii) 민법이 물권변동에 관하여 성립요건주의를 채용한 결과에 따라 생길 수 있는 법률관계의 공백상태를 방지하기 위한 것이라고도 하며, iii) 구체적인 경우에 따라 개별적으로 검토해야 할 것이라고 하면서, 상속·목적물의 증감의 경우에는 그 성질상, 판결·공용징수 등은 정책적인 이유로, 또한 상속·재단법인에의 출연 등은 법률관계의 공백상태를 방지하기 위하여 그 등기가 불가능하다고 설명하기도 한다.

판례를 통한 법리의 이해

부동산등기

□ 대법원 2010. 7. 8. 선고 2010다21757 판결

<사실관계>

- 1939. 작성된 보안림편입조서에는 해당 토지의 소유자가 원고의 선대조 등의 명의로 되어 있었으며, 6·25 전쟁을 거치면서 해당 토지 일대의 지적공부 및 등기부가 멸실됨
- 1967. 4. 23. 춘천시 소재 임야 지적복구
- 1968. 5. 1. 피고 춘천시가 임야대장상 소유자로 복구하고 1973. 소유권 보존등기 경료
- 원고는 자신이 해당 토지의 상속인임을 주장하여 피고 명의의 소유권보존등기의 말소를 청구하고, 국가인 피고를 상대로 소유권확인을 구함

<판결요지>

[1] 어느 토지에 관하여 등기부나 토지대장 또는 임야대장상 소유자로 등기 또는 등록되어 있는 자가 있는 경우에는 그 명의자를 상대로 한 소송에서 당해 부동산이 보존등기신청인의 소유임을 확인하는 내용의 확정판결을 받으면 소유권 보존등기를 신청할 수 있는 것이므로, 그 명의자를 상대로 한 소유권확인청구에 확인의 이익이 있는 것이 원칙이지만, 토지대장 또는 임야대장의 소유자에 관한 기재의 권리추정력이 인정되지 아니하는 경우에는 국가를 상대로 소유권확인청구를 할 수 밖에 없다.

[2] 1975. 12. 31. 법률 제2801호로 전문 개정된 지적법이 시행되기 이전에 소관청이 아무런 법적 근거 없이 행정의 편의를 위하여 임의로 복구한 구 토지대장에 소유자 이름이 기재되어 있다고 하더라도 그 소유자에 관한 사항에는 그 권리추정력이 인정되지 않는다.

[3] 일정한 토지가 지적공부에 일필의 토지로 복구 등록된 경우, 그 토지의 소재·지번·지목·지적 및 경계는 지적공부의 복구 제재과정에서 관계 공무원이 사무착오로 지적공부를 잘못 작성하였다는 등의 특별한 사정이 없는 한, 지적복구 전 토지의 소재·지번·지목·지적 및 경계가 그대로 복구된 것으로 추정되고, 지적공부가 관계 공무원의 사무착오로 잘못 작성되었다는 등의 특별한 사정에 대한 증명책임은 이를 주장하는 당사자에게 있다.

□ 대법원 2010. 7. 15. 선고 2009다67276 판결

[1] 집합건축물을 신축함에 있어서 건축주명의자 아닌 자에게 일부 전유부분을 양도하는 합의가 유효하다고 하더라도, 건축허가는 하나의 건축물에 대하여 주어지는 것이고(건축법 제11조, 제2조 제1항 제2호) 건축허가의 특성상 전유부분별로 나눌 수 없음이 원칙이므로, 건축 중인 집합건축물의 일부 전유부분을 양수받은 자가 건물 완공 후 자신의 명의로 소유권보존등기를 하기 위하여는 사용승인 전에 건축법 시행규칙 제11조에 따른 건축관계자변경신고에 따라 자신을 건축물 전체에 관한 공동건축주로 추가하여야 하고, 그 후 사용승인 신청시 건축법 시행규칙 제16조 [별지 제17호 서식]에 공동건축주들이 전유부분별로 소유자를 구분하여

기재함으로써 사용승인 후 작성될 집합건축물관리대장에 양수인을 특정 전유부분에 관한 소유자로 등재되게 하여 해당 전유부분에 관한 보존등기를 할 수 있다.

[2] 원심이 다세대주택 중 소유권보존등기가 되지 아니한 일부 전유부분에 관한 건축주명의변경절차의 이행을 명한 것은 피고에게 원고를 위 다세대주택 전체에 관한 건축허가의 공동건축주로 추가하고, 사용승인 신청시 특정 전유부분을 원고에게 귀속시킬 의무가 있음을 나타내는 취지로 볼 수 있고, 최소한 원심판결이 건축법 시행규칙 제11조에서 말하는 건축관계자명의변경신고에서 원고를 공동건축주로 추가할 권리관계의 변경사실을 증명할 수 있는 서류의 역할을 할 수 있어 집행가능성이 없다고는 볼 수 없으므로, 건축주명의변경을 구하는 소의 이익이 있다고 한 사례.

□ 대법원 2010. 4. 15. 선고 2008다79302 판결

〈사실관계〉

- 사정명의인 소외1이 해당 토지를 1928. 10. 16. 소외2에게 매도, 그후 소외2로부터 소외3, 다시 소외3으로부터 소외4에게 의용민법 시행당시에 각기 매도됨
- 피고인 대한민국이 2004. 7. 29. 해당 토지에 대한 소유권보존등기 경료
- 원고는 소외 1의 상속인으로 민법 부칙 제10조 제1항에 근거하여 해당 토지의 소유권이 소외1에게 복귀됨을 주장하며 피고 명의로 된 보존등기의 말소를 청구함

〈판결요지〉

의용민법 시행 당시에 당사자들 사이의 의사표시만에 기하여 유효하게 행하여진 부동산소유권의 양도가 민법 부칙 제10조 제1항(1958. 2. 22. 법률 제471호 부칙 중 1964. 12. 31. 법률 제1668호로 개정된 것)에 의하여 그 효력을 상실하여 소유권이 양도인에게 복귀되었다고 하려면, 소유권 양도에 관한 등기가 행하여지지 아니하였다는 점이 입증되어야 한다. 그리고 민법 부칙 제10조 제1항의 문언

및 규정구조, 일반적으로 이른바 권리소멸사실에 대하여는 그 권리의 소멸에 관한 요건사실을 주장하는 측에서 입증하여야 한다는 점 및 만일 위의 점에 대한 입증을 여전히 소유권 양도가 유효함을 주장하는 측에서 하여야 한다면 최소한 50년 전 즈음에 이미 부동산을 양도하여 소유권을 상실하였던 이가 소유권을 다시 얻게 되는 뜻밖의 결과가 보다 쉽게 인정되기에 이르는 점 등에 비추어, 위의 등기가 행하여지지 아니하였다는 점에 대한 입증책임은 다른 특별한 사정이 없는 한 민법 부칙 제10조 제1항의 적용으로 소유권 양도의 효력이 상실되었다고 주장하는 측에서 부담한다.

□ 대법원 2010. 4. 15. 선고 2009다87508 판결

1975. 12. 31. 지적법 개정 전에 복구된 구 토지대장상의 소유자란에 이름이 기재되어 있다고 하더라도 그 기재에는 권리추정력을 인정할 수 없고, 분배농지상환대장이나 분배농지부는 분배농지확정절차가 완료된 후 상환에 필요한 사항을 기재하기 위하여 작성하는 서류이므로 그 기재 사실에 권리변동의 추정력을 인정할 수는 없으나, 구 토지대장이나 농지분배 관련 서류들의 기재 내용을 다른 사정들과 종합하여 권리변동에 관한 사실인정의 자료로 삼는 데는 아무런 제약이 없다. 또한 구 농지개혁법(1949. 6. 21. 법률 제31호로 제정되었다가 1994. 12. 22. 법률 제4817호로 폐지되기 전의 것)에 따른 농지분배절차의 일환으로 작성된 농지상환대장은 분배농지확정절차가 완료된 후 상환에 필요한 사항을 기재하기 위하여 작성하는 서류이기 때문에 농지분배 여부에 관한 증거로서 농지소표 못지 않게 중요한 증거라 할 것이어서 이를 가볍게 배척할 수 없다.

□ 대법원 2010. 3. 18.자 2006마571 전원합의체 결정

<사실관계>

- 2001. 2. 2. 소외3 명의로 소유권보존등기 경료
- 2001. 2. 23. 소외4, 5 앞으로 매매예약을 원인으로 한 소유권이전청구권 가등기 경료

- 2001. 4. 18. 접수 소외1을 채권자로 한 가처분 등기
- 2001. 10. 24. 접수 대한민국을 권리자로 한 압류등기
- 2003. 7. 19. 접수 구리시를 권리자로 한 압류등기
- 2005. 가등기에 기한 본등기 경료
- 본등기 후 대한민국 등 이해관계인들은 이 가등기가 담보가등기라고 주장하며 소명자료를 제출함
- 제1심은 이 사건 가등기를 담보가등기로 보고 위 가처분 등기 등을 말소하지 않음
- 제2심도 담보가등기 여부에 관하여 실질적인 다툼이 있는 경우 등기관은 가처분 등기 등을 직권말소 할 수 없다고 판단

<판결요지>

[1] 소유권이전 청구권 보전의 가등기 이후에 국세·지방세의 체납으로 인한 압류등기가 마쳐지고 위 가등기에 기한 본등기가 이루어지는 경우, 등기관은 체납처분권자에게 부동산등기법 제175조에 따른 직권말소 통지를 하고, 체납처분권자가 당해 가등기가 담보 가등기라는 점 및 그 국세 또는 지방세가 당해 재산에 관하여 부과된 조세라거나 그 국세 또는 지방세의 법정기일이 가등기일보다 앞선다는 점에 관하여 소명자료를 제출하여, 담보 가등기인지 여부 및 국세 또는 지방세의 체납으로 인한 압류등기가 가등기에 우선하는지 여부에 관하여 이해관계인 사이에 실질적으로 다툼이 있으면, 가등기에 기한 본등기권자의 주장 여하에 불구하고 국세 또는 지방세 압류등기를 직권말소할 수 없고, 한편 이와 같은 소명자료가 제출되지 아니한 경우에는 등기관은 가등기 후에 마쳐진 다른 중간 등기들과 마찬가지로 국세 또는 지방세 압류등기를 직권말소하여야 한다고 봄이 상당하다. 그러나 등기관이 국세 또는 지방세 압류등기의 말소를 위하여 위와 같은 심사를 한다고 하더라도, 나아가 그 본등기가 가등기담보 등에 관한 법률 제1조에 의하여 가등기담보법의 적용을 받는 가등기에 기한 것으로서 가등기담보법 제3조 및 제4조가 정한 청산절차를 거친 유효한 것인지 여부까지 심사하여 그 결과에 따라 국세 또는 지방세 압류등기의 직권말소 여부를 결정하여야 하는

것으로 볼 것은 아니다.

[2] 당해세가 아닌 국세에 관하여 법정기일 대신 납부기한이 나타나 있는 소명자료만 제출되어 있음에도 국세의 법정기일과 가등기일의 선후를 심리하지 아니한 채, 담보 가등기 여부에 관하여 실질적인 다툼이 있는 경우 국세 압류등기와 가등기의 실체법상 우열과 무관하게 국세 압류등기를 직권말소할 수 없다고 한 원심을 파기한 사례.

□ 대법원 2010. 11. 11. 선고 2010다45944 판결

[1] 1975. 12. 31. 법률 제2801호로 개정된 지적법이 시행되기 이전에 소관청이 아무런 법적 근거 없이 행정의 편의를 위하여 임의로 복구한 구 임야대장의 공유지연명부는 적법하게 복구된 것이라 할 수 없어 그 소유자란에 이름이 기재되어 있다고 하더라도 소유자에 관한 사항은 권리추정력을 인정할 수 없으므로, 위와 같이 임야대장에 근거 없이 소유자에 관한 표시가 되어 있는 부동산도 소유자미복구부동산에 포함된다고 할 것이어서, 이러한 소유자미복구부동산의 사실상 소유자가 소유권보존등기를 한 것은 적법한 임야대장의 명의인으로부터 그 권리를 이어받은 등기하지 못한 취득자만이 소정의 절차에 따라 소유권보존등기를 할 수 있도록 규정하고 있는 구 임야소유권 이전등기 등에 관한 특별조치법을 위반하여 이루어진 것이어서 그 추정력을 인정할 수 없다고 한 사례.

[2] 구 부동산소유권 이전등기 등에 관한 특별조치법(1977. 12. 31. 법률 제3094호로 제정된 것)의 규정 취지에 비추어 볼 때 위 법률이 요구하는 3인의 보증인들은 위 법률에 의하여 등기를 하고자 하는 확인서 발급신청인 이외의 제3자를 의미하는 것이라고 해석하여야 하고, 따라서 보증인으로 위촉된 본인이 자신 또는 자신이 대표자로 있는 종중이 사실상 양수한 토지에 관하여 위 법에 의한 등기를 경료하고자 할 경우에는 자신은 당해 토지에 관한 보증인이 될 수 없다고 봄이 상당하므로 확인서 발급신청 종중의 대표 자신이 위 법률상 보증인의 1인으로 된 보증서 및 이에 기한 확인서에 의하여 경료된 등기는 절차상 위법한 등기로서 적법성의 추정을 받을 수 없다.

[3] 국가를 상대로 한 토지소유권확인청구는 그 토지가 미등기이고 토지대장이

나 임야대장상에 등록명의자가 없거나 등록명의자가 누구인지 알 수 없을 때와 그 밖에 국가가 등기 또는 등록명의자인 제3자의 소유를 부인하면서 계속 국가 소유를 주장하는 등 특별한 사정이 있는 경우에 한하여 그 확인의 이익이 있다. 그리고 어느 토지에 관하여 등기부나 토지대장 또는 임야대장상 소유자로 등기 또는 등록되어 있는 자가 있는 경우에는 그 명의자를 상대로 한 소송에서 당해 부동산이 보존등기신청인의 소유임을 확인하는 내용의 확정판결을 받으면 소유권 보존등기를 신청할 수 있는 것이므로 그 명의자를 상대로 한 소유권확인청구에 확인의 이익이 있는 것이 원칙이지만, 토지대장 또는 임야대장의 소유자에 관한 기재의 권리추정력이 인정되지 아니하는 경우에는 국가를 상대로 소유권확인청구를 할 수밖에 없다.

부동산등기청구권

☐ 대법원 1991. 03. 22. 선고 90다9797 판결

소유권이전등기청구권은 채권적 청구권이므로 10년의 소멸시효에 걸리지만 매수인이 매매목적물인 부동산을 인도받아 점유하고 있는 이상 매매대금의 지급 여부와는 관계없이 그 소멸시효가 진행되지 아니한다.

☐ 대법원 1976. 11. 06. 선고 76다148 전원합의체 판결

시효제도의 존재이유에 비추어 보아 부동산 매수인이 그 목적물을 인도받아서 이를 사용수익하고 있는 경우에는 그 매수인을 권리 위에 잠자는 것으로 볼 수도 없고 또 매도인 명의로 등기가 남아 있는 상태와 매수인이 인도받아 이를 사용수익하고 있는 상태를 비교하면 매도인 명의로 잔존하고 있는 등기를 보호하기 보다는 매수인의 사용수익상태를 더욱 보호하여야 할 것이므로 그 매수인의 등기청구권은 다른 채권과는 달리 소멸시효에 걸리지 않는다고 해석함이 타당하다 (다수의견).

☐ 대법원 1999. 03. 18. 선고 98다32175 전원합의체 판결

[1] 시효제도는 일정 기간 계속된 사회질서를 유지하고 시간의 경과로 인하여 곤란해지는 증거보전으로부터의 구제를 꾀하며 자기 권리를 행사하지 않고 소위 권리 위에 잠자는 자는 법적 보호에서 이를 제외하기 위하여 규정된 제도라 할 것인바, 부동산에 관하여 인도, 등기 등의 어느 한 쪽만에 대하여서라도 권리를 행사하는 자는 전체적으로 보아 그 부동산에 관하여 권리 위에 잠자는 자라고 할 수 없다 할 것이므로, 매수인이 목적 부동산을 인도받아 계속 점유하는 경우에는 그 소유권이전등기청구권의 소멸시효가 진행하지 않는다.

[2] [다수의견] 부동산의 매수인이 그 부동산을 인도받은 이상 이를 사용·수익하다가 그 부동산에 대한 보다 적극적인 권리 행사의 일환으로 다른 사람에게 그 부동산을 처분하고 그 점유를 승계하여 준 경우에도 그 이전등기청구권의 행사 여부에 관하여 그가 그 부동산을 스스로 계속 사용·수익만 하고 있는 경우와 특별히 다를 바 없으므로 위 두 어느 경우에나 이전등기청구권의 소멸시효는 진행되지 않는다고 보아야 한다.

[반대의견] 부동산의 매수인이 매매목적물을 인도받아 이를 사용·수익하고 있는 동안에는 그 소유권이전등기청구권의 소멸시효가 진행하지 않는다고 보아야 할 것이나, 매수인이 목적물의 점유를 상실하여 더 이상 사용·수익하고 있는 상태가 아니라면, 매도인에 대한 관계에서 권리의 주장 내지 행사가 계속되고 있다고 볼 만한 사정이 없고, 비록 매수인이 그 부동산을 다른 사람에게 처분하고 인도하여 준 경우라고 하더라도 그 처분은 타인의 권리를 전매한 것에 불과할 뿐이고 그 소유권을 처분 내지 행사하였다고 볼 수는 없으며, 그 인도 또한 매수인이 새로운 매매계약에 따른 자신의 의무를 이행한 것에 지나지 아니할 뿐만 아니라 오히려 그 점유를 이전함으로써 목적물에 대한 사용·수익의 상태에서 벗어나게 된 것이어서 위 처분 내지 인도를 가리켜 매도인에 대한 관계에서 권리 행사라고 볼 수도 없는 것이므로, 점유의 상실원인이 무엇이든지 간에 점유 상실 시점으로부터 그 이전등기청구권의 소멸시효가 진행한다고 봄이 상당하다.

☐ 대법원 2004. 02. 13. 선고 2002다7213 판결

근저당권설정 약정에 의한 근저당권설정등기청구권이 그 피담보채권이 될 채권과 별개로 소멸시효에 걸린다.

☐ 대법원 1982.07.27. 선고 80다2968 판결

매매계약이 합의해제된 경우에도 매수인에게 이전되었던 소유권은 당연히 매도인에게 복귀하는 것이므로 합의해제에 따른 매도인의 원상회복청구권은 소유권에 기한 물권적 청구권이라고 할 것이고 이는 소멸시효의 대상이 되지 아니한다.

☐ 대법원 1993. 08. 24. 선고 92다43975 판결

등기부가 멸실된 경우에는 멸실회복등기를 할 수가 있을 것이나 그 회복등기를 하지 아니하고 그 부동산에 관하여 매도인의 상속인 명의로 이미 소유권보존등기가 되어 있다면 매수인 또는 그 상속인은 위 매도인의 상속인을 상대로 위 등기의 멸실회복에 대신하여 소유권이전등기절차의 이행을 구할 수 있고 이는 진정한 명의의 회복을 구하는 것으로서 시효로 인하여 소멸하는 권리가 아니다.

☐ 대법원 1979.02.13. 선고 78다2412 판결

채권담보의 목적으로 이루어지는 부동산 양도담보의 경우에 있어서 피담보채무가 변제된 이후에 양도담보권설정자가 행사하는 등기청구권은 양도담보권설정자의 실절적 소유권에 기한 물권적청구권이므로 따로이 시효소멸되지 아니한다.

☐ 대법원 1995. 02. 10. 선고 94다28468 판결

토지에 대한 취득시효완성으로 인한 소유권이전등기청구권은 그 토지에 대한 점유가 계속되는 한 시효로 소멸하지 아니하고, 여기서 말하는 점유에는 직접점유뿐만 아니라 간접점유도 포함한다고 해석하여야 한다.

□ 대법원 1996. 03. 08. 선고 95다34866 판결

토지에 대한 취득시효 완성으로 인한 소유권이전등기청구권은 그 토지에 대한 점유가 계속되는 한 시효로 소멸하지 아니하고, 그 후 점유를 상실하였다고 하더라도 이를 시효이익의 포기로 볼 수 있는 경우가 아닌 한 이미 취득한 소유권이전등기청구권은 바로 소멸되는 것은 아니나, 취득시효가 완성된 점유자가 점유를 상실한 경우 취득시효 완성으로 인한 소유권이전등기청구권의 소멸시효는 이와 별개의 문제로서, 그 점유자가 점유를 상실한 때로부터 10년간 등기청구권을 행사하지 아니하면 소멸시효가 완성한다.

□ 대법원 2001. 2. 9. 선고 2000다60708 판결

부동산등기법은 등기는 등기권리자와 등기의무자가 공동으로 신청하여야 함을 원칙으로 하면서도(제28조), 제29조에서 '판결에 의한 등기는 승소한 등기권리자 또는 등기의무자만으로' 신청할 수 있도록 규정하고 있는바, 위 법조에서 승소한 등기권리자 외에 등기의무자도 단독으로 등기를 신청할 수 있게 한 것은, 통상의 채권채무 관계에서는 채권자가 수령을 지체하는 경우 채무자는 공탁 등에 의한 방법으로 채무부담에서 벗어날 수 있으나 등기에 관한 채권채무 관계에 있어서는 이러한 방법을 사용할 수 없으므로, 등기의무자가 자기 명의로 있어서는 안 될 등기가 자기 명의로 있음으로 인하여 사회생활상 또는 법상 불이익을 입을 우려가 있는 경우에는 소의 방법으로 등기권리자를 상대로 등기를 인수받아 갈 것을 구하고 그 판결을 받아 등기를 강제로 실현할 수 있도록 한 것이다.

부동산등기의 효력

□ 대법원 1983. 11. 22. 선고 83다카894 판결

토지의 소유권이전등기명의자는 등기의 효력으로서 그 토지에 대한 소유권자로 추정을 받는다.

□ 대법원 1997. 12. 12. 선고 97다40100 판결

소유권이전등기가 경료되어 있는 경우에는 그 등기명의자는 제3자에 대하여서 뿐 아니라 그 전소유자에 대하여도 적법한 등기원인에 의하여 소유권을 취득한 것으로 추정된다.

□ 대법원 2000. 03. 10. 선고 99다65462 판결

부동산에 관하여 소유권이전등기가 마쳐져 있는 경우 그 등기명의자는 제3자에 대하여서뿐만 아니라, 그 전 소유자에 대하여서도 적법한 등기원인에 의하여 소유권을 취득한 것으로 추정되고, 한편 부동산 등기는 현재의 진실한 권리상태를 공시하면 그에 이른 과정이나 태양을 그대로 반영하지 아니하였어도 유효한 것으로서, 등기명의자가 전 소유자로부터 부동산을 취득함에 있어 등기부상 기재된 등기원인에 의하지 아니하고 다른 원인으로 적법하게 취득하였다고 하면서 등기원인 행위의 태양이나 과정을 다소 다르게 주장한다고 하여 이러한 주장만 가지고 그 등기의 추정력이 깨어진다고 할 수는 없을 것이므로, 이러한 경우에도 이를 다투는 측에서 등기명의자의 소유권이전등기가 전 등기명의인의 의사에 반하여 이루어진 것으로서 무효라는 주장·입증을 하여야 한다.

□ 대법원 1982.05.11. 선고 80다2881 판결

등기부상의 명의인을 소유자로 믿고서 그 부동산을 매수하여 점유하는 자는 특별한 사정이 없는 한 과실없는 점유자에 해당한다.

□ 대법원 1986.02.25. 선고 85다카771 판결

부동산의 매매에 있어 등기부상 명의인이 매도인 아닌 제3자인 경우에는 거래관념상 매도인의 권한에 대하여 의심할만한 사정이 있다 할 것이므로 매수인은 등기부상 소유자명의에 대하여 그 진부를 확인하거나 매도인에게 처분권한이 있는지 여부에 관하여 확인하지 아니하는 한 그 부동산 인도받아 선의로 점유하였다고 하여도 과실없이 부동산의 점유를 개시하였다고 볼 수 없다.

□ 대법원 1982. 04. 13. 선고 81다780 판결

점유자의 권리추정의 규정은 특별한 사정이 없는 한 부동산 물권에 대하여는 적용되지 아니하고 다만 그 등기에 대하여서만 추정력이 부여된다.

□ 대법원 1975. 12. 27. 자 74마100 결정

소유권이전 청구권보전을 위한 가등기는 부동산의 물권변동에 있어 순위보전의 효력이 있는 것이므로 가등기에 기한 소유권이전의 본등기를 한 경우에는 가등기 후에 경료된 근저당권설정등기와 경매신청의 기입등기는 가등기권자의 본등기취득으로 인한 등기순위와 물권의 배타성에 의하여 실질적으로 등기의 효력을 상실한다 할 것이니 등기공무원은 부동산등기법 175조 내지 177조 및 55조 2호에 의하여 가등기 후에 한 제3자의 추가근저당권설정등기 및 경매신청의 가입등기를 직권으로 말소할 수 있는 것이고 경매신청의 가입등기가 경매법원의 촉탁에 의하여 하여진 것이라거나 집행법원의 경매시 결정의 취소가 없다 하여도 위 이론에 소장이 없다.

□ 대법원 2001. 03. 23. 선고 2000다51285 판결

가등기는 부동산등기법 제6조 제2항의 규정에 의하여 그 본등기시에 본등기의 순위를 가등기의 순위에 의하도록 하는 순위보전적 효력만이 있을 뿐이고, 가등기만으로는 아무런 실체법상 효력을 갖지 아니하고 그 본등기를 명하는 판결이 확정된 경우라도 본등기를 경료하기까지는 마찬가지이므로, 중복된 소유권보존등기가 무효이더라도 가등기권리자는 그 말소를 청구할 권리가 없다.

□ 대법원 1998. 11. 19. 선고 98다24105 전원합의체 판결

가등기는 원래 순위를 확보하는 데에 그 목적이 있으나, 순위 보전의 대상이 되는 물권변동의 청구권은 그 성질상 양도될 수 있는 재산권일 뿐만 아니라 가등기로 인하여 그 권리가 공시되어 결과적으로 공시방법까지 마련된 셈이므로, 이를 양도한 경우에는 양도인과 양수인의 공동신청으로 그 가등기상의 권리의

이전등기를 가등기에 대한 부기등기의 형식으로 경료할 수 있다고 보아야 한다.

□ 대법원 2018. 1. 25. 선고 2017다260117 판결

부동산소유권 이전등기 등에 관한 특별조치법(이하 '특별조치법'이라고 한다)에 의한 소유권이전등기는 실체적 권리관계에 부합하는 등기로 추정되지만 그 소유권이전등기도 전 등기명의인으로부터 소유권을 승계취득하였음을 원인으로 하는 것이고 보증시 및 확인서 역시 그 승계취득사실을 보증 내지 확인하는 것이므로 그 전 등기명의인이 무권리자이기 때문에 그로부터의 소유권이전등기가 원인무효로서 말소되어야 할 경우라면, 등기의 추정력은 번복된다. 같은 취지에서 소유권보존등기의 추정력은 그 등기가 특별조치법에 의하여 마쳐진 것이 아닌 한 등기명의인 이외의 자가 해당 토지를 사정받은 것으로 밝혀지면 깨어지는 것이어서, 등기명의인이 구체적으로 실체관계에 부합한다거나 승계취득사실을 주장·증명하지 못하는 한 등기는 원인무효이므로, 이와 같이 원인무효인 소유권보존등기를 기초로 마친 소유권이전등기는 그것이 특별조치법에 의하여 이루어진 등기라고 하더라도 원인무효이다.

□ 대법원 2018. 1. 25. 선고 2017다260117 판결

부동산소유권 이전등기 등에 관한 특별조치법(이하 '특별조치법'이라고 한다)에 의한 소유권이전등기는 실체적 권리관계에 부합하는 등기로 추정되지만 그 소유권이전등기도 전 등기명의인으로부터 소유권을 승계취득하였음을 원인으로 하는 것이고 보증서 및 확인서 역시 그 승계취득사실을 보증 내지 확인하는 것이므로 그 전 등기명의인이 무권리자이기 때문에 그로부터의 소유권이전등기가 원인무효로서 말소되어야 할 경우라면, 등기의 추정력은 번복된다. 같은 취지에서 소유권보존등기의 추정력은 그 등기가 특별조치법에 의하여 마쳐진 것이 아닌 한 등기명의인 이외의 자가 해당 토지를 사정받은 것으로 밝혀지면 깨어지는 것이어서, 등기명의인이 구체적으로 실체관계에 부합한다거나 승계취득사실을 주장·증명하지 못하는 한 등기는 원인무효이므로, 이와 같이 원인무효인 소유권보존등기를 기초로 마친 소유권이전등기는 그것이 특별조치법에 의하여 이루어진

등기라고 하더라도 원인무효이다.

부동산물권변동 요건으로서의 등기

□ 대법원 1988. 10. 25. 선고 87다카1232 판결

등기는 물권의 효력발생 요건이고 효력존속요건은 아니므로 물권에 관한 등기가 원인없이 말소된 경우에도 그 물권의 효력에는 아무런 영향을 미치지 않는다.

□ 대법원 2001. 3. 23. 선고 2000다51285 판결

<등기부 표제부의 부동산에 관한 표시가 유효한 것이 되기 위한 요건>

등기의 표제부에 표시된 부동산에 관한 권리관계의 표시가 유효한 것이 되기 위하여는 우선 그 표시가 실제의 부동산과 동일하거나 사회관념상 그 부동산을 표시하는 것이라고 인정될 정도로 유사하여야 하고, 그 동일성 내지 유사성 여부는 토지의 경우에는 지번과 지목, 지적에 의하여 판단하여야 한다.

□ 대법원 1990. 11. 27. 선고 87다카2961,87다453 전원합의체판결

<매수인이 소유권이전등기 대신에 소유권보존등기를 경료함으로써 동일 부동산에 관하여 등기명의인을 달리하여 중복된 소유권보존등기가 이루어졌으나 선등기가 원인무효가 되지 아니하는 경우의 후등기의 효력유무(소극) 및 이 경우 매수인이 매도인의 상속인에 대하여 소유권이전등기를 청구할 이익유무(적극)>

동일부동산에 관하여 등기명의인을 달리하여 중복된 소유권보존등기가 경료된 경우에는 먼저 이루어진 소유권보존등기가 원인무효가 되지 아니하는 한 뒤에 된 소유권보존등기는 비록 그 부동산의 매수인에 의하여 이루어진 경우에도 1부동산1용지주의를 채택하고 있는 부동산등기법 아래에서는 무효라고 해석함이 상당하다 할 것인바, 원고가 소외 망인으로부터 그 소유인 토지를 매수하고 이미

망인 명의로 소유권이전등기가 경료되어 있던 위 토지에 관하여 원고 명의의 소유권보존등기를 경료한 경우 망인 명의의 소유권이전등기의 토대가 된 소유권보존등기가 원인무효라고 볼 아무런 주장·입증이 없다면 원고가 위 망인으로부터 위 토지를 매수하였다고 하더라도 위 망인 명의의 소유권이전등기에 기하여 소유권이전등기를 경료하지 아니하고 소유권보존등기를 경료한 이상 뒤에 경료된 원고 명의의 소유권보존등기는 이중등기로서 무효라고 할 것이므로 원고는 위 망인의 상속인인 피고들을 상대로 위 부동산에 관하여 위 매매를 원인으로 한 소유권이전등기를 청구할 이익이 있다.

□ 대법원 2002. 7. 12. 선고 2001다16913 판결

<동일 부동산에 대하여 중복 경료된 소유권보존등기의 효력>

동일 부동산에 관하여 경료된 각 소유권보존등기가 그 부동산을 표상함에 부족함이 없는 것으로 인정되는 경우, 그 각 등기는 모두 공시의 효력을 가지게 되고, 따라서 뒤에 이루어진 소유권보존등기는 중복등기에 해당하여 선등기에 원인무효의 사유가 없는 한 원인무효로 귀착될 수밖에 없다.

□ 대법원 1967. 09. 05. 선고 67다1347 판결

공동상속한 부동산에 대하여 공동상속인의 한사람이 불법으로 그 단독명의로 소유권이전등기를 경료한 경우 그 부동산에 대한 다른 상속인들의 각 상속분에 관한 위 등기는 그 원인을 흠결한 무효의 등기임이 명백하다 할 것이나 위의 등기를 경료한 상속인 자신의 상속분에 관한 위 등기는 그것이 불법한 방법으로 경료된 것이라 하여도 이를 무효의 등기라고는 할 수 없다.

□ 대법원 2004. 5. 14. 선고 2004다11896 판결

<등기신청서의 기재사항이 등기원인을 증명하는 서면과 부합하지 아니함에도 신청서대로 등기가 경료된 경우, 등기관이 이를 직권으로 말소할 수 있는지 여부(소극)>

등기신청서의 기재사항이 등기원인을 증명하는 서면과 부합하지 아니함에도

신청서대로 등기가 경료되었다면 이는 부동산등기법 제55조 제2호에 해당하는 것이 아니므로 일단 등기가 경료된 후에는 등기관이 이를 직권으로 말소할 수 없고, 등기의무자가 불응하는 경우 그를 상대로 말소등기의 회복등기절차의 이행을 명하는 판결을 받아 부적법하게 말소된 등기를 회복하여야 한다.

□ 대법원 1993. 01. 26. 선고 92다39112 판결

부동산등기특별조치법상 조세포탈과 부동산투기 등을 방지하기 위하여 위 법률 제2조 제2항 및 제8조 제1호에서 등기하지 아니하고 제3자에게 전매하는 행위를 일정 목적범위 내에서 형사처벌하도록 되어 있으나 이로써 순차매도한 당사자 사이의 중간생략등기합의에 관한 사법상 효력까지 무효로 한다는 취지는 아니다.

□ 대법원 1997. 03. 14. 선고 96다22464 판결

국토이용관리법상 허가구역 안에 있는 토지에 관한 매매계약을 체결하고자 하는 당사자는 공동으로 관할관청의 허가를 받아야 하는바, 소유자인 최초 매도인이 중간 매수인에게 매도하고 이어 중간 매수인이 최종 매수인에게 순차 매도하였다면 각 매매계약의 당사자는 각각의 매매계약에 관하여 토지거래허가를 받아야 하는 것이며, 당사자들 사이에 최초의 매도인으로부터 최종 매수인 앞으로 직접 소유권이전등기를 경료하기로 하는 중간생략등기의 합의가 있었다고 하더라도 이러한 중간생략등기의 합의란 부동산이 전전 매도된 경우 각각의 매매계약이 유효하게 성립함을 전제로 그 이행의 편의상 최초의 매도인으로부터 최종의 매수인 앞으로 소유권이전등기를 경료하기로 한다는 당사자 사이의 합의에 불과할 뿐, 최초의 매도인과 최종의 매수인 사이에 매매계약이 체결되었다는 것을 의미하는 것은 아니므로 최초 매도인과 최종 매수인 사이에 매매계약이 체결되었다고 볼 수 없고, 설사 최종 매수인이 자신과 최초 매도인을 매매당사자로 하는 토지거래허가를 받아 자신 앞으로 소유권이전등기를 경료하였더라도 그러한 최종 매수인 명의의 소유권이전등기는 적법한 토지거래허가 없이 경료된 등기로서 무효이다.

□ 대법원 2005. 09. 29. 선고 2003다40651 판결

최종 양수인이 중간생략등기의 합의를 이유로 최초 양도인에게 직접 중간생략등기를 청구하기 위하여는 관계 당사자 전원의 의사합치가 필요하지만, 당사자 사이에 적법한 원인행위가 성립되어 일단 중간생략등기가 이루어진 이상 중간생략등기에 관한 합의가 없었다는 이유만으로는 중간생략등기가 무효라고 할 수는 없다.

□ 대법원 1994. 05. 24. 선고 93다47738 판결

부동산의 양도계약이 순차 이루어져 최종 양수인이 중간생략등기의 합의를 이유로 최초 양도인에게 직접 그 소유권이전등기청구권을 행사하기 위하여는 관계당사자 전원의 의사합치, 즉 중간생략등기에 대한 최초 양도인과 중간자의 동의가 있는 외에 최초의 양도인과 최종의 양수인 사이에도 그 중간등기생략의 합의가 있었음이 요구된다.

□ 대법원 1991. 12. 13. 선고 91다18316 판결

중간생략등기의 합의가 있었다 하더라도 이러한 합의는 중간등기를 생략하여도 당사자 사이에 이의가 없겠고 또 그 등기의 효력에 영향을 미치지 않겠다는 의미가 있을 뿐이지 그러한 합의가 있었다 하여 중간매수인의 소유권이전등기청구권이 소멸된다거나 첫 매도인의 그 매수인에 대한 소유권이전등기의무가 소멸되는 것은 아니라 할 것이다.

□ 대법원 1982.07.13. 선고 81다254 판결

소유권이전등기 소요 서류등에 매수인란을 백지로 하여 교부한 경우에는 소유권이전등기에 있어 묵시적 그리고 순차적으로 중간등기 생략의 합의가 있었다고 봄이 상당하다.

□ 대법원 1991. 04 23. 선고 91다5761 판결

최초 양도인이 중간등기생략을 거부하고 있어 매수인란이 공란으로 된 백지의 매도증서와 위임장 및 인감증명서를 교부한 것만으로는 중간등기생략에 관한 합의가 있었다고 할 수 없다.

□ 대법원 1980. 7. 22. 선고 80다791 판결

<증여에 의하여 부동산권리를 취득하였으나 등기원인을 매매로 기배한 경우의 등기의 효력>

부동산 등기는 현실의 권리 관계에 부합하는 한 그 권리취득의 경위나 방법 등이 사실과 다르다고 하더라도 그 등기의 효력에는 아무런 영향이 없는 것이므로 증여에 의하여 부동산을 취득하였지만 등기원인을 매매로 기재하였다고 하더라도 그 등기의 효력에는 아무런 하자가 없다.

□ 대법원 1980. 11. 11. 선고 80다441 판결

<멸실건물의 등기부에 신축건물에 관한 등기를 등재한 경우의 그 등기의 효력>

멸실된 건물과 신축된 건물이 위치나 기타 여러가지 면에서 서로 같다고 하더라도 그 두 건물이 동일한 건물이라고는 할 수 없으므로 신축건물의 물권변동에 관한 등기를 멸실건물의 등기부에 등재하여도 그 등기는 무효이고 가사 신축건물의 소유자가 멸실건물의 등기를 신축건물의 등기로 전용할 의사로써 멸실건물의 등기부상 표시를 신축건물의 내용으로 표시 변경 등기를 하였다고 하더라도 그 등기가 무효임에는 변함이 없다.

심화 쟁점 생각해 보기

[쟁점 1]
- 부동산등기와 대장의 이원적 체계가 유지되어야 하는가?[1)]

☐ 부동산등기부와 대장의 이원화 제도의 개선필요성

부동산등기부와 대장의 이원화로 여러 가지 문제점들이 발생한다. 부동산등기부와 대장의 이원화 제도는 ① 부동산의 정확한 현황 파악 곤란, ② 국민의 이중적인 부담, ③ 국가사무의 이중부담, ④ 등기사무의 지연, ⑤ 부동산 분쟁의 유발 등 여러 가지 문제점을 내포하고 있으며, 이러한 문제로 인하여 종국에는 부동산등기부와 대장이 불일치하게 되어 해당 부동산의 사실관계 및 권리관계를 명확히 공시하지 못하게 되는 바 이에 대한 개선이 필요하다.

---

1) 아래의 내용은 김판기, "실체관계에 부합하는 부동산등기 구축에 관한연구", 한양대 박사학위논문, 2008.2.을 요약·정리하였음.

① 부동산의 정확한 현황 파악 곤란

현행법상 대장상의 표시는 대장 취급공무원의 직권에 의해 현황을 조사등록토록 하는데 반해서 부동산의 표시사항에 관한 등기는 당사자의 신청에 의하는 것을 원칙으로 하고 있어서, 등기부상에 부동산의 정확한 현황 파악이 곤란한 문제점이 있다. 이로 인해 부동산의 정확한 현황을 등기부에 등재한다고 하는 부동산등기제도의 이상이 제대로 실현되지 않고 있다.

② 국민의 이중적인 부담

현행 부동산등기 및 대장제도는 이것을 이용하는 국민 및 관공서 등에 항상 이중적인 부담을 지우는 결과로 나타나고 있다. 즉, 토지나 건물의 현황이나 권리변동이 발생했을 경우 소유자가 대장등록을 신고토록 하고 또한 동일내용의 등기의 신청 및 그 촉탁을 의뢰토록 하고 부동산 거래의 전제로서 등기부와 대장열람 등 이중의 청구를 하지 않으면 안되는 결과를 야기하고 있기 때문에 그와 같은 절차를 따르기 위해서 경비를 이중으로 부담해야 하고 이원적인 관리관청에 출두해야 되는 등 국민의 부담도 가중되고 있다.[2)]

③ 국가사무의 이중부담

현행법상 부동산등기부는 대법원이, 토지대장과 임야대장은 행정자치부가, 건축물대장은 건설교통부가 관련 업무를 취급함으로 인하여 국가의 사무부담이 증가되고 있으며, 이에 따른 경비지출 등 동일한 권리관계의 표시를 위해서 이중으로 부담이 되고 있는 실정이다.

또한 부동산등기부 및 대장의 열람 및 등본이나 초본의 작성 등에 있어서도 이중의 사무를 부담해야 하고 이로 인한 서면의 작성비, 보관비 등 불필요한 비용이 지출되고 있는 실정이다.

2) 정권섭, “대장과 등기부의 일원화〈6〉”. 법률신문 제1275호, 1978. 11.

④ 등기사무의 지연

부동산에 관한 부동산등기부와 대장이 이원화로 인하여 국민들은 지적관청에 지적사무를 신청하고, 이와는 별개로 등기소에 다시 등기사무를 신청하는 중복된 민원신청을 하여야 한다. 그러나 이러한 중복된 업무처리는 부동산거래가 빈번하게 이루어지는 현 상황에서 등기사무를 지연시키고 그에 따른 불편이 국민들에게 전가시키는 문제점이 존재한다.

⑤ 부동산 분쟁의 유발

부동산등기부와 대장의 이원화로 인하여 우선 대장이 정리되고 대장을 기초로 등기가 경료되기 전까지 등기절차상 시간적 간격이 발생하여 이 사이에 부동산의 표시에 관한 불일치나 소유권의 변동이 있는 경우에는 소유권 공시의 부일치가 발생할 가능성이 있으며 이로 인해 부동산 소유분쟁이 발생하는 원인이 될 수 있다.

또한 멸실된 건물 등과 같이 실체가 없는 등기, 한 개의 부동산에 대한 중복등기, 권리변동의 과정이 사실과 불일치하는 등기, 사기나 위조 등의 부정한 방법에 의한 등기, 소송사기에 의한 등기, 판결정본의 목록을 변조한 등기 등도 소유권 분쟁을 유발할 수 있다.[3)]

□ 부동산등기와 대장의 일원화 방안

1. 제도의 일원화

가. 부동산등기부상 사항란과 대장상 권리사항의 통합

현행 부동산등기부와 대장은 공통적으로 해당 부동산의 권리관계와 관련된 사항을 포함하고 있다. 따라서 대장을 부동산등기부에 흡수하여 일원화 하는

3) 강용식·문경종, "지적·등기공시제도 일원화 방안에 관한 연구", 제주산업정보대학 논문집 제26집, 2005, 55면.

경우 해당 부동산의 권리에 관한 사항은 기존의 등기부를 중심으로 작성하고, 이를 일정한 기간동안 공고하여, 이에 대해 이의가 있는 이해관계인으로부터 이의신청을 할 수 있는 기회를 마련해 주어, 부동산등기부와 대장을 통합하여 일원화 하는 것에 의해 진정한 권리자의 권리가 침해되는 일이 없도록 하여야 할 것이다.

나. 관계 법령의 제·개정

현행 부동산등기는 실체법인 민법과 절차법인 부동산등기법에 의해 관리되고 있으며, 대장은 지적법에 의해 관리되고 있다. 따라서 부동산등기부와 대장을 부동산등기부로 통합하여 일원화 하는 경우 그 근거법령 또한 일원화 해야 할 것이다.

이에 현행 부동산등기에 관한 실체적인 사항을 민법에 추가하여[4] 통합된 부동산등기의 실체법적 근거를 마련하고, 공법적인 기능을 하는 지적법과 사법적 기능을 하는 부동산등기법을 통합하여 새로운 부동산공시에 관한 법률을 제정하여야 할 것이다.

2. 관장기관의 일원화

가. 부동산등기부 및 대장업무의 관장 현황

현재 부동산등기부는 사법부인 법원행정처 부동산등기과에서 총괄하고 있으며, 토지대장과 임야대장은 행정자치부 지적팀에서 총괄하고 있으며, 건축물대장은 건설교통부 건축기획팀에서 담당하고 있다. 그리고 부동산등기에 관한 법원인 민법과 부동산등기법은 법무부가 소관부처로 되어 있다.

이로 인해 부동산이라고 하는 하나의 물건을 공시하는데 있어 행정부와 사법부의 여러 부처가 분야를 나누어 규율함으로써 등기업무 수행시 유기적인 협조가

4) 현행 민법은 부동산등기에 관하여 제186조에서 "부동산에 관한 법률행위로 인한 물권의 득실변경은 등기하여야 그 효력이 생긴다"라는 규정만을 두고 있을 뿐 부동산등기의 목적, 등기할 수 있는 권리, 등기의 관장기관 등 부동산등기 관련 실체규정이 존재하지 않는 문제가 있다.

이루어지고 있지 않다.

나. 관장기관 일원화에 관한 외국의 사례

부동산등기부와 대장을 일원화 하는 경우 그 관장기관과 관련하여 일본의 경우에는 대장사무와 등기사무를 일원화 하여 법무성에서 이를 일괄 관장하도록 하고 있고 현재까지 별다른 문제없이 운영하면서 일원화의 성공례로 소개되고 있다. 프랑스의 경우에도 재무경제부라는 행정기관이, 네덜란드는 주택도시계획 및 환경부라는 행정기관이, 대만의 경우에도 지정서라는 행정기관을 관장기관으로 하여 운영하고 있다. 다만, 우리나라와 영국과 독일 등에서는 등기사무를 법원에서 관장하고 있지만, 이는 이원화 체계로 운영되는 나라들이며, 부동산등기부와 대장을 일원화 하여 운영하는 나라들은 행정부에서 이러한 사무를 관장하고 있다.[5)]

다. 관장기관의 일원화 방안

부동산등기부와 대장을 일원화하는 경우 그 관장기관을 어느 기관으로 할 것인지에 대하여는 사법부가 관장하는 방안과 행정부가 관장하는 방안으로 대별해 볼 수 있다. 그러나 사법부가 이를 관장하는 경우에는 아래와 같이 여러 가지 문제점이 지적되고 있다.

① 등기사무는 전형적인 국가 행정사무이다. 즉, 사법행정사무는 재판업무의 수행에 필요한 행정사무, 즉 법원 인사·예산·청사관리 등 사무에 국한된다고 할 것이며, 등기사무는 각종 등기신청의 접수, 등·초본 교부, 등기부의 기재·관리 등으로 재판작용과 전혀 관련 없다. 따라서 등기사무는 전형적인 행정사무이므로 법원이 관장기관이나 감독기관이 될 수 없다.

② 사법부가 등기사무를 관장·감독하는 것은 헌법 위반된다. 즉, 사법부가 행정부의 사무를 담당 및 감독하는 것은 헌법상의 대원칙인 입헌민주주의 원리 및 삼권분립원칙에 정면으로 위배된다.

---

5) 노종천, "등기와 지적제도의 이원화로 인한 법률문제연구", 숭실대 박사학위논문, 1999, 219면.

③ 등기제도를 법원이 감독하는 것은 행정과 사법이 분화되지 않은 일제시대의 유산으로서 시급히 정리되어야 한다.

④ 하나의 기관이 동일한 사무를 집행(관장)하는 동시에 감독, 재판업무까지 수행하게 되는 기형적인 현상 발생한다.[6)]

⑤ 사법부가 등기사무를 관장하는 경우 감사원의 감사가 없는 국가사무 발생한다. 즉, 다른 국가위임사무와 달리 사무관장기관인 대법원에 대한 감사원의 감사가 법적으로 불가능하다.[7)]

⑥ 현행 헌법상 법률안 제출권은 국회와 정부만이 가지고 있어(헌법 제52조), 사법부가 등기사무를 관장하는 경우 등기관련 법률의 제·개정이 신속히 이루어질 수 없다.

따라서 부동산등기부와 대장을 일원화 하는 경우 그 사무는 사법부 보다는 행정부에서 관장하는 것이 행정사무에 대한 통일적·효율적 감독의 측면 등에 비추어 보아도 타당할 것이다.[8)]

하지만 행정부가 관장기관이 되는 경우에도 현재 토지대장 및 임야대장을 관장하고 있는 행정자치부와 부동산등기법 등 부동산등기관련 법률을 관장하고 있는 법무부 중 어느 부처를 관장기관으로 할 것인지가 문제될 수 있으나, 행정자치부보다는 부동산등기관련 법률의 소관부처인 법무부가 그 관장기관이 되는 것이 타당할 것이다. 이는 토지·임야대장 업무를 소관하고 있는 행정자치부의 경우 주로 지적담당공무원이 해당 업무를 담당하고 있어, 지적관련 실무에는 능통하나, 부동산의 현황뿐만 아니라 그 권리관계를 명확히 공시할 것으로 목적으로 하는 등기사무와 관련한 각종 법률의 해석 및 제·개정 업무를 담당하는데는 무리가 있을 것으로 판단되기 때문이다.

---

6) 법원 소속인 등기공무원의 처분에 대하여 이의가 제기되는 경우 법원이 스스로 내린 처분에 관하여 피고인 동시에 이를 재판하게 되어 재판의 중립성 · 공정성 · 제3자성에 정면으로 위배된다.

7) 감사원법 제24조제3항은 법원공무원을 감사원의 직무감찰대상에서 제외하고 있다.

8) 사법부는 부동산등기와 관련된 분쟁이 발생한 경우 그 분쟁을 해결하는 역할만을 하는 것이 권력분립의 원리에도 합당한 것으로 생각된다.

부동산등기사무를 법무부가 담당하는 경우 법무부 소속하에 별도의 등기관장기관을 신설하는 후속 조치가 필요하다. 현재는 법무부 법무심의관실에서 부동산등기법 등 관련 법률을 관장하고 있으나 부동산등기부와 대장을 일원화 하는 경우에는 법무심의관실의 인원만으로는 부동산등기업무를 제대로 수행하는 것이 불가능기 때문이다. 또한 이러한 별도의 등기관장기관 신설 외에 각 지역별로 부동산등기업무를 담당할 기관이 필요하므로, 이 기관은 현재 사법부 소속으로 되어 있는 등기소를 법무부 산하 기관으로 변경하여 등기사무를 처리하도록 함으로써 전문화된 등기인력을 확보하는 것이 타당할 것이다.

[쟁점 2]
- 부동산등기의 공신력은 인정되어야 하는가?[1)]

□ 논의의 필요성

특정한 물건을 직접 지배함으로써 이익을 얻는 배타적인 권리인 물권의 변동과 관련하여 공시의 원칙과 공신의 원칙이 차지하는 의미는 크다. 특히 부동산물권의 변동에 있어서 공시의 원칙과 공신의 원칙은 부동산거래의 안전을 관철하는데 매우 중요한 의미를 가진다.

현재 우리 민법은 부동산의 공시방법으로써 권원의 부동산등기제도를 유지하고 있고, 부동산물권변동에 있어서 성립요건주의를 취하여 공시의 원칙은 관철되고 있다. 그러나 철저한 부동산거래의 안전은 이 공시의 원칙을 관철하는 것만으로는 부족하며, 나아가서 부동산등기를 믿고 거래한 사람까지 보호할 수 있는 이른바 공신의 원칙을 채용하는 것이 필요하다.

우리나라와 같이 형식주의를 취하는 입법례에서 부동산등기의 공신력을 인정하지 않는 것은 형식주의를 무의미하게 만들 수 있다. 하지만 우리나라는 민법제정시 공신력 인정의 필요성은 인식하면서도 여러 현실적인 이유로 공신력을 인정하지 않는 쪽으로 결론을 내렸다. 그러나 부동산등기와 관련하여 지금의 현실은 민법제정시와는 많이 다르다. 이제는 우리나라도 부동산등기의 공신력을 인정할 시점에 도달하였으며 이에 대한 실천적인 논의가 필요하다.

---

1) 아래의 내용은 김판기, “부동산등기의 공신력 인정에 관한 실천적 재론”, 고시계 통권620호, 2008. 10.을 요약·정리하였음.

□ 부동산등기의 공신력 인정의 필요성과 전제조건

1. 부동산등기의 공신력 인정의 필요성

현재 우리 민법은 권원의 등기제도를 유지하고 있고, 부동산물권변동에 있어서 성립요건주의를 취하고 있음에도 불구하고, 부동산등기의 공신력은 인정하고 있지 않다. 그러나 부동산등기의 공신력 인정에 관한 아래와 같은 여러 가지 필요성에 근거하여 생각해 보면 우리나라도 부동산등기의 공신력을 인정할 시점에 달한 것으로 판단된다.

가. 부동산등기의 본질

부동산등기부는 단지 문자의 기록부를 의미하는 것이 아니다. 부동산등기는 부동산에 관한 권리관계의 공시를 목적으로 하는 것으로서 그 공시 자체에 의미를 부여하지 않으면 등기제도 스스로의 모순에 빠지게 된다. 즉, 부동산에 관한 권리관계라는 것은 원래 관념적인 것이어서 제3자가 이를 쉽게 파악하기 곤란하므로 이를 공적장부에 기재하게 하여 공시하는 것이 등기제도라고 정의하면서도, 등기가 실체와 부합하지 않는 경우에는 그 효력이 없다고 하는 것은 등기가 실체와 부합하는지 여부를 제3자에게 조사하여 판단하라고 하는 것인데, 이것이 자기모순임에는 재론의 여지가 없다.[2)]

나. 사회의 변화

민법 제정 당시 우리나라는 농경중심 사회로서 부동산의 거래가 많지도 않았을 뿐더러 그 부동산의 주인이 누구인지는 그 마을의 사람이면 누구든지 아는 공지의 사실이어서 부동산의 소유자가 아닌 사람이 등기신청서류 등을 위조하여 부동산을 매각하는 것이 용이하지 않고 부동산을 매수하는 사람도 그 부동산의 소유자가 누구인지 조사도 않은 채 등기만을 신뢰하여 거래를 하지 않았을 것이다. 그럼에도

2) 안태근, “등기원인증서의 공증과 등기의 공신력”, 법조 제591호, 법조협회, 2005. 12, 134면.

불구하고 등기만을 신뢰하여 거래한 사람이 있는 경우 진실한 권리자를 희생하면서까지 그 사람을 보호할 필요가 있다고 보기가 힘든 면이 있었음은 부인할 수 없다. 그러나 현대사회는 다르다. 사회가 산업화·정보화됨에 따라 우리의 경제구조도 변화하였으며 그에 따라 부동산에 대한 거래 또한 빈번하게 발생하게 되어 거래의 안전이 보다 중요한 가치로서 대두되고 공적장부인 등기가 거의 유일한 부동산 권리의 공시방법으로서의 기능을 할 수밖에 없게 되었다.3)

그리고 부동산거래의 방식에 있어서도 과거에는 주로 생활의 근거지를 중심으로 부동산의 거래가 이루어져 해당 부동산의 소유관계를 공적장부를 확인하지 않더라도 특별한 문제가 발생하지 않았지만, 현재는 전국의 모든 부동산이 거래의 대상이 되는 등 그 범위와 규모에 있어 많은 변화가 생겨 등기부가 권리관계를 파악하는 거의 유일한 수단이 되고 있는 실정이다.

다. 거래실무

오늘날 부동산에 대한 거래를 할 경우 가장 우선적으로 확인하는 것이 등기부이며 등기부의 기재대로 물권이 존재하고 그 주체가 누구라고 신뢰하는 것이 국민들의 일반적인 감정일 정도로 거래계의 의식이 변화하였다.

또한 거래계에서는 등기가 완료되었음을 증명하는 등기필증을 권리증이라 호칭하고 있는 것으로부터 알 수 있는 바와 같이 일반적으로는 등기에 의하여 확실히 권리를 취득할 수 있는 것으로 생각하고 있다. 따라서 이제는 이러한 일반인의 의식을 충분히 존중하여 공신력을 인정하여야 할 것이다.4)

라. 경제학적 측면

부동산등기의 공신력 인정은 경제학적 측면에서도 더 효율적이다. 부동산등기의 공신력을 인정하지 않는 경우 부동산을 매수하려는 사람은 자신의 거래상대방이 진정한 권리자가 맞는지를 확인하기 위하여 토렌스시스템에 있어서의 최초등기와

3) 안태근, 위의 논문, 35면.

4) 강태원, "부동산등기의 공신력에 관한 일고찰", 연세법학연구 창간호, 연세법학연구회, 1990. 2, 355면.

같이 과거의 소유자들을 모두 추적하여 현재의 권리자가 진정한 권리자인지 여부를 직접 확인해야 할 것이며, 이에 소요되는 비용 또한 상당할 것이다. 그러나 이러한 비용을 들이더라도 진정한 권리자임을 명확히 확인할 수 있다면 결과적으로 진정한 권리를 취득하겠지만, 문제는 과거의 모든 권리자를 추적하더라도 그 사람들이 진실을 말하고 있는지를 확신할 수 없는 것이며, 만일 중간생략등기가 되어 있다면 그런 식의 추적마저도 어렵게 된다.[5)]

그러나 부동산등기의 공신력을 인정한다면 부동산거래시 등기부만을 열람하고 등기부상 명의인이 거래당사자가 맞는지만을 확인하면 될 것이어서 그 경제적 비용이 현저히 줄어들 것이다. 특히 등기부 열람과 관련하여 과거에는 부동산의 관할 등기소에 가서 등기부를 확인해야 했기 때문에 등기부열람이 그리 쉽지 않은 일이었다. 그러나 2002년 9월부터 등기의 전산화가 이루어지면서 저렴한 비용으로 집에서도 인터넷을 통해 등기부를 확인할 수 있게 되어 부동산의 등기가 실제의 권리와 일치하는지를 확인하는 비용이 아주 낮아지게 되었다.

마. 저당권의 유동화

저당권의 유동화는 저당권의 유통성이 확보된 저당제도를 말한다. 소유자저당제도가 인정되지 않는 우리나라에서 가치권으로서의 저당권의 기능이 확립된 것은 아니나, 저당권에 의하여 담보된 채권이 상품화되어 유통되어야 할 시장경제적 수요가 대두되어 이미 주택저당채권유동화회사법, 자산유동화에 관한 법률 등이 이미 시행되고 있다.[6)] 주택저당채권유동화회사법과 자산유동화에 관한 법률은 민법에 대한 특례를 인정하여 주택저당채권이나 자산양도 등의 등록을 금융감독위원회에 하도록 하고, 이러한 등록을 한 시점에 저당권을 취득하는 것으로 하여 공신력을 인정하는 이중의 공시제도를 두고 있다(주택저당채권유동화회사법 제5조·제7조, 자산유동화에 관한 법률 제6조·제8조). 이로 인해 주택저당채권유동화회사법과 자산유동화에 관한 법률은 민법상 기본원칙에 대한 중대한 예외를 인정하여

5) 한국경제연구원, 규제연구시리즈 41, 2003. 1, 68면.

6) 안태근, 앞의 논문, 135면.

민법과 법리상의 충돌을 일으키고 있는 실정이며, 이러한 불완전한 모양은 민법상 부동산등기의 공신력을 인정하지 않는 한은 계속될 수밖에 없을 것이다.

2. 부동산등기의 공신력 인정의 전제조건

부동산등기의 공신력을 위한 전제조건은 선험적·획일적으로 결정되어 있는 것은 아니다. 부동산등기의 공신력을 인정하는 경우 등기된 권리를 진정한 것으로 신뢰하고 거래를 한 당사자는 보호를 받게 되나, 이로 인해 진정한 권리자는 불측의 피해를 입게 될 우려가 있다. 그러므로 부동산등기의 공신력을 인정하기 위해서는 우선적으로 부동산등기와 진실한 권리관계가 최대한 일치될 수 있도록 제도적 장치를 충분히 갖추어야 한다. 그리고 이러한 제도적 장치에도 불구하고 공신력인정에 의해 희생을 당하는 진정한 권리자가 생길 경우를 대비하여 진정한 권리자를 보호할 수 있는 방법을 충분히 강구한 후에야 부동산등기의 공신력을 인정할 수 있을 것이다.[7)]

따라서 부동산등기의 공신력을 인정하기 위해서는 사전적 장치로써 부동산등기와 대장의 일원화, 등기강제주의의 채택, 등기원인증서 제도의 개선 등을 통해 부동산등기제도를 재정비하는 것이 전제되어야 할 것이다. 또한 사후적으로 이러한 공신력인정으로 인해 피해를 볼 수 있는 진정한 권리자의 피해를 최소화하기 위한 보완책을 마련하여야 할 것이다.

7) 곽윤직, 채권각론, 박영사, 2005, 31면.

[쟁점 3]
- 부동산등기강제주의 도입가능성[1]

□ 등기강제의 필요성

등기강제주의는 "등기부 강제주의"와 "등기 의무주의"의 2가지 의미로 사용되는 개념이다. 여기서, 등기부 강제주의[2]는 전국의 모든 부동산을 빠짐없이 측량하여 등기부에 기재되도록 하는 것으로, 등기의 공신력 인정의 전제가 된다. 등기의무주의는 물권거래가 있는 경우 일정한 기간 내에 등기토록 하고, 이를 게을리하는 경우 과태료 등으로 제재하는 입법례이다.[3]

일반적으로 등기는 당사자의 신청에 의하는 것이 원칙이기 때문에(부동산등기법 제22조) 당사자가 부동산 소유권 관련 등기를 신청하느냐 여부는 당사자의 의사에 의하여 결정된다. 다만, 건전한 부동산 거래질서를 확립하기 위하여 부동산등기특별조치법 제2조는 부동산의 소유권이전을 내용으로 하는 계약을 체결한 자에 대하여 일정한 기간내에 소유권 이전등기를 하도록 강제하는 예외규정을 두고 있다. 그러나 부동산소유권보존등기의 경우에는 해당 부동산을 매도하는 경우를 제외하고는 이를 강제하는 규정이 없다.[4]

이로 인해 거래당사자 사이에 등기 없이 해당 부동산을 이전할 수 있는 가능성이 생겨, 부동산에 관한 실체적 권리관계와 그 물리적 현황이 등기부상의 그것과 일치되어야 한다는 부동산등기제도의 기본적인 목적에 반하게 된다.

또한 현행법하에서는 법률행위에 의한 물권변동은 등기를 하지 않으면 그

---

1) 아래의 내용은 김판기, "등기강제주의에 관한 입법론적 고찰", 한양법학 제19권 제3집, 한양법학회, 2008. 10.을 요약정리하였음.

2) 全부동산 등기주의라고도 하며, 독일이 이러한 입법례를 취하고 있다. 독일은 토지등기법에서 독일 내에 있는 모든 토지들은 모두 등기용지를 직권으로 개설하도록 하고 있다(동법 제3조 참조).

3) 프랑스가 이러한 입법례를 취하고 있다. 프랑스의 등기법은 1955년 1월 4일 제정된 「토지공시의 개혁에 관한 명령(Décret portant réforme de la publicité fonciére)」에 의해 전면적으로 개혁이 이루어졌는데, 여기서는 권리를 발생케 한 법률행위 등에 대하여 공시를 의무화함으로써 제3자의 거래안전을 꾀하고 있다(동명령 제28조 참조).

4) 이로 인해 실제로 우리나라에서는 이러한 미등기부동산이 적지 않다. 주로 건물의 경우가 많으나, 때로는 토지의 경우도 있다.

효력이 발생하지 않으며, 법률행위에 의하지 않고서 물권을 취득한 자는 이른바 등기연속의 원칙에 의하여 자기명의로 등기한 후가 아니면 그것을 처분하지 못하는 것이 원칙이므로(민법 제186조, 제187조), 이러한 등기주의 원칙을 그대로 관철시키려면 미등기부동산의 발생이 있어서는 안된다.[5]

그 외에 건물의 경우에는 건물신축 후 소유권보존등기를 하지 않아 정부의 공평과세의 취지를 훼손함은 물론 지방자치단체의 재정수입에도 악영향을 미치는 문제점들이 지적된다.[6]

따라서 이러한 부동산등기의 기본목적 및 등기주의의 원칙 등을 관철하기 위해서는 모든 부동산이 등기부에 공시될 필요가 있다. 다만, 모든 부동산의 공시를 위해서 어떠한 입법방식을 취하는 것이 우리의 현실에 타당한지에 대하여는 심도 있는 검토가 필요하다.

□ 등기강제제도의 방향과 도입의 문제점

부동산등기의 기본목적을 달성하고, 현행법상의 등기주의 원칙을 관철하기 위해서는 부동산등기강제주의제도를 채택하는 것이 타당하며, 그 방식에 있어서도 독일이나 프랑스와 같이 등기부 강제주의와 등기 의무주의 어느 하나 만을 선택할 것이 아니라, 우리의 현실에 맞게 등기부 강제주의와 등기 의무주의를 모두를 채택하여야 할 것이다. 이는 등기부 강제주의에 의해서 모든 부동산이 등기부에 공시될 수 있으며, 등기 의무주의에 의해 부동산물권변동의 모든 과정이 등기부에 그대로 공시될 수 있기 때문이다. 다만 현재 부동산물권의 변동에 관해서는 부동산등기특별조치법에 의해 등기 의무주의가 어느 정도 실현되고 있어, 향후 논의의 중심은 모든 부동산의 현황 등을 등기부에 기재하도록 하여 미등기의 부동산이 발생하지 않도록 하는 방안을 모색하는 것이 필요할 것이다. 다만, 이러한 제도의 도입에는 막대한 비용과 많은 인원의 동원이 필요하며, 그 실현은 쉽게 이루어질

---

5) 현행법에 의할 경우 미등기부동산의 발생을 저지하지 못하기 때문에, 미등기부동산을 등기하지 않고서 처분하는 것이 문제되며, 등기주의를 이때에도 적용한다면, 그러한 처분은 모두 무효라고 하여야 할 것이다. 그러나 그와 같이 처리한다면, 거래의 안전이 크게 위협받게 됨은 명백하다(안수홍, "부동산물권변동에 관한 입법론적 연구", 대구대 박사학위논문, 1992, 110면).

6) 강창일의원 대표발의, "부동산등기특별조치법 일부개정법률안(의안번호 5440)", 2006. 11. 22, 1면.

수 없을 것이다. 또한 등기강제제도를 채택하는 것은 사적자치가 중시되는 자유주의 경제질서 하에서는 타당하지 않다는 비판이 제기될 수 있으며, 현재 우리나라는 부동산등기의 공신력을 인정하고 있지 않아서 등기를 믿고 거래를 하더라도 보호를 받지 못하고 있는데 등기까지 강제를 하는 것은 지나치다는 비판이 제기될 수도 있다. 그러나 이러한 제도의 도입은 투기억제 등 건전한 부동산 거래질서 확립을 위해 부동산소유권 이전등기를 일정한 기간 내에 하도록 강제하는 것과 마찬가지로, 소유권보존등기의 경우에도 부동산등기제도의 취지, 현행 부동산등기제도가 취하고 있는 등기주의 및 조세정의의 실현 등 제반 공익적 이유와 외국의 선례에 비추어 보면 특별한 문제는 없을 것으로 판단된다.

□ 소유권보존등기의 강제

가. 소유권보존등기 강제의 방식

소유권보존등기를 강제하는 경우 이러한 사항은 어떠한 법률에 규정할 것인지가 문제될 수 있다. 현행 법제상 등기제도의 본질과 직접적 관련이 있는 사항은 부동산등기법에, 소유권이전등기 의무화 등 행정목적 달성과 밀접한 관련이 있는 사항은 부동산등기특별조치법 등 특별법에 규정을 하고 있다. 따라서 소유권보존등기를 의무화하는 경우 이는 지방세의 탈루를 방지하기 위한 것으로서 행정목적 달성과 밀접한 관련이 있으며, 과태료 부과 및 징수기관과 건축물 사용승인 관장기관을 일치시키는 것이 효율적이므로 부동산등기법보다 부동산등기특별조치법에 이러한 내용을 규정하는 것이 바람직할 것으로 생각된다.[7)]

또한 토지와 건물을 별개의 부동산으로 취급하여 독립한 거래의 객체로 인정하는 우리법제의 특성에 비추어 소유권보존등기를 강제하는 대상을 건물만에 한정하는 것은 타당하지 않다. 따라서 토지와 건물 모두를 소유권보존등기 강제의 대상으로 하고, 등기신청 해태의 기산일은 현행 부동산등기법에 의해 보존등기를 할 수 있는 시점부터 기산하도록 하는 것이 타당할 것이다.

---

7) 동지: 국회 법제사법위원회, "부동산등기법 일부개정법률안(김동철의원 대표발의) 검토보고", 2005. 11, 5면.

〈부동산등기특별조치법 개정시안〉

현 행	개 정 안
<신설>	제2조의2 (소유권보존등기 신청의무) 부동산을 소유하여 부동산등기법 제65조의 규정에 의하여 보존등기를 신청할 수 있는 자는 그 신청할 수 있는 날부터 60일 이내에 보존등기를 신청하여야 한다.
제11조 (과태료) ①등기권리자가 상당한 사유없이 제2조 각항의 규정에 의한 등기신청을 해태한 때에는 그 해태한 날 당시의 그 부동산에 대한 등록세액(등록세가 비과세·면제·감경되는 경우에는 지방세법의 규정에 의한 부동산가액에 부동산등기세율을 곱한 금액)의 5배 이하에 상당하는 금액의 과태료에 처한다. 다만, 부동산실권리자명의등기에관한법률 제10조제1항의 규정에 의하여 과징금을 부과한 경우에는 그러하지 아니하다.	제11조 (과태료) ① ------------------------제2조 각항 및 제2조의 2의 규정에 의한 --.
② <생략>	② <현행과 같음>

나. 소유권보존등기 강제의 효과

1) 부동산등기의 기본목적 달성

부동산등기는 부동산에 관한 일정한 사항, 특히 부동산물권에 관한 사항을 등기부에 기재하여 부동산의 현황과 물권관계를 공시함으로써, 부동산에 관한 거래를 하는 자가 뜻하지 않은 손해를 입지 않도록 하고, 나아가 거래의 안전과 신속을 꾀하는 공시제도이다.[8] 따라서 소유권보존등기를 강제함으로써 모든 부동산이 등기부에 그대로 공시된다면, 이는 이러한 부동산등기의 기본목적 달성에 일조를 하게 될 것이다.

8) 김영현, 부동산등기실무, 수림, 2005, 5면.

2) 부동산물권변동에 관한 등기주의 실현

현행법과 같은 소유권보존등기 제도에 따르면 거래의 목적이 되는 모든 부동산에 관하여 당연히 그 등기기록이 개설되는 것이 아니라 소유권보존등기를 할 때에 비로소 그 부동산의 등기기록이 개설된다. 또한 등기신청은 신청권자의 임의에 따라 이루어지기 때문에 이른바 미등기부동산이 존재하게 되며, 실제로 우리나라에서는 이러한 미등기부동산이 적지 않아, 우리 법제가 취하고 있는 부동산물권변동에 있어서의 등기주의(민법 제186조, "형식주의"라고도 함)를 관철할 수 없게 된다. 따라서 소유권보존등기를 강제함으로써 부동산물권변동에 있어서의 등기주의 원칙을 관철할 수 있게 된다.[9)]

3) 조세형평의 문제 해결

현행 소유권보존등기 제도에서는 보존등기의무가 강제되지 않으므로 당사자가 보존등기를 하지 않는 한 당해 부동산이 공시되지 않는 문제가 있으며, 특히 건물신축의 경우 등기를 하지 않고 건축물대장에만 등재하고 사용승인을 얻어 사용 하고 있는 실정이다. 이로 인해 등록세 등의 지방세가 납부되지 않아 지방자치단체의 재정수입에도 악영향을 미치고 있으며, 정부의 공평 과세의 취지 또한 훼손되고 있다.[10)] 그러나 소유권보존등기를 강제함으로써 이러한 조세형평의 문제를 해결할 수 있을 것으로 생각된다.[11)]

---

9) 부동산등기특별조치법 제2조 제5항은 소유권보존등기가 되어 있지 아니한 부동산에 대하여 소유권이전을 내용으로 하는 계약을 체결하는 경우에는 일정한 기간 내에 소유권보존등기를 신청하도록 강제하고 있는데, 이와 같은 취지로 이해할 수 있다.

10) 유기준의원 대표발의, "부동산등기특별조치법 일부개정법률안(의안번호 5612)", 2006. 12. 6, 1면.

11) 한편, 소유권 보존등기를 국가가 강제하면서 이에 대한 등록세까지 부과하는 것은 타당하지 않다는 주장이 제기될 수 있으나, 등록세는 등기나 등록이라는 권리보존행위에 부과되는 수수료적 성격의 지방세이며, 우리와 유사한 입법례를 취하면서 표제등기를 강제하고 있는 일본도 강제되는 표제등기에 등록세를 부과하고(일본 등록면허세법 제2조) 있는 점에 비추어 보면, 등록세 부과는 법적으로 하자가 없는 것으로 판단된다. 다만, 국가가 소유권보존등기를 강제하는 제도를 도입하는 경우 세율 인하 문제는 적극적으로 검토할 필요가 있을 것이다(임의주의를 취하는 우리나라의 소유권보존등기 등록세율이 목적물 가액의 0.8%인 반면, 일본은 0.2%임).

[쟁점 4]
- 부동산등기원인증서제도의 개선은 필요한가?1)

☐ 부동산등기원인증서 제도의 개선 필요성

일반적으로 부동산등기 제도는 ① 부동산의 소재와 범위를 명확하게 등기부에 기재하여야 하고, ② 부동산물권의 변동 과정 내지 태양을 진정한 권리관계와 부합하도록 공시하며, ③ 등기부를 믿고 거래한 자의 신뢰를 보호하여 권리취득을 보호하는 것을 그 이상으로 한다. 특히 우리나라와 같이 부동산물권변동에 관하여 성립요건주의를 취하는 나라에서는 부동산등기가 부동산에 관한 현재의 물권상태를 진실 그대로 공시할 뿐만 아니라, 부동산물권변동의 과정을 진실 그대로 공시할 것이 요청된다. 그러나 현 시점에서 우리나라의 부동산등기제도를 보면 부동산등기제도의 이상과는 거리가 먼 부실등기가 여전히 발생하고 있고, 이러한 부실등기를 악용한 부동산 사기사건 및 부동산의 투기적 거래가 빈번하게 일어나고 있는 실정이며, 나아가 부동산등기제도 자체의 신뢰성에도 부정적인 영향을 미치고 있다. 특히 형식적 심사주의를 취하고 있는 우리나라 경우 등기관은 실질적으로 등기원인이 성립 하였는가의 여부 또는 그 유효성을 심사할 권한이 없고 신청자가 형식적 요건만 갖추면 이를 수리하여 등기할 의무를 지게 된다. 이로 인해 등기원인증서는 본래의 목적이 등기의 진정을 보장하고 부실등기를 방지하기 위하여 요구되는 것이지만, 상속의 경우를 제외하고는 등기신청인이 상호 자유로이 작성할 수 있고, 아무런 공적인 확인 방법이 부여되지 않았기 때문에 현재는 거의 요식적 의미만 지니고 있을 뿐이고 본래의 목적과 기능을 다하지 못하고 있는 실정이다.

현행 부동산등기법은 등기신청시 등기원인의 증명을 위해 등기원인증서를 제출하도록 하고 있다. 즉, 우리나라에서는 법률행위에 의한 부동산물권변동의 경우에 있어서, 부동산소유권 이전을 목적으로 하는 계약을 원인으로 한 소유권이

---

1) 아래의 내용은 김판기, "부동산등기원인증서제도의 개선에 관한 소고", 재산법연구 제24권 제3호, 한국재산법학회, 2008. 2.을 요약정리하였음.

전등기의 경우에는 검인을 받은 계약서, 저당권설정등기의 경우에는 저당권설정약정서, 지상권, 지역권 및 전세권설정등기에 있어서는 그 각각의 설정약정서가 등기원인증서로 제출된다. 그러나 이러한 현행의 등기원인증서제도는 아래와 같은 여러 문제점들이 대두되어 그 개선의 필요성이 절실히 인정되고 있다.

① 부동산거래 계약서 검인제도 악용의 문제

등기원인이 물권행위인가 채권행위인가는 물권행위의 무인성 인정여부에 따라 결론이 달라진다. 그런데 앞서 살펴본 바와 같이 현행법과 판례가 이미 등기원인을 채권행위로 보고 있어 원인행위설이 물권행위설 보다 유력시 되고 있는 것으로 보인다. 그러나 현재 사용되고 있는 부동산거래계약서의 검인제도도 과거의 매도증서[2]의 관행처럼 시행이 되고 있다. 즉, 과거 매도증서[3]제도 하에서는 계약당사자가 실제 매매가격에 따른 원래의 계약서외에 소유권이전등기시 원인증서로 제출하는 계약서를 별도로 작성하는 것이 관행이었다. 이 때 소유권이전등기시 원인증서로 제출하는 계약서에는 실제 매매가격이 아닌, 부동산 등급에 의한 과세표준액을 기준으로 매매가격을 기재하는 이중적인 구조가 관행화 되어있었는데, 이러한 관행이 현재의 부동산거래계약서의 검인제도에도 여전히 운용되고 있는 것이다.[4] 또한 현재의 부동산거래계약서의 검인제도는 검인기관이 검인을 함에 있어서 계약서 등의 형식적인 요건의 구비여부만을 확인하고 그 기재에 흠결이 없다고 인정되는 때에는 지체없이 검인을 하도록 하고 있다(부동산등기특별조치법에따른 대법원규칙 제1조 제3항). 따라서 검인의 요청을 받은 행정청은 서류에 형식적인 하자가 없다면 검인을 해 주도록 하고 있어 신청인들이 이를 악용하여 매매가격,

---

2) 부동산등기특별조치법이 제정되고 계약서의 검인제도가 시행되기 전에는 부동산 매매시 부동산등기법 제40조 제1항의 등기원인을 증명하는 서면으로는 매매계약서가 아니라 매도증서가 수수되었다. 이는 매매계약이 체결되어 채권·채무관계가 발생하더라도 아직 대금의 지급이 없는 경우에 소유권이전등기를 해달라고 하기는 어려운 실정이기 때문이었다. 따라서 계약당사자는 매도증서의 작성과 동시에 대금을 지급하고 동시에 소유권을 이전하는 형태로 거래를 하고, 이러한 사실의 내용을 매도증서의 내용속에 넣음으로써 매매계약을 엄격한 요식행위로 파악하였다. 또한, 이것은 독일의 Auflassung과 같은 종류의 것이라고 볼 수 있다.

3) 매도증서가 거래관행으로 된 이유는 ① 매매에 따르는 여러 비용, 특히 세금을 절약하고, ② 이른바 중간생략등기를 할 수 있기 때문이다(곽윤직, "등기원인증서의 공증", 서울대 법학 제27권 2·3호, 1986. 9, 11면).

4) 오현진, "부동산등기 원인증서의 공증에 관한 연구", 부동산학보 제15집, 한국부동산학회, 1998. 12, 79면.

등기원인 등을 허위로 기재하여 실체관계와 부합하지 않는 부실등기를 발생시키고 있다.

② 부동산거래계약서 검인면제 특례 제도의 문제

2006년 1월 1일부터 시행된 부동산거래 신고[5]의 대상이 되는 부동산의 거래에 대하여는 부동산등기특별조치법상의 검인을 면제하고 있으나(공인중개사의 업무 및 부동산 거래신고에 관한 법률 제27조 제4항), 이 경우에도 이중계약서의 작성가능성을 배제하기 어렵고, 실제로 거래계에서는 이른바 "다운계약서"라는 명목으로 이중의 계약서를 작성하여 이를 등기원인증서로 사용하여 부동산등기제도의 기본 목적과 이상을 해하고 있다. 또한 국토의 계획 및 이용에 관한 법률 제126조 제2항에 의하면 토지거래허가증을 교부받은 경우에는 부동산등기특별조치법상 검인을 받은 것으로 본다고 규정하여, 토지거래허가를 받은 경우에는 별도의 검인을 받을 필요가 없도록 하고 있다. 그런데 2006년 4월 현재 토지거래허가 구역은 총 21,578,297㎢(6,527,43백만평)으로서 국토면적(99,892,83㎢, 남한면적)의 21.60%에[6] 해당할 정도로 많은 비중을 차지하고 있으며, 위의 부동산거래 신고제도 등의 도입으로 부동산거래계약서 검인제도가 유명무실한 형식상의 제도로 전락해 버렸다.

③ 등기원인증서 등 관련 서류 위·변조의 문제

실체관계에 부합하지 않는 부동산등기가 발생하는 원인 중의 하나로 들 수 있는 것이 부동산등기에 필요한 서류를 위조·변조 하여 부동산등기를 경료하는 경우이다. 실제로 2007년 8월에는 시가 100억원대의 부동산을 가지고 있는 사망자의 아들인 것처럼 호적등본을 위조해 소유권을 이전하려던 사기행각을 등기관이 사전에 적발한 사건이 있었으며,[7] 2007년 11월에는 전직공무원이 1971년부터

5) 공인중개사의 업무 및 부동산 거래신고에 관한 법률 제27조는 거래당사자 또는 중개업자가 매매에 관한 거래가 성립되어 거래계약서를 작성한 때에는 실제 거래가격 등 거래계약의 내용을 시장·군수 또는 구청장에게 신고하도록 규정하고 있다.

6) 자세한 사항은 국토교통부 홈페이지(www.molit.go.kr/) 통계자료를 참조.

매도증서, 위임장 등을 위조하여 여의도 면적의 19배에 달하는 면적의 국유지를 친인척 등 지인의 명의로 취득한 국유지 편취사건 또한 적발되었다. 이 사건의 경우 부동산매도증서, 위임장 등 위조 서류가 2천여건과 서류 위조에 쓴 도장 544개, 고무인 1천635개가 압수되었다.[8] 또한 2004년 법원행정처장에 보고된 자료에 따르면 2004년 한해 동안 11건의 신청서류 위조사건이 발생하였으며, 이 중 소유권 관련 등기 신청서류 위조가 인감 등을 위조한 경우 5건, 판결문이나 제적등본 등을 위조한 경우 3건, 건축물대장 소유자 위조의 경우 1건으로 모두 9건이 보고되었고, 인감 등을 위조하여 근저당권을 설정하거나 말소한 경우가 2건으로 보고되었다.[9] 그러나 부동산등기법상 등기관은 부동산등기 서류에 대해 형식적 심사권밖에 없기 때문에 등기신청인이 등기원인증서 등의 관련 서류를 위·변조하여 제출하는 경우 그 오류가 명백한 것이 아닌 한 위·변조를 식별하는 것이 사실상 곤란하다. 그 결과 현행 등기원인증서제도는 실체관계에 부합하지 않는 부실등기가 발생할 가능성을 항상 안고 운영이 되고 있는 실정이다.

□ 부동산등기원인증서 공증제도의 도입

1. 등기원인증서 공증제도의 도입필요성

(1) 실체관계에 부합하지 않는 부동산등기의 방지

부동산등기제도의 기본적인 목적은 부동산에 관한 실체적 권리관계와 그 물리적 현황이 등기부상의 그것과 일치되어야 한다. 그러나 이것이 서로 불일치하게 된다면 부동산 거래는 혼란에 빠지고 나아가 국민 각자의 재산권보호 또한 기대할 수 없게 된다.[10] 하지만 현재의 부동산등기제도를 보면 부동산등기특별조치법, 부동산 실권리자명의 등기에 관한 법률, 공인중개사의 업무 및 부동산 거래신고에

7) 연합뉴스 홈페이지(http://www.yonhapnews.co.kr) 2005년 8월 27일자 기사.
8) 연합뉴스 홈페이지(http://www.yonhapnews.co.kr) 2005년 11월 5일자 기사.
9) 안태근, "등기원인증서의 공증과 등기의 공신력", 법조 통권 591호, 법조협회, 2005. 12, 110-111면.
10) 오현진, 앞의 논문, 88면.

관한 법률 등에서 부실등기를 방지하기 위한 행정적 제재수단을 사용하고 있을 뿐, 실체적 권리관계의 내용을 확실하게 검증하는 제도적 장치가 마련되어 있지 못하다. 이로 인해 실체관계와 다른 부실등기가 발생될 가능성이 항상 존재하고 있는 실정이다. 따라서 이러한 부실등기를 방지하기 위해서는 위반자에 대해 과태료, 과징금, 형사처벌 등의 제재를 가함으로써 국민들에게 일종의 위하력을 행사하는 방법을 택할 것이 아니라, 사전적인 방법으로 부동산물권변동의 과정과 그 내용이 진실 그대로 신청되고 공시될 수 있는 방법을 강구해야 할 것이다. 이를 위해서는 등기원인에 대하여 실질적인 심사를 거친 후에 등기가 이루어지도록 하는 것이 가장 확실하고 이상적인 방법일 것이며, 이러한 방법 중 가장 효율적인 것이 부동산거래계약의 체결시부터 법률전문가인 공증인이 참여하여 실제 거래 내용이 그대로 등기될 수 있도록 유도하는 등기원인증서의 공증제도의 도입이라고 생각된다.[11)]

(2) 등기원인에 대한 실질적 심사

부동산등기제도는 부동산에 관한 권리관계의 변동을 실체적으로 정확하게 공시함으로써 국민의 사유재산권을 보호하고 거래의 안전을 도모하는 것을 목적으로 하는 국가적인 공증행위이다. 따라서 부동산등기제도의 이상은 실체적 권리변동을 정확하고 신속하게 공시함으로써 부동산거래의 안전과 원활을 도모하는데 있다. 그런데 이러한 신속과 정확이라는 부동산등기제도의 이상은 서로 양립하지 못하는 경우가 많다. 이로 인해 양자를 어떻게 조화할 것인지는 상당히 어렵고도 중요하며, 여기서 등기신청의 적법여부를 심사하는 등기관의 심사권의 범위를 어디까지 인정할 것인지의 문제가 발생하게 된다.

등기관의 심사권에 관하여는 심사의 범위를 등기절차상의 적법성여부에 한정하는 형식적 심사주의와 그 밖에 등기원인의 존부와 효력까지도 심사케 하는 실질적 심사주의가 대립하고 있다.

---

11) 홍성재, “등기원인증서의 공증제도 도입”, 법과정책연구 제6집 제1호, 한국법정책학회, 2006. 6, 191면은 등기원인증서 공증제도의 도입 이외에 등기부와 대장의 일원화라든가 등기정정강제 등의 다른 등기제도를 보완할 필요가 있음을 주장하고 있다.

양 주의를 비교해 보면, 형식적 심사주의에서는 등기와 실체관계의 부합이라는 목적을 확실하게 달성할 수 없는 흠이 있으며, 실질적 심사주의는 등기를 진정한 권리관계에 부합케 하는 데 가장 적합하긴 하지만, 등기절차의 지연으로 신속이 저해되는 흠이 있어 모두 일장일단이 있다.[12] 이러한 양 주의의 결점을 보완한 합리적인 심사를 하기 위하여 가장 효과적인 것이 등기원인증서의 공증제도이다. 즉, 등기원인증서의 공증제도는 등기원인의 진실성 및 유효성이 공증을 통하여 담보됨으로써, 등기 공무원은 공증의 적법여부만 심사하면 정확한 등기부 유지와 신속한 등기라는 부동산등기제도의 이상을 모두 실현할 수 있게 되는 것이다.

따라서 등기원인증서의 공증제도의 도입은 형식적 심사주의의 장점과 실질적 심사주의의 장점을 모두 살려 부동산등기제도의 이상을 실현할 수 있는 효과적인 제도라고 생각된다.

(3) 부동산등기의 공신력 인정의 전제

부동산등기에 있어 공신의 원칙은 실체적 권리관계와 등기부상의 권리외관이 불일치할 경우, 그 외관대로의 권리를 인정하여 이를 믿고 거래한 선의의 상대방을 보호한다는 원칙을 말하는 것으로, 부동산의 경우 등기의 공신력으로 표현된다. 이러한 등기의 공신력 인정은 진정한 권리자를 희생하고 등기를 신뢰한 거래의 상대방을 보호하고자 하는 부동산거래의 안전제도로서, 정적 안정을 희생하고 동적 안전을 보호하고자 하는 것이다. 즉, 부동산등기의 공신력 부여는 등기가 갖는 증거의 우월성과 부동산물권의 선의취득을 인정하게 되므로, 부동산물권거래에 있어서 거래안전 및 저당권의 유통을 위한 지원수단으로서 필요하다.[13]

우리나라에서는 물권법정주의를 취하고 있고, 권원의 등기제도를 갖고 있으나 등기관의 실질적 심사권이 인정되지 않는 등 운용상의 미비점으로 인하여 등기의 공신력은 인정되지 않고 있다.[14] 등기의 공신력을 인정하기 위해서는 먼저 실체법

12) 곽윤직, 앞의 논문, 1면.

13) 김상용, "부동산등기의 공신력과 권원보험", 월간고시, 1988. 1, 64면.

14) 1999년부터 2004년까지 법무부 주관으로 운영된 민법개정특별분과위원회에서도 등기의 공신력과 관련하여 ① 실제 권리관계와 부동산 현황을 등기부에 일치시키도록 하기 위해 전국적인 토지조사가 행해져야 하는데

적으로는 물권법정주의가 인정되어 권원의 등기, 즉 부동산권리 그 자체를 등기할 수 있어야 한다. 절차법적으로는 권리외관인 등기와 실체적 권리관계가 최대한 일치할 수 있는 제도적 장치를 갖추고, 공신력 인정에 의해 희생을 당하는 진정한 권리자의 보호방법이 강구된 뒤에야 공신력 인정은 허용될 수 있는 것이다.[15)]

이에 등기원인증서의 공증제도 도입은 부동산에 관한 권리관계의 변동을 실체적으로 정확하게 공시하도록 하여 등기부의 진정성을 보장하게 된다. 그 결과, 공신력 인정에 의해 희생당하는 진정한 권리자의 발생가능성을 대폭 감소시킴으로써 등기의 공신력 인정을 위한 하나의 전제가 될 것이다.

(4) 민사분쟁의 예방 및 부동산거래의 안전

공증제도는 사인 사이의 권리 또는 법률관계 등을 명확히 하여 사권을 보호하는 것과 함께 장래의 분쟁을 미연에 방지하는 이른바 예방사법 및 나아가 분쟁이 발생한 때에 용이한 권리실행기능과 신속한 분쟁해결기능을 하게 되므로 점점 이용이 늘어가고 있다.[16)] 따라서 부동산등기에 있어 등기원인의 공증제도 도입은 부동산거래의 계약체결시부터 법률전문가인 공증인의 참여를 보장하여, 조언을 받을 기회를 제공하고 경솔한 계약 체결을 방지함으로써 부동산거래의 진실성 및 유효성이 담보되고, 이로 인해 부동산거래의 안전 및 분쟁의 사전 예방을 기대할 수 있게 된다.[17)]

(5) 신속한 강제집행

민사집행법 제56조는 강제집행 승낙 조항이 있는 공정증서를 강제집행이 가능한 집행권원의 하나로 규정하고 있다. 즉, 공증인이 일정한 금액의 지급이나

이에는 막대한 예산이 소요되며, ② 등기의 공신력을 인정하기 위해서는 원인증서 공증, 진정한 소유자를 보호하기 위한 제도, 공증제도의 정비 등 제반제도가 갖추어져야 하며, ③ 이러한 막대한 비용에 비해서 등기에 공신력을 인정함으로써 얻게 될 이익이 크지 않으므로 이번 개정작업에서는 제외하기 결정하였다(법무부, 민법(재산편) 개정 자료집, 2004. 11, 235-236면).

15) 홍성재, 앞의 논문, 193면.

16) 전병서, 현행 공증제도의 문제점 및 개선방안에 관한 연구, 법무부 연구용역, 2005. 3, 2면.

17) 홍성재, 앞의 논문, 194면.

대체물 또는 유가증권의 일정한 수량의 급여를 목적으로 하는 청구에 관하여 작성한 공정증서로서 채무자가 강제집행을 승낙한 취지가 적혀 있는 것은 확정판결과 유사한 효력이 있어 번거로운 재판절차를 거치지 않고서도 손쉽게 강제집행에 사용할 수 있다. 따라서 부동산거래에 따른 등기원인증서를 공정증서로 작성하면, 계약당사자가 매매대금을 제때에 지급하지 않는 등 채무를 이행하지 않는 경우에 공정증서로서 강제집행이 가능하게 되어 당사자는 소송의 번잡과 비용을 절약할 수 있게 된다.

(6) 등기원인증서 분실로 인한 위험의 분산

부동산거래의 등기원인증서를 공정증서로 작성하는 경우에는 해당 서면을 분실하더라도 공증된 문서가 공증사무실에 일정한 기간 동안 보관되어 있기 때문에 이러한 서류의 분실로 인한 위험을 분산시킬 수 있는 장점이 있다. 실제 현행 공증인서류보존규칙 제5조 제1항은 증서원부 25년, 채권에 관한 공정증서원본 10년, 약속어음공정증서원본 10년, 가목 및 나목 외의 재산권에 관한 공정증서 20년, 정관, 인증부 및 신탁표시부 20년, 확정일자부 15년, 사서증서의 인증서 사본 3년, 거절증서등본 및 송달관계서류 10년, 그 밖의 서류는 3년간 보존하도록 규정하고 있다.

2. 등기원인증서 공증제도 도입의 논의상황

우리나라에서도 등기원인증서의 공증을 위한 입법적 시도가 있었지만, 매번 이러한 노력이 성사되지는 못하였다.

1981년 5월부터 시작된 민법·상법개정특별심의위원회 소위원회에서는 민법개정안으로 민법 제186조 제2항에 "전조의 등기는 공증된 서면을 기초로 하여야 한다. 등기원인증서는 매도증서로 한다."는 안을 민법분과위원회 전체회의에 제안하였으나, 1982년 8월 26일 제9차 회의에서 부결된 바 있다. 이러한 안이 부결된 이유는 사법서사(현재는 법무사)의 주업무는 등기사무인데 매매당사자가 공증인에게 가서 매도증서의 공증을 하면 당사자는 공증인에게 등기사무까지 위촉하게 되고, 그렇게 되면 사법서사의 주요업무인 등기가 공증인(변호사)에게 넘어가게 된다고 하여 대한사법서사회협회(현 대한법무사협회)에서 반대하고 그에 따라서 사법서사의 감독기관인 법무부도 등기원인증서의 공증에 반대하였고, 수적으로 제한되어 있는 공증인이 전국각지에서 부동산이 매매되는 것을 어떻게 공증할 것인가가 문제되었으며, 당사자에게 지나친 번거로움과 비용을 부담시킨다는 점 등이 문제로 되었기 때문이다.

그 후 1999년부터 2004년까지 법무부 주관으로 운영된 민법개정특별분과위원회에서도 "부동산거래 공증제도 도입여부"라는 주제로 회의가 진행되었다. 당시 정부차원에서 투기적 부동산 수요를 차단하기 위한 여러 가지 대책을 강구하던 중 법원행정처가 부동산거래시 등기원인증서에 공증인의 공증을 받도록 하고, 공증된 증서에 사법적 효력을 부여하자는 안을 제시하였다. 그러나 법원행정처의 안은 공증제도를 실시하는데 공증의 주체가 누가 될 것인지에 대한 범위는 특정하지 않고 있었다. 이에 법무부에서는 이 제도가 부동산등기제도와 등기의 공신력, 전반적인 사적자치와 맞물린 큰 제도개혁이므로 섣불리 추진할 수 없는 문제인바, 부동산거래 공증제도를 도입할 경우 그 필요성 여부, 시기 등에 대해 민법개정특별분과위원회에서 논의해 줄 것을 제안하였다.[18] 이에 민법개정위원회에서는 ① 부동산거래 공증제도의 도입은 정책적인 문제로서, 공증을 하면 지금보다는 등기의 진정성은 높아질 것이나, 이를 위해서 들여야 하는 현재 우리나라의 상태에서의 비용을 생각해 볼 때 아직은 적절한 시기가 아니라는 견해, ② 부동산거래공증제도의 도입은 타당하지만 여러 측면에서의 보완이 필요하다는 견해, ③ 부실등기를 방지하기 위해 공증제도를 인정한다면 거래당사자의 불편만 있고 부실등기의 문제는 해결되지 않으면서, 공증업무를 두고 집단 간의 갈등만을 야기할 것이라는 견해, ④ 투명한 제도확립을 위해서는 공증이 필요한 것은 사실이나, 그 시기나 인력 및 제반 제도관련 문제 등이 존재한다는 견해 등이 제시되었다. 그러나 이러한 논의에도 불구하고 민법개정특별분과위원회에서는 부동산거래공증제도의 도입여부에 대한 명확한 결론을 내리지 못하고, 단지 장기적으로 부실등기를

18) 법무부, 앞의 책, 236면.

방지하기 위하여 독일식의 공증제도에 대한 연구가 필요할 것이라는 결론만을 내리고 회의를 종료하였다.[19)]

3. 등기원인증서 공증의 내용

(1) 공증의 범위

부동산거래에 있이 등기원인증서의 공증제도를 도입하기 위해서는 광범위한 부동산거래 중 어느 범위까지 공증제도를 강제할 것인지가 문제될 수 있다. 즉, 부동산거래 중 계약으로 인한 소유권이전에 한정할 것인가, 아니면 법률행위로 인한 모든 물권의 득실변경에 대하여 공증을 의무화 할 것인가가 우선적으로 결정되어야 한다.

부동산거래계약을 공정증서로 작성하도록 의무화하고 있는 각국의 입법례는 독일의 경우에는 매매를 중심으로 한 부동산소유권양도의 의무를 지는 채권계약을 공정증서로 작성하도록 하고 있으며, 스위스에서는 모든 부동산거래계약을 공정증서로 작성하도록 의무화하고 있다.[20)]

등기의 진정성을 보장하기 위해서는 법률행위로 인한 모든 물권의 득실변경에 대하여 공증을 의무화하는 것이 이상적이다. 그러나 단기간에 모든 부동산거래계약을 공증할 공증인의 확보가 용이하지 않으며, 현재 등기원인증서로 사용되고 있는 검인계약서제도를 등기원인증서의 공증제도로 전환함이 등기원인서면의 제도전환을 용이하게 할 수 있으며, 부동산거래내용의 진실성 확보는 부동산매매를 중심으로 한 거래분야에서 더욱 절실하게 요구된다.[21)]

따라서 우리나라의 경우에는 우선적으로 계약으로 인한 소유권이전에 한정하여 등기원인증서의 공증제도를 도입하고 다른 물권변동에 대하여는 현실적인 여건이 마련되는 대로 그 적용을 확대하는 방안을 택해야 할 것이다.[22)]

19) 법무부, 앞의 책, 236-242면 참조.

20) 김상용, 부동산거래 공증제도 연구, 법무부 연구용역, 2004. 8, 69면.

21) 김상용, 위의 책, 70면.

22) 참고로, 독일의 경우에는 부동산소유권 이전의 경우에는 공정증서에 의한 공증을 요구하되, 기타의 물권변동은

(2) 공증의 대상

공증의 대상을 무엇으로 할 것인지에 대하여는 채권행위로 할 것을 주장하는 견해, 물권행위로 할 것을 주장하는 견해, 채권행위와 물권행위 모두를 대상으로 할 것을 주장하는 견해 등의 대립이 있다.

1) 채권행위로 할 것을 주장하는 견해

이 견해는 등기원인을 원인행위인 채권행위로 보아 이에 공증을 하는 것이 타당하다고 주장한다.[23] 그 논거로는 ① 등기원인을 실제와 다르게 기재하는 것을 방지할 수 있고, ② 물권변동의 전과정을 명백히 하여 중간생략등기의 억제 및 조세의 부당한 감경, 탈세를 방지할 수 있고, ③ 법률전문가의 조력을 받을 기회를 제공하여 당사자의 경솔한 계약체결을 방지하는 등 민사분쟁의 사전예방적 기능을 할 수 있고, ④ 원인행위단계에서는 이해관계가 대립하고 이행의 문제도 남아 있으므로 매매대금을 실제와 다르게 기재할 가능성이 적음을 들고 있다.

이 견해에 대한 비판으로는 ① 다른 보완책이 없는 한 매매대금의 지급 등의 이행이 없이 등기가 행하여질 수 있어 오히려 부실등기가 발생할 수 있고, ② 물권행위를 공증할 경우보다 훨씬 공증사건의 수가 많아서 공증관할기관의 부족 및 당사자의 불편·비용증가 등을 초래할 수 있고, ③ 매매계약은 해제, 취소, 무효사유가 많을 것이므로 비교적 공증비용의 낭비 및 시간적 손실을 초래할 가능성이 많다는 점이 제기되고 있다.

2) 물권행위로 할 것을 주장하는 견해

이 견해는 등기원인을 물권행위로 보아 이에 공증을 하는 것이 타당하다고 주장한다.[24] 그 논거로는 ① 공증사건 수가 적어서 보다 현실적이라는 점, ②

사서증서의 인증에 의한 공증으로 족한 것으로 제도를 운영하고 있다.

23) 곽윤직, 앞의 논문, 21면; 김황식, “물권법의 개정방향”, 민사판례연구 제7집, 민사판례연구회, 1985, 291-294면.

24) 이영준, 물권법, 박영사, 2004, 170면; 김용한, “부동산등기제도의 문제, 개선의 이론과 방향”, 법조 제27권

원인행위의 이행단계에서 발생할 수 있는 부실등기를 방지할 수 있는 점, ③ 민사분쟁은 원인행위의 이행과정에 관하여 발생하는 일도 많으므로, 물권행위를 공증하여 등기하는 것이 민사분쟁이나 원인무효등기를 예방해 준다는 점 등을 든다.

이 견해에 대한 비판으로는 ① 물권변동의 전과정을 포괄하지 않고, 물권행위에만 공증을 요구하므로, 등기원인의 공증제도 도입취지 중 하나인 중간생략등기 등의 부실등기를 막을 수 없고, ② 현재 사용되는 검인계약서에 공증만을 요구한다면 기존의 폐단은 남은 채로 요식행위에 그칠 위험성이 있음을 제시하고 있다.

3) 채권행위와 물권행위 양자로 할 것을 주장하는 견해

이 견해는 채권행위와 물권행위 모두를 공증의 대상으로 하는 것이 타당하다고 주장한다.[25] 그 논거로는 채권계약은 부동산물권변동의 요건이 아니지만, 현재 부동산소유권이전을 내용으로 하는 계약의 계약서에 검인을 받도록 하고 있으므로, 이를 공증제도로 전환하는 경우 그 대상을 채권행위와 물권행위 양자로 하는 것이 타당함을 들고 있다.

이 견해에 대한 비판으로는 우리나라의 경우 물권적 합의의 시기가 불명확할 뿐만 아니라, 부동산 거래의 경우 물권행위의 존부도 보통은 문제되지 않는다는 점 등을 들고 있다.

4) 검토

앞서 살펴본 바와 같이 매매계약의 예를 들면 소유권등기를 하는 것을 정당화시켜 주는 법률상의 원인은 물권변동을 일으키겠다는 의사를 포함하는 매매계약인 채권행위이며, 물권행위는 이러한 채권행위의 일련의 과정 중에 포함되어 있는 행위라고 볼 수 있다. 또한 현행법과 판례가 이미 등기원인을 채권행위로 보고 있으며, 부동산등기부상에도 원인행위인 채권행위를 등기원인으로 기재하고 있으

제11호, 법조협회, 1978. 11, 1면; 정옥태, "등기원인 및 그 공증에 관한 일고찰", 전남대 사회과학논총 9, 전남대 사회과학연구소, 1981. 12, 32면.

25) 김상용, 앞의 책, 70-71면.

므로 부동산등기를 정당화 시켜주는 등기원인은 원인행위인 채권행위로 파악하는 것이 타당할 것이다. 그러므로 등기원인증서의 공증 대상 또한 채권행위로 하는 것이 타당할 것으로 생각된다. 이는 부실등기를 방지하여 부동산투기를 막고, 등기의 공신력을 인정하여 부동산 거래안전을 보호함과 동시에 당사자 사이의 분쟁을 사전에 예방한다는 공증의 기능을 고려해 보아도 원인행위인 채권행위를 공증의 대상으로 삼는 것이 타당할 것이기 때문이다.[26]

(3) 공증의 방법

공증의 방법에는 공정증서의 작성방법과 사서증서의 인증방법의 2가지가 있다.

1) 공정증서의 작성방법

공정증서는 넓은 뜻으로는 공무원이 그 권한 내에서 작성하는 모든 문서를 말하며, 일반적으로는 공증인이 법률행위 기타 사권에 관한 사실에 대하여 작성하는 증서를 가리킨다(공증인법 제2조). 공정증서에는 재산법관계, 신분법관계 등의 법률행위에 관한 공정증서와 스스로 실험한 사실관계에 관한 사실실험공정증서가 있는데, 현재 작성되는 대부분은 법률행위에 관한 공정증서이며, 등기원인증서의 공증방식과 관련해서 문제되는 것도 법률행위에 관한 공정증서이다.[27]

2) 사서증서의 인증방법

사서증서[28]의 인증은 문서가 진정하게 성립한 것, 즉 문서가 작성명의인의 의사에 기하여 작성된 것을 증명하는 것을 말하는 것으로,[29] 공정증서의 작성과 함께 공증인의 업무 가운데 중요한 부분을 차지하고 있다. 다만, 사서증서의 인증의 효과로 직접 문서의 성립이 증명되는 것은 아니고, 해당 문서의 서명 또는 기명날인의 진정이 증명되고, 그것에 의하여 문서의 성립이 추정되는 것이라

26) 홍성재, 앞의 논문, 201면.
27) 전병서, 앞의 책, 24면.
28) 사서증서는 작성자가 서명 또는 기명날인한 사문서를 의미한다(대한공증협회, 공증실무, 2004, 126면).
29) 전병서, 앞의 책, 24면.

고 풀이하는 것이 타당하다(민사소송법 제358조). 사서증서의 인증에는 서명인증, 즉 사서증서의 작성명의의 진정을 인증하는 것(공증인법 제57조 제1항)과 등본인증, 즉 사서증서의 등본이 원본과 일치한다는 것을 인증하는 것(공증인법 제57조 제2항)이 있다.

3) 검토

법률행위에 관한 공정증서는 법률행위에 관한 것이라는 점에서는 사서증서와 구별이 없으나, 사서증서는 법률행위를 행한 당사자가 작성한 것인데 대하여, 공정증서는 공증인이 직접 작성한 것이라는 점이 다르다. 또한, 공정증서는 공증인이 직접 작성한 것이라는 점에서 공정증서는 성격상 사문서가 아닌 공문서가 되며, 여러 가지 점에서 사문서 보다는 강력한 증거력이 부여된다.[30]

그 외에도 부동산등기원인증서를 공정증서로 작성하는 경우 공증인은 공증절차에 있어서 당사자의 진정한 의사를 탐지하고, 공증대상인 사건의 내용을 탐지하여야 한다. 그리고 공증서면에서 당사자의 의사를 분명히 하고 그 내용이 애매하지 않게 하여야 하며, 당사자에게 공증대상이 되는 거래의 법적인 의미와 그 범위 등을 가르쳐 주어야 하고, 무경험·미숙한 당사자가 불이익을 입지 않도록 하여야 할 의무를 부담하게 된다. 그 결과 공정증서의 작성은 사서증서의 인증을 하는 것보다 부동산 거래내용의 진실에 더 접근하게 된다. 따라서 부동산등기원인증서의 공증제도를 도입하는 경우 공증의 방법은 공정증서에 의하도록 하는 것이 타당할 것이다.[31]

30) 대한공증협회, 공증실무, 2004, 22면.

31) 독일의 경우에는 공증인이 당사자의 부동산거래의 내용에 의문이 있는 것으로 판단될 때에는 당사자에게 진실한 거래내용을 입증할 수 있는 자료제출을 요구할 수 있고, 공증을 거절할 수도 있으며, 의문이 제기되었음과 그 의문내용을 공증서면에 기재하는 방법으로 부동산거래내용의 진실성을 확보하고 있다(김상용, 앞의 책, 71면).

(4) 공증의 관할 - 공증인의 자격

1) 공증인 자격에 관한 견해의 대립

등기원인증서의 공증제도를 도입함에 있어 가장 문제가 되고 견해가 대립되는 부분은 공증업무를 누가 담당할 것인가이다. 이는 절차에 있어서 정의문제와 관련될 뿐만 아니라, 법조 직역 사이에 이해관계가 첨예하게 대립되는 문제이기도 하다. 이에 공증인의 자격에 대하여 ① 변호사에게 공증권한을 부여하자는 견해[32], ② 공증인에게 부여하자는 견해[33], ③ 법무사에게 부여하자는 견해[34], ④ 공인중개사에게 부여하자는 견해[35], ⑤ 등기관에게 부여하자는 견해[36], ⑥ 행정공무원에게 부여하자는 견해[37] 등이 다양하게 주장되고 있다.

2) 공증인의 자격요건

부동산거래계약을 공정증서로 작성하는 공증인은 기본적으로 몇 가지 자격이 요구된다. 첫째로 자질면에서 등기원인 등의 유효성 여부를 검토할 수 있는 법률전문가이어야 한다. 이는 공증인이 부동산거래 분쟁에 대한 사전예방 및 합리적 해결을 위한 법률적 검토를 할 수 있는 능력이 있어야 하기 때문이다. 둘째로 소양면에서 등기원인 등의 진정성을 보장할 수 있는 훌륭한 인격 및 엄정공평한 성품의 소유자이어야 한다. 공증인은 불편부당한 중립적 입장에서 법률관계를 형성시키는 중재적 협의자로서, 직무의 성질상 공익적 지위를 갖고 있기 때문에

---

32) 최광률, "등기원인증서의 공증(김증한 교수의 발표)에 대한 토론요지", 민사법개정의견서(한국민사법학회 편), 박영사, 1982, 17면.

33) 김용한, "부동산등기제도의 문제점; 개선의 이론과 방향", 재산법의 과제와 판례, 박영사, 1989, 66면.

34) 권용우, "등기원인증서의 공증", 민사법학 제18호, 한국민사법학회, 2000. 5, 262면.

35) 김상용, "부동산거래실명제 입법예고법률안의 내용과 문제점", 사법행정, 1995. 3, 21면(그러나 김상용, 앞의 책, 72면에서는 전업공증인제도가 가장 적절하다고 주장하고 있다).

36) 정옥태, "등기원인증서의 공증(김증한 교수의 발표)에 대한 토론요지", 민사법개정의견서(한국민사법학회 편), 박영사, 1982, 30면.

37) 김현태, "부동산등기제도의 결함과 그 개혁방안", 부동산등기법의 개정에 관한 연구(한국민사법학회 편). 서울대 출판부, 1978, 173면; 김욱곤, "등기원인증서의 공증(김증한 교수의 발표)에 대한 토론요지", 민사법개정의견서(한국민사법학회 편), 박영사, 1982, 17면.

인격 및 성품의 문제는 가장 중요한 고려 요소이다. 그러나 이를 객관적 기준에 의하여 가시화하는 것은 거의 불가능하다. 다만 불편부당하고 엄정공평한 직무수행을 담보하기 위한 제도적 방안으로는 공증인의 자격을 변호사, 법무사 등의 본직과 겸직할 수 없도록 하는 것이 그 직무의 성질상 타당하고, 공증인의 적정한 사회적 지위 보장을 위하여 공증인의 수 및 보수를 법령에 의하여 배려하는 것이 바람직하며, 공증인에게 무거운 주의업무를 부과하고, 그 위반시에는 엄중한 책임 및 징계가 따르도록 하는 것이 필요하다. 셋째로 새로 도입하려는 등기원인증서 공증제도의 적실성을 검토하는 것이 중요하다. 등기원인증서의 공증제도는 외국의 입법례로서 우리나라에 도입하여 그 취지대로의 실효성을 거두기 위해서는 우리나라의 법현실을 먼저 정밀 검토하여 그에 맞는 공증제도를 시행하여야 그 실효성이 커지게 될 것이다.

3) 검토

등기원인증서를 공정증서로 작성할 권한을 부여할 공증인은 부동산법에 관한 넓은 지식을 갖고 있어야 하며, 공증업무가 사회적 공신력 있는 업무이기 때문에 훌륭한 인격과 소양 및 윤리의식과 직업의식을 갖고 있어야 하며, 현행 우리나라 현실에도 적합해야 할 것이다. 이러한 측면에서 등기원인증서 작성의 공증인으로 고려해 볼 수 있는 직역이 변호사와 법무사이다.

변호사의 경우에는 엄격한 절차에 의해 선발됨으로써 법률분야에 관해 상당한 전문지식을 가지고 있으며, 현재 공증인법에 의한 공증인은 변호사자격을 가진 사람들이 공증업무를 담당하고 있다. 그러나 적실성의 측면에서 우리나라의 경우에는 변호사의 수가 절대적으로 부족하며, 이러한 소수의 변호사들 또한 도시에 편중되어 있기 때문에 수많은 부동산거래에 대한 공증수요를 만족하기에는 미흡하다는 문제가 있다.

반면, 법무사의 경우에는 현재 등기업무의 대부분을 담당하고 있어 이들로 하여금 공증업무를 담당하게 하는 경우 현재의 등기관행과 일치시킬 수 있으며, 그 분포 또한 전국적으로 되어 있어 등기신청인의 입장에서 보아 등기원인증서의 공증에 따른 불편은 없을 것으로 보인다. 그러나 법무사는 자질면에서 법률전문가라고 하기에는 상당히 부족하며, 현재 부실등기를 양산하고 있는 등기절차에서 가장 중요한 역할을 담당하는 것이 법무사인 것을 감안하여 그 공정성에도 많은 문제가 있다.

이처럼 부동산거래계약의 공정증서를 작성하는 권한을 현재의 변호사, 법무사 중 어느 일방에게 주는 것은 문제가 있는 것으로 생각된다.

따라서 이러한 문제점을 해결하기 위한 수단으로 들 수 있는 것이 부동산등기원인증서를 공정증서로 작성할 권한만을 가지는 전업공증인제도를 도입하는 것을 생각해 볼 수 있으며, 이 경우 전업공증인의 자격은 변호사[38)][39)]와 법무사 중 일정한 요건을 갖춘 경우에 한해서 부여되는 것으로 하여야 할 것이다.[40)] 이렇게 되면, 부동산거래의 계약체결시부터 법률전문가인 공증인의 참여를 보장하여, 조언을 받을 기회를 제공하고 경솔한 계약 체결을 방지함으로써 부동산거래의 진실성 및 유효성이 담보되고, 이로 인해 부동산거래의 안전 및 분쟁의 사전 예방을 기대할 수 있게 된다는 등기원인증서 공증제도 도입의 효과를 극대화 시킬 수 있을 것으로 생각된다.

(5) 공증비용

등기원인증서의 공증제도를 도입하는 경우 지금보다는 등기의 진정성은 높아질 것이나, 이를 위해 추가비용이 들어 국민의 부담이 될 수 있다는 주장이 있으므로 아직은 이 제도를 도입하는 것이 적절하지 않다는 주장이 있다.[41)] 물론 기존의

38) 현행 부동산등기법 제28조는 "등기는 등기권리자와 등기의무자 또는 대리인이 등기소에 출석하여 이를 신청하여야 한다. 다만, 대리인이 변호사 또는 법무사(법무법인 · 법무법인(유한) · 법무조합 또는 법무사합동법인을 포함한다)인 경우에는 대법원규칙이 정하는 사무원을 등기소에 출석하게 하여 이를 신청할 수 있다."고 규정하여 변호사도 등기신청의 대리권을 가질 수 있다. 따라서 변호사가 전업공증인이 되더라도 등기신청을 대리할 수 있기 때문에 등기신청에 대해 국민들에게 이중적인 부담을 줄 우려는 없다.

39) 2007년 7월 27일 공포된 "법학전문대학원 설치 · 운영에 관한 법률"로 인해 향후 변호사의 숫자가 현재보다는 상당히 증가될 것으로 예상되며, 이렇게 되면 우수한 자질을 가진 변호사들이 부동산 등기원인증서에 대한 전업공증인에도 많은 관심을 가질 것으로 생각된다.

40) 전문적인 법률지식을 가진 변호사의 경우에는 당사자의 신청에 의하여 전업공증인의 자격을 부여하고, 법무사의 경우에는 법률전문가로서의 자질 향상을 위해 기존의 법과대학 등과 연계하여 별도의 교육프로그램을 마련하고, 이를 이수한 사람에 한하여 전업공증인의 자격을 부여하는 방안을 고려해 볼 수 있다.

41) 법무부, 앞의 책, 237면(서민, 양창수 위원 견해).

제도에 의해 부동산등기를 하는 경우보다 등기원인증서의 공증제도를 도입하면 추가비용이 드는 것은 사실이다. 그러므로 동 제도를 도입하는 경우 이러한 부분에 대한 대책 마련이 필요할 것이다. 국가가 일정한 행위를 강제하면서 국민에게 추가적인 부담을 주는 것은 타당하지 않기 때문이다.

공증비용에 대해서는 부동산등기에 대한 전업공증인 제도를 도입하면서 기존의 공증수수료와는 다른 요율의 수수료제도를 두어 국민의 부담을 덜 필요가 있을 것으로 생각된다.

[쟁점 5]
- 현행 부동산등기관련특별법의 한계와 문제점[1)]

□ 미등기 부동산 해소를 위한 입법

(1) 동산소유권 이전등기 등에 관한 특별조치법

(가) 주요내용

「부동산소유권 이전등기 등에 관한 특별조치법」(이하 "특조법"이라 함)은 이 법 시행 당시 소유권보존등기가 되어 있지 아니하거나 등기부 기재가 실제 권리관계와 일치하지 아니하는 부동산에 대하여 간편한 절차로 등기할 수 있도록 하여 진정한 권리자의 소유권을 보호하고 재산권으로서의 기능을 할 수 있게 하고자 제정되었다.

「특조법」은 이미 1977년과 1992년에 한시적으로 제정·시행된 바 있다. 당시 특조법은 8·15 해방과 6·25 사변 등을 거치면서 부동산 소유관계 서류 등이 분실되거나 증인이 될 수 있는 관계자들이 사망하거나, 본거지를 옮기는 등 부동산에 관한 사실상의 권리관계와 등기부상의 권리가 일치하지 아니하는 경우가 적지 않아 이에 대한 정리의 필요성에 의하여 제정·시행되었다. 또한 특조법은 부동산등기법의 내용을 잘 알지 못하여 소유권보존등기 또는 소유권이전등기를 하지 못한 국민들에게 재산권 행사를 용이하게 할 수 있도록 하려는 취지도 있었다.

그러나 1977년과 1992년 특조법의 시행에도 불구하고 이를 알지 못하거나 등기를 해태하여 여전히 사실상 재산권 행사가 불가능한 부동산실소유자가 많이 있어, 다시 특조법 시행이 요구되었다. 이에 1999년과 2000년 의원입법에 의하여 의안이 국회에 상정되었으나 1995년 제정된 「부동산 실권리자명의 등기에 관한

1) 아래의 내용은 김판기외 1인, "부동산등기관련특별법의 한계와 문제점에 관한 고찰", 집합건물법학 제1집, 한국집합건물법학회, 2008. 6.을 요약정리 하였음.

법률」, 「부동산등기특별조치법」 등 다른 법률과의 관계를 비롯한 여러 문제점이 지적되어 논의가 진행되던 중, 16대 국회 임기의 만료로 동법률안이 자동폐기되었다. 이에 17대 국회에 들어 다시 「부동산소유권 이전등기 등에 관한 특별조치법」이 의원입법에 의하여 국회에 상정되고 2005년 5월 4일 국회를 통과하여 2005년 5월 26일 공포되어 2006년 1월 1일부터 2007년 12월 31일까지 시행되었다.

「특조법」 에 의하면 1995년 6월 30일 이전에 매매 · 증여 · 교환 등 법률행위로 인하여 사실상 양도된 부동산, 상속받은 부동산과 소유권보존등기가 되어있지 아니한 부동산에 대하여 보증인의 보증을 받아 해당 부동산 소재 지방자치단체에 확인서 발급을 신청할 수 있다. 이 경우 지방자치단체는 보증취지의 확인, 이의신청 공고 등의 절차를 거쳐 문제가 없는 경우 확인서를 발급하게 되고, 확인서 발급신청인은 이 확인서만을 가지고 부동산등기의 신청이 가능하게 된다.[2)]

(나) 한계 및 문제점

1) 다른 법률과의 충돌문제

특조법은 부동산등기와 관련된 기존의 법률들과의 충돌하는 문제점이 있다.

「부동산 실권리자명의 등기에 관한 법률」(이하 "부동산실명법"이라 한다)은 명의신탁약정과 그에 의한 등기를 무효로 하고 있고, 부동산소유권이전계약을 체결한 자는 3년 이내에 소유권이전등기를 신청하도록 함으로써 3년 이상의 장기미등기를 금지하고 있다.

또한, 이를 위반한 명의신탁자와 장기미등기자에게 과징금 또는 형사처벌을 과하고 있다. 그런데 특조법에 의해 소유권이전이 가능하게 할 경우, 명의신탁자가 실질적인 소유자라는 이유로 오히려 간편한 절차로 소유권이전등기를 마칠 수 있게 되어 부동산실명법을 잠탈한 우려가 있으며, 이미 과징금을 납부하거나 형사처벌을 받은 자와의 법적 형평성에 있어서도 문제가 제기될 수 있다.[3)]

---

2) 동법률의 주요 내용에 대한 자세한 사항은 김판기, "제정 「부동산소유권 이전등기 등에 관한 특별조치법」의 주요내용", 법조 통권 592호, 법조협회, 2006 참조.

3) 동지: 박성득, "부동산소유권이전등기등에관한특별조치법안(이상배의원 대표발의) 검토보고", 국회 법제사법위

「부동산등기특별조치법」은 소유권을 이전받을 것을 내용으로 하는 계약을 체결한 자가 제3자와 계약을 체결하기 위해서는 먼저 체결된 계약에 따라 순차적으로 계약하도록 함으로써 중간생략등기를 금지하고 있으며, 이를 위반한 경우 형사처벌하고 있다. 그런데 특조법에 의해 간편한 절차에 의해 소유권이전이 가능하게 할 경우, 부동산등기특별조치법이 금지하고 있는 중간생략등기를 허용하게 될 가능성이 있다.[4)]

또한, 「특조법」은 부동산등기법에서 규정하고 있는 부동산소유권이전등기 등에 관한 특례를 규정하는 내용으로써 이러한 특례규정을 두는 것은 입법체계상으로는 부동산등기법의 기본법으로서의 존재의의를 상실시킬 우려가 있다.[5)]

2) 정책적인 문제

부동산등기제도는 권리관계의 변동을 장부상에 명확히 공시하여 신뢰자를 보호함으로써 거래안전을 추구함이 목적인데, 특조법에 의한 소유권이전등기는 권리관계변동을 생략하는 결과를 낳아 등기제도의 목적에 반한다. 그리고 부동산등기제도가 도입되어 50여년이 경과하였고 부동산실명법까지 시행되고 있는 현재의 상황에서 특별법에 의한 예외를 인정하는 것은 제도의 올바른 정착을 저해한다. 또한 과거 시행되었던 특조법에 의하여 상당수의 범법행위가 이루어진 점도 고려해야 한다.[6)]

3) 적용범위의 문제

「특조법」은 ① 읍·면지역의 토지와 건물, ② 인구 50만 이하의 시 지역의 경우에는 농지 · 임야 및 지가 1제곱미터당 6만 500원 이하인 토지에 적용되며, ③ 광역시 및 50만 이상의 시 지역의 경우에는 1988년 1월 1일 이후 그 광역시

원회, 2004. 9, 7면.

4) 서진형 · 김판기, "부동산소유권 이전등기 등에 관한 특별조치법에 관한 비판적 고찰", 부동산정책연구 제7집 제1호, 한국부동산정책학회, 2006, 145면.

5) 박성득, 앞의 검토보고, 8면.

6) 서진형 · 김판기, 앞의 "부동산소유권 이전등기 등에 관한 특별조치법에 관한 비판적 고찰", 146면.

또는 시에 편입된 지역 중 1제곱미터당 6만 500원 이하인 토지에만 예외적으로 적용되도록 하고 있어, 그 범위를 상당부분 제한하고 있다.

물론, 이러한 범위의 제한이 부동산등기에 대한 예외를 인정하는 특조법의 취지상 그 범위를 한정하여야 한다는 필요성은 있으나, 그 범위를 획정하는데 문제가 있는 것으로 생각된다. 특히 시지역의 토지와 관련해서 지가를 1제곱미터당 6만 500원 이하로 제한하는 내용은 과거 시행된 「부동산소유권이전등기 등에 관한 특별조치법」과 동일한 것이어서 10여년이 지난 지금의 현실을 제대로 반영하지 못하고 있다.[7)]

4) 보증서의 진정성 문제

보증서의 경우 보증인들과 확인서 발급신청인이 동일한 생활권내에 거주하는 경우가 많아서 서로의 친분관계로 인하여 발급되는 경우가 많다. 따라서 보증서의 진정성의 문제가 생기고 허위로 보증서가 발급되는 수가 많았다. 또한 확인서 발급신청 사실은 해당 지방자치단체 게시판에 게시되기 때문에 당사자들이 이를 모르고 지내는 수도 많아 진정성이 담보되지 않을 수 있다.[8)]

(2) 일반농지의 소유권이전등기 등에 관한 특별조치법

(가) 주요내용

동법은 민법부칙 제10조의 규정에 의하면 모든 부동산의 이전등기를 1964년 12월 31일까지 이행하여야 하는바, 일반농지에 한하여 현행법상의 복잡한 등기절차를 간략하게 하고, 이에 수반된 제세 및 기타 부담을 면제함으로써 영세농민의 농지소유권을 보장하고 동시에 형식에 입각한 부동산양도제도를 확립하기 위하여, 1964년 9월 17일 제정되었다.

---

7) 이에 대하여는 전국 평균지가 상승률 등을 감안하여 지가 제한의 범위를 결정하는 것이 타당하였으리라 생각된다.

8) 배병일, "각종 부동산등기 특별조치법상의 보증서 및 확인서의 허위성", 영남법학 제3권 제1·2호, 영남대 법학연구소, 1997, 244면 참조.

(나) 한계 및 문제점

동법은 민법부칙 제10조에 의한 일반농지의 소유권이전등기는 1964년 12월 31일까지라는 기간이 있지만, 미등기농지의 소유권보존등기에 관하여는 기간이 없고, 더욱이 등기에 수반되는 등록세와 기타 부담이 면제된다는 문제점이 지적되었다.

또한, 입법당시부터 선의의 권리자를 해할 우려가 농후하여 선의의 소유권자에게 등기한다는 사실을 알리게 할 필요가 있다는 지적이 있었으나, 이에 대한 대책이 미흡하여 동법의 시행을 둘러싸고 형사 및 민사소송이 많이 발생하였다. 그리고 동법을 위반한 자의 경우 1년 이상의 유기징역에 처하도록 하였지만, 무지에서 오는 과실 등에 대하여는 처벌규정이 없어 동법의 실효성에 의문이 제기되었다.[9] 그리고 일반농지에 관하여 소유권이외의 권리를 등기한 자는 동법 시행일로부터 30일 이내에 문서로써 그 권리를 신고하도록 하고 신고가 없는 경우 등기부에 존속하던 소유권이외의 권리는 소멸하며, 등기공무원이 이를 직권으로 말소하도록 하여 이해관계인에게 매우 중대한 권리침해가 발생한다는 문제점이 지적되었다.[10]

(3) 임야소유권 이전등기 등에 관한 특별조치법

(가) 주요내용

동법은 사유림의 소유권이전에 따른 등기가 이행되지 아니하여 공부상소유자가 분명하지 못하고 이로 인하여 산림정책에 막대한 지장을 초래하고 있으므로 간략한 등기절차 등을 마련하여 임야등기를 현실화함으로써 영림조성을 위한 산림행정수행의 실효를 기하기 위해 1969년 5월 21일 제정되었다.

동법은 임야로서 1960년 1월 1일전에 매매・증여・교환 등 기타 법률행위로

9) 배병일・윤정용, "등기에 관한 특별조치법의 입법상 및 판례상 문제점", 민사법학 제31호, 한국민사법학회, 2006, 327-328면 참조.

10) 배병일・윤정용, 위의 "등기에 관한 특별조치법의 입법상 및 판례상 문제점", 328면 참조.

인하여 사실상 양도된 것 중 이 법에 의한 이의신청이 없는 것은 민법 부칙 제10조의 규정에 불구하고 이 법에 의하여 소유권이전등기 또는 보존등기를 할 수 있도록 규정하였다. 또한 동법은 등기명의인으로부터 임야의 권리를 이어 받은 등기하지 못한 취득자 또는 그로부터 다시 그 권리를 이어 받은 자 및 그 대리인이 등기소에 출석하여 단독으로 신청할 수 있도록 하였다.

(나) 한계 및 문제점

동법은 소유권이전등기를 할 임야에 대하여 소유권 이외의 권리를 등기한 자는 동법 시행일로부터 50일 이내에 관할등기소에 문서로써 그 권리를 신고하여야 하고, 이러한 신고가 없는 경우에는 등기부에 존속하던 소유권 이외의 권리는 소멸하며 등기공무원은 이를 직권 말소하여야 한다는 것은 소유권자를 지나치게 보호하고 저당권자 등이 부당하게 권리를 상실할 우려가 있는 등 다른 이해관계인의 보호에는 소홀하다는 문제점이 지적된다.[11]

(4) 부동산등기에 관한 특별조치법

(가) 주요내용

부동산등기 중에는 저당권, 질권, 가처분 등 소유권 이외의 권리가 등기부상에 기재되어 있으나 해방 후 20여 년간 권리행사 없이 방치되어 있는바, 정부시책으로 추진하고 있는 경지정리, 고속도로, 공업단지, 도시계획 등에 따른 용지매입에 있어 소유권 이외의 권리존속으로 분필등기를 하지 못하여 권리행사에 막대한 지장이 있고, 소유권 이외의 권리에 관한 등기를 말소하고자 하는 소유권자 등의 불편이 있으므로 이들의 권리행사를 원활히 하기 위하여 번잡한 등기를 정리하고 등기말소에 소요되는 국민의 비용부담과 시간낭비를 줄이기 위하여 1970년 8월 7일 법률 제2221호로 공포되었다.

1953년 2월 14일까지에 한 소유권 이외의 권리에 관한 권리자로서 자기의

11) 배병일 · 윤정용, 앞의 "등기에 관한 특별조치법의 입법상 및 판례상 문제점", 330-331면 참조.

권리를 존속하고자 하는 자는 이 법 시행일부터 90일내에 서면으로 그 권리를 신고하도록 하였다. 신고기간 내에 권리의 신고가 없는 때에는 1953년 2월 14일까지 한 소유권 이외의 권리는 소멸한 것으로 보되, 1953년 2월 15일 이후에 가처분, 예고등기, 경매신청등기가 등기부에 기재되어 있는 경우에는 그 가처분이나 예고등기의 대상이 되는 소유권 이외의 권리와 경매신청의 대상이 되는 저당권은 소멸하지 아니하도록 하였다.

(나) 한계 및 문제점

동법은 소유권이외의 권리를 등기한 자는 동법 시행일로부터 90일 이내에 서면으로 그 권리를 신고하도록 하고 신고가 없는 경우 등기부에 존속하던 소유권 이외의 권리는 소멸하며 등기공무원이 이를 직권으로 말소하도록 하여(동법 제4조) 이해관계인에게 매우 중대한 권리침해가 발생한다는 문제점이 있다.

(5) 수복지역내 소유자미복구토지의 복구등록과 보존등기 등에 관한 특별조치법

(가) 주요내용

경기도와 강원도의 11개 시・군에 걸친 수복지역은 전란으로 지적공부와 등기부가 분・소실된 이래 실질적인 소유권자이면서도 소유권증빙서류를 갖추지 못하거나 소송을 제기할 재력이 없어서 동지역 전토지의 31%에 이르는 227,000필지 709만평이 미복구인 상태로 남아 있고, 소유자가 복구된 토지라도 接敵地域이라는 특수상황 때문에 토지이용도가 낮고 권리의식이 미흡하여 매매・증여・교환・상속 등 여러 차례에 걸친 실제상의 양도・양수가 이루어졌음에도 불구하고 원소유자 명의로 남아 있는 경우가 상당수에 이르고 있으며, 등기법상 소정의 절차에 의한 이전등기는 중간전매자등의 사망과 소재불명 등으로 매우 어려운 실정에 있으므로 이와 같은 수복지역주민의 고충을 해결하기 위하여 소유자 미복구 토지는 隣友保證을 토대로 일종의 행정위원회에서 공적으로 확인한 후 복구등록 하도록 하고, 不符合登記는 현재 수복지역이남에서 시행되고 있는 부동산소유권이전등기에 관한 특별조치법의 예에 따라 간이한 절차로 등기를 정리하게 하려는 취지로 「수복지역내 소유자미복구토지의 복구등록과 보존등기 등에 관한 특별조치법」(1982.12.31. 법률 제3627호)이 제정되었다. 다만 이 법은 수복지역 내 부동산에 적용하되, 정전협정상의 남경계선 이북과 민통선북방지역 중 내무부장관이 국방부장관과 협의하여 고시하는 지역, 소송계속중인 부동산 및 지적미복구부동산은 제외하였다.[12)]

(나) 한계 및 문제점

동법은 그 적용대상을 수복지구내의 부동산을 제한하고, 보증인의 자격조건을 구체화하고, 복구등록의 심사 결정을 위해 심사위원회를 구성하여 심사위원회의 결정으로 소유권이 확정되도록 한 점에 의의가 있다. 그러나 동법의 경우에도 부동산소유권이전등기 등에 관한 특별조치법과 마찬가지로 기존의 다른 법률과의 충돌 문제가 발생하고, 이로 인해 권리관계의 변동을 장부상에 명확히 공시하여 신뢰자를 보호함으로써 거래안전을 추구한다는 부동산등기제도의 목적에도 악영향을 미친다는 문제점이 있다.

□ 부동산투기 등의 문제점 해소를 위한 입법

(1) 부동산등기특별조치법

(가) 주요내용

「부동산등기특별조치법」(이하 "동법"이라 함)은 부동산소유권이전등기신청을 의무화하고, 부동산투기의 수단으로 이용되는 허위·부실등기신청행위와 부동산투기억제를 위한 거래제한법령을 회피하여 나가는 각종 편법·탈법행위를 직접적으로 규제함으로써, 등기부기재와 거래의 실제내용이 일치하도록 하여

12) 수복지역내소유자미복구토지의복구등록과보존등기등에관한특별조치법안(1982.12.11. 홍종욱의원 외 42인 대표발의) 제안이유 참조.

건전한 부동산거래질서를 확립하기위해 제정되었다.

동법은 부동산의 소유권이전을 내용으로 하는 계약을 체결한 자는 그 계약이 쌍무계약(예: 매매)인 경우에는 반대급부의 이행이 완료된 날부터, 그 계약이 편무계약(예: 증여)인 경우에는 그 계약의 효력이 발생한 날부터, 각 60일 이내에 소유권이전등기를 신청하도록 의무화하고 있으며(동법 제2조 제1항), 소유권보존등기가 되어 있지 아니한 부동산에 대하여 소유권이전을 내용으로 하는 계약을 체결한 자는 ① 부동산등기법 제65조의 규정에 의하여 소유권보존등기를 신청할 수 있음에도 이를 하지 아니한 채 계약을 체결한 경우에는 그 계약을 체결한 날, ② 계약을 체결한 후에 부동산등기법 제65조의 규정에 의하여 소유권보존등기를 신청할 수 있게 된 경우에는 소유권보존등기를 신청할 수 있게 된 날부터 60일 이내에 소유권보존등기를 신청하도록 규정하고 있다(동법 제2조 제5항).

또한, 동법은 부동산소유권이전등기신청 의무화 규정의 실효성 확보를 위해 목적부동산의 소재지를 관할하는 시장 등은 등기권리자가 상당한 사유 없이 등기신청을 해태한 때에는 그 해태한 날 당시의 그 부동산에 대한 등록세액(등록세가 비과세·면제·감경되는 경우에는 지방세법의 규정에 의한 부동산가액에 부동산등기세율을 곱한 금액)의 5배 이하에 상당하는 금액의 과태료에 처하도록 규정하고 있다(동법 제11조, 제12조 참조).

(나) 한계 및 문제점

1) 법 자체의 문제점

동법은 등기의무화와 관련하여 그 법문상의 해석이 불명확한 경우가 있을 뿐만 아니라, 제2조 제3항에서 계약당사자의 지위를 이전하는 경우를 입법과정에서 제외함으로써 부동산투기꾼들이 이를 악용할 수 있는 소지를 남겨 놓았다.

또한, 민법상의 부동산물권변동에 관한 원칙이나 부동산등기법 등 관련 법체계에 관한 충분한 검토 없이 특별법을 제정함으로써 계약서의 검인제도와 관련하여 등기원인을 어떻게 이해할 것인가. 중간생략등기와 관련하여 대법원 판례가 그 유효성을 인정함에 반하여[13] 동법에서는 이러한 행위를 금지하는 등 여러 문제점들이 내제되어 있다.

등기신청의무해태에 대한 과태료 규정도 제재금으로서 미등기전매를 투기의 수단으로 악용하지 못하게 방지하여 건전한 부동산 거래질서를 확립하고 국민경제 질서를 확립하기 위한 불가피한 규정이라고 볼 수 있다. 그러나 이러한 제재는 민법상으로 의무신청주의를 채택할 수 있다는 전제하에서만 가능하며 의무신청주의가 가능하다고 하여도 선의의 부동산 매수자에 대한 충분한 고려 없이 일률적으로 과태료를 부과하는 것은 문제가 있는 것으로 생각된다.

2) 법의 실효성

동법의 제정 초기에는 동법에 의해 허위 및 부실등기를 직접적으로 규제하는 것이 가능하게 되어 부동산투기억제에 어느 정도 효과가 있으며, 수사기관 등에서도 수사과정을 통하여 이러한 불법행위가 밝혀졌을 경우 전에는 처벌할 수 없었으나 동법의 제정으로 이러한 경우를 적발, 처벌할 수 있게 되는 등 일정 부분에서는 동법이 실효성이 있는 것으로 평가 받았다.[14)]

그러나 동법이 제정된 후 거의 20여년이 되어 가는 현시점에서 보면 동법의 실효성에 의문을 갖게 된다. 즉 ① 소유권보존등기 등의 강제 없이 소유권이전등기만을 강제하여 여전히 미등기부동산이 존재하고 있다는 점, ② 부동산거래 계약서에 검인을 받도록 한 규정 역시 형식화되어 있고 검인을 위해 계약서를 이중으로 작성하는 등 부동산거래의 투명화라는 목적 달성이 곤란한 점, ③ 등기기관과 과태료부과기관이 서로 달라 동법의 위반자에 대한 즉각적인 대응이 곤란하며, 관련 업무를 서로 미루는 경향이 있는 점, ④ 규제방법에 있어서도 위반행위에 대한 과태료와 형사처벌 등 사후적인 제재를 하는데 그치고 있어 문제발생의 사전적 예방수단이 미흡하다는 점 등에서 동법의 실효성에 의문이 제기된다.

13) 대법원 1993. 1. 26. 선고 92다39112 판결; 판례는 부동산등기특별조치법상 조세포탈과 부동산투기 등을 방지하기 위하여 위 법률 제2조 제2항 및 제8조 제1호에서 등기하지 아니하고 제3자에게 전매하는 행위를 일정 목적범위 내에서 형사처벌하도록 되어 있으나 이로써 순차매도한 당사자 사이의 중간생략등기합의에 관한 사법상 효력까지 무효로 한다는 취지는 아니라고 하였다.

14) 정병욱, "부동산등기특별조치법과 부동산거래실명제", 검찰 104, 대검찰청, 1993, 119-120면 참조.

(2) 부동산실권리자명의등기에 관한 법률

(가) 주요내용

「부동산 실권리자명의등기에 관한 법률」(이하 "부동산실명법"이라 함)은 부동산에 관한 소유권 기타 물권 실체적 권리관계에 부합하도록 실권리자 명의로 등기하게 함으로써 부동산등기제도를 악용한 투기・탈세・탈법행위 등 반사회적 행위를 방지하고 부동산거래의 정상화와 부동산가격의 안정을 도모하여 국민경제의 건전한 발전에 이바지하기 위해 제정되었다.[15]

「부동산실명법」 제3조는 "누구든지 부동산에 관한 물권을 명의신탁약정에 의하여 명의수탁자의 명의로 등기하여서는 아니 된다."라고 규정하고 있고, 제4조는 "이러한 명의신탁약정은 무효로 하고, 이러한 명의신탁약정에 따라 행하여진 등기에 의한 부동산에 관한 물권변동은 무효로 한다."라고 규정하고 있다. 그리고 동법의 실효성 확보를 위해 이를 위반한 자에 대하여 행정제재로써의 과징금 부과처분과 형사제재로서 징역 또는 벌금에 처하도록 규정하고 있다.

다만, 「부동산실명법」은 종중 및 배우자간 명의신탁에 대하여는 조세포탈, 강제집행의 면탈 또는 법령상의 제한의 회피를 목적으로 하지 않는 경우는 특례를 인정하여, 명의신탁 약정의 효력(동법 제4조), 과징금(동법 제5조), 이행강제금(동법 제6조), 벌칙(동법 제7조) 및 기존명의신탁의 실명등기의무위반 시 효력(동법 제12조)규정의 적용을 배제하였다.

또한, 「부동산실명법」은 부동산등기특별조치법 제2조의 적용을 받는 자로서 부동산을 취득한 후 3년 내에 소유권이전등기를 하지 않는 경우 장기미등기로 보아 처벌케 한다(동법 제10조).[16]

---

15) 부동산실권리자명의등기에관한법률안(1995.2.23. 정부발의) 제안이유 참조.

16) 「부동산등기특별조치법」에 의하면 그 부동산에 대한 등록세액의 5배 이하의 과태료가 부과되고(동법 제11조), 부동산실명법에 의하면 그 부동산가액의 100분의 30에 해당하는 과징금을 부과(부동산특별조치법에 의한 과태료가 이미 부과된 경우에는 이를 차감한 금액)하고 (동법 제10조 1항), 과징금의 부과에도 불구하고 소유권이전등기신청을 하지 아니한 때에는 명의신탁으로 간주하고 이행강제금을 부과한다(동조 3항).

(나) 한계 및 문제점

1) 명의신탁 무효의 실효성

본법은 제1조에 규정된 목적을 달성하기 위하여 판례에 의하여 유효성이 인정되어 오던 명의신탁을 무효화하고, 강력한 공법적 규제 내지는 형사처벌 규정을 두고 있다.

본법은 투기방지를 위하여 명의신탁에 대한 공법적 규제와 함께 그 사법적 효력을 무효화하는 시도를 한 점에는 의의가 있다. 그러나 과연 이 법이 입법자들이 기대하는 만큼의 투기방지의 효과가 있는 것인지에 대하여는 의문이다.[17]

2) 규제방법의 실효성

부동산거래는 모든 국민의 일상적인 법률생활이기 때문에 규제의 정도가 심하고 규제의 범위가 넓으면 실제로 법을 집행하지 못한다. 또한 모든 국민을 잠재적인 범법자로 상정하고 제정된 법률은 결코 그 실효성을 거둘 수 없다. 따라서 부동산실명법은 규제의 범위가 넓고 규제의 정도가 너무 심하며, 사전적 예방방법보다는 사후적 규제방법으로 구성되어 있어, 단기적인 충격요법은 될 수 있어도 장기적 부동산거래의 정상화를 위한 방법은 되지 못한다. 일시적인 충격요법으로서의 단기적인 대책은 국민들로 하여금 탈법행위를 하게 하는 심리를 자극하여 법치주의 원칙에 반하는 효과를 낳으며, 법적 안정성은 물론 법률생활의 계속성과 일관성도 해칠 수 있을 것이다.[18]

---

17) 공순진, "한국의 부동산실명화와 공신력 인정에 관한 법적 과제", 토지법학 11, 한국토지법학회, 1995, 225-226면.

18) 김상용, "부동산실명법의 사법상의 문제점과 대처방안", 법제연구 제9호, 한국법제연구원, 1995, 172면 참조.

제4장

부동산 소유권의 범위와 제한

중요 쟁점 미리보기

- 소유권의 의의
- 토지소유권의 범위
- 토지 이용관계의 조절
- 집합건물의 이용관계의 조절

기본이론 들여다보기

소유권의 의의

소유권은 소유자가 법률의 범위 내에서 자유로이 물건을 사용·수익·처분할 수 있는 권리이다(민법 제211조). 사용이란 책을 읽는다든가, 양복을 입는 것처럼 목적물을 통상의 용법에 따라 사용하는 것을 말한다. 수익이란 목적물로부터 생긴 과실을 취득하는 것을 말하며, 소유자가 스스로 사용하여 천연과실을 취득하는 것뿐만 아니라 목적물을 타인에게 임대하여 지료·차임 등 법정과실을 취득하는 것도 포함된다. 처분이란 물건의 교환가치를 실현하는 것으로 목적물을 소비하거나 변형·개조·파괴하는 물리적 처분과, 목적물을 양도하거나 목적물에 용익물권이나 담보물권을 설정하는 법률적 처분을 말한다.

민법은 하나의 물건을 2인 이상의 다수가 공동으로 소유하는 형태로서의 공동소유를 인정하고 있다. 다수인(또는 그들이 결합한 단체)이 하나의 물건을 소유하는 경우에 그 형태는 그들의 목적과 사회적 요구에 따라 다양하게 나타날 수 있는데, 우리 민법은 공동소유의 형태를 공유(262조~270조)·합유(271조~274조)·총유(275조~277조)의 세 가지로 규정하고 있다. 이는 인적 결합형태가 물권법에 반영된 것이다.

□ 공유·합유·총유의 비교

구 분	공 유	합 유	총 유
인적결합형태	개인주의적 공동소유	조합의 공동소유	비법인사단 공동소유
지분의 처분	자유롭게 처분	합유자 전원의 동의	지분권이 없음
분할청구	특약이 없으면 가능	불가	지분이 없어 불가
공동소유물 처분·변경	공유자 전원 동의	합유자 전원 동의	사원총회 결의
공동소유물 관리	과반수	조합계약에 의함	사원총회 결의
공동소유물 보존	각자 가능	각자 가능	사원총회 결의
공동소유물 사용·수익	공유물 전부 지분비율로 사용 가능	합유물 전부 조합계약에 따라 가능	정관에 의함
공동소유관계 이탈	양도·분할·지분포기	조합체 해산 또는 합유물의 양도	총유물의 양도나 사원지위의 상실
부동산등기방식	공유자 전원명의로 하되 지분 기재	합유자 전원명의로 하되 합유 취지 기재	비법인사단 자체의 명의로 등기

토지소유권의 범위

토지의 소유권은 정당한 이익 있는 범위 내에서 토지의 상하에 미친다(민법 제212조). 이것은 토지소유권이 미치는 범위는 지표에 한하지 않는다는 것을 의미하지만, 上이 무한한 상공까지 下가 지구의 중심까지 미친다는 것은 아니다. 소유권을 행사하는 것에 대해 정당한 이익이 존재하는 한도에서 토지의 상하에 미친다고 해석된다. 또한 지상·지중에 존재하는 물건은 건물·입목·타인이 권원에 의해 설치한 물건(민법 제256조 단서 참조)을 제외하고는 토지의 구성부분이 되어 토지소유권에 속한다. 그 주된 것은 다음과 같다.

① 지중의 암석

암석을 채취하는 권리는 토지소유권에 속한다. 따라서 타인의 토지의 암석을 채취하기 위해서는 토지소유자의 허락을 얻어야 한다.

② 광물

지하의 미채굴의 광물에 대해서는 토지소유권의 효력이 미치지 않고, 광업권이라는 별개의 배타적 권리의 목적이 된다(광업법 제3조). 따라서 토지소유자도 광업권을 부여받을 수 있지만, 타인이 광업권을 가지는 광구에서는 조광권을 취득하지 않으면 자기의 토지에 매장하는 광물이라도 이를 채취할 수 없다.

③ 지하수

지하수도 토지의 구성부분이므로 지하수를 이용하는 권리도 일단 토지소유권의 내용에 포함된다고 볼 수 있다.

자연적으로 솟아나는 지하수는 그 토지소유자의 전용에 속한다. 다만 계속해서 솟아나와 자기의 토지에 머물러 있지 않고 타인의 토지로 흘러내려가는 경우에는 流水로 되어 湧出地의 소유권의 내용으로부터 독립된 것으로 된다. 따라서 일반유수와 마찬가지로 용출지의 소유자라 할지라도 하류연안의 토지소유자의 이용권을 방해하지 못한다.

인공적으로 솟아나게 하는 지하수, 즉 토지소유자가 자기의 토지에 우물을 파서 지하수를 퍼내어 이용하는 것도 토지소유권의 내용을 이룬다. 그러나 이로 인하여 隣地의 泉水가 고갈되어 토지소유자의 권리행사가 사회관념상 타인이 인용함에 상당한 정도를 넘는다면 불법행위책임을 진다.

④ 온천수

온천수는 토지의 일부로 토지소유권의 대상이 되며 독립한 권리가 되지 못한다.

토지의 이용관계의 조절

토지소유자는 경계나 그 근방에서 담 또는 건물을 축조하거나 수선하기 위하여 필요한 범위 내에서 이웃 토지의 사용을 청구할 수 있다(제216조 제1항 본문). 청구의 상대방은 隣地를 사용하고 있는 소유자·임차인 등이다. 이러한 자의 승낙이 없으면 인지를 사용할 수 없다.

어느 토지와 公路 사이에 그 토지의 용도에 필요한 통로가 없어서 그 토지소유자가 주위의 토지를 통행하거나 또는 통로를 개설하지 아니하면 공로에 출입할 수 없는 경우 또는 과다한 비용을 요하는 때에는 그 주위의 토지를 통행할 수 있고 필요한 경우에는 통로를 개설할 수 있다(제219조 제1항 본문). 공로란 公道에 한하지 않고 공중이 자유롭게 통행할 수 있는 私道를 포함한다. 다만, 통행권을 가지는 자는 이로 인한 손해가 가장 적은 장소와 방법을 선택하여야 하며(제219조 제1항 단서), 손해가 있는 경우에는 통행지소유자에게 보상하여야 한다(제219조 제2항). 예컨대 통행권의 범위는 일상생활을 영위하는데 필요한 범위의 노폭까지 인정된다. 기존의 통로가 있더라도 당해 토지의 이용에 부적합하다면 새로운 주위토지통행권도 인정된다.

원래는 公路에 통하고 있었는데 분할 또는 일부양도로 인하여 공로에 통하지 못하게 된 토지가 있는 때에는 그 토지소유자는 공로에 출입하기 위하여 다른 분할자의 토지를 통행할 수 있다(제220조 제1항 전단·제2항). 토지의 분할·일부양도에 의해 垈地가 형성되었을 때는 당사자는 당연히 그것을 예견할 수 있으므로 자신들의 내부문제로서 처리해야 하기 때문이다. 이 경우에 통행권자는 보상의 의무가 없다(제220조 제1항 후단).

매연·열기체·액체·음향·진동·기타 이와 유사한 것이 다른 토지로부터 발산·유입하여 토지의 사용을 방해하거나 거주자의 생활에 고통을 주는 것을 임밋시온(Immission), 즉 생활방해라 한다. 생활을 방해하거나 고통을 주는 것은 不可量物 또는 일정한 토지이용과 불가피적으로 결합되어 있는 간섭이어야 한다. 불가량물은 공중 또는 대기 중에 확산되어야 하는 것이므로, 지표상의 흐르는 물은 이에 포함되지 않는다. 토지소유자는 이러한 생활방해를 방지하도록 적당한 조처를 할 의무가 있다(제217조 제1항). 다만 생활방해상태가 이웃 토지의 통상의 용도에 적당한 것인 때에는 이웃 거주자는 이를 인용할 의무가 있다(제217조 제2항). 생활방해가 인용의 한계를 넘는 경우에 이웃 거주자는 소유권이나 점유권에 기한 방해배제청구권을 행사할 수 있고, 손해가 발생한 경우에는 그 배상을 청구할 수 있다.

토지소유자는 이웃 토지로부터 자연히 흘러오는 물을 막지 못하며(제221조 제1항), 자연히 흘러내리는 물이 저지소유자에게 필요한 것인 때에는 고지소유자는 자기의 정당한 사용범위를 넘어서 흘러내리는 물을 막지 못한다(제221조 제2항). 자연적으로 흐르는 경우에 한하므로 인지에 지반공사가 되었기 때문에 자연수가 흐르게 된 경우에는 배수시설 등을 청구할 수 있다. 흐르는 물이 저지에서 막힌 때에는 고지소유자는 自費로 소통에 필요한 공사를 할 수 있다(제222조). 다만 공사비용의 부담에 관한 관습이 있으면 그 관습에 의한다(제224조).

토지소유자는 처마물이 이웃에 직접 낙하하지 아니 하도록 적당한 시설을 하여야 한다(제225조). 또한 토지소유자가 저수·배수 또는 인수하기 위하여 공작물을 설치한 경우에 공작물의 파손 또는 막힘으로 인하여 타인의 토지에 손해를 가하거나 가할 염려가 있는 때에는 타인은 그 공작물의 보수, 막힘의 소통 또는 예방에 필요한 청구를 할 수 있다(제223조). 다만 공사비용의 부담에 관해 특별한 관습이 있으면 그에 따른다(제224조).

고지소유자는 침수지를 건조하기 위하여 또는 家用이나 농·공업용의 餘水를 소통하기 위하여 공로·공류 또는 하수도에 달하기까지 저지에 물을 통과하게 할 수 있다(제226조 제1항). 이 경우에는 저지의 손해가 가장 적은 장소와 방법을 선택하여야 하며 손해를 보상하여야 한다(제226조 제2항). 또한 토지소유자는 그 소유지의 물을 소통하기 위하여 이웃 토지소유자의 시설한 공작물을 사용할 수 있고(제227조 제1항), 이러한 공작물을 사용한 자는 그 이익을 받는 비율로 공작물의 설치와 보존의 비용을 분담하여야 한다(제227조 제2항).

토지소유자는 과다한 비용이나 노력을 요하지 아니하고는 家用이나 그 토지이용에 필요한 물을 얻기 곤란한 때에는 이웃 토지소유자에게 보상하고 餘水의 급여를 청구할 수 있다(제228조).

溝渠(구거: 도랑) 기타 水流地의 소유자는 對岸의 토지가 타인의 소유인 때에는 그 수로나 수류의 폭을 변경하지 못한다(제229조 제1항). 도랑이나 수류지가 자기소유라 하더라도 수로의 폭을 변경하지 못하도록 하는 것으로, 이는 다른 쪽 면이 토지소유자가 타인인 경우 그 자의 권리를 해할 우려가 있기 때문이다. 그러나 兩岸의 토지가 수류지소유자의 소유인 때에는 소유자는 수로와 수류의 폭을 변경할 수 있다. 다만 하류는 자연의 수로와 일치하도록 하여야 한다(제229조 제2항). 이러한 경우에도 다른 관습이 있으면 그에 따른다(제229조 제3항).

수류지의 소유자가 堰(언: 둑)을 설치할 필요가 있는 때에는 그 둑을 對岸에 접촉하게 할 수 있다. 그러나 이로 인한 손해를 보상하여야 한다(제230조 제1항). 대안의 소유자는 수류지의 일부가 자기소유인 때에는 그 둑을 사용할 수 있다. 그러나 그 이익을 받는 비율로 둑의 설치·보존의 비용을 분담하여야 한다(제230조 제2항).

공유하천의 연안에서 농·공업을 경영하는 자는 이를 이용하기 위하여 타인의 용수를 방해하지 않는 범위 내에서 필요한 인수를 할 수 있으며(제231조 제1항), 이러한 인수를 위하여 필요한 공작물을 설치할 수 있다(제231조 제2항). 다만 그 인수나 공작물의 설치로 인하여 하류연안의 용수권을 방해한 때에는 그 용수권자는 방해의 제거 및 손해배상을 청구할 수 있다(제232조). 농·공업의 경영에 이용하는 수로 기타의 공작물의 소유자나 蒙利者(몽리자: 수익자)의 특별승계인은 그 용수에 관한 전소유자나 蒙利者의 권리의무를 승계한다(제233조). 공유하천 용수에 관하여 위의 원칙과 다른 관습이 있으면 그 관습에 따른다(제234조).

인접하여 토지를 소유한 자는 공동비용으로 통상의 경계표나 담을 설치할 수 있다(제237조 제1항). 이러한 비용은 쌍방이 절반하여 분담한다. 그러나 측량비용은 토지의 면적에 비례하여 분담한다(제237조 제2항). 이 경우에도 다른 관습이 있으면 그에 의한다(제237조 제3항).

인지소유자는 자기의 비용으로 담의 재료를 통상보다 양호한 것으로 할 수 있으며 그 높이를 통상보다 높게 할 수 있고, 또 방화벽 기타 특수시설을 할 수 있다(제238조).

경계에 설치된 경계표·담·도랑 등은 상린자의 공유로 추정한다(제239조 본문).

그러나 경계표·담·도랑 등이 상린자 일방의 단독비용으로 설치되었거나 담이 건물의 일부인 경우에는 공유로 추정되지 않는다(제239조 단서).

인접지의 수목가지가 경계를 넘은 때에는 그 소유자에 대하여 가지의 제거를 청구할 수 있고(제240조 제1항), 나무의 소유자가 이 청구에 응하지 아니한 때에는 청구자가 그 가지를 제거할 수 있다(제240조 제2항). 한편 인접지의 수목뿌리가 경계를 넘은 때에는 임의로 제거할 수 있다(제240조 제3항).

토지소유자는 인접지의 지반이 붕괴할 정도로 자기의 토지를 심굴하지 못한다. 그러나 충분한 방어공사를 한 때에는 그렇지 않다(제241조).

건물을 축조함에는 특별한 관습이 없으면 경계로부터 반미터 이상 거리를 두어야 한다(제242조 제1항). 이것은 건물의 축조·수선의 편의·통풍·일조·채광의 저해방지 등을 위한 것이다. 반미터의 거리는 건물의 토대 또는 외벽과 경계선과의 최단거리를 말한다. 이 거리를 두지 않고 건축이 개시된 때는 인지소유자는 위반자에 대하여 건물의 변경이나 철거를 청구할 수 있다. 그러나 건축에 착수한 후 1년을 경과하거나 건축이 완성된 후에는 손해배상만을 청구할 수 있다(제242조 제2항).

우물을 파거나 용수·하수 또는 오물 등을 저치할 지하시설을 하는 때에는 경계로부터 2미터 이상의 거리를 두어야 하며 저수지·도랑 또는 지하실공사에는 경계로부터 그 깊이의 반 이상의 거리를 두어야 한다(제244조 제1항). 건축물의 건축과 건축설비의 설계를 위하여 지하를 굴착하는 경우에는 민법 제244조 제1항의 규정을 적용하지 아니한다. 다만 지하를 굴착하는 경우에는 필요한 안전조치를 하여 危害를 방지하여야 한다. 이 공사를 함에는 토사가 붕괴하거나 하수 또는 오액이 이웃에 흐르지 않도록 적당한 조치를 하여야 한다(제244조 제2항).

경계로부터 2미터 이내의 거리에서 이웃주택의 내부를 관망할 수 있는 창이나 마루를 설치하는 경우에는 적당한 遮面施設을 하여야 한다(제243조). 여기서 2미터의 거리는 창 또는 마루의 가장 인지에 가까운 점으로부터 직각선으로 경계선에 이르기까지를 말한다. 차면시설의무는 건물의 소유자이며 토지의 소유자가 아니다. 그리고 차면시설청구권자는 인지의 소유자가 아니라 이웃 주택의 소유자 또는 현거주자이다.

집합건물의 이용관계의 조절

건물의 구분소유는 일동의 건물을 수인이 구분하여 소유하는 형태를 말한다. 민법은 건물의 구분소유를 상린관계의 일종으로 취급하여 제215조를 두었다. 민법 제215조는 한 동의 건물을 평면으로 분할하는 이른바 縱割型 구분소유관계를 염두에 두고 구분소유건물과 부속건물의 공용부분에 대해 공유추정 및 공용부분의 수선비 기타 부담의 분담을 정하기 위한 것만으로 간단한 것이었으나, 제215조 규정 하나만으로는 증가하는 구분소유 건물을 관리하기에는 한계가 있었다. 이에 현재는 집합건물의 소유 및 관리에 관한 법률에 의하여 구분소유 등의 규율이 이루어지고 있다.

구분소유건물은 크게 전유부분과 공용부분으로 나뉜다.

전유부분은 독립하여 소유권의 목적으로 되는 건물부분을 말한다(집합건물법 제2조 제3호). 그리고 이 전유부분을 목적으로 하는 소유권을 구분소유권이라고 하고(동법 제2조 제1호), 구분소유권을 가지는 자를 구분소유자라고 한다(동법 제2조 제2호). 전유부분이 되기 위해서는 그 부분이 구조상의 독립성과 이용상의 독립성을 구비해야 한다(동법 제1조). 다만, 상가건물의 경우에는 예외적으로 ① 구분점포의 용도가 「건축법」 제2조 제2항 제7호의 판매시설 및 같은 항 제8호의 운수시설(집배송시설은 제외한다)일 것, ② 1동의 건물 중 구분점포를 포함하여 제1호의 판매시설 및 운수시설의 용도에 해당하는 바닥면적의 합계가 1천제곱미터 이상일 것, ③ 경계를 명확하게 식별할 수 있는 표지를 바닥에 견고하게 설치할 것, ④ 구분점포별로 부여된 건물번호표지를 견고하게 부착할 것의 요건을 갖추면 구조상 독립성이 없더라도 구분소유를 인정하고 있다(동법 제1조의 2).

① 구조상의 독립성이란 건물의 일부가 「구조상 구분된」 것을 말한다. 아파트·연립주택의 각 호나 빌딩의 각 실과 같이 벽·문·천정·마루 등에 의해 다른 부분과 차단되면 된다.

② 이용상의 독립성이란 독립한 건물로 사용될 수 있는 것을 말한다. 이 독립성이

인정되기 위해서는 그 부분에 관해 거주나 점포로서의 이용을 가능하게 하는 내부시설과 이용을 위한 독립된 출입구의 존재가 필요하다고 해석된다.

공용부분은 (ⅰ) 전유부분 이외의 건물부분, (ⅱ) 전유부분에 속하지 않는 건물의 부속물, (ⅲ) 규약에 의해 공용부분이 된 부속건물을 말한다(동법 제2조 제4호). 공용부분은 구분소유자의 전원 또는 일부의 공유에 속한다(동법 제10조). 전유부분 이외의 건물부분으로는 구조상 구분소유자의 전원 또는 일부의 공용에 제공되는 건물부분(계단·현관로비·엘리베이터·옥상 등)과 구분소유권의 목적으로 될 수 있지만 규약에 의해 공용부분이 된 건물부분(관리인실·집회실 등)이 포함된다. 전유부분에 속하지 않는 건물의 부속물은 전기배선·수도관·가스관·건물 외부에 설치된 저수조 등이다. 부속건물이란 창고 등과 같이 구분소유권에 대해 종물적인 관계에 있는 건물을 말한다.

참고로 건물을 토지상에 소유하기 위해서는 그 토지 위에 건물의 소유를 정당화할 수 있는 어떠한 권리를 갖지 않으면 안 된다. 건물의 구분소유자가 건물의 점유부분을 소유하기 위하여 토지상에 가지는 권리를 대지사용권이라 하며, 소유권이나 지상권 등의 권리가 대지사용권이 될 수 있다. 대지사용권은 점유부분과 일체성을 가진다. 즉 대지사용권은 전유부분의 처분에 따르며 분리하여 양도할 수 없다.

판례를 통한 법리의 이해

소유권의 의의

☐ 대법원 2017. 6. 19. 선고 2017다211528, 211535 판결

소유자가 소유권의 핵심적 권능에 속하는 사용·수익의 권능을 대세적으로 포기하는 것은 특별한 사정이 없는 한 허용되지 않는다. 이를 허용하면 결국 처분권능만이 남는 새로운 유형의 소유권을 창출하는 것이어서 민법이 정한 물권법정주의에 반하기 때문이다. 따라서 사유지가 일반 공중의 교통을 위한 도로로 사용되고 있는 경우, 토지 소유자가 스스로 토지의 일부를 도로 부지로 무상 제공하더라도 특별한 사정이 없는 한 이는 대세적으로 사용·수익권을 포기한 것이라기보다는 토지 소유자가 도로 부지로 무상 제공받은 사람들에 대한 관계에서 채권적으로 사용·수익권을 포기하거나 일시적으로 소유권을 행사하지 않겠다고 양해한 것이라고 보아야 한다. 이때 토지 소유자가 사용·수익권을 포기한 것으로 의사해석을 하는 데에는, 그가 토지를 소유하게 된 경위와 보유기간, 나머지 토지들을 분할하여 매도한 경위와 규모, 도로로 사용되는 토지 부분의 위치나 성상, 인근 토지들과의 관계, 주위 환경 등 여러 사정과 아울러 분할·매도된 나머지

토지들의 효과적인 사용·수익을 위하여 토지가 기여하고 있는 정도 등을 종합적으로 고찰하여 신중하게 판단해야 한다.

공동소유

□ 대법원 2001. 3. 9. 선고 98다51169 판결

공유물분할청구소송에 있어 원래의 공유자들이 각 그 지분의 일부 또는 전부를 제3자에게 양도하고 그 지분이전등기까지 마쳤다면, 새로운 이해관계가 형성된 그 제3자에 대한 관계에서는 달리 특별한 사정이 없는 한 일단 등기부상의 지분을 기준으로 할 수밖에 없을 것이나, 원래의 공유자들 사이에서는 등기부상 지분과 실제의 지분이 다르다는 사실이 인정된다면 여전히 실제의 지분을 기준으로 삼아야 할 것이고 등기부상 지분을 기준으로 하여 그 실제의 지분을 초과하거나 적게 인정할 수는 없다.

□ 대법원 2000. 3. 24. 선고 98두7732 판결

민법 제263조 후단의 규정에 의하면, 공유자는 공유물 전부를 지분의 비율로 사용·수익할 수 있다고 규정하고 있으므로, 국가와 사인이 공유하고 있는 토지를 공유자 1인인 사인이 공유토지의 사용·수익방법에 관하여 다른 공유자인 국가와 사이에 협의를 거치지 아니한 채 공유토지 중 자신의 지분비율을 넘어서는 부분을 사용·수익하고 있다고 하더라도 이는 공유지분권에 기한 점유사용이라고 봄이 상당하므로, 공유자 1인인 사인이 그 공유토지를 전혀 사용·수익하지 아니하고 있는 다른 공유자인 국가에 대하여 자신이 사용·수익하는 면적 중 국가의 지분에 해당하는 부분에 대하여 민법상의 부당이득을 반환하는 것은 별론으로 하고, 국유재산법 제51조 제1항의 규정에 의한 변상금 부과대상이 되는 무단 점유 내지 사용·수익이라고 볼 수는 없고, 따라서 국가가 공유자 1인인 사인에 대하여 그가 사용·수익하는 면적 중 국가의 지분비율에 해당하는 부분에 대하여 국유재산

법 제51조 제1항의 규정에 의하여 변상금부과처분을 할 수는 없다.

☐ 대법원 2003. 11. 13. 선고 2002다57935 판결

물건을 공유자 양인이 각 1/2 지분씩 균분하여 공유하고 있는 경우 1/2 지분권자로서는 다른 1/2 지분권자와의 협의 없이는 이를 배타적으로 독점사용할 수 없고, 나머지 지분권자는 공유물보존행위로서 그 배타적 사용의 배제, 즉 그 지상 건물의 철거와 토지의 인도 등 점유배제를 구할 권리가 있다.

☐ 대법원 2001. 12. 11. 선고 2000다13948 판결

[1] 토지의 공유자는 각자의 지분 비율에 따라 토지 전체를 사용·수익할 수 있지만, 그 구체적인 사용·수익 방법에 관하여 공유자들 사이에 지분 과반수의 합의가 없는 이상, 1인이 특정 부분을 배타적으로 점유·사용할 수 없는 것이므로, 공유자 중의 일부가 특정 부분을 배타적으로 점유·사용하고 있다면, 그들은 비록 그 특정 부분의 면적이 자신들의 지분 비율에 상당하는 면적 범위 내라고 할지라도, 다른 공유자들 중 지분은 있으나 사용·수익은 전혀 하지 않고 있는 자에 대하여는 그 자의 지분에 상응하는 부당이득을 하고 있다고 보아야 할 것인바, 이는 모든 공유자는 공유물 전부를 지분의 비율로 사용·수익할 권리가 있기 때문이다.

[2] 여러 사람이 공동으로 법률상 원인 없이 타인의 재산을 사용한 경우의 부당이득 반환채무는 특별한 사정이 없는 한 불가분적 이득의 반환으로서 불가분채무이고, 불가분채무는 각 채무자가 채무 전부를 이행할 의무가 있으며, 1인의 채무이행으로 다른 채무자도 그 의무를 면하게 된다.

☐ 대법원 2001. 11. 27. 선고 2000다33638 판결

[1] 공유자 사이에 공유물을 사용·수익할 구체적인 방법을 정하는 것은 공유물의 관리에 관한 사항으로서 공유자의 지분의 과반수로써 결정하여야 할 것이고, 과반수의 지분을 가진 공유자는 다른 공유자와 사이에 미리 공유물의 관리방법에 관한 협의가 없었다 하더라도 공유물의 관리에 관한 사항을 단독으로 결정할 수 있으므로, 과반수의 지분을 가진 공유자가 그 공유물의 특정 부분을 배타적으로

사용·수익하기로 정하는 것은 공유물의 관리방법으로서 적법하며, 다만 그 사용·수익의 내용이 공유물의 기존의 모습에 본질적 변화를 일으켜 '관리' 아닌 '처분'이나 '변경'의 정도에 이르는 것이어서는 안 될 것이고, 예컨대 다수지분권자라 하여 나대지에 새로이 건물을 건축한다든지 하는 것은 '관리'의 범위를 넘는 것이 될 것이다.

[2] 공유토지에 관하여 점유취득시효가 완성된 후 취득시효 완성 당시의 공유자들 일부로부터 과반수에 미치지 못하는 소수 지분을 양수 취득한 제3자는 나머지 과반수 지분에 관하여 취득시효에 의한 소유권이전등기를 경료받아 과반수 지분권자가 될 지위에 있는 시효취득자(점유자)에 대하여 지상 건물의 철거와 토지의 인도 등 점유배제를 청구할 수 없다.

□ 대법원 2010. 09. 09. 선고 2010다37905 판결

공유자가 공유물을 타인에게 임대하는 행위 및 그 임대차계약을 해지하는 행위는 공유물의 관리행위에 해당하므로 민법 제265조 본문에 의하여 공유자의 지분의 과반수로써 결정하여야 한다. 상가건물 임대차보호법이 적용되는 상가건물의 공유자인 임대인이 같은 법 제10조 제4항에 의하여 임차인에게 갱신 거절의 통지를 하는 행위는 실질적으로 임대차계약의 해지와 같이 공유물의 임대차를 종료시키는 것이므로 공유물의 관리행위에 해당하여 공유자의 지분의 과반수로써 결정하여야 한다.

□ 대법원 2005. 05. 12. 선고 2005다1827 판결

공유자 간의 공유물에 대한 사용수익·관리에 관한 특약은 공유자의 특정승계인에 대하여도 당연히 승계된다고 할 것이나, 민법 제265조는 "공유물의 관리에 관한 사항은 공유자의 지분의 과반수로써 결정한다."라고 규정하고 있으므로, 위와 같은 특약 후에 공유자에 변경이 있고 특약을 변경할 만한 사정이 있는 경우에는 공유자의 지분의 과반수의 결정으로 기존 특약을 변경할 수 있다.

□ 대법원 2010. 01. 14. 선고 2009다67429 판결

부동산의 공유자의 1인은 당해 부동산에 관하여 제3자 명의로 원인무효의 소유권이전등기가 경료되어 있는 경우 공유물에 관한 보존행위로서 제3자에 대하여 그 등기 전부의 말소를 구할 수 있으나, 공유자가 다른 공유자의 지분권을 대외적으로 주장하는 것을 공유물의 멸실·훼손을 방지하고 공유물의 현상을 유지하는 사실적·법률적 행위인 공유물의 보존행위에 속한다고 할 수 없으므로, 자신의 소유지분을 침해하는 지분 범위를 초과하는 부분에 대하여 공유물에 관한 보존행위로서 무효라고 주장하면서 그 부분 등기의 말소를 구할 수는 없다.

□ 대법원 1991. 4. 12. 선고 90다20220 판결

공유토지의 과반수지분권자는 다른 공유자와 협의없이 단독으로 관리행위를 할 수가 있으며 그로 인한 관리비용은 공유자의 지분비율에 따라 부담할 의무가 있으나, 위와 같은 관리비용의 부담의무는 공유자의 내부관계에 있어서 부담을 정하는 것일 뿐, 제3자와의 관계는 당해 법률관계에 따라 결정된다고 할 것이고, 따라서 과반수지분권자가 관리행위가 되는 정지공사를 시행함에 있어 시공회사에 대하여 공사비용은 자신이 정산하기로 약정하였다면 그 공사비를 직접 부담해야 할 사람은 과반수지분권자만이라 할 것이고, 다만 그가 그 공사비를 지출하였다면 다른 공유자에게 그의 지분비율에 따른 공사비만을 상환청구할 수 있을 뿐이다.

□ 대법원 1992. 10. 09. 선고 92다25656 판결

민법 제266조 제2항의 규정에 의하여 공유자가 다른 공유자의 의무이행지체를 이유로 그 지분의 매수청구권을 행사함에 있어서는 매수대상이 되는 지분 전부의 매매대금을 제공한 다음 매수청구권을 행사하여야 한다.

□ 대법원 1994. 3. 22. 선고 93다9392,93다9408 전원합의체 판결

[다수의견]

지분을 소유하고 있는 공유자나 그 지분에 관한 소유권이전등기청구권을 가지고 있는 자라고 할지라도 다른 공유자와의 협의 없이는 공유물을 배타적으로 점유하여 사용 수익할 수 없는 것이므로, 다른 공유권자는 자신이 소유하고 있는 지분이 과반수에 미달되더라도 공유물을 점유하고 있는 자에 대하여 공유물의 보존행위로서 공유물의 인도나 명도를 청구할 수 있다.

[반대의견 1]

소수지분권자가 다른 공유자와의 협의 없이 공유물의 전부 또는 일부를 배타적으로 점유하여 사용 수익하고 있더라도, 아무런 권한도 없이 불법으로 점유하는 경우와는 달라, 적어도 그 자신이 소유하고 있는 지분의 범위 내에서는, 공유물 전부를 사용 수익할 권한이 있어서 그 권한에 기하여 공유물을 점유하고 있는 것으로 인정되기 때문에 적법한 것이고, 다만 그 지분의 비율을 초과하는 한도 내에서만 위법하게 점유(사용·수익)하고 있는 것으로 보아야 할 것이므로 일부 소수지분권자가 공유물을 독점적 배타적으로 점유하고 있는 위법한 상태를 시정한다는 명목으로 다른 소수지분권자로 하여금 공유물을 점유하고 있는 소수지분권자에 대하여 공유물 전부를 자기에게 명도할 것을 청구할 수 있도록 허용하는 것은, 결국 그 소수지분권자가 가지고 있는 "지분의 비율에 따른 사용·수익권"까지 근거 없이 박탈하고 역시 자신이 소유하고 있는 지분의 범위 내에서만 공유물을 점유할 권한밖에 없는 다른 소수지분권자로 하여금 공유물을 전부 점유하게 하는 부당한 결과를 가져오게 되는 것이므로, 공유물인 건물 등을 점유하고 있는 소수지분권자에 대하여 다른 소수지분권자가 그 건물 등의 명도를 청구하는 것이 공유물의 보존행위에 속한다고 볼 수 없다.

□ 대법원 1988. 02. 23. 선고 87다카961 판결

부동산의 공유자의 1인은 당해 부동산에 관하여 제3자 명의로 원인무효의 소유권이전등기가 경료되어 있는 경우 공유물에 관한 보존행위로서 제3자에

대하여 그 등기전부의 말소를 구할 수 있으므로 상속에 의하여 수인의 공유로 된 부동산에 관하여 그 공유자 중의 1인이 부정한 방법으로 공유물 전부에 관한 소유권이전등기를 그 단독명의로 경료함으로써 타의 공유자가 공유물에 대하여 갖는 권리를 방해한 경우에 있어서는 그 방해를 받고 있는 공유자 중의 1인은 공유물의 보존행위로서 위 단독명의로 등기를 경료하고 있는 공유자에 대하여 그 공유자의 공유지분을 제외한 나머지 공유지분 전부에 관하여 소유권이전등기말소등기절차의 이행을 구할 수 있다.

□ 대법원 2002. 4. 12. 선고 2002다4580 판결

재판에 의한 공유물분할은 각 공유자의 지분에 따른 합리적인 분할을 할 수 있는 한 현물분할을 하는 것이 원칙이나, 대금분할에 있어 '현물로 분할할 수 없다.'는 요건은 이를 물리적으로 엄격하게 해석할 것은 아니고, 공유물의 성질, 위치나 면적, 이용상황, 분할 후의 사용가치 등에 비추어 보아 현물분할을 하는 것이 곤란하거나 부적당한 경우를 포함한다 할 것이고, '현물로 분할을 하게 되면 현저히 그 가액이 감손될 염려가 있는 경우'라는 것도 공유자의 한 사람이라도 현물분할에 의하여 단독으로 소유하게 될 부분의 가액이 분할 전의 소유지분 가액보다 현저하게 감손될 염려가 있는 경우도 포함한다.

□ 대법원 2004. 7. 22. 선고 2004다10183, 10190 판결

[1] 공유물의 분할은 공유자 간에 협의가 이루어지는 경우에는 그 방법을 임의로 선택할 수 있으나 협의가 이루어지지 아니하여 재판에 의하여 공유물을 분할하는 경우에는 법원은 현물로 분할하는 것이 원칙이고, 현물로 분할할 수 없거나 현물로 분할을 하게 되면 현저히 그 가액이 감손될 염려가 있는 때에 비로소 물건의 경매를 명하여 대금분할을 할 수 있는 것이므로, 위와 같은 사정이 없는 한 법원은 각 공유자의 지분 비율에 따라 공유물을 현물 그대로 수 개의 물건으로 분할하고 분할된 물건에 대하여 각 공유자의 단독소유권을 인정하는 판결을 하여야 하는 것이며, 그 분할의 방법은 당사자가 구하는 방법에 구애받지 아니하고 법원의 재량에 따라 공유관계나 그 객체인 물건의 제반 상황에 따라

공유자의 지분 비율에 따른 합리적인 분할을 하면 된다.

[2] 토지를 분할하는 경우에는 원칙적으로는 각 공유자가 취득하는 토지의 면적이 그 공유지분의 비율과 같도록 하여야 할 것이나, 반드시 그런 방법으로만 분할하여야 하는 것은 아니고, 토지의 형상이나 위치, 그 이용상황이나 경제적 가치가 균등하지 아니할 때에는 이와 같은 제반 사정을 고려하여 경제적 가치가 지분 비율에 상응되도록 분할하는 것도 허용된다.

[3] 일정한 요건이 갖추어진 경우에는 공유자 상호간에 금전으로 경제적 가치의 과부족을 조정하게 하여 분할을 하는 것도 현물분할의 한 방법으로 허용된다.

□ 대법원 1989.08.08. 선고 88다카24868 판결

갑, 을의 공유인 부동산 중 갑의 지분위에 설정된 근저당권 등 담보물권은 특단의 합의가 없는 한 공유물분할이 된 뒤에도 종전의 지분비율대로 공유물 전부의 위에 그대로 존속하고 근저당권설정자인 갑 앞으로 분할된 부분에 당연히 집중되는 것은 아니므로, 갑과 담보권자 사이에 공유물분할로 갑의 단독소유로 된 토지부분 중 원래의 을지분부분을 근저당권의 목적물에 포함시키기로 합의하였다고 하여도 이런 합의가 을의 단독소유로된 토지부분 중 갑지분부분에 대한 피담보채권을 소멸시키기로 하는 합의까지 내포한 것이라고는 할 수 없다.

□ 대법원 2012. 03. 29. 선고 2011다74932 판결

[1] 부동산의 일부 공유지분에 관하여 저당권이 설정된 후 부동산이 분할된 경우, 그 저당권은 분할된 각 부동산 위에 종전의 지분비율대로 존속하고, 분할된 각 부동산은 저당권의 공동담보가 된다.

[2] 저당권이 설정된 1필의 토지가 전체 집합건물에 대한 대지권의 목적인 토지가 되었을 경우에는 종전의 저당목적물에 대한 담보적 효력은 그대로 유지된다고 보아야 하므로 저당권은 개개의 전유부분에 대한 각 대지권 위에 분화되어 존속하고, 각 대지권은 저당권의 공동담보가 된다고 봄이 타당하다. 따라서 집합건물이 성립하기 전 집합건물의 대지에 관하여 저당권이 설정되었다가 집합건물이 성립한 후 어느 하나의 전유부분 건물에 대하여 경매가 이루어져 경매 대가를

먼저 배당하는 경우에는 저당권자는 매각대금 중 대지권에 해당하는 경매 대가에 대하여 우선변제받을 권리가 있고 그 경우 공동저당 중 이른바 이시배당에 관하여 규정하고 있는 민법 제368조 제2항의 법리에 따라 저당권의 피담보채권액 전부를 변제받을 수 있다고 보아야 한다.

[3] 갑, 을 등 명의로 지분이 나뉘어 있는 분할 전 대지 중 갑 지분에 관하여 병 명의로 근저당권이 설정되어 있었고, 이후 을 지분을 양수한 정이 위 대지를 분할하여 분할된 일부 대지(이하 '이 사건 대지'라고 한다) 위에 집합건물을 신축하여 소유권보존등기를 하면서 이 사건 대지에 관하여 대지권등기를 마쳤는데, 그 후 집합건물 중 일부 전유부분과 그 대지권에 관하여 경매절차가 진행된 사안에서, 이 사건 대지에 관한 대지권 성립 전에 설정된 위 근저당권은 그 후 이 사건 대지가 집합건물의 대지권 목적이 되었더라도 종전 저당목적물에 대한 담보적 효력을 그대로 유지하므로 병은 위 전유부분에 대한 전체 매각대금 중 대지권에 대한 부분에 관하여 우선변제받을 권리가 있고, 근저당권의 공동담보 중 일부인 대지권의 경매 대가를 먼저 배당하게 되었으므로, 병은 근저당권의 피담보채권 전액을 기준으로 배당에 참가할 수 있다고 한 사례.

□ 대법원 2002. 06. 14. 선고 2000다30622 판결

수인이 부동산을 공동으로 매수한 경우, 매수인들 사이의 법률관계는 공유관계로서 단순한 공동매수인에 불과하여 매도인은 매수인 수인에게 그 지분에 대한 소유권이전등기 의무를 부담하는 경우도 있을 수 있고, 그 수인을 조합원으로 하는 동업체에서 매수한 것으로서 매도인이 소유권 전부의 이전의무를 그 동업체에 대하여 부담하는 경우도 있을 수 있다.

□ 대법원 2010. 4. 29. 선고 2007다18911 판결

민법 제272조에 따르면 합유물을 처분 또는 변경함에는 합유자 전원의 동의가 있어야 하나, 합유물 가운데서도 조합재산의 경우 그 처분·변경에 관한 행위는 조합의 특별사무에 해당하는 업무집행으로서, 이에 대하여는 특별한 사정이 없는 한 민법 제706조 제2항이 민법 제272조에 우선하여 적용되므로, 조합재산의 처분·

변경은 업무집행자가 없는 경우에는 조합원의 과반수로 결정하고, 업무집행자가 수인 있는 경우에는 그 업무집행자의 과반수로써 결정하며, 업무집행자가 1인만 있는 경우에는 그 업무집행자가 단독으로 결정한다.

□ 대법원 1996. 12. 10. 선고 96다23238 판결

부동산의 합유자 중 일부가 사망한 경우 합유자 사이에 특별한 약정이 없는 한 사망한 합유자의 상속인은 합유자로서의 지위를 승계하지 못하므로, 해당 부동산은 잔존 합유자가 2인 이상일 경우에는 잔존 합유자의 합유로 귀속되고 잔존 합유자가 1인인 경우에는 잔존 합유자의 단독소유로 귀속된다.

□ 대법원 2007. 4. 19. 선고 2004다60072,60089 전원합의체 판결

[다수의견]

민법 제275조, 제276조 제1항에서 말하는 총유물의 관리 및 처분이라 함은 총유물 그 자체에 관한 이용·개량행위나 법률적·사실적 처분행위를 의미하는 것이므로, 비법인사단이 타인 간의 금전채무를 보증하는 행위는 총유물 그 자체의 관리·처분이 따르지 아니하는 단순한 채무부담행위에 불과하여 이를 총유물의 관리·처분행위라고 볼 수는 없다. 따라서 비법인사단인 재건축조합의 조합장이 채무보증계약을 체결하면서 조합규약에서 정한 조합 임원회의 결의를 거치지 아니하였다거나 조합원총회 결의를 거치지 않았다고 하더라도 그것만으로 바로 그 보증계약이 무효라고 할 수는 없다. 다만, 이와 같은 경우에 조합 임원회의의 결의 등을 거치도록 한 조합규약은 조합장의 대표권을 제한하는 규정에 해당하는 것이므로, 거래 상대방이 그와 같은 대표권 제한 및 그 위반 사실을 알았거나 과실로 인하여 이를 알지 못한 때에는 그 거래행위가 무효로 된다고 봄이 상당하며, 이 경우 그 거래 상대방이 대표권 제한 및 그 위반 사실을 알았거나 알지 못한 데에 과실이 있다는 사정은 그 거래의 무효를 주장하는 측이 이를 주장·입장하여야 한다.

[대법관 김영란, 김황식, 박일환의 별개의견]

법인 아닌 사단의 보증채무 부담행위는 결국 장래의 총유물의 처분행위와 같은 것이고 따라서 여기에도 총유물의 관리·처분에 관한 법리가 적용되어야 한다는 취지의 반대의견의 견해 및 거기서 들고 있는 논거들에 대하여 기본적으로 찬성한다. 그런데 통상 아파트재건축사업을 시행함에 있어 새로운 아파트를 신축하기 위하여는 시공업자의 선정부터 공사도급계약의 체결, 설계와 공사 시공 및 완공에 이르기까지 재건축조합으로서는 많은 의사결정과 법률행위들을 하여야 하는데, 그러한 아파트 신축과 관련한 주요한 사항들에 관하여 조합원총회에서 결의를 함에 있어서는, 그 아파트 신축과 관련하여 통상적으로 예상 가능한 세부적이고 구체적인 일련의 행위(이 사건에서는 보증채무 부담행위 포함)들이 계속 진행되는 것을 당연한 전제로 하는 것으로서, 그 결의 속에는 그에 따른 세부적이고 구체적인 일련의 행위들에 대한 결의까지 함께 이루어진 것이라고 봄이 상당하다.

[대법관 이홍훈, 전수안의 반대의견]

(가) 비법인사단이 부담하는 채무가 총유물 그 자체 또는 재산권 그 자체에 해당하지 않는다고 해서 곧바로 비법인사단이 타인 간의 금전채무를 보증하는 행위가 민법 제276조 제1항에서 말하는 총유물의 관리·처분에 해당하지 않는다고 단정하기는 어렵다. 왜냐하면 비법인사단이 부담하는 보증채무가 자연채무가 아닌 한, 그러한 보증채무 부담행위는 그 채무 변제를 위한 책임재산과 별도로 생각할 수 없기 때문이다. 그 채무의 변제기가 도래하고 주채무자가 채무를 이행하지 않으면 비법인사단은 자신이 보유하고 있는 현금이나 총유물을 처분하여 그 채무를 만족시켜야 하므로 결국 보증채무 부담행위는 비법인사단의 총유물의 처분으로 연결될 수밖에 없다. 그렇다면 비법인사단의 보증채무 부담행위는 장래의 총유물의 처분행위와 같다고 보아야만 한다.

(나) 총유물 자체의 관리·처분이 따르는 채무부담행위와 그렇지 않은 채무부담행위가 명확하게 구별되는 것은 아니다. 비법인사단이 현재 보유하고 있는 금전 또는 장래에 보유하게 될 금전도 총유물에 속함은 당연하고,

이러한 금전 처분행위도 정관 기타 규약에 달리 정함이 없는 한 사원총회의 결의에 의하지 않으면 무효라고 하여야 한다. 그런데 비법인사단이 현재 또는 장래에 보유하는 금전을 유상 또는 무상으로 지급하기로 하는 행위와 금전채무 보증행위가 실질적으로 다르다고 보아, 전자는 사원총회의 결의를 요한다고 하고 후자는 그럴 필요가 없다고 하는 것이 타당한지 의문이 든다. 총유물의 관리·처분을 수반하지 않는 금전채무 부담행위는 생각하기 어려우므로 현재 또는 장래에 보유하는 금전을 유상 또는 무상으로 지급하기로 하는 행위와 금전채무 부담행위는 결국 실질적으로 같다고 보아야 한다.

(다) 비법인사단이 채무로부터 벗어나기 위한 소송을 함에 있어서도 사원총회의 결의를 요한다고 한다면 비법인사단이 채무를 부담하는 행위는 더욱더 사원총회의 결의를 요한다고 보아야 한다.

(라) 비법인사단의 거래행위를 둘러싸고 발생하는 거래의 안전 문제는 총유물의 관리·처분에 관한 우리 민법과 대법원판례의 입장을 총체적으로 재검토하여 해결하거나 비법인사단으로 하여금 법인격을 취득하도록 유도하여 해결할 일이지 채무부담행위가 총유물의 관리·처분에 해당하지 않는다고 하는 방법으로 해결할 것은 아니다.

(마) 그렇다면 비법인사단의 대표자가 그 사단의 이름으로 채무를 보증하는 계약을 체결하는 경우에도 총유물의 관리·처분에 관한 법리가 적용된다고 하여야 하고, 비법인사단인 재건축조합의 조합장이 보증계약을 체결함에 있어 조합규약에서 정한 조합 임원회의 결의를 거치지 아니하였다면 그 보증계약은 효력이 없다고 보아야 한다.

[반대의견에 대한 대법관 이홍훈의 보충의견]

타인 간의 금전채무를 보증하는 계약은 단순한 채무부담행위에 불과하여 총유물의 처분행위에 해당하지 아니하므로, 재건축조합의 대표자가 조합규약에 위반하여 보증계약을 체결하였다고 하더라도 바로 무효라고 할 수는 없다고 보는 다수의견의 해석은 총유에 관하여 조합원들이 선택한 규약 내용과 민법의 입법자가 선택한 공동소유의 형태와 내용에 모두 실질적인 수정을 가하는 것이어서 해석의 범위를 넘어서는 것이다. 총유물 처분행위의 개념을 다수의견과 같이 해석하게 되면, 총유에 있어서 비법인사단의 자율성을 보장하려는 민법 제275조 제2항의 입법 취지에 반할 뿐만 아니라, 비법인사단의 소유관계를 총유로 규정함으로써 비법인사단 자체의 존속과 그 구성원들의 이익보호를 도모하고자 한 입법자의 선택에도 어긋나며, 법률의 통일적인 해석과 적용도 곤란해지게 된다.

□ 대법원 2005. 9. 15. 선고 2004다44971 전원합의체 판결

민법 제276조 제1항은 "총유물의 관리 및 처분은 사원총회의 결의에 의한다.", 같은 조 제2항은 "각 사원은 정관 기타의 규약에 좇아 총유물을 사용·수익할 수 있다."라고 규정하고 있을 뿐 공유나 합유의 경우처럼 보존행위는 그 구성원 각자가 할 수 있다는 민법 제265조 단서 또는 제272조 단서와 같은 규정을 두고 있지 아니한바, 이는 법인 아닌 사단의 소유형태인 총유가 공유나 합유에 비하여 단체성이 강하고 구성원 개인들의 총유재산에 대한 지분권이 인정되지 아니하는 데에서 나온 당연한 귀결이라고 할 것이므로 총유재산에 관한 소송은 법인 아닌 사단이 그 명의로 사원총회의 결의를 거쳐 하거나 또는 그 구성원 전원이 당사자가 되어 필수적 공동소송의 형태로 할 수 있을 뿐 그 사단의 구성원은 설령 그가 사단의 대표자라거나 사원총회의 결의를 거쳤다 하더라도 그 소송의 당사자가 될 수 없고, 이러한 법리는 총유재산의 보존행위로서 소를 제기하는 경우에도 마찬가지라 할 것이다. 이와 달리 법인 아닌 사단의 대표자 개인 또는 구성원 일부가 총유재산의 보존을 위한 소를 제기할 수 있다고 판시한 대법원 1958. 2. 6. 선고 4289민상617 판결, 1960. 5. 5. 선고 4292민상191 판결, 1966. 3. 15. 선고 65다2465 판결, 1975. 5. 27. 선고 73다47 판결, 1977. 3. 8. 선고 76다1029 판결, 1980. 12. 9. 선고 80다2045, 2046 판결, 1992. 2. 28. 선고 91다41507 판결, 1994. 4. 26. 선고 93다51591 판결 등은 이 판결의 견해와 저촉되는 범위에서 이를 변경하기로 한다.

☐ 대법원 2006. 4. 20. 선고 2004다37775 전원합의체 판결

[1] [다수의견] 우리 민법이 사단법인에 있어서 구성원의 탈퇴나 해산은 인정하지만 사단법인의 구성원들이 2개의 법인으로 나뉘어 각각 독립한 법인으로 존속하면서 종전 사단법인에게 귀속되었던 재산을 소유하는 방식의 사단법인의 분열은 인정하지 아니한다. 그 법리는 법인 아닌 사단에 대하여도 동일하게 적용되며, 법인 아닌 사단의 구성원들의 집단적 탈퇴로써 사단이 2개로 분열되고 분열되기 전 사단의 재산이 분열된 각 사단들의 구성원들에게 각각 총유적으로 귀속되는 결과를 초래하는 형태의 법인 아닌 사단의 분열은 허용되지 않는다. 교회가 법인 아닌 사단으로서 존재하는 이상, 그 법률관계를 둘러싼 분쟁을 소송적인 방법으로 해결함에 있어서는 법인 아닌 사단에 관한 민법의 일반 이론에 따라 교회의 실체를 파악하고 교회의 재산 귀속에 대하여 판단하여야 하고, 이에 따라 법인 아닌 사단의 재산관계와 그 재산에 대한 구성원의 권리 및 구성원 탈퇴, 특히 집단적인 탈퇴의 효과 등에 관한 법리는 교회에 대하여도 동일하게 적용되어야 한다. 따라서 교인들은 교회 재산을 총유의 형태로 소유하면서 사용·수익할 것인데, 일부 교인들이 교회를 탈퇴하여 그 교회 교인으로서의 지위를 상실하게 되면 탈퇴가 개별적인 것이든 집단적인 것이든 이와 더불어 종전 교회의 총유 재산의 관리처분에 관한 의결에 참가할 수 있는 지위나 그 재산에 대한 사용·수익권을 상실하고, 종전 교회는 잔존 교인들을 구성원으로 하여 실체의 동일성을 유지하면서 존속하며 종전 교회의 재산은 그 교회에 소속된 잔존 교인들의 총유로 귀속됨이 원칙이다. 그리고 교단에 소속되어 있던 지교회의 교인들의 일부가 소속 교단을 탈퇴하기로 결의한 다음 종전 교회를 나가 별도의 교회를 설립하여 별도의 대표자를 선정하고 나아가 다른 교단에 가입한 경우, 그 교회는 종전 교회에서 집단적으로 이탈한 교인들에 의하여 새로이 법인 아닌 사단의 요건을 갖추어 설립된 신설 교회라 할 것이어서, 그 교회 소속 교인들은 더 이상 종전 교회의 재산에 대한 권리를 보유할 수 없게 된다.

[대법관 박시환의 별개의견]

우리 민법이 사단법인의 분열을 특별히 금지하지도 아니하였고 또 사단법인의

분열을 금지하여야 할 특별한 이유도 보이지 않으므로 사단법인의 분열은 우리 민법하에서도 허용되는 것이라고 보아야 한다. 그리고 구성원들의 자발적 의사에 기인하지는 않았으나 다른 어떠한 사정으로 인하여 사단법인이 사실상 분열된 상태가 초래되어 하나의 사단으로 회복될 가능성이 없어진 경우, 그 상태를 그대로 기정사실로 인정하여 사단법인이 분열된 것으로 보아 법률관계를 정리하는 것 또한 굳이 허용되지 않는 것이라고 할 것은 아니다. 교회의 분열을 인정하는 전제 하에서 교회 분쟁을 설명하는 법리를 구성하는 것이 타당할 것이고, 이와 같이 교회의 분열을 허용하는 경우, 종전 교회에 속한 권리의무가 분열된 각 교회에 공유적 형태로 분리하여 포괄승계되는 것으로 볼 수밖에 없을 것이고(채무는 분열된 각 교회가 부진정연대의 관계로 부담하는 것으로 보아야 할 것이다), 각 교회의 공유지분 비율은 분열 당시 분열된 각 교회의 등록된 세례교인의 수에 의하여 결정되는 것이 합리적이라고 할 것이다.

[대법관 강신욱의 반대의견]

종전 판례가 각종의 법인 아닌 사단 중 오직 교회에 대하여만 분열 개념을 허용하고 분열 전 교인들의 총유권을 인정해 온 것은, 교회가 본질적으로 같은 기독교 신앙을 기초로 하는 교인들의 모임인 신앙단체로서 교인들이 신앙노선의 차이에서 별도로 예배주관자를 두고 그의 인도하에 종교활동을 하거나 소속 교단을 달리하는 집단으로 나누어진 경우에는 더 이상 신앙단체로서의 본질적 기초를 같이 할 수 없으므로 분열되었다고 평가할 수밖에 없다는 점을 직시하고 나아가 교회 재산은 대체로 소속 교인들의 헌금을 기초로 형성되므로 설령 일부 교인들이 종전 교회를 탈퇴한다고 할지라도 탈퇴한 교인들이 종전 교회 재산 형성에 기여한 이상 그 재산에 대한 총유권자로서의 지위, 즉 사용·수익권을 보장해 주어야 한다는 점에서 비롯된 것이므로, 종전 판례가 민법상 사단법인에 관한 규정 또는 법인 아닌 사단에 관한 법리와 모순된다고 볼 수 없으며 오히려 교회 운영의 실제를 반영하고 있는 이상 종전의 확고한 판례를 변경하여야 할 아무런 필요성이 없다. 나아가 다수의견에 따를 경우 소수자의 종교의 자유를 침해하는 문제점이 발생한다. 따라서 일단 종전 판례를 유지하고 분열 후 종전 교회의 재산에 관한 권리관계 내지 법률관계를 합리적으로 규율할 수 있는 법리를 찾아내고 발전시켜 나가는 것이 바람직하다.

[다수의견에 대한 대법관 김영란의 보충의견]

(가) 종전 판례에 의한 결론이 사실상 교회 내부의 분쟁에 대하여 간섭하지 아니하고 당사자 사이에서 자율적인 해결을 촉구한다는 것이 지나쳐서 실제의 분쟁을 해결함에 있어 분쟁을 해결하는 기능을 방기하여 버렸고, 교회에 한하여 단체법의 기본원리와 다른 여러 이론을 적용할 당위에 대해서도 설득력을 잃게 된 이상 법인 아닌 사단의 일반 이론에 따라 교회의 재산 귀속에 대하여 판단하고 이로써 법률적으로 분쟁을 해결하도록 하여야 한다.

(나) 별개의견 중 공유설(대법관 박시환의 별개의견)은 이론적 근거가 박약할 뿐더러 현실적으로도 분쟁해결기능을 발휘하지 못한다. 사단이 분열된 사회적 현실을 받아들이더라도 분열된 각 사단에게 부여되는 법률효과로서 재산관계에 대하여는 종전 사단의 정관 등으로 정하지 않은 이상 민법 제275조 내지 제277조가 적용되어 종전 사단의 재산에 대한 권리는 그 구성원으로서의 지위에 수반하여 득실을 결정하지 않을 수 없으며, 이는 우리 민법이 법인 아닌 사단의 재산형태로서 총유를 규정한 이상 부득이한 결과이다.

(다) 반대의견이 종전 판례가 유지되어야 할 이유로서 소수자의 종교의 자유를 드는 점에 대하여도 찬성하기 어렵다. 소수파로 되는 교인들이라 하더라도 자신들이 신봉하는 교리를 좇아 스스로 교회를 선택하거나 선택하였던 교회에서 탈퇴하여 원하는 교회를 찾아감으로써 종교의 자유를 향유할 수 있는 이상 이를 넘어서서 개개 교인들의 종교의 자유를 내세워 이를 기준으로 교회 재산의 귀속을 결정하여야 한다는 것은 구성원의 개성이 매몰되는 단체법원리를 부인하는 것이다.

[2] [다수의견] 특정 교단에 가입한 지교회가 교단이 정한 헌법을 지교회 자신의 자치규범으로 받아들였다고 인정되는 경우에는 소속 교단의 변경은 실질적

으로 지교회 자신의 규약에 해당하는 자치규범을 변경하는 결과를 초래하고, 만약 지교회 자신의 규약을 갖춘 경우에는 교단변경으로 인하여 지교회의 명칭이나 목적 등 지교회의 규약에 포함된 사항의 변경까지 수반하기 때문에, 소속 교단에서의 탈퇴 내지 소속 교단의 변경은 사단법인 정관변경에 준하여 의결권을 가진 교인 2/3 이상의 찬성에 의한 결의를 필요로 하고, 그 결의요건을 갖추어 소속 교단을 탈퇴하거나 다른 교단으로 변경한 경우에 종전 교회의 실체는 이와 같이 교단을 탈퇴한 교회로서 존속하고 종전 교회 재산은 위 탈퇴한 교회 소속 교인들의 총유로 귀속된다.

[대법관 손지열, 박재윤, 김용담, 김지형의 별개의견]

교회가 그 소속 교단을 변경하는 것은, 신앙공동체라는 관점에서 볼 때 단순히 교회가 사단으로서의 활동목적이나 명칭을 변경하는 수준에 그치는 것이 아니라, 교회 존립의 핵심요소인 교리의 내용이나 신앙의 표현인 예배의 양식에 변경을 초래함은 물론 선교와 교회행정에 관한 공동노선과 활동체제에 근본적 변화를 일으키는 것으로서, 이는 신앙공동체인 교회의 정체성과 동일성에 중대한 영향을 미치는 것으로 평가하여야 하고, 법적인 관점에서 보더라도 교회가 소속 교단을 변경한다는 것은 교회가 종전 교단에 소속해 있으면서 단지 사단법인의 정관에 준하는 성질을 가지는 자치규범이나 그 활동목적을 변경하는 정도에 그치는 것이 아니라, 종전 교단에 소속하였던 교회의 교인들이 그 교회를 해체하고 새로운 교단에 소속된 교회를 새롭게 조직하는 데 이르는 것으로 평가하여야 할 것이므로, 교단변경의 성격을 이와 같이 평가한다면, 교회의 소속 교단의 변경에 관하여는 사단법인의 정관변경에 관한 민법 제42조 제1항을 유추적용할 것이 아니라 사단법인의 해산결의에 관한 민법 제78조를 유추적용함이 옳고, 따라서 교회는 교회의 규약 등에 정하여진 적법한 소집절차를 거친 총회에서 의결권을 가진 교인 3/4 이상의 동의를 얻은 경우에 한하여 적법하게 소속 교단을 탈퇴하거나 변경할 수 있다고 보는 것이 옳다.

[다수의견에 대한 대법관 김영란의 보충의견]

교단변경은 종전의 교회가 동일성을 유지하면서 존속하되 소속 교단만을 달리 한다는 점을 당연한 전제로 하며, 따라서 교단변경에 있어서 법인 소멸을 위한 절차규정은 유추적용될 여지가 없다는 논리적 귀결로서 교단변경결의의 요건으로 사단법인 해산결의요건에 관한 민법 규정만을 유추적용할 수는 없다.

※ 교회의 분열과 재산귀속에 관한
대법원 2006. 4. 20. 선고 2004다37775 전원합의체 판결 검토

Ⅰ. 종전 판례의 입장과 사건의 개요

▣ 종전의 판례 - "교회의 분열은 허용, 재산은 분열당시 교인들의 총유"

○ 민법은 사단법인의 구성원 탈퇴나 해산은 인정하지만, 사단법인의 구성원들이 2개의 법인으로 나뉘어 각각 독립한 법인으로 존속한다고 하는 식의 분열은 인정하지 않았고, 법인 아닌 사단의 경우도 마찬가지의 법리가 적용됨

○ 그런데, 지난 50여년 동안 대법원 판례는, 법인 아닌 사단인 개신교 교회에 대하여서만은 일반적인 법리와는 달리, 교회의 분열을 허용하고 분열시의 재산관계는 분열당시 교인들의 총유라고 판시하였음

○ 이러한 종전 판례의 입장은 당시 사회·경제적 배경 하에서 나름대로 분쟁해결기능을 발휘하였음

- 해방 후 기독교 교단의 분열에 따라 교단 소속 지교회의 분열이 빈번
- 교인들은 소속 교회의 분열이라는 현상을 전혀 예측하지 못한

채 헌금 등을 통해 교회 재산 형성에 기여

- 교단의 분열로 신앙노선이 달라져서 도저히 하나의 신앙공동체를 유지할 수 없게 된 경우라도, 교회의 분열을 인정하되, 이들 모두 종전 교회의 터전 하에서 신앙생활을 할 수 있도록 배려해야 할 절실한 필요 존재

▣ 사건의 개요

○ 사건명 : 2004다37775 소유권말소등기

○ 당사자 : 원고 기독교성결교회 신서교회, 피고 신서교회

○ 원고 교회의 목사인 A는 소속 교단과 갈등을 빚자 지지 교인들을 모아 소속 교단을 탈퇴하여 피고 교회를 세우고 원고 명의로 되어있던 교회 건물을 피고 교회 명의로 등기하였음

○ 이에 원고는, 피고에 대하여 위 등기의 말소를 구하는 소송을 제기하였고, 1심(서울남부지방법원 2003. 6. 26. 선고 2002가합5195)은 종전 판례의 입장에 따라 원고의 청구를 기각하였고, 원심(20004. 6. 22. 선고 2003나48701)도 같은 이유로 원고의 항소를 기각하였음. 원심은 원고의 소제기에 총유권자인 분열 당시 교인들의 총회결의가 존재하지 않는다는 이유로 그 청구를 배척함

Ⅱ. 종전 판례의 문제점

▣ 법리상의 문제

○ 종전 판례에는 법인 아닌 사단의 일반 원리 기타 민법의 원칙에 부합하지 않을 뿐만 아니라, 법인 아닌 사단 중 개신교 교회에 대해서만 특별한 취급을 할 합리적인 근거가 없다는 법리상의

문제가 존재

○ 또한, 교회의 분열로 인한 분쟁에서 어느 쪽이 원고가 되어 소송을 제기하더라도, 종전 교회의 결의 요건이나 대표권을 갖출 수 없게 되어 결국 패소할 수밖에 없었던 결과, 법률적인 분쟁 해결이 불가능

▣ 사회·경제적 변화

○ 나아가 수많은 교단의 분립과 지교회의 비대화, 교회 재산가치의 상승 및 다수인의 첨예한 이해대립 등 사회·경제적 변화로 인하여, 종전 판례의 분쟁해결기능도 현저히 약화

○ 오히려 교단 상호간 및 교인 상호간의 분쟁을 더욱 조장하는 결과를 초래할 우려마저 발생하게 됨

⇒ 이에 대법원은, 법인 아닌 사단에 관한 민법의 일반 이론에 부합하면서도 실질적인 분쟁해결 기능을 발휘할 수 있도록 종전 판례를 변경하고 새로운 법리를 판시하게 된 것임

Ⅲ. 판결결과 및 판시사항

▣ 판결 결과

○ 원심판결의 파기환송에 대하여는, 종전의 판례가 유지되어야 한다는 강신욱 대법관을 제외한 대법관 12인의 의견이 일치되었음

○ 다만, 파기환송 이유에 관하여, 6인의 다수의견(대법원장 이용훈, 대법관 이규홍, 이강국, 고현철, 양승태, 김황식) 외에, 4인의 별개의견 ①(대법관 손지열, 박재윤, 김용담, 김지형)과 1인의 별개의견 ②(대법관 박시환)가 있었고, 1인(대법관 김영란)은 다수의견

에 대한 보충의견을 밝혔음

▣ 판시 사항

○ 다수 의견은,

▶ 일부 교인들이 교회를 탈퇴하는 경우, 탈퇴가 개별적인 것이든 집단적인 것이든, 종전 교회 재산의 관리처분에 관한 의결에 참가할 수 있는 지위나 그 재산에 대한 사용·수익권을 상실함

▶ 종전 교회는 잔존 교인들을 구성원으로 하여 동일성을 유지하면서 존속하며, 종전 교회의 재산은 잔존 교인들의 총유로 귀속됨이 원칙

▶ 교단 소속 지교회의 교인들 일부가 소속 교단을 탈퇴하기로 결의한 다음 종전 교회를 나가 별도의 교회를 설립하여 별도의 대표자를 선정하고 나아가 다른 교단에 가입한 경우, 그 교회는 새로이 법인 아닌 사단의 요건을 갖추어 설립된 신설 교회로서, 그 교회 소속 교인들은 종전 교회의 재산에 대한 권리를 보유할 수 없음

▶ 다만, 사단법인 정관변경에 준하여 의결권을 가진 교인 2/3 이상의 찬성에 의한 결의를 거쳐 소속 교단에서의 탈퇴 내지 소속 교단을 변경하는 경우, 종전 교회의 실체는 이와 같이 교단을 탈퇴한 교회로서 존속하고 종전 교회 재산은 위 탈퇴한 교회 소속 교인들의 총유로 귀속됨

○ 별개 의견 ①은 교회의 분열은 허용되지 않고, 다만 교단변경은 3/4 이상의 결의를 요한다는 것이고, 별개 의견 ②는 교회의 분열이 허용되고 종전 교회의 재산은 분열 후 교회들의 공유로 귀속된다는 것이었음

○ 이번 판결로 인해,

(1) 교회의 분열을 인정하고 종전 교회의 재산은 분열 당시 교인들의 총유(또는 합유)에 속한다고 판시한 대법원 1993. 1. 19. 선고 91다1226 전원합의체 판결과 같은 취지의 판결들과,

(2) 교회의 소속 교단 변경은 교인 전원의 의사에 의하여만 가능하다는 취지의 대법원 1978. 10. 10. 선고 78다716 판결과 같은 취지의 판결들은 이번 판결의 견해에 배치되는 범위 내에서 변경됨

Ⅳ. 본 판결의 의미와 영향

▣ 사단에 대한 통일적 규율 가능

○ 이번 대법원 판결은, 교회의 신앙단체로서의 성격과 사단으로서의 성격을 모두 인정하면서도, 신앙단체인 교회에 대해서는 종교의 고유한 영역에 맡기더라도, 재산분쟁과 관련된 사단으로서의 교회에 대하여는 다른 법인 아닌 사단에 관한 민법의 일반원리를 적용함으로써 사법질서의 통일성을 기한 것임

▣ 교회 분쟁에 대한 예방적 기능 발휘

○ 이번 판결로 인해, 앞으로 교회 내부에서 교단 탈퇴 및 변경을 둘러싸고 분쟁이 발생하는 경우, 교단 탈퇴를 의도하는 교인들로서는 최소한 결의권자의 2/3에 이르는 교인들로부터 지지를 얻고 적법한 소집절차에 따른 결의를 거칠 것이 요구되고, 반대로 교단 탈퇴에 반대하는 교인들로서도 만약 위의 요건을 갖추어 결의가 이루어진 경우에는 여기에 승복할 것이 요구됨

○ 이에 따라 민주주의 원칙에 따른 교회 운영이 가능해짐으로써 교회 분쟁에 대한 예방적 기능을 수행할 수 있게 되었음.

▣ 종교의 자유와 조화

○ 한편, 교인들은 자신이 신봉하는 교리에 좇아 자유로이 교회를 선택하거나 또는 선택하였던 교회를 탈퇴함으로써 종교적 자유를 향유할 수 있고, 뿐만 아니라, 만약 적법하게 교단변경 결의가 이루어진 경우에 이에 반대하는 교인들로서도 자신이 원하는 교단 소속 교회를 찾아감으로써 자신의 종교적 신념을 유지할 수 있음.

○ 결국 이번 판결은 판례 변경을 통해 사단에 대한 통일적 규율과 함께, 개별 교인들의 종교의 자유 보호를 조화시킬 수 있는 토대를 마련하였다는 데 큰 의미가 있다고 할 것임

토지소유권의 범위

□ 대법원 2016. 11. 10. 선고 2013다71098 판결

[1] 토지의 소유권은 정당한 이익이 있는 범위 내에서 토지의 상하에 미치고(민법 제212조), 토지의 상공으로 어느 정도까지 정당한 이익이 있는지는 구체적 사안에서 거래관념에 따라 판단하여야 한다. 항공기가 토지의 상공을 통과하여 비행하는 등으로 토지의 사용·수익에 대한 방해가 있음을 이유로 비행 금지 등 방해의 제거 및 예방을 청구하거나 손해배상을 청구하려면, 토지소유권이 미치는 범위 내의 상공에서 방해가 있어야 할 뿐 아니라 방해가 사회통념상 일반적으로 참을 한도를 넘는 것이어야 한다. 이때 방해가 참을 한도를 넘는지는 피해의 성질 및 정도, 피해이익의 내용, 항공기 운항의 공공성과 사회적 가치, 항공기의 비행고도와 비행시간 및 비행빈도 등 비행의 태양, 그 토지 상공을 피해서 비행하거나 피해를 줄일 수 있는 방지조치의 가능성, 공법적 규제기준의 위반 여부, 토지가 위치한 지역의 용도 및 이용 상황 등 관련 사정을 종합적으로 고려하여 판단하여야

한다.

한편 항공기의 비행으로 토지 소유자의 정당한 이익이 침해된다는 이유로 토지 상공을 통과하는 비행의 금지 등을 구하는 방지청구와 금전배상을 구하는 손해배상청구는 내용과 요건이 다르므로, 참을 한도를 판단하는 데 고려할 요소와 중요도에도 차이가 있을 수 있다. 그중 특히 방지청구는 그것이 허용될 경우 소송당사자뿐 아니라 제3자의 이해관계에도 중대한 영향을 미칠 수 있으므로, 방해의 위법 여부를 판단할 때는 청구가 허용될 경우 토지 소유자가 받을 이익과 상대방 및 제3자가 받게 될 불이익 등을 비교·형량해 보아야 한다.

[2] 항공기가 토지의 상공을 통과하여 비행하는 등으로 토지의 사용·수익에 방해가 되어 손해배상책임이 인정되면, 소유자는 항공기의 비행 등으로 토지를 더 이상 본래의 용법대로 사용할 수 없게 됨으로 인하여 발생하게 된 재산적 손해와 공중 부분의 사용료 상당 손해의 배상을 청구할 수 있다.

토지이용관계의 조절

□ 대법원 2006. 10. 26. 선고 2005다30993 판결

주위토지통행권자가 민법 제219조 제1항 본문에 따라 통로를 개설하는 경우 통행지 소유자는 원칙적으로 통행권자의 통행을 수인할 소극적 의무를 부담할 뿐 통로개설 등 적극적인 작위의무를 부담하는 것은 아니고, 다만 통행지 소유자가 주위토지통행권에 기한 통행에 방해가 되는 담장 등 축조물을 설치한 경우에는 주위토지통행권의 본래적 기능발휘를 위하여 통행지 소유자가 그 철거의무를 부담한다. 그리고 주위토지통행권자는 주위토지통행권이 인정되는 때에도 그 통로개설이나 유지비용을 부담하여야 하고, 민법 제219조 제1항 후문 및 제2항에 따라 그 통로개설로 인한 손해가 가장 적은 장소와 방법을 선택하여야 하며, 통행지 소유자의 손해를 보상하여야 한다.

☐ 대법원 1996. 11. 29. 선고 96다33433,33440 판결

[1] 무상 주위토지통행권에 관한민법 제220조의 적용 범위 : 분할 또는 토지의 일부 양도로 인하여 공로에 통하지 못하는 토지가 생긴 경우에 분할 또는 일부 양도 전의 종전 토지 소유자가 그 포위된 토지를 위하여 인정한 통행사용권은 직접 분할자, 일부 양도의 당사자 사이에만 적용되므로, 포위된 토지 또는 피통행지의 특정승계인의 경우에는 주위토지통행권에 관한 일반원칙으로 돌아가 그 통행권의 범위를 따로 정하여야 한다.

[2] 주위토지통행권 범위의 결정 기준 및 이를 정함에 있어 장래의 이용상황까지 고려해야 하는지 여부(소극) : 주위토지통행권의 범위는 통행권을 가진 자에게 필요할 뿐 아니라 이로 인한 주위토지 소유자의 손해가 가장 적은 장소와 방법의 범위 내에서 인정되어야 하며, 그 범위는 결국 사회통념에 비추어 쌍방 토지의 지형적, 위치적 형상 및 이용관계, 부근의 지리상황, 상린지 이용자의 이해득실 기타 제반 사정을 참작한 뒤 구체적 사례에 응하여 판단하여야 하는 것인바, 통상적으로는 사람이 주택에 출입하여 다소의 물건을 공로로 운반하는 등의 일상생활을 영위하는 데 필요한 범위의 노폭까지 인정되고, 또 현재의 토지의 용법에 따른 이용의 범위에서 인정되는 것이지 더 나아가 장차의 이용상황까지 미리 대비하여 통행로를 정할 것은 아니다.

☐ 대법원 2016. 11. 25. 선고 2014다57846 판결

[1] 민법 제217조는 제1항에서 "토지소유자는 매연, 열기체, 액체, 음향, 진동 기타 이에 유사한 것으로 이웃 토지의 사용을 방해하거나 이웃 거주자의 생활에 고통을 주지 아니하도록 적당한 조처를 할 의무가 있다."라고 정하고, 제2항에서 "이웃 거주자는 전항의 사태가 이웃 토지의 통상의 용도에 적당한 것인 때에는 이를 인용할 의무가 있다."라고 정하고 있다. 소음은 이 규정에서 정하는 생활방해에 해당하므로, 제2항에 따라 이웃 거주자는 소음이 이웃 토지의 통상의 용도에 적당한 것인 때에는 이를 인용할 의무가 있다.

[2] 도로에서 발생하는 소음으로 말미암아 생활에 고통을 받는 경우에 이웃 거주자에게 인용의무가 있는지는 일반적으로 사회통념에 비추어 도로소음이 참아

내야 할 정도(이하 '참을 한도'라고 한다)를 넘는지에 따라 결정하여야 한다. 이는 구체적으로 소음으로 인한 피해의 성질과 정도, 피해이익의 공공성, 가해행위의 종류와 태양, 가해행위의 공공성, 가해자의 방지조치 또는 손해 회피의 가능성, 공법상 규제기준의 위반 여부, 지역성, 토지이용의 선후관계 등 모든 사정을 종합적으로 고려하여 판단하여야 한다. 그리고 도로가 현대생활에서 필수불가결한 시설로서 지역 간 교통, 균형개발과 국가의 산업경제활동에 큰 편익을 제공하는 것이고, 도시개발사업도 주변의 정비된 도로망 건설을 필수적인 요소로 하여 이루어지고 있는 점, 자동차 교통이 교통의 많은 부분을 차지하고 있고, 도시화·산업화에 따라 주거의 과밀화가 진행되고 있는 현실에서 일정한 정도의 도로소음의 발생과 증가는 사회발전에 따라 피할 수 없는 변화에 속하는 점 등도 충분히 고려되어야 한다.

[3] 도로소음을 규제하는 행정법규는 인근 주민을 소음으로부터 보호하는 데 주요한 목적이 있기 때문에 도로소음이 이 기준을 넘는지는 일반적으로 사회통념에 비추어 참아내야 할 정도(이하 '참을 한도'라고 한다)를 정하는 데 중요하게 고려해야 한다. 그러나 도로변 지역의 소음에 관한 환경정책기본법의 소음환경기준을 넘는 도로소음이 있다고 하여 바로 참을 한도를 넘는 위법한 침해행위가 있어 민사책임이 성립한다고 단정할 수 없다. 도로소음으로 인한 생활방해를 원인으로 제기된 사건에서 공동주택에 거주하는 사람들이 참을 한도를 넘는 생활방해를 받고 있는지는 특별한 사정이 없는 한 소음피해지점에서 소음원 방향으로 창문·출입문 또는 건물벽 밖의 0.5~1m 떨어진 지점에서 측정된 실외소음도가 아니라, 일상생활이 주로 이루어지는 장소인 거실에서 도로 등 해당 소음원에 면한 방향의 모든 창호를 개방한 상태로 측정한 소음도가 환경정책기본법상 소음환경기준 등을 넘는지 여부에 따라 판단하는 것이 타당하다.

□ 대법원 2016. 12. 15. 선고 2015다247325 판결

[1] 민법 제218조 제1항 본문은 "토지 소유자는 타인의 토지를 통과하지 아니하면 필요한 수도, 소수(소수)관, 까스관, 전선 등을 시설할 수 없거나 과다한 비용을 요하는 경우에는 타인의 토지를 통과하여 이를 시설할 수 있다."라고 규정하고

있는데, 이와 같은 수도 등 시설권은 법정의 요건을 갖추면 당연히 인정되는 것이고, 시설권에 근거하여 수도 등 시설공사를 시행하기 위해 따로 수도 등이 통과하는 토지 소유자의 동의나 승낙을 받아야 하는 것이 아니다. 따라서 토지 소유자의 동의나 승낙은 민법 제218조에 기초한 수도 등 시설권의 성립이나 효력 등에 어떠한 영향을 미치는 법률행위나 준법률행위라고 볼 수 없다.

[2] '성남시 수도급수 조례'에서 급수공사 신청 시 필요하다고 판단될 경우 이해관계인의 동의서를 제출하게 할 수 있다고 한 것은, 급수공사 신청인이 아닌 타인 소유 토지에 급수공사를 시행할 경우에 발생할 수 있는 분쟁을 사전에 예방하고 성남시가 신청인의 사용권한에 근거하여 타인 소유 토지에 급수공사를 원활하게 시행하고자 하는 목적에서 신청인에게 토지에 대한 사용권한이 있는지를 확인하기 위하여 증명자료의 하나로서 토지 소유자의 급수공사에 대한 동의 내지 승낙의 뜻이 표시된 서류의 제출을 요구할 수 있다는 취지이고, 급수공사 신청인이 다른 자료에 의하여 토지의 사용권한이 있음을 증명하였음에도 급수공사를 승인하기 위해서는 예외 없이 토지사용승낙서의 제출이 필요한 것이라고 볼 수는 없다.

[3] 갑이 자신 소유의 토지에 신축한 건물의 급수공사를 위하여 관할 지방자치단체에 급수공사 시행을 신청하였는데, 지방자치단체가 수도급수 조례 등에 근거하여 급수공사 시 경유하여야 하는 을 소유 토지의 사용승낙서 제출을 요구하며 신청을 반려하자, 갑이 민법 제218조의 수도 등 시설권을 근거로 을을 상대로 '을 소유 토지 중 수도 등 시설공사에 필요한 토지 사용을 승낙한다'는 진술을 구하는 소를 제기한 사안에서, 위 소는 시설공사를 하는 데 필요한 증명자료를 소로써 구하는 것에 불과하고 민법 제389조 제2항에서 정한 '채무가 법률행위를 목적으로 한 때에 채무자의 의사표시에 갈음할 재판을 청구하는 경우'에 해당한다고 볼 수 없으므로 권리보호의 이익을 인정할 수 없어 부적법하고, 이 경우 갑은 자신에게 을 소유 토지 중 수도 등 시설공사에 필요한 부분에 관하여 민법 제218조의 수도 등 시설권이 있다는 확인을 구하는 소 등을 제기하여 승소판결을 받은 다음 이를 갑의 사용권한을 증명하는 자료로 제출하여 지방자치단체에 급수공사의 시행을 신청하면 된다고 한 사례.

□ 대법원 2010. 6. 24. 선고 2008다23729 판결

[1] 가해건물의 신축으로 인하여 일조피해를 받게 되는 건물이 이미 다른 기존 건물에 의하여 일조방해를 받고 있는 경우나 피해건물의 구조 자체가 충분한 일조를 확보하기 어렵게 되어 있는 경우에는, 가해건물 신축 결과 피해건물이 동짓날 08시부터 16시 사이에 합계 4시간 이상 그리고 동짓날 09시부터 15시 사이에 연속하여 2시간 이상의 일조를 확보하지 못하게 되더라도 언제나 수인한도를 초과하는 일조피해가 있다고 단정할 수는 없고, 가해건물이 신축되기 전부터 있었던 일조방해의 정도, 신축건물에 의하여 발생하는 일조방해의 정도, 가해건물 신축 후 위 두 개의 원인이 결합하여 피해건물에 끼치는 전체 일조방해의 정도, 종전의 원인에 의한 일조방해와 신축건물에 의한 일조방해가 겹치는 정도, 신축건물에 의하여 발생하는 일조방해시간이 전체 일조방해시간 중 차지하는 비율, 종전의 원인만으로 발생하는 일조방해시간과 신축건물만에 의하여 발생하는 일조방해시간 중 어느 것이 더 긴 것인지 등을 종합적으로 고려하여 신축건물에 의한 일조방해가 수인한도를 넘었는지 여부를 판단하여야 한다.

[2] 기존 건물의 건립으로 인하여 피해건물에 발생한 일조방해의 정도가 수인한도를 넘지 않고 있었는데 그로부터 상당한 기간이 경과한 후 타인 소유의 인접건물이 신축되고 그 기존 건물과 인접건물로 인하여 생긴 일영이 결합하여 피해건물에 수인한도를 넘는 일조방해가 발생한 때에는, 피해건물의 소유자 등은 인접건물의 신축 전에 기존 건물로 인하여 발생한 일조방해의 정도가 수인한도를 넘지 아니하여 기존 건물로 인한 일조방해를 수인할 의무가 있었으므로, 특별한 사정이 없는 한 기존 건물 소유자와 무관하게 신축된 인접건물로 인하여 수인한도를 넘게 된 일조방해의 결과에 대하여는 인접건물의 소유자를 상대로 불법행위책임을 물을 수 있는지는 별론으로 하고 기존 건물의 소유자를 상대로 불법행위책임을 물을 수 없다. 그리고 이와 같은 상황에서 기존 건물의 소유자가 낙후된 기존 건물을 철거하고 그 지상에 가해건물을 신축함으로써 이미 기존 건물과 인접건물로 인하여 생긴 일조방해의 정도가 더욱 심화되는 결과가 발생하였다 하더라도, 위와 같이 당초 기존 건물로 인하여 생긴 일조방해에 대하여는 피해건물의 소유자 등이 수인할 의무가 있었던 이상, 신축 가해건물로 생긴 일조방해 중 기존 건물로

인하여 당초 발생하였던 일조방해의 범위 내에서는 불법행위책임을 물을 수 없다.

[3] 피해건물이 이미 타인 소유의 다른 기존 건물에 의하여 일조방해를 받고 있는 상황에서 가해건물이 신축됨으로써 일조방해의 정도가 심화되어 피해건물에 수인한도를 넘는 일조방해의 피해가 발생하고 그로 인하여 피해건물의 재산적 가치가 하락된 경우 신축건물 소유자는 피해건물 소유자에 대하여 불법행위로 인한 재산상 손해배상책임을 부담한다. 그런데 이때 다른 기존 건물의 일조방해가 위와 같이 수인한도를 넘는 데 기여한 부분에 대한 책임을 신축건물의 소유자에게 전부 부담시킨다면 신축건물의 소유자는 이미 건립되어 있던 기존 건물로 인한 일조방해를 자신의 전적인 책임으로 인수하는 것이 되어 불합리하고, 반대로 기존 건물의 일조방해가 수인한도를 넘는 데 기여한 부분에 대한 책임을 피해건물의 소유자에게 전부 부담시킨다면, 실제로 기존 건물과 신축건물에 의하여 생긴 일영이 결합하여 피해건물에 수인한도를 넘는 일조방해의 피해가 발생하였는데도 피해자가 아무런 구제를 받을 수 없게 될 수 있으므로 이 역시 불합리하다. 따라서 이러한 경우에는 상린관계에 있는 이웃 간의 토지이용의 합리적인 조정이라는 요청과 손해부담의 공평이라는 손해배상제도의 이념에 비추어, 특별한 사정이 없는 한 기존 건물의 일조방해가 수인한도를 넘는 데 기여함으로써 피해건물의 소유자가 입게 된 재산적 손해가 신축건물의 소유자와 피해 건물의 소유자 사이에서 합리적이고 공평하게 분담될 수 있도록 정하여야 하고, 이를 위해서는 특히 가해건물이 신축되기 전부터 있었던 기존 건물로 인한 일조방해의 정도, 신축건물에 의하여 발생하는 일조방해의 정도, 가해건물 신축 후 위 두 개의 원인이 결합하여 피해건물에 끼치는 전체 일조방해의 정도, 기존 건물로 인한 일조방해와 신축건물에 의한 일조방해가 겹치는 정도, 신축건물에 의하여 발생하는 일조방해시간이 전체 일조방해시간 중 차지하는 비율 등을 고려하여야 한다.

구분소유권

□ 대법원 2018. 2. 13. 선고 2016다245289 판결

[1] 1동의 건물에 대하여 구분소유가 성립하기 위해서는 객관적·물리적인 측면에서 1동의 건물이 존재하고 구분된 건물부분이 구조상으로나 이용상으로 독립성을 갖추어야 하며, 1동의 건물 중 물리적으로 구획된 부분을 각각 구분소유권의 객체로 하려는 구분행위가 있어야 한다. 여기에서 구분행위는 건물의 특정 부분을 구분하여 별개의 소유권의 객체로 하려는 일종의 법률행위로서 그 시기나 방식에 특별한 제한은 없지만, 처분권자의 구분의사가 객관적으로 외부에 표시되어야 한다.

[2] 집합건물 중에서 전유부분 소유자들이 함께 사용하는 것이 일반적인 건물부분의 경우에는 구분소유권의 성립 여부가 전유부분 소유자들의 권리관계나 거래의 안전에 미치는 영향을 고려하여 구분의사의 표시행위가 있었는지를 신중하게 판단하여야 한다. 다세대주택의 지하층은 구분소유자들이 공동으로 사용하는 경우가 적지 않은데, 다세대주택인 1동의 건물을 신축하면서 건축허가를 받지 않고 위법하게 지하층을 건축하였다면 처분권자의 구분의사가 명확하게 표시되지 않은 이상 공용부분으로 추정하는 것이 사회관념이나 거래관행에 부합한다.

□ 대법원 2018. 3. 27. 선고 2015다3471 판결

1동의 건물의 일부분이 구분소유권의 객체가 될 수 있으려면 그 부분이 이용상은 물론 구조상으로도 다른 부분과 구분되는 독립성이 있어야 한다. 이러한 구분소유권의 객체로서 적합한 물리적 요건을 갖추지 못한 건물의 일부는 그에 관한 구분소유권이 성립할 수 없다. 그와 같은 건물 부분이 건축물관리대장상 독립한 별개의 구분건물로 등재되고 등기부상에도 구분소유권의 목적으로 등기되어 있어 이러한 등기에 기초하여 경매절차가 진행되어 매각허가를 받고 매수대금을 납부하였다 하더라도, 그 상태만으로는 그 등기는 효력이 없으므로 매수인은 소유권을 취득할 수 없다(대법원 2010. 1. 14.자 2009마1449 결정 등 참조).

그러나 이러한 경우라도, 1동의 건물을 신축한 후 그 건물 중 구조상·이용상 독립성을 갖추지 못한 부분을 스스로 구분건물로 건축물관리대장에 등재하고 소유권보존등기를 마친 자가 구조상·이용상 독립성을 갖출 수 있음에도 불구하고 그 건물 부분에 관하여 자신과 매매계약을 체결하여 그에 따라 소유권이전등기를 마친 자 또는 자신과 근저당권설정계약을 체결하여 그에 따라 근저당권설정등기를 마친 자 등을 상대로 그러한 등기가 무효임을 주장하며 이에 대한 멸실등기절차의 이행이나 위와 같은 건물 부분의 인도를 청구하는 것은 신의성실의 원칙에 위반된다고 볼 여지가 있다. 그리고 이러한 법리는 위와 같은 근저당권에 기초한 임의경매절차에서 해당 건물 부분을 매수하여 구분건물로서 소유권이전등기를 마친 자를 상대로 그 등기의 멸실등기절차의 이행 또는 해당 건물 부분의 인도를 청구하는 경우에도 마찬가지로 적용된다고 보아야 한다.

☞ 원고가 집합건물을 신축한 후 소유권보존등기, 근저당권설정등기를 마쳤으나 집합건물에 구조상, 이용상 독립성이 없다는 이유로 소유권보존등기와 그 이후의 등기가 모두 무효라고 주장하면서 여전히 원고에게 소유권이 있다는 이유로 인도청구 등을 한 사건에서, 지금이라도 용이하게 구조상·이용상 독립성을 갖출 수 있음에도 불구하고 인도청구 등을 하는 것은 신의칙에 반한다고 판단한 사례

□ 대법원 2017. 12. 22. 선고 2017다225398 판결

구분건물의 소유권 취득을 목적으로 하는 매매계약에서 매도인의 소유권이전의무가 원시적 불능이어서 계약이 무효라고 하기 위해서는 단지 매매 목적물이 '매매계약 당시' 구분건물로서 구조상, 이용상 독립성을 구비하지 못했다는 정도를 넘어서 '그 후로도' 매매 목적물이 당사자 사이에 약정된 내용에 따른 구조상, 이용상 독립성을 갖추는 것이 사회통념상 불가능하다고 평가될 정도에 이르러야 한다. 그리고 1동의 건물에 대하여 구분소유가 성립하기 위해서는 객관적, 물리적인 측면에서 1동의 건물이 존재하고, 구분된 건물부분이 구조상, 이용상 독립성을 갖추어야 할 뿐 아니라, 1동의 건물 중 물리적으로 구획된 건물부분을 각각 구분소유권의 객체로 하려는 구분행위가 있어야 한다. 여기서 이용상 독립성이란 구분소유권의 대상이 되는 해당 건물부분이 그 자체만으로 독립하여 하나의 건물로서의 기능과 효용을 갖춘 것을 말한다. 이와 같은 의미의 이용상 독립성이 인정되는지는

해당 부분의 효용가치, 외부로 직접 통행할 수 있는지 등을 고려하여 판단하여야 한다. 특히 해당 건물부분이 집합건물의 소유 및 관리에 관한 법률 제1조의2의 적용을 받는 '구분점포'인 경우에는 그러한 구분점포의 특성을 고려하여야 한다.

□ 대법원 2017. 12. 5. 선고 2014다227492 판결

[1] 대지사용권은 구분소유자가 전유부분을 소유하기 위하여 건물의 대지에 대하여 갖는 권리로서 반드시 대지에 대한 소유권과 같은 물권에 한정되는 것은 아니고 등기가 되지 않는 채권적 토지사용권도 대지사용권이 될 수 있다. 그러나 대지사용권은 권리로서 유효하게 존속하고 있어야 하므로 사후에 효력을 상실하여 소멸한 토지사용권은 더 이상 전유부분을 위한 대지사용권이 될 수 없다.

[2] 주택사업공제조합이 甲 주식회사가 신축하는 아파트에 관하여 주택분양보증계약을 체결하면서 분양보증의 이행을 목적으로 아파트 대지 등을 주택사업공제조합에 신탁하기로 하는 내용의 신탁계약을 체결하였고, 甲 회사의 부도로 乙 주식회사가 이를 승계하였으나, 乙 회사도 부도를 내면서 주택사업공제조합을 승계한 대한주택보증 주식회사가 주택분양보증계약에 따라 아파트를 직접 완공하고 소유권보존등기를 마쳤는데, 乙 회사의 부도 후 乙 회사가 아파트 부지 중 일부 토지 지상에 신축하고 있던 상가에 관하여 가압류등기의 촉탁을 원인으로 한 소유권보존등기가 乙 회사 앞으로 마쳐졌고, 그 후 丙 등이 상가의 각 전유부분을 취득한 사안에서, 상가에 관하여 乙 회사 앞으로 소유권보존등기가 마쳐진 무렵 신축자인 乙 회사의 구분소유권이 성립하였고, 신탁계약에 따라 乙 회사가 토지를 사용할 권리를 보유하고 있었으므로 대지사용권도 성립하였다고 볼 수 있으나, 위 주택분양보증계약 및 신탁계약의 내용을 종합하여 보면, 수탁자가 위탁자의 부도 등으로 분양계약서에 의한 계약이행이 불가능하다고 인정하는 경우에는 시행 중인 사업의 중지를 요구할 수 있고, 위탁자는 이에 응하여야 하므로, 수탁자의 사업 중지 요구가 있으면 위탁자의 신탁부동산에 대한 사용권은 소멸한다고 봄이 타당하고, 이처럼 사후에 효력을 상실하여 소멸한 토지사용권은 더 이상 상가의 전유부분을 위한 대지사용권이 될 수 없는데, 대한주택보증 주식회사가 아파트 공사를 인수하여 진행할 무렵 위탁자인 乙 회사에 대하여 사업 중지

요구를 하여 乙 회사의 신탁부동산에 대한 사용권도 소멸하였다고 볼 여지가 있는데도, 이와 달리 본 원심판단에 법리오해 등의 잘못이 있다고 한 사례.

□ 대법원 2010. 5. 27. 선고 2010다6017 판결

[1] 구 집합건물의 소유 및 관리에 관한 법률(2010. 3. 31. 법률 제10204호로 개정되기 전의 것) 제20조에 의하여 분리처분이 금지되는 같은 법상 대지사용권이란 구분소유자가 전유부분을 소유하기 위하여 건물의 대지에 대하여 가지는 권리이므로(같은 법 제2조 제6호 참조), 구분소유자 아닌 자가 집합건물의 건축 전부터 전유부분의 소유와 무관하게 집합건물의 대지로 된 토지에 대하여 가지고 있던 권리는 같은 법 제20조에 규정된 분리처분금지의 제한을 받는다고 할 수 없다.

[2] 토지에 대한 매매예약을 체결하고 이에 따른 소유권이전등기청구권 가등기만을 마친 상태에서 그 지상에 집합건물을 건축하였으나 매매예약에 따른 소유권이전등기 전에 국가가 그 토지를 체납처분에 의해 공매한 사안에서, 구분소유자 아닌 자가 집합건물의 건축 이전부터 전유부분의 소유와 무관하게 집합건물의 대지로 된 토지에 대하여 가지고 있던 권리는 구분소유자가 전유부분을 소유하기 위하여 건물의 대지에 대하여 가지는 권리라 볼 수 없어 구 집합건물의 소유 및 관리에 관한 법률(2010. 3. 31. 법률 제10204호로 개정되기 전의 것)상의 대지사용권이라 할 수 없으므로 국가가 위 토지를 공매한 것은 같은 법 제20조의 분리처분 금지 규정에 반하지 않는다고 한 사례.

□ 대법원 2010. 1. 14.자 2009마1449 결정

1동의 건물의 일부분이 구분소유권의 객체가 될 수 있으려면 그 부분이 이용상은 물론 구조상으로도 다른 부분과 구분되는 독립성이 있어야 하고, 그 이용 상황 내지 이용 형태에 따라 구조상의 독립성 판단의 엄격성에 차이가 있을 수 있으나, 구조상의 독립성은 주로 소유권의 목적이 되는 객체에 대한 물적 지배의 범위를 명확히 할 필요성 때문에 요구된다고 할 것이므로, 구조상의 구분에 의하여 구분소유권의 객체 범위를 확정할 수 없는 경우에는 구조상의 독립성이 있다고 할 수 없다. 그리고 구분소유권의 객체로서 적합한 물리적 요건을 갖추지

못한 건물의 일부는 그에 관한 구분소유권이 성립할 수 없는 것이어서, 건축물관리대장상 독립한 별개의 구분건물로 등재되고 등기부상에도 구분소유권의 목적으로 등기되어 있어 이러한 등기에 기초하여 경매절차가 진행되어 매각허가를 받고 매수대금을 납부하였다 하더라도, 그 등기는 그 자체로 무효이므로 매수인은 소유권을 취득할 수 없다.

□ 대법원 2010. 2. 25. 선고 2008다73809 판결

[1] 집합건물의 지하 2층 전기·기계실에 사우나 영업을 위해 필요한 시설물을 별도로 설치한 사안에서, 집합건물의 전기·기계실은 구조상 구분소유자 전원의 공용에 제공되는 '공용부분'에 해당하고, 공용부분인 전기·기계실에 사우나 영업을 위해 필요한 시설물을 별도로 설치한 것은 그 시설물 설치장소를 배타적으로 점유·사용하는 것으로 공용부분의 변경 내지 관리에 관한 사항에 해당하므로 건물 구분소유자들의 적법한 집회결의에 의한 동의가 필요하다고 한 사례.

[2] 甲 등이 집합건물의 공용부분인 전기·기계실에 시설물을 별도로 설치하여 그 장소를 배타적으로 점유·사용한 데 대하여, 집합건물의 구분소유자 乙 등이 공유물에 대한 보존행위로 배타적 사용의 배제 및 각 시설물의 철거를 구한 사안에서, 전기·기계실이 그 성질상 건물 전체의 유지·관리에 중요한 부분임을 고려하면 구분소유자 乙 등의 철거청구가 오직 상대방에게 고통을 주고 손해를 입히려는 데에 그 목적이 있을 뿐 이를 행사하는 구분소유자들에게는 아무런 이익이 없는 경우에 해당한다고 단정하기 어려워, 권리남용에 해당한다고 볼 수 없다고 한 사례.

□ 대법원 2010. 1. 14. 선고 2009다68651 판결

[1] 구 주택법(2007. 10. 17. 법률 제8657호로 개정되기 전의 것) 제16조 제2항 제1호에서 지구단위계획의 결정이 필요한 주택건설사업의 경우 일단의 주택건설대지를 1개의 획지로 보아 당해 대지면적의 100분의 80 이상을 사용할 수 있는 권원만을 확보하여도 주택건설사업계획승인이 가능하도록 한 취지 및 여기서 당해 토지를 '사용할 수 있는 권원'과 관련하여 구 주택법상 주택건설사업계획의

승인을 얻고자 하는 자가 단독 소유권을 확보하여야 한다거나 공유토지인 경우 다른 공유자의 동의를 요한다는 등의 제한을 두지 않은 점, 민법 제263조에 의하면 공유자는 공유물 전부를 지분의 비율로 사용, 수익할 수 있는 지위에 있는 점 등에 비추어, 주택건설사업계획의 승인을 얻고자 하는 자가 주택건설대지 중 공유토지에 대하여 일부 지분소유권을 취득하거나 일부 공유지분권자로부터 사용승낙을 얻은 경우에는 다른 공유자의 동의를 얻지 못하였더라도 그 공유토지 중 사업부지로 편입된 면적을 기준으로 사업자가 취득한 공유지분의 비율에 해당하는 면적만큼 사용권원을 확보한 것으로 봄이 상당하다.

[2] 구 주택법(2007. 10. 17. 법률 제8657호로 개정되기 전의 것) 제18조의2 제1항의 규정에 의한 매도청구에 있어서는 집합건물의 소유 및 관리에 관한 법률 제48조 제1항 소정의 최고절차를 요하지는 않는 점, 이에 따라 구 주택법 제18조의2 제1항 후문에서 3개월 이상의 기간 동안 사전협의를 거치도록 규정하고 있는 점, 집합건물의 소유 및 관리에 관한 법률 제48조 제4항에서 매도청구권의 행사기간을 규정한 취지 및 구 주택법 제18조의2 제3항에서 집합건물의 소유 및 관리에 관한 법률 제48조를 준용하도록 규정한 입법 취지에 비추어 볼 때, 구 주택법 제16조 제2항 제1호의 규정에 의하여 사업계획승인을 얻은 사업주체는 사전협의개시일로부터 3월이 경과한 때로부터 매도청구를 할 수 있다.

[3] 집합건물의 소유 및 관리에 관한 법률 제48조 제4항에서 매도청구권의 행사기간을 규정한 취지는, 매도청구권이 형성권으로서 재건축참가자 다수의 의사에 의하여 매매계약의 성립을 강제하는 것이므로, 만일 위와 같이 행사기간을 제한하지 아니하면 매도청구의 상대방은 매도청구권자가 언제 매도청구를 할지 모르게 되어 그 법적 지위가 불안전하게 될 뿐만 아니라 매도청구권자가 매수대상인 구분소유권 등의 시가가 가장 낮아지는 시기를 임의로 정하여 매도청구를 할 수 있게 되어 매도청구 상대방의 권익을 부당하게 침해할 우려가 있는 점에 비추어 매도청구 상대방의 정당한 법적 이익을 보호하고 아울러 재건축을 둘러싼 법률관계를 조속히 확정하기 위한 것이라고 봄이 상당하므로 매도청구권은 그 행사기간 내에 이를 행사하지 아니하면 그 효력을 상실한다. 이러한 법리는 집합건물의 소유 및 관리에 관한 법률 제48조 제1항 소정의 최고절차를 요하지 않는다고

해석되는 구 주택법 제18조의2 제1항의 규정에 의한 매도청구에 있어서도 마찬가지이다.

□ 대법원 2009. 12. 24. 선고 2009다41779 판결

<사실관계>

- 원고는 ① 피고가 이 사건 집합건물의 입구에 사신의 차량을 배나석으로 주차하였다는 점, ② 피고의 위법부당한 민원제기로 말미암아 이동통신회사들이 이 사건 집합건물의 옥상에 설치한 이동통신안테나를 철거하였다는 점, ③ 피고가 관할 행정청 등에 악의적·상습적으로 민원을 지속적으로 제기하고 이 사건 집합건물의 관리단 임원이나 일부 구분소유자들을 상대로 고소 또는 민사소송을 제기하였다는 점 등을 이유로 집합건물법 제45조 제1항, 제5조 제1항에서 정하는 경매청구권을 행사한 사안임
- 제1심은 원고의 경매청구를 기각함

<판결요지>

[1] 구 집합건물의 소유 및 관리에 관한 법률(2008. 12. 26. 법률 제9172호로 개정되기 전의 것) 제45조에서 정하는 구분소유자의 전유부분 및 대지사용권에 대한 경매청구권이 발생하려면 같은 조 제2항에서 정하는 구분소유자 및 의결권의 4분의 3 이상의 다수에 의한 관리단집회결의가 있는 것만으로는 부족하고, 그에 앞서서 같은 법 제45조 제1항, 제5조 제1항에서 정하는 '구분소유자가 건물의 보존에 해로운 행위 기타 건물의 관리 및 사용에 관하여 구분소유자의 공동의 이익에 반하는 행위를 한 결과 공동생활의 유지가 심히 곤란하게 되었다'고 하는 요건이 충족되어야 한다. 그리고 위와 같은 경매청구권이 행사되면 당해 구분소유자로서는 자신의 의사에 반하여 그 전유부분에 대한 소유권 및 대지사용권을 상실하고 집합건물의 공동생활로부터 축출되는 중대한 결과가 발생하므로, 위와 같은 요건이 충족되었는지에 대하여는 당해 구분소유자의 의무위반행위의 경위·목적 및 태양, 그 행위가 다른 구분소유자들 및 집합건물의 공동생활 전체에 미치는

각종 부정적 영향의 내용 및 정도 등 제반 사정을 고려하여 이를 신중하게 판단할 필요가 있고, 단지 당해 구분소유자의 권리행사 등 일정한 행위가 다수의 다른 구분소유자들의 의사와 계속적·반복적으로 배치된다거나 관리단 또는 다른 구분소유자들과의 사이에 갈등이나 반목이 발생하였다는 것만으로 쉽사리 이를 긍정하여서는 아니 된다.

[2] 구 집합건물의 소유 및 관리에 관한 법률(2008. 12. 26. 법률 제9172호로 개정되기 전의 것) 제45조에 기하여 법원에 경매청구를 할 수 있는 사람에 대하여 같은 조 제1항은 '관리인 또는 관리단집회의 결의에 의하여 지정된 구분소유자'라고 정하고 있으므로 집합건물의 구분소유자라도 관리단집회의 결의에 의하여 위와 같이 경매청구를 할 수 있는 사람으로 지정되지 아니하였다면 그는 위 경매청구를 할 당사자적격을 가지지 못한다.

☐ 대법원 2009. 12. 10. 선고 2009다49971 판결

[1] 아파트 단지를 관리하는 단체가 외부차량의 아파트 단지 내 출입을 통제하는 행위가 아파트 단지 내 상가건물 구분소유자들의 대지사용권을 방해하는 침해행위가 되는지 여부는, 아파트 단지 내 상가건물과 그 부속주차장의 위치 및 이용관계, 아파트 단지 안으로의 출입 통제 방법, 아파트 및 상가건물 부근의 지리적 상황, 아파트 입주자들과 상가건물의 소유자 또는 이용자의 이해득실 기타 제반 사정을 참작하여 사회통념에 따라 판단하여야 한다.

[2] 아파트 입주자대표회의가 아파트 단지 출입구에 차단기를 설치하여 외부차량의 출입을 통제하는 행위가 제반 사정상 아파트 단지 내 상가건물 구분소유자들의 수인한도를 넘어 그 대지사용권을 침해하였다고 볼 수 없다고 한 사례.

☐ 대법원 2013. 1. 17. 선고 2010다71578 전원합의체 판결

<사실관계>

乙은 자기소유 토지위에 아파트 건축사업을 시행하여 2002년 5월 15일 경

각 세대에 관한 아파트 분양계약을 체결하였다. 이 사간의 아파트(2001년 5월 1일 공사착공)는 2003년 8월 25일까지 지하 2층부터 지상 12층까지 각 층의 기둥, 주벽 및 천장 슬래브 공사가 이루어져 2003년 8월 25일 경에는 1동 건물 내부의 각 전유부분이 구조상·이용상의 독립성을 갖추게 되었다. 이후 乙은 한국토지신탁과 이 사건 토지에 관하여 부동산담보신탁계약(X저축은행을 우선수익자로 정함)을 체결하고 2003년 9월 4일 신탁등기를 경료하였다.

한편 X 저축은행은 2003년 9월 5일 乙에게 25억원을 대출하였는데, 이 사건 아파트에 대한 사용승인이 나지 않은 상태에서 위 대출금채권을 보전하기 위하여 2004년 7월 8일 이 사건 아파트에 대한 가압류신청을 하였고, 위 가압류결정에 따라 2004년 7월 26일 이 사건 아파트의 각 구분건물에 관하여 乙명의의 소유권보존등기와 X저축은행의 가압류 등기가 마쳐졌고, 같은 날 X저축은행은 채권최고액 32억 5000만원의 근저당권설정등기를 마쳤다.

이후 X저축은행은 2004년 11월 30일 위 근저당권에 기하여 부동산임의경매를 신청하였고, 甲은 부동산임의경매로 이 사건 아파트의 한 호를 낙찰받아 2006년 6월 28일 해당 호의 전유부분에 관하여 소유권이전등기를 마쳤다(위 부동산임의경매 당시 감정평가액은 건물부분과 토지의 대지권이 일체로 평가됨). 하지만 아파트가 들어선 이 사건 토지의 소유권은 위 부동산담보신탁계약에 의해 한국토지신탁에 넘어가 있는 상태였다.

이에 甲은 구분소유권이 성립한 이후에 乙과 한국토지신탁이 이 사건 토지에 관하여 체결한 부동산담보신탁계약은 집합건물의 소유 및 관리에 관한 법률(이하 '집합건물법'이라 함) 제20조를 위반하여 무효이므로 한국토지신탁은 이 사건 신탁등기를 말소할 의무가 있고, 乙은 낙찰 받은 아파트의 구분소유자인 甲에게 전유부분의 취득을 원인으로 한 이 사건 토지에 대한 지분소유권이전등기절차를 이행할 의무가 있음을 주장하였다.

〈판결요지〉

[1] 1동의 건물에 대하여 구분소유가 성립하기 위해서는 객관적·물리적인 측면에서 1동의 건물이 존재하고 구분된 건물부분이 구조상·이용상 독립성을 갖추어야 할 뿐 아니라 1동의 건물 중 물리적으로 구획된 건물부분을 각각 구분소유

권의 객체로 하려는 구분행위가 있어야 한다. 여기서 구분행위는 건물의 물리적 형질에 변경을 가함이 없이 법률관념상 그 건물의 특정부분을 구분하여 별개의 소유권의 객체로 하려는 일종의 법률행위로서, 그 시기나 방식에 특별한 제한이 있는 것은 아니고 처분권자의 구분의사가 객관적으로 외부에 표시되면 인정된다. 따라서 구분건물이 물리적으로 완성되기 전에도 건축허가신청이나 분양계약 등을 통하여 장래 신축되는 건물을 구분건물로 하겠다는 구분의사가 객관적으로 표시되면 구분행위의 존재를 인정할 수 있고, 이후 1동의 건물 및 그 구분행위에 상응하는 구분건물이 객관적·물리적으로 완성되면 아직 그 건물이 집합건축물대장에 등록되거나 구분건물로서 등기부에 등기되지 않았더라도 그 시점에서 구분소유가 성립한다.

[2] 집합건물법은 제20조에서 구분소유자의 대지사용권은 그가 가지는 전유부분의 처분에 따르고, 구분소유자는 규약으로써 달리 정하지 않는 한 그가 가지는 전유부분과 분리하여 대지사용권을 처분할 수 없으며, 그 분리처분금지는 그 취지를 등기하지 아니하면 선의로 물권을 취득한 제3자에게 대항하지 못한다고 규정하고 있는데, 위 규정의 취지는 집합건물의 전유부분과 대지사용권이 분리되는 것을 최대한 억제하여 대지사용권이 없는 구분소유권의 발생을 방지함으로써 집합건물에 관한 법률관계의 안정과 합리적 규율을 도모하려는 데 있으므로 전유부분과 대지사용권의 일체성에 반하는 대지의 처분행위는 그 효력이 없다.

[3] 대지사용권은 구분소유자가 전유부분을 소유하기 위하여 건물의 대지에 대하여 가지는 권리로서 그 성립을 위해서는 집합건물의 존재와 구분소유자가 전유부분 소유를 위하여 당해 대지를 사용할 수 있는 권리를 보유하는 것 이외에 다른 특별한 요건이 필요하지 않다. 이러한 사정을 고려하면, 집합건물법 제20조 제3항의 분리처분금지로 대항할 수 없는 '선의'의 제3자라 함은 원칙적으로 집합건물의 대지로 되어 있는 사정을 모른 채 대지사용권의 목적이 되는 토지를 취득한 제3자를 의미한다.

□ 대법원 2016. 7. 22. 선고 2013다95070 판결

[1] 집합건물의 소유 및 관리에 관한 법률 제9조에 따른 하자담보추급권은 집합건물의 수분양자가 집합건물을 양도한 경우 양도 당시 양도인이 이를 행사하기 위하여 유보하였다는 등의 특별한 사정이 없는 한 현재의 집합건물의 구분소유자에게 귀속한다.

[2] 집합건물의 종전 소유자인 甲 등이 집합건물의 소유 및 관리에 관한 법률(이하 '집합건물법'이라고 한다) 제9조에 따른 하자담보추급권을 행사하는 소를 제기한 후 乙 등에게 전유부분에 관하여 매매 등을 원인으로 소유권을 이전한 사안에서, 甲 등이 소 제기를 통하여 하자담보추급권을 행사하였다는 사정만으로 양도 당시 하자담보추급권을 행사하기 위하여 유보하였다고 보기 어려운데도, 甲 등에게 권리가 귀속된다고 본 원심판단에 법리오해의 잘못이 있다고 한 사례.

□ 대법원 2016. 1. 14. 선고 2013다219142 판결

<사실관계>

- □ 2002. 3. 9. A건설은 B시와 사건 토지에 관한 매매계약 체결
- □ 2002. 9. 11. 잔금지급 후 B시로부터 토지사용승낙서 발급
- □ 2002. 9. 18. 주택건설사업계획 사업승인
- □ 2002. 10. 8. A건설은 C주택보증주식회사와 주택분양보증계약 체결 및 부득이한 사유로 사업계속 못할 경우를 대비한 양도각서 작성
- □ 2002. 10. 22. 분양공고 실시
- □ 2002. 11. 6. 이 사건 건물 92세대 전체 분양 완료
- □ 2003. 9. 22. A건설 부도로 공사 중단. 공정률 65.5%
- □ 2003. 12. 19. ~2004. 3. 18. C주택보증주식회사는 주택분양계약에 따른 수분양자 전원에 분양대금 전액 환급
- □ 2004. 4. 2. C주택보증주식회사는 양도각서를 근거로 A건설을 대위해 각 건물에 대해 A건설 앞으로 소유권보존등기 경료(1동 단위로 보존등기)

- □ 2004. 4. 19. C주택보증주식회사는 소유권이전등기 청구소를 제기
- □ 2004. 7. 28. 승소판결
- □ 2004. 10. 8. 각 건물에 관해 C주택보증주식회사 앞으로 소유권이전등기 경료
- □ 2005. 5. 4. C주택보증주식회사는 양도각서를 근거로 A건설을 대위하여 이 사건 토지에 관해 소유권이전등기 경료
- □ 2005. 5. 10. 부동산강제 경매 개시결정(분양대금 환급에 따른 구상금 채권)
- □ 2006. 12. 6. B가 토지 낙찰
- □ 2006. 12. 11. B 명의로 소유권이전등기 후 다시 원고(D종합건설) 앞으로 매매를 원인으로 한 소유권이전등기 경료
- □ 2012. 3. 6. 피고(E회사)는 C주택보증주식회사의 위임에 따라 한국자산관리공사가 실시한 공매절차에서 이 사건 건물 낙찰
- □ 2012. 3. 13. 피고(E회사)는 C주택보증주식회사와 사건 건물에 대한 매매계약 체결
- □ 2012. 4. 13. 잔금을 완납
- □ 2012. 4. 19. 피고(E회사) 명의로 소유권이전등기 경료
- □ 원고의 주장

  피고(E회사)가 법정지상권 기타 정당한 권원 없이 이 사건 건물 소유를 위해 이 사건 토지를 점유·사용하고 있으므로, 피고는 원고에 대하여 위 각 건물을 철거하고 위 토지를 인도할 의무가 있다고 주장하였다.
- □ 피고의 항변

  피고(E회사)는 이 사건 토지에 대한 사용이익을 취득함에 있어 법률상 원인이 존재한다고 주장하였다. 이 사건 건물은 집합건물의 소유 및 관리에 관한 법률(이하 집합건물법이라 함)의 적용을 받는 집합건물로 A건설이 2002. 10. 22. 일반인에 분양함으로써 구분행위가 이루어졌고, 각 건물이 어느 정도 완성되어 구조상·이용상 독립성을 갖춘 시점에 각 건물의 소유자인 A건설이 이 사건 토지에 관한 사용권(대지사용권)을 취득하였고, 그 후 이 사건 건물의 전유부분을 승계취득한 피고(E회사)에게도 대지사용권

이 인정된다. 이에 따라 C주택보증주식회사의 신청에 따라 이루어진 이 사건 토지의 강제경매는 집합건물법 제20조에서 금지하는 전유부분과 대지사용권의 분리처분에 해당하여 당연무효이므로, 경매절차에서 토지를 낙찰받은 B와 그 승계인인 원고의 소유권 역시 무효임을 주장하였다.

<판결요지>

1동 건물의 구분된 각 부분이 구조상·이용상 독립성을 가지는 경우 각 부분을 구분건물로 할지 1동 전체를 1개의 건물로 할지는 소유자의 의사에 의하여 자유롭게 결정할 수 있는 점에 비추어 보면, 구분건물이 물리적으로 완성되기 전에 분양계약 등을 통하여 장래 신축되는 건물을 구분건물로 하겠다는 구분의사를 표시함으로써 구분행위를 한 다음 1동의 건물 및 구분행위에 상응하는 구분건물이 객관적·물리적으로 완성되면 그 시점에서 구분소유가 성립하지만, 이후 소유권자가 분양계약을 전부 해지하고 1동 건물의 전체를 1개의 건물로 소유권보존등기를 마쳤다면 이는 구분폐지행위를 한 것으로서 구분소유권은 소멸한다. 그리고 이러한 법리는 구분폐지가 있기 전에 개개의 구분건물에 대하여 유치권이 성립한 경우라 하여 달리 볼 것은 아니다.

□ 대법원 2016. 1. 28. 선고 2013다59876 판결

신축건물의 보존등기를 건물 완성 전에 하였더라도 그 후 건물이 완성된 이상 등기를 무효라고 볼 수 없다. 이러한 법리는 1동 건물의 일부분이 구분소유권의 객체로서 적합한 구조상 독립성을 갖추지 못한 상태에서 구분소유권의 목적으로 등기되고 이에 기초하여 근저당권설정등기나 소유권이전등기 등이 순차로 마쳐진 다음 집합건물의 소유 및 관리에 관한 법률 제1조의2, '집합건물의 소유 및 관리에 관한 법률 제1조의2 제1항의 경계표지 및 건물번호표지에 관한 규정'에 따라 경계를 명확하게 식별할 수 있는 표지가 바닥에 견고하게 설치되고 구분점포별로 부여된 건물번호표지도 견고하게 부착되는 등으로 구분소유권의 객체가 된 경우에도 마찬가지이다.

심화 쟁점 생각해 보기

[쟁점 1]
- 지하공간의 이용과 토지소유권의 범위[1)]

□ 지하공간의 개념과 이용 필요성

1. 지하공간의 개념

가. 지하공간의 의의

지하공간은 지표 밑의 공간을 의미하는데, 미국 지하공간협회(American Underground Space Association, AUA)에서는 인간에 의한 활용가치의 의미를 부여하여 지하공간의 개념을 '경제적 이용이 가능한 범위 내에서 지표면의 하부에 자연적으로 형성되었거나 또는 인위적으로 조성된 공간'이라고 정의하였다.[2)]

1) 아래의 내용은 김판기, "지하공간의 이용과 토지소유권에 관한 법정책적 고찰", 법과 정책연구 제14집 제4호, 한국법정책학회, 2014. 12.을 요약·정리하였음.

나. 지하공간의 구분

1) 미국

미국 AUA에서는 지각의 구조를 고려하여 ① 표층지하공간(near surface space), ② 지표접근지하공간(surface accessible space), ③ 심층지하공간(deep underground space)로 구분하고 있다. 표층지하공간은 지하 3~30m 구간, 지표접근지하공간은 지하 30~300m, 지표집근지하공긴은 300~3,000m로 정의하여 인간이 이용 가능한 지하공간의 깊이를 최대 3,000m로 보고 있다.[3)]

2) 일본

일본은 지하공간을 ① 천심도, ② 대심도, ③ 울트라 대심도로 구분하고 있다. 천심도 지하공간은 일반적인 지하시설로 이용하고, 그 아래 공간인 대심도 지하공간은 토지소유자의 통상적인 이용행위가 예상되지 않는 일정 깊이 이상의 지하영역을 의미하고, 울트라 대심도 지하공간은 법적으로 광업권에 해당되는 지하공간을 의미한다.[4)] '대심도 지하의 공공적 사용에 관한 특별조치법'에서는 대심도 지하를 ① 건축물의 지하실 및 그 건설의 용도로 통상적으로 제공되지 않는 지하의 깊이로서 정령으로 정한 깊이(40m), ② 당해 지하를 사용하고자 하는 지점에서 통상의 건축물의 기초를 지지하는 것이 가능한 지반(지지지반)으로서 정령에서 정한 것 중 가장 얕은 부분의 깊이에서 정령에서 정하는 거리(10m)를 더한 깊이 중 어느 하나의 깊이 이상의 지하로 정의하고 있다(동법 제2조).

3) 우리나라

우리나라는 지하공간의 절대적인 구분은 존재하지 않는 것으로 보인다. 다만 서울특별시의 지하공간 종합기본계획에 따르면 각 지하시설물의 물리적 깊이에

---

2) 국토해양부, 지하공간활용 및 관리개선 연구, 2008, 4면.

3) 현윤정 외 3인, 도심지역 대심도 지하공간 개발의 지반환경영향 및 정책제언, 한국환경정책·평가연구원, 2013, 7면.

4) 부산발전연구원, 지하공간 개발을 통한 지역재생 활성화 방안, 2012, 13-14면.

따라 ① 천심도, ② 저심도, ③ 중심도, ④ 대심도로 구분한다. 천심도는 지하 0~5m, 저심도는 지하 0~20m, 중심도는 지하 20~40m, 대심도는 지하 40m 이상으로 정의된다.[5] 또한 2014년 3월 7일 시행된 '철도건설을 위한 지하부분 토지사용 보상기준(국토교통부고시 제2014-104호)'에서는 토지소유자의 통상적 이용 행위가 예상되지 않으며 지하시설물 설치로 인해 일반적인 토지 이용에 지장이 없는 것으로 판단되는 깊이를 '한계심도'라고 정의하고(동규칙 제2조 제4호), 고층시가지[6]는 40m, 중층시가지[7]는 35m, 저층시가지[8] 및 주택지[9]는 30m, 농지·임지[10]는 20m 깊이로 들어가면 한계심도로 규정하여(동규칙 제4조) 이를 초과해 개발을 하는 경우 초과분에 대해 최소한의 보상을 하도록 규정하고 있다(동규칙 제5조).

2. 지하공간의 이용필요성과 사법적 측면에서의 한계

가. 지하공간의 이용필요성

우리나라에서 지하공간의 개발과 이용은 1970년대 서울 지하철 1호선이 개통된 이래 대도시를 중심으로 개발이 시작되었다. 초창기의 지하시설은 주로 지하보도나 차도, 지하상가 등이 대부분이었으나, 1980년대 중반부터는 정부의 주도로 지하주차장, 원유비축시설, LNG 저장시설 및 지하 양수발전소 등을 공원용지와 같은 공공용지에 건설하면서 지하공간의 이용이 본격화되었다.[11] 최근에는 토목

5) 서울특별시, 지하공간 종합기본계획 수립, 2006, 289-290면.

6) "고층시가지"란 「국토의 계획 및 이용에 관한 법률 시행령」 제30조에 따른 중심상업지역과 일반상업지역 등의 지역 중 16층 이상 건물이 최유효 이용으로 예상되는 지역을 말한다(동규칙 제3조 제1호).

7) "중층시가지"란 「국토의 계획 및 이용에 관한 법률 시행령」 제30조에 따른 일반상업지역, 근린상업지역, 준주거지역 등의 지역 중 1~15층 건물이 최유효 이용으로 예상되는 지역을 말한다(동규칙 제3조 제2호).

8) "저층시가지"란 「국토의 계획 및 이용에 관한 법률 시행령」 제30조에 따른 일반상업지역, 근린상업지역, 주거지역 등의 지역 중 4~10층 건물이 최유효 이용으로 예상되는 지역으로 상가로서 성숙도가 낮은 주택·공장·상가 등이 혼재된 지역을 말한다(동규칙 제3조 제3호).

9) "주택지"란 「국토의 계획 및 이용에 관한 법률 시행령」 제30조에 따른 주거지역, 공업지역, 녹지지역 등의 지역 중 3층 이하 건물이 최유효 이용으로 예상되는 지역을 말하며 가까운 장래에 택지화가 예상되는 지역을 포함한다(동규칙 제3조 제4호).

10) "농지·임지"란 「국토의 계획 및 이용에 관한 법률 시행령」 제30조에 따른 녹지지역 등의 지역 중 농지·임지가 최유효 이용인 지역으로 사회, 경제 및 행정적 측면에서 가까운 장래에 택지화가 어려운 지역을 말한다(동규칙 제3조 제5호).

등 기술의 발달로 깊은 심도의 대규모 지하공간에 대한 개발이 주목받음에 따라 그 이용유형 또한 다양화되고 있다.

과거에는 대부분의 건축물 등의 시설을 지표나 이에 근접한 지하공간에 설치되었다. 그러나 지표나 이에 근접한 지하공간은 무궁무진한 자원이 아닌 한정된 공간으로 도시화에 따라 그 이용에 한계가 드러나기 시작하였다. 즉, 도시화에 따라 인구가 도시로 밀집되고 이로 인해 가용토지가 부족해 지고, 도시열섬현상 등의 기후변화, 교통혼잡 등의 사회적 환경적 문제 등이 발생하기 시작하였다. 이에 한정된 지상공간을 대신할 공간으로 지하공간에 눈을 돌릴 수밖에 없게 되었다. 지상공간보다 지하공간은 도시 재정비, 교통량 제어, 기후변화 대응, 가용용지확보 및 민원문제의 해결 등의 여러 공공 목적을 해결하는데 활용가치가 있는 것으로 평가되고 있다. 실제로 서울시를 비롯하여 경기도 및 부산 등지에서 대심도 지하공간을 이용한 도로 및 철도 건설과 빗물 배수관 사업 등을 추진 중에 있다.

나. 지하공간의 이용을 위한 사법적 한계

지하공간을 이용하기 위해서는 이를 이용하는 사람이 해당 공간을 정당하게 이용할 수 있는 권원이 필요하다. 현행법상 구분지상권의 설정이나 토지의 수용 등은 이러한 권원의 대표적인 예에 해당할 것이다. 하지만 이러한 권원의 취득은 토지소유권의 효력범위를 어떻게 해석할 것인지에 따라 그 권원의 취득여부 및 방법이 달라질 수 있다. 만일 토지소유권이 미치는 효력범위를 한정하여 일정 깊이 이상의 소유권을 배제한다면, 그 깊이를 벗어나는 부분에 대한 지하구분지상권설정은 이론상 불가능하다. 이는 구분지상권의 설정도 토지소유권의 범위내에서 설정되기 때문이다. 이에 지하공간을 효율적으로 이용하기 위해서는 토지소유권의 효력범위를 어느 정도까지 인정해야 할 것인지를 명확히 해야 하고, 그 범위가 정해져야 비로소 지하공간의 이용을 위한 정당한 권원의 취득여부 및 방법이 결정될 수가 있다.

---

11) 현윤정 외 3인, 앞의 책, 13면.

□ 지하공간의 이용과 토지소유권의 효력범위

1. 토지소유권의 효력범위에 관한 입법례

토지소유권의 효력범위에 관해서는 지표를 중심으로 토지의 상하에 무제한적으로 토지소유권이 미친다고 보는 무제한주의와 토지소유권의 효력이 미치는 범위를 제한하는 제한주의의 두 가지로 입법례를 구분해 볼 수 있다.

무제한주의를 취한 대표적인 입법례는 로마법이다. 로마법에서는 소유권의 토지의 상하에 미친다고 하였으나, 주석학파에 이르러 이를 극단적으로 확대하여 위로는 천공(天空)까지 아래로는 지핵(地核)까지 무제한적으로 토지소유권의 효력이 미친다고 해석하였다. 로마법의 주석학파 이후 프랑스 등에서 이러한 입법주의를 취하고 있다.[12] 프랑스 민법 제552조 제1항은 '토지소유권은 토지의 상하에 대한 소유권을 포함한다'고 하여 토지의 상하에 무제한적으로 소유권의 효력이 미치는 것으로 해석된다. 다만 프랑스의 경우에도 별도의 특별법에 의해 토지소유권의 범위를 제한하고 있다는 점에서 무제한적 소유권을 인정하는 실익은 적다.[13]

제한주의를 취하고 있는 입법례로는 독일민법, 스위스민법, 일본민법 등이 있다. 독일민법은 제905조에서 '토지소유자의 권리는 지표 위의 공간 및 지표하의 지괴에 미친다. 그러나 소유자는 그 독점에 아무런 이익도 없는 높이의 지상 또는 그러한 깊이의 지하에서 행하여지는 간섭을 금지할 수 없다'고 규정하여 토지소유권의 효력범위에 제한이 있는 것으로 규정하고 있다.[14] 스위스 민법은 제667조 제1항에서 '토지소유권은 그 행사에 이익이 존재하는 높이와 깊이 전 영역의 토지의 상하에 미친다.'라고 규정하여 토지소유권의 효력범위를 제한하고

12) 장경학, 물권법, 법문사, 1990, 370면 이하.

13) 류창호, 토지소유권의 상하효력범위에 관한 법제연구, 한국법제연구원, 2005, 29-30면 참조.

14) 이를 제한주의 중 소극적 제한주의로 설명하기도 한다. 소극적 제한주의는 무제한주의에 비해서 예외적으로 토지소유권의 상하범위에 대한 제한을 인정하고 있으나, 그 제한의 방식을 주로 토지소유자의 이익의 여부를 기준으로 하고 있다(류창호, 앞의 책, 31면).

있다.[15] 또한 일본 민법도 제207조에서 '토지소유권은 법령의 제한내에서 그 토지의 상하에 미친다.'라고 규정하여 적극적 제한주의를 취하고 있다. 참고로 일본의 경우에는 민법 규정외에 '대심도 지하의 공공적 사용에 관한 특별조치법'을 제정하여 대도시의 일정 깊이 이하의 대심도 지하에서 공공사업을 시행하는 경우에는 원칙적으로 보상 및 소유자의 동의가 없더라도 해당 지하공간을 사용할 수 있도록 하고 있다.

2. 우리 민법상 토지소유권의 효력범위

가. 민법상 토지의 개념

민법상의 토지개념은 서구의 토지개념과는 차이가 있다. 우리 민법상의 토지는 일정한 범위의 지면의 지하, 지표, 공중을 포함하는 독립한 부동산으로서 건물 기타 지상의 정착물과는 분리가 된다. 이에 반해 독일 등의 경우에는 건물 기타 정착물은 독립한 물건이 아니라 토지의 본질적 구성부분에 해당한다.[16]

나. 민법 제212조 제정 경위

현행 민법 제212조는 '토지의 소유권은 정당한 이익이 있는 범위내에서 토지의 상하에 미친다.'라고 규정하고 있다. 의용민법에서는 토지소유권은 법령의 제한내에서 그 토지의 상하에 미치는 것으로 규정하고 있었다. 그러나 이는 현행 민법 입법과정에서 토지소유권은 정당한 이익이 있는 범위내에서 토지의 상하에 미치는 것으로 변경되었다. 이는 법제사법위원회 민법안심의소위원회 의사록에 따르면 '토지소유권의 권리남용에 관하여서는 헌법 제15조[17]와 원안 제2조에

15) 이를 제한 주의 중 적극적 제한주의로 설명하기도 한다. 이는 독일민법의 입법방식과는 달리 처음부터 토지소유권의 효력을 이익이 있는 한도만으로 인정하는 입법방식이다(류창호, 앞의 책, 31면).

16) 민법주해 V - 물권(2), 박영사, 1999, 166면(김상용 집필부분).

17) 1948년 헌법 제15조는 '재산권은 보장된다. 그 내용과 한계는 법률로써 정한다. 재산권의 행사는 공공복리에 적합하도록 하여야 한다. 공공필요에 의하여 국민의 재산권을 수용, 사용 또는 제한함은 법률의 정하는 바에 의하여 상당한 보상을 지급함으로써 행한다.'라고 규정하여 재산권의 내용과 한계는 법률로써 정할 것으로 규정되어 있었다.

규정하고 있으므로 다시 규정할 필요가 없으므로 단순히 「이익이 있는 범위내에서」 라고 규정한 것'이라고 한다.[18)]

다. 민법 제212조에 규정된 '정당한 이익이 있는 범위'

1) 서

민법 제212조는 이러한 토지의 효력이 정당한 이익이 있는 범위내에서 토지의 상하에 미치는 것으로 규정하고 있어, 이를 문언적으로만 보면 정당한 이익이 있는 범위내에서는 지상 무한대 및 지하 무한대까지 토지소유권의 효력이 미치는 것으로 해석할 수 있다. 따라서 정당한 이익이 없는 지하나 공중의 공간은 토지소유권의 범위에 포함이 되지 않게 된다. 이렇게 볼 때 우리 민법상 인정되는 토지소유권의 효력범위는 민법 제212조의 '정당한 이익이 있는 범위'를 어떻게 해석할 것인지에 따라 그 결론을 달리할 수가 있다.

우리 민법상 토지는 물권의 객체인 물건에 해당한다. 토지가 물권의 객체로서의 물건으로 인정되기 위해서는 독립되고 특정되어야 한다. 그러나 토지는 종·횡 모두 물리적으로 연속되어 있는 하나의 물건이기 때문에 이를 독립·특정시킬 필요가 있다. 우리는 토지의 횡적 구분과 관련해서는 지적법에 의한 지적도를 근거로 인위적으로 지표에 선을 그어 경계를 구획하고 구획된 토지에 지번을 붙여 하나의 물건으로서의 독립성과 특정성을 인정하고 있다. 그러나 토지의 종적 구분과 관련해서는 명확한 기준을 제시하지 못하고 '정당한 이익이 있는 범위'라고만 규정을 하고 있어 토지의 종적 활용에 어려움이 있다.

하지만 이러한 어려움 내지 문제에도 불구하고 민법 제212조의 '정당한 이익이 있는 범위'란 무엇이며 이를 어떻게 판단할 것인지에 대한 구체적인 기준에 대한 논의는 활발하지 못하다.

18) 명순구, 실록 대한민국 민법 2, 법문사, 2010, 87면.

2) 정당한 이익의 범위에 관한 논의

민법 제212조는 토지소유권이 정당한 이익이 있는 범위 내에서만 인정되는 것이므로 토지소유자는 자신의 정당한 이익을 침해하지 않는 지상 또는 지하에 대한 타인의 이용을 금지할 수 없다는 것과 토지의 완전한 이용을 위해서는 지표뿐만 아니라 지상이나 지하에 대해서도 소유권이 미친다는 이중적인 의미를 가지고 있다.[19]

정당한 이익은 그 토지가 소재하고 있는 지역적인 환경과 관련하여 구체적으로 판단해야 하는 것으로 토지의 이용상 통상적으로 발생하는 이익을 의미한다.[20] 또한 정당한 이익은 재산권적인 이익에 국한하지 않고, 미적인 이익과 같은 모든 보호할 가치가 있는 이익을 포함한다.[21] 이러한 정당한 이익의 범위에 대해서는 여러 논의가 존재한다.

우선 학설 중에는 ① 정당한 이익이 있는 범위는 반드시 현실적으로 토지를 이용함으로써 얻어지는 이익이 있는 경우만을 의미하지 않으며, 가까운 장래의 기대·예측이 가능한 이용가능성도 포함된다고 할 것이므로, 토지소유자의 통상적인 이용행위가 예상되지 않아 보호하여야 할 토지소유자의 이용이익이 거의 없는 일정깊이 이하의 대심도 지하공간이라 할지라도 토지소유자의 토지소유권이 미친다는 견해[22]와 ② 지배할 수 있다고 하여 획일적으로 정당한 이익이 있다고 말할 수 없고, 토지소유자의 이익과 공공의 이익의 조정이라는 민법 제212조의 취지에 비추어 정당한 이익의 의미를 탄력적으로 해석하는 것이 타당하다는 견해[23] 등이 주장되고 있다. 이에 대하여 판례는 정당한 이익의 범위에 관하여 '토지소유권은 사람이 지배할 수 있는 한도내에서 지상지하에 미치는 것으로 볼 것이다.'라고 판시하고 있다.[24]

19) 권용호·김상명, 앞의 논문, 372-373면; 류창호, 앞의 책, 42면; 이범관·김홍택, '토지소유권의 입체적 범위에 관한 법적 검토', 한국지적학회지 제25권 제1호, 한국지적학회, 2009, 173면 등.

20) 윤철홍, '토지소유권의 효력이 미치는 지하의 범위', 부동산법학 제3호, 한국부동산법학회, 1995, 20면.

21) 이영준, 한국민법론(물권법), 박영사, 2004, 408면.

22) 김상원, '지하공간 이용에 관한 보상문제', 토지법학 제23-1호, 한국토지법학회, 2007, 76면.

23) 고상룡, 물권법, 법문사, 2001, 254면.

24) 대법원 1961. 10. 19. 선고 4293민상204 판결.

3) 정당한 이익에 대한 판단기준

토지소유권의 효력이 미치는 정당한 이익의 범위에 대한 판단은 누구를 기준으로 할 것인지, 어느 시점을 기준으로 할 것인지가 중요한 기준으로 설명되고 있다.

우선 누구를 기준으로 하여 정당한 이익의 범위를 판단할 것인지에 대하여는 토지의 소유자인 특정인을 기준으로 판단하여야 한다는 주관설과 통상인을 기준으로 판단하여야 한다는 객관설이 주장되고 있다. 주관설을 취하는 경우에는 동일 토지에 대하여 계약에 따라 소유권을 이전하는 경우 각 소유권자의 주관에 따라 지하부분에 존재하는 이익의 정당한 범위를 달리 주장할 수 있는 불합리함이 존재한다.[25] 이에 따라 다수적인 견해는 토지소유권의 효력범위의 문제는 사회공동생활에서 발생하는 이익의 한계를 어디까지로 볼 것인지에 대한 문제와 밀접한 관련이 있는 점에 비추어 사회 일반인 또는 보통인을 기준으로 정당한 이익 유무를 판단하는 것으로 보인다.

정당한 이익의 범위를 판단하는 시점에 대하여는 구체적 이용설과 최유효이용설의 대립이 있다. 구체적 이용설은 토지는 그 이용상태에 따라 주거용, 상업용 등 다양한 유형이 존재하므로 토지소유권의 효력범위의 판단도 현재의 구체적인 이용상태를 기준으로 판단해야 한다는 견해이다. 이에 반해 최유효이용설은 사회 전체의 관점에서 해당 토지이용의 경제활동에 의해 통상 발생하는 이익으로서의 최유효이용을 전제로 하여 정당한 이익의 범위를 판단한다.[26] 토지는 그 이용목적이 확정적으로 정해진 것이 아니고, 언제든지 토지의 소유자가 변경될 수 있기 때문에 구체적 이용설은 문제가 있다고 지적된다.

현재의 학설은[27] 토지소유권의 효력이 인정되는 정당한 이익의 범위를 판단함에 있어 일반인을 기준으로 하여 해당 토지의 최유효이용 가능성을 전제로 구체적인 사안별로 토지소유권의 효력범위를 정하고 있는 것으로 보인다. 이러한 학설의

25) 이승우, '토지의 대심도 지하공간의 이용', 민사법연구 제17집, 대한민사법학회, 2009, 237면; 송호열, '입체적 이용을 위한 토지소유권의 상하효력범위', 토지법학 제22호, 한국토지법학회, 2006, 94면.

26) 권용호·김상명, 앞의 논문, 374면 등.

27) 현재까지 정당한 이익의 범위의 판단기준을 명시적으로 제시하고 있는 판례는 보이지 않는다.

태도에 비추어 볼 때 토지소유권의 효력범위의 기준이 되는 정당한 이익은 일률적인 기준에 의해 정량적으로 결정할 수 없어 보인다. 또한 토지소유권의 효력범위 판단에는 해당 토지에 대한 장래의 기대나 예측이 가능한 이용가능성도 포함되므로, 토지소유권의 효력범위를 획일적으로 지하 몇 m로 한정하는 것 자체가 합리적이라 할 수 없다.[28)]

3. 사견

정당한 이익이 있는 범위는 토목, 건축 기술의 발달 등 시대 상황에 따라 급변할 수 있는 가능성이 있다. 이는 토목, 건축기술의 측면에서 불과 몇 십년전과 지금의 상황을 비교해 보면 쉽게 알 수 있다. 따라서 토지소유권의 효력범위 문제는 공공의 이익과 사적 소유권의 보호 측면에서 어느 것에 초점을 두어야 할 것인지가 문제될 수 있다. 개인적으로는 타인의 생명, 신체 등과 관련된 중요한 공공의 이익의 침해가 아닌 한은 사적 소유권은 최대한 보호 내지 보장되는 것이 타당하다고 생각한다.

또한 책임 없는 채무 등과 같이 권리는 있으나 권리자가 그 효력을 주장할 수 없는 경우가 있다. 토지소유권의 경우도 이와 마찬가지로 토지소유권은 있으나 민법 제212조에 의해 그 효력행사가 배제 내지 제한되는 것으로 해석할 수 있다. 즉, 토지소유권은 토지의 상하 전체에 미치지만, 그 권리행사의 범위가 정당한 이익이 있는 범위내로 제한되는 것으로 해석할 수 있다. 따라서 정당한 이익이 없는 범위의 토지소유자는 효력이 제한되는 소유권을 가지고 있는 것으로 해당 부분에 대해 소유권을 행사하는 것은 곤란하다. 다만 정당한 이익이 없는 범위내의 토지를 타인이 이용하는 등에 의해 어떠한 손해를 입었다면 이 경우에는 불법행위에 기해 손해배상을 청구하는 것은 가능할 것이다.

그리고 토지소유권의 효력범위 문제에 대한 논의의 시발점이 되었던 한계심도 내지 대심도 지하공간의 이용문제와 관련해서도 해당 지하공간이 개발 시점에서는

28) 김상원, 앞의 논문, 89면.

정당한 이익이 없는 범위에 포함되더라도 해당 지하공간에 건설된 건축물을 수십년간 사용한 이후의 시점에서도 과연 그 공간이 정당한 이익이 없는 범위에 포함된다고 단언할 수는 없을 것이다.

이러한 이유에 근거하여 개인적으로 토지소유권의 효력범위는 지표를 중심으로 지상과 지하 전체에 미치지만, 정당한 이익유무 내지 법령에 의해 그 효력이 제한될 뿐이라고 해석하는 것이 타당하다고 생각한다. 즉, 정당한 이익이 있는 범위내에서 토지소유권의 효력이 미친다는 제212조의 해석은 정당한 이익이 없는 범위내의 공간은 특별한 권원설정이나 적절한 보상 등이 없이 자유롭게 사용할 수 있다는 것이 아니라, 해당 공간에 토지소유권은 여전히 미치지만 정당한 이익이 없어 권리의 행사가 제한이 된다는 의미로 해석하여야 할 것이다. 이 경우 대심도 지하공간과 같이 정당한 이익이 없는 지하공간을 사용하고자할 경우 해당 토지소유자의 사용허락 내지 동의와 제한된 부분에서의 최소한의 보상은 이루어지는 것이 타당할 것이다. 토지소유자와의 권리조정에 어려움이 있다거나, 공공사업의 효율적인 수행에 어려움이 있다는 등의 이유를 들어 대심도 지하공간을 손쉽게 이용할 수 있도록 하는 발상은 근대민법의 기본원리로서의 소유권 절대의 원칙 등 사법영역에서 볼 때 적절하지 못하며, 지나친 행정편의주의적 발상으로 보일 수 있다.

□ 지하공간의 효율적 이용과 토지소유권과의 조화

1. 현행 법체계의 한계

토지소유권의 효력이 미치는 정당한 이익이 있는 범위를 해석론으로 정하는 것은 무리가 있다. 이는 정당한 이익이 있는 범위라는 추상적인 규정에 대한 해석은 구체적인 사안에 대하여 개별적으로 정당한 이익이 있는 범위내인지를 판단할 수밖에 없기 때문이다.

지하의 공간을 정당한 권원을 가지고 활용하기 위해서는 토지소유권의 효력범위에 관한 명확한 기준을 제시할 필요가 있다. 하지만 앞서 살펴본 바와 같이 현행 학설과 판례에 의한 민법의 해석론만으로는 이러한 문제를 해결하는 것이 사실상 불가능하다. 따라서 지하공간의 효율적인 이용을 위해 선제적으로 해결이 필요한 토지소유권의 효력범위를 어떻게 확정할 것인지에 대하여는 불명확한 해석론의 제시보다는 법정책적인 입장에서 입법론적인 대응이 필요할 것으로 생각한다.

2. 민법 제212조의 개정

지하공간의 활용을 위한 기본 전제는 토지소유권의 효력범위를 확정하는 것이다. 그 범위확정에 있어서도 무제한적으로 토지소유권을 인정되는 것이 원칙이나, 그 이용가능성을 고려해 소유권의 효력이 제한되는 것으로 해석하는 것이 타당하다.

토지소유권의 효력범위와 관련하여 현행 규정을 보면 사법영역에서 정당한 이익이 있는 범위내에서만 토지소유권의 효력범위가 지표의 상하에 미친다는 민법 제212조와 공법영역에서 지상이나 지하의 소유권을 제한하는 여러 규정들이 상존하고 있다. 이에 공법과 사법영역의 해석 및 법체계의 조화를 위해서는 아래에서 제시한 바와 같이 민법 제212조를 개정하는 것이 필요하다. 이러한 개정을 통해 기존의 공법적 제한규정 및 필자가 제정을 제안하는 특별법과 민법이 서로 조화를 이룰 수 있을 것으로 생각한다. 또한 기존에 논의되고 있는 '정당한 이익'이 무엇이고 어떻게 판단할 것인지에 대한 논쟁을 정리하는 것이 가능할 것이다.

이러한 개정은 토지의 이용현황 및 향후 이용가능성 등을 고려하여 그 내용을 시의적절하게 그 내용을 법령에 반영하게 할 수 있도록 함으로써, 기존 민법 제212조의 규정이 일반적이고 추상적인 기준을 제시하지 못하여 실제 분쟁이 발생한 이후에 구체적인 사안별로 판단하는 문제를 해결할 수 있을 것이다. 또한 이러한 개정은 헌법 제23조 제1항에서 재산권의 내용과 한계는 법률로 정한다고 규정한 취지에도 부합하는 것이라 생각한다.

〈민법 제212조 개정시안〉
제212조(토지소유권 행사 범위의 제한) 토지소유권은 토지의 상하에 미친다. 다만, 토지소유권의 행사 범위는 법률이 정하는 바에 따라 제한할 수 있다.

3. 토지소유권의 효력범위 확정 및 지하공간의 효율적 이용을 위한 특별법 제정

오늘날은 도시화, 토목 및 건축기술의 발달 등 다양한 이유에서 지표뿐만 아니라 지상이나 지중의 공간의 이용필요성이 제기되고, 이러한 필요에 의하여 다양한 해석론 내지 입법이 마련되어 있는 것이 현실이다. 하지만, 지상이나 지하공간의 이용에 관해서는 각 법영역별로, 특히 공법과 사법의 측면에서 볼 때 다른 접근을 하고 있는 것으로 보인다. 하지만 현대사회는 공법과 사법영역을 명확히 구분하는 것이 어려운 부분이 많으며, 입법 내지 해석론의 최종적인 목적인 국민의 이익을 최대한 보장하는 것이 중요하다. 이에 어떠한 법률문제에 대한 공사법 영역에서의 조화로운 접근은 매우 중요하다고 생각한다.

민법 제212조에 대한 필자의 견해 및 개정시안에 따라 지표를 중심으로 그 상하 모두에 토지소유권은 미치되 실제 토지소유권의 행사 범위는 법령으로 제한이 될 수 있다고 할 경우 지표 및 지상과 지하공간의 이용을 효율적으로 조절할 특별법의 마련이 필요할 것이다. 다만 토지의 입체적인 이용은 다양하고 복합적인 요인에 대한 고려가 있어야 한다. 따라서 이러한 기준제시를 위한 법령의 제・개정에는 공법, 사법 전문가 등 법학자 외에 토목, 건축 전문가 등도 반드시 포함되어 복합적이고 다양한 검토가 이루어져야 할 것이며, 이러한 논의에는 법리적인 쟁점 외에도 인간의 쾌적하고 건강한 삶에 영향을 주는 다른 여러 환경적인 요소도 같이 포함되어 논의 되어야 할 것이다.

아래에서는 특별법의 제정과 관련해 특별히 고려할 주요한 내용에 대해 제시하고자 한다.

① 토지소유권의 효력범위 한정이 필요한 경우에 효력범위 판단시점은 해당 지하공간의 이용시가 아니라 그 향후 일정 기간(예를 들어 지하공간에 설치되는 공작물의 사용연한 등 고려) 이후, 즉 해당 지하공간의 향후 이용가능성을 고려하여 그 범위를 한정할 필요가 있다.

② 범위가 한정되는 경우 그 외 부분에 대한 이용가능성을 보장해 줄 수 있는 권원을 명확히 하는 것이 필요하다. 토지소유권의 효력범위가 제한이 되더라도 토지소유자에게 여전히 소유권은 존재하는 것이므로 아무런 권원없이 자유롭게 이용하는 것은 곤란하다. 다만 이를 이용하기 위해서는 구분지상권 등 현행 용익물권외에 명문으로 별도의 권원을 인정하는 방안을 고려해 볼 수 있을 것이다.[29)]

③ 토지소유권의 효력범위를 제한하는 경우에 토지소유자 등의 사적인 이익 침해될 우려 있다. 그러므로 지하공간 등의 활용 범위를 공익적 목적을 위한 것으로 한정하고, 토지소유권의 제한에 대한 적절한 보상방안을 아울러 검토해 볼 필요가 있다. 공익목적의 판단에 있어서는 공익사업을 위한 토지 등의 취득 및 보상에 관한 법률 제4조에서 정하는 '공익사업'이 좋은 기준이 될 것이다.

④ 공익목적의 범위를 정하는 경우에 행정적인 편의에만 집중을 하지 않도록 하여야 한다. 예를 들어 이러한 특별법이 공익목적을 이유로 일반 국민이 꺼려하는 핵폐기물 등 각종 폐기물의 매립을 위한 이른바 혐오시설을 국가가 손쉽게 설치할 수 있도록 하는 도구가 되어서는 안 될 것이다.

---

29) 참고로 일본의 '대심도 지하의 공공적 사용에 관한 특별조치법'의 경우에는 대심도 지하를 사용할 권리에 대한 특별한 정의규정은 없으나, 대심도 지하공간의 사용에 대한 인가를 받으면 사용이 가능한 것으로 규정하고 있다. 이러한 인가를 받은 사업자는 대심도 지하공간을 사용할 수 있는 일종의 특허사용권을 부여받게 된다(최철호, '일본의 대심도 지하이용에 관한 법제 고찰', 토지공법연구 제64집, 한국토지공법학회, 2014, 73면).

[쟁점 2]
- 일조권의 침해와 수인한도[1)]

□ 논의 필요성

과거 농경사회의 전통적인 건물은 남쪽을 향하도록 설계되고 여기에는 생활공간인 건물과 작업공간인 마당을 두었으며, 건물의 층수는 단층인 경우가 일반적이었다. 이러한 구조하에서는 건물들 사이에 직접적으로 일영을 만드는 경우가 거의 없으며, 만일 남쪽에 지어진 건물로부터 북쪽의 건물에 일영이 생기더라도 이것이 북쪽 건물의 마당에 머무르는 것이 일반적이기 때문에 일조로 인한 분쟁은 발생할 여지가 거의 없었다.[2)] 그러나 오늘날은 사회가 산업화·도시화됨에 따라 사람들이 도시로 집중하게 되었고, 이러한 도시 집중현상은 건물을 건축함에 있어서도 어떻게 하면 한정된 공간을 최대한 활용할 수 있는가에 초점을 맞추게 되었다. 그 결과 건물간에 직접적으로 햇빛을 가리는 사례가 빈번히 발생하게 되고 이로 인해 인근 주민들이 햇빛의 차단으로 여러 불이익을 받음으로서 일조의 권리 내지 일조의 이익의 침해의 문제가 발생하게 되었다. 그러나 이러한 일조에 대한 보호 문제는 일조권이 아직까지는 법률적으로 인정되는 독립된 권리는 아니기 때문에 그 보호의 성질과 관련하여 여러 가지 학설이 대립하고 있다.[3)] 현재 학계와 실무계에서 일조가 사법상 보호되어야 할 법익이라는 점에 의문을 제기하는 견해는 보이지 않는다.[4)]

현재 우리는 일조권을 보호하기 위해 건축법령에 의한 공법상의 건축기준을 제시하고 있으며, 일조권이 침해된 경우 사법상 그 구제와 관련하여 위법성의

1) 아래의 내용은 김판기, "일조권의 침해와 수인한도", 법과 정책연구 제13집 제4호, 한국법정책학회, 2013. 12.을 요약·정리하였음.

2) 박재혁, "일조권침해와 수인한도의 이중기준", 법률신문, 2011. 2. 17.

3) 일조권 보호의 법적 성질에 대한 상세는 김판기, "일조방해로 인한 손해배상청구권에 있어서 소멸시효의 기산점", 인권과 정의 제389호, 대한변호사협회, 2009. 1, 158면 이하 참조.

4) 다만 일조의 사법상 보호의 근거를 어떻게 파악할 것인지에 대하여만 다툼이 있으므로, 필자 또한 본고에서는 일조가 사법상 보호의 대상이 되는 일종의 권리임을 전제로 하여 논의를 진행하고자 한다.

판단근거로서 수인한도라는 개념을 제시하고 있다. 그러나 실제 사례에서는 이러한 공법상의 기준과 사법상의 수인한도라는 기준의 차이로 인해 여러 혼란이 야기되고 있는 현실이다. 예를 들어 모든 건축법령에 근거하여 건물을 건축하였음에도 불구하고 사법상 수인한도 위반을 이유로 하는 손해배상의 문제가 건축주에게 발생하여 각 당사자들에게 혼란을 주고 있다.

□ 일조권 보호는 필요한가?

1. 자연과학적 측면

생명체의 근원이 되는 중요한 요소인 햇빛은 필요한 영역의 파장별로 체내에 흡수되어 세포내 DNA 분자와 물분자를 공명(resonance)시켜 각 세포의 에너지 순환을 증가시킴으로써 효소의 활성화, 단백질 합성 증가 및 심장 근을 포함한 모든 근육 기능을 개선시켜 준다. 또한 자외선 형태의 빛은 피부층의 콜레스테롤에 흡수되어 비타민 D를 생성할 뿐만 아니라 피로회복과 스트레스 감소, 노화억제에 좋은 영향을 미쳐 여러 가지 치료역할도 하는 것으로 알려져 있다.[5)]

만일 우리가 생활을 함에 있어 일조량이 부족한 경우에는 심각한 건강상의 문제를 야기 할 수 있으며, 우리 생체시계의 불균형과 그로 인한 여러 부작용을 불러올 위험이 있다. 그러므로 자연과학적 측면에서 보더라도 일조의 보호는 반드시 필요하다.

2. 권리보호의 측면

권리는 사회 생활상의 이익을 향수할 수 있도록 법이 부여한 힘이라고 볼 수 있으며, 이러한 권리는 원칙적으로 보호되어야 한다는 것이 헌법의 기본정신이

5) 이효성·박이동, "자연채광이 질병치료와 생활공간에 미치는 영향", 한국태양에너지학회지 제5권 제3호, 한국태양에너지학회, 2006, 7면.

다.[6)]

햇빛은 생명체의 근원이 되는 에너지로서 인간의 삶에 없어서는 안된다는 것이 자연과학적으로 입증되고 있다. 그러나 최근에는 건물의 고층화·밀집화로 인하여 그 중요성이 더욱 강조되면서 일조에 관한 논의도 활발히 진행되어 왔다.[7)] 이에 일조는 단순히 햇빛을 받는 것을 넘어 인간이 건강하고 쾌적한 생활을 누릴 수 있는 환경조건의 하나로 일정한 보호가 필요한 법익으로 인정되고 있는 환경권적인 성격과 인격권적인 성격을 모두 가지는 일종의 권리로 볼 수 있다.[8)] 또한 일조에 대한 침해는 토지소유권의 침해의 범주에도 포함을 시킬 수 있으므로 재산권적 측면에서도 그 보호가 필요한 권리로 볼 수 있다.[9)] 그 결과 우리는 인접 토지상의 건물 등에 의하여 태양의 광선이 차단되는 불이익을 받는 경우 사법상의 권리로써 그 보호를 요구할 수 있다.[10)] 이처럼 일조보호의 문제는 권리보호의 측면에서 보더라도 중요한 의미를 가진다.

□ 일조권의 침해와 수인한도

1. 공법상의 접근

공법영역에서는 일조의 보호를 위해 일조에 대한 권리를 별도로 인정하는 방식이 아닌 일정한 행정적 규제를 통해 그 목적을 달성하는 방식을 취하고 있다. 즉, 일조의 보호를 위해 건축법령상 건축허가에 일정한 기준을 정하고 건축관계자가 건축허가를 받는 과정에서 이러한 의무사항을 지키도록 하여 일조를 보호하고 있다. 건축허가시 행정적 규제를 통한 보호방안은 규제방식에

6) 조한상, 헌법강의, 비엔앰북스, 2011, 94면 이하.

7) 주석 민법 - 채권각칙(8), 한국사법행정학회, 2004, 145면.

8) 김판기, 앞의 논문, 160면.

9) 부산고법 1995. 5. 18. 선고 95카합5 판결.

10) 김판기, 앞의 논문, 158면; 최명수, "일조침해에 의한 손해배상에 관한 소고", 경성법학 제13집 제1호, 경성대 법학연구소, 2004. 2, 256면; 강창옥, "일조방해와 손해배상", 판례연구 제12집, 부산판례연구회, 2001. 6, 819면; 김기수, "일조권에 의한 생활방해", 월간고시 제155호, 1986. 12, 39면.

있어 거리나 높이를 제한수단으로 空間離隔 방식, 日照時數 방식, 斜線規制 방식[11] 등이 있는데 현행 건축법은 공간이격 방식을 취하고 있다.[12]

건축법 제61조와 건축법 시행령 제86조는 일조보호에 관한 규제를 단독주택과 공동주택을 구분하고 있다.

단독주택의 경우에는 건축물의 높이를 정북방향의 인접 대지경계선으로부터의 거리에 따라 대통령령[13]으로 정하는 높이 이하로 하도록 규정하고 있다(건축법 제61조 제1항). 이에 따라 단독주택의 경우에는 건물의 높이 대비 이격거리만 준수하면 실질적이 일조확보 가능성 여부를 묻지 않고 공법상 적법한 건축행위로 인정되게 된다.[14]

공동주택의 경우에도 단독주택과 마찬가지로 건물의 높이 대비 이격거리를 규제하면서 같은 대지에서 두 동 이상의 건축물이 서로 마주보고 있는 경우(한 동의 건축물 각 부분이 서로 마주보고 있는 경우를 포함한다)에 그 대지의 모든 세대가 동지(冬至)를 기준으로 9시에서 15시 사이에 2시간 이상을 계속하여 일조를 확보할 수 있도록 하는 기준을 두고 있다(건축법 시행령 제86조 제2항 제2호).

2. 사법상의 접근

일조의 보호와 관련하여 앞서 살펴본 공법상 접근은 건축허가시 일정한 허가기준을 제시함으로써 일조의 침해가 발생하는 것을 사전에 예방할 수 있는 기능을 하게 된다. 이에 반해 사법상의 접근은 일조 보호를 위한 사전적 구제보다는 일조의 침해가 발생하였는지, 침해가 발생하였다면 피침해자는 어떠한 구제를

11) 기존의 건축물과 신축 건축물과의 각도를 기준으로 규제하는 방식이다.

12) 이상천, “건축법령상 일조규제의 문제점”, 토지법학 제27-1호, 한국토지법학회, 2011. 6, 97면.

13) 실제 이격거리는 높이 9미터 이하인 부분은 인접 대지경계선으로부터 1.5미터 이상, 높이 9미터를 초과하는 부분은 인접 대지경계선으로부터 해당 건축물 각 부분 높이의 2분의 1 이상의 범위내에서 건축조례로 정하도록 규정되어 있다(건축법 시행령 제86조 제1항).

14) 김민규, “건축법령상의 일조확보 기준과 민사책임법상의 일조기준 사이의 괴리와 혼미”, 법학논총 제20집 제1호, 조선대학교 법학연구원, 2013, 231면.

받을 수 있는지 등 일조의 침해에 대한 사후적 구제방안으로서의 기능을 하고 있다. 이에 따라 일조의 침해를 받은 사람은 가해자를 상대로 손해배상을 청구하거나 일조의 방해행위에 대한 제거 또는 예방을 청구할 수 있는지 여부가 논의되고 있다.[15)]

가. 일조방해를 이유로 한 피해구제의 요건

오늘날은 사회가 산업화·도시화됨에 따라 인접지 거주자와의 관계에서 불가피하게 일조의 방해로 인한 분쟁이 발생할 가능성이 많다. 그러나 이러한 일조분쟁에서 모든 피해자가 법적인 조치를 취하여 보호를 받을 수 있는 것이 아니라, 어느 정도의 일조방해에 대하여는 이를 당연히 수인할 의무를 가지게 된다. 즉, 건물의 신축으로 인하여 그 이웃 토지상의 거주자가 직사광선이 차단되는 불이익을 받은 경우에 그 신축 행위가 정당한 권리행사로서의 범위를 벗어나 사법상 위법한 가해행위로 평가되기 위해서는 그 일조방해의 정도가 사회통념상 일반적으로 인용하는 수인한도를 넘어야 한다.[16)]

이러한 수인한도론은 가해자와 피해자의 이익, 즉 가해자측의 건물이 건축됨으로써 피해자가 받는 일조 등 생활이익의 침해와 가해자의 권리행사의 사회적 타당성을 비교, 형량하여 상린자 상호간에 어느 정도의 수인이 필요한지, 수인의 한도를 넘은 경우에는 어떠한 구제방법을 인정할 것인지 여부를 결정해야 한다는 이론이다.[17)] 수인한도론은 이익형량에 따른 조화의 합리성을 기반으로 하고 있어 결론의 경직화를 피할 수 있는 장점이 있다. 이로 인해 학설과 판례[18)]는 수인한도를 일조방해의 위법성을 판단하는 기준으로 활용하고 있다.[19)]

---

15) 다만 이러한 일조권이 사법상 어떠한 근거에서 인정되는 것인지에 관하여는 물권설, 인격권설, 불법행위설, 환경권설 등 다양한 견해가 주장되고 있다. 본고에서는 일조권은 사람이 건강하고 쾌적한 환경에서 생활할 수 있도록 하기 위한 것으로 환경권적인 성격과 인격권적인 성격을 모두 가지는 권리라는 개념정의를 전제로 논의를 진행한다.

16) 대법원 2007. 6. 28. 선고 2004다54282 판결.

17) 이동원, "일조권 침해에 관한 판례의 동향", 민사법학 제27호, 한국민사법학회, 2005. 3, 262면.

18) 대법원 2004. 9. 13. 선고 2003다64602 판결(건물의 신축으로 인하여 그 이웃 토지상의 거주자가 직사광선이 차단되는 불이익을 받은 경우에 그 신축행위가 정당한 권리행사로서의 범위를 벗어나 사법상 위법한 가해행위로 평가되기 위해서는 그 일조방해의 정도가 사회통념상 일반적으로 인용하는 수인한도를 넘어야 한다).

대법원은 대지경계선 부근에 건축된 건물로 인해 일조통풍이 저해됨으로써 정신적 고통을 입었다는 다툼에 대하여 "이웃 토지상의 건물로 인하여 직사광선이 차단되는 불이익을 받는 경우에 그것이 사회통념상 일반적으로 인용할 정도를 넘지 않는 한 이를 감수할 것이므로 이로 인하여 입는 정도의 고통은 감내하여야 한다."고 판시[20]한 이래 다양한 일조권 침해의 분쟁사례에서 일조의 방해가 위법한 가해행위로 평가되기 위한 요건으로서 수인한도 초과의 인정기준을 제시하고 있다. 그 동안 다양한 판례를 통해 대법원은 "토지의 소유자 등이 종전부터 향유하던 일조이익이 객관적인 생활이익으로서 가치가 있다고 인정되면 법적인 보호의 대상이 될 수 있는데, 그 인근에서 건물이나 구조물 등이 신축됨으로 인하여 햇빛이 차단되어 생기는 그늘, 즉 일영이 증가함으로써 해당 토지에서 종래 향유하던 일조량이 감소하는 일조방해가 발생한 경우, 일조방해의 정도, 피해이익의 법적 성질, 가해 건물의 용도, 지역성, 토지이용의 선후관계, 가해 방지 및 피해 회피의 가능성, 공법적 규제의 위반 여부, 교섭 경과 등 모든 사정을 종합적으로 고려하여 사회통념상 일반적으로 해당 토지 소유자의 수인한도를 넘게 되면 그 건축행위는 정당한 권리행사의 범위를 벗어나 사법상 위법한 가해행위로 평가된다"고 하여[21] 일조침해로 인한 수인한도 초과의 인정기준을 정하고 있다. 아래에서는 법원의 판결례 등에 나타난 수인한도 초과의 인정기준에 관해 검토해 보기로 한다.

① 일조방해의 정도와 수인한도

건축법 시행령 제86조 제2항 제2호는 공동주택의 경우 동일 대지의 모든 세대가 동지(冬至)를 기준으로 9시에서 15시 사이에 2시간 이상을 계속하여 일조를 확보할 수 있도록 하는 기준을 두고 있다. 또한 판례는 하급심을 중심으로 "동지를 기준으로 오전 9시부터 오후 3시까지 사이의 6시간 중 일조시간이 연속하

19) 전상욱, "일조보호를 위한 공법과 사법의 조화", 토지법학 제27-2호, 한국토지법학회, 2011. 12, 80면.
20) 대법원 1982. 9. 14. 선고 80다2859 판결.
21) 대법원 2011. 4. 28. 선고 2009다98652 판결.

여 2시간 이상 확보되는 경우 또는 동지를 기준으로 오전 8시부터 오후 4시까지 사이의 8시간 중 일조시간이 통틀어 4시간 이상 확보되는 경우에는 일응 수인한도를 넘지 않는 것"으로 판단하고[22] 있으며, 대법원도 이러한 판시를 그대로 유지하고 있다.[23]

② 건물의 용도와 수인한도

일조방해의 가해건물이 어떠한 목적의 건물인지에 따라서도 수인한도에 차이가 있을 수 있다. 예를 들어 가해건물의 공공성이 클수록 일조방해에 대한 수인한도의 범위가 넓어지고 이로 인해 위법성의 범위는 줄어들게 된다. 여기서 공공성은 사회적 유용성 또는 사회적 편익을 의미하며, 가해건물이 사회에 어떻게 이바지되고 있는가, 그 건물이 없으면 어떠한 불리점과 불편함이 있는가 등으로 측정할 수 있다.[24] 또한 피해건물의 용도에 따라서도 수인한도의 범위에는 차이가 날 수 있다. 법원은 초등학교 인근에 아파트가 신축됨에 따라 발생한 일조방해로 초등학교 학생들의 학습권 침해가 발생한다는 주장에 대하여 학생으로서 학교 교실과 운동장 등 시설을 이용하더라도 이는 공공시설인 이 사건 학교시설을 방학기간이나 휴일을 제외한 개학기간 중, 그것도 학교에 머무르는 시간 동안 일시적으로 이용하는 지위에 있을 뿐이고, 이 사건 학교를 점유하면서 지속적으로 거주하고 있다고 할 수 없어서 생활이익으로서의 일조권을 법적으로 보호받을 수 있는 지위에 있지 않다고 판단하여,[25] 피해건물의 용도에 따라 수인한도의 판단을 달리 하고 있는 것으로 보인다.

---

22) 서울고등법원 2003. 10. 29. 선고 2002나22016 판결; 대전고등법원 2006. 12. 27. 선고 2004나8508 판결; 광주고등법원 2006. 5. 17. 선고 2005나9790 판결; 서울고등법원 2005. 10. 28. 선고 2004나56440 판결.

23) 대법원 2004. 9. 13. 선고 2003다64602 판결.

24) 공순진, "일조권 침해에 있어서의 수인한도", 토지법학 제25-1호, 한국토지법학회, 2009. 6, 184면; 이용우, "수인한도론소고", 법조 제27권 제10호, 법조협회, 1978, 6면.

25) 대법원 2008. 12. 24. 선고 2008다41499 판결.

③ 지역성과 수인한도

가해건물과 피해건물이 소재하고 있는 지역의 특성은 수인한도를 판단하는 중요한 기준이 될 수 있다. 일조방해행위가 수인한도를 넘었는지 여부를 판단하기 위한 지역성은 그 지역의 토지이용 현황과 실태를 바탕으로 지역의 변화 가능성과 변화의 속도 그리고 지역주민들의 의식 등을 감안하여 결정되며, 공법에 의한 지역의 지정은 그 변화 가능성 등을 예측하는 지역성 판단의 요소가 된다.[26) 법원은 학교시설 건립 당시에는 주거지역으로 지정되어 있었으니 추후 중심상업지역으로 변경되었다고 하더라도 일조시간의 감소가 사회통념상 수인한도를 넘었는지를 판단할 필요가 있다고 판시하고 있다.[27)]

④ 공법적 규제의 위반 여부와 수인한도

공법상의 규제에 대한 위반여부도 사법상 수인한도를 판단하는 중요한 기준이 될 수 있다. 법원은 공법상의 기준과 사법상 수인한도의 기준과의 관계에 대하여 "건축법 등 관계 법령에 일조방해에 관한 직접적인 단속법규가 있다면 그 법규에 적합한지 여부가 사법상 위법성을 판단함에 있어서 중요한 판단자료가 될 것이지만, 이러한 공법적 규제에 의하여 확보하고자 하는 일조는 원래 사법상 보호되는 일조권을 공법적인 면에서도 가능한 한 보증하려는 것으로서 특별한 사정이 없는 한 일조권 보호를 위한 최소한도의 기준으로 봄이 상당하고, 구체적인 경우에 있어서는 어떠한 건물 신축이 건축 당시의 공법적 규제에 형식적으로 적합하다고 하더라도 현실적인 일조방해의 정도가 현저하게 커 사회통념상 수인한도를 넘은 경우에는 위법행위로 평가될 수 있다."고 판시[28)]하고 있다.

26) 대법원 2004. 10. 28. 선고 2002다63565 판결; 대법원 2007. 6. 14. 선고 2005다72058 판결.

27) 대법원 2011. 2. 24. 선고 2010다13107 판결.

28) 대법원 1982. 9. 14. 선고 80다2859 판결; 대법원 1989. 5. 9. 선고 88다카4697 판결; 대법원 1999. 1. 26. 선고 98다23850 판결; 대법원 2000. 5. 16. 선고 98다56997 판결; 대법원 2002. 12. 10. 선고 2000다72213 판결.

나. 일조방해에 대한 사법적 구제수단

일조의 방해가 있는 경우 사법상의 구제수단[29]으로 논의되는 방안은 다른 환경침해에서와 같이 피해자가 가해자를 상대로 손해배상을 청구하거나 침해행위를 제거 또는 예방해 줄 것을 청구하는 것이다.[30]

1) 손해배상[31]

일조방해는 계속적인 침해이며, 대개 가해자의 적법한 권리의 행사에서 비롯되며 이를 통하여 피해자의 재산적 이익 또는 인격적 이익이 침해된다는 점에서 환경침해와 유사하다.

일조방해에 따른 손해배상은 재산상의 손해와 정신상의 손해로 구분할 수 있다. 재산상의 손해에는 ① 광열비 및 건조비의 증대[32], ② 토지·건물의 재산가치의 하락[33], ③ 영업이익의 저하[34], ④ 일조방해에 따른 치료비의 증가, ⑤ 정원나무의 생육불량, 곰팡이의 발생 등 생활상의 불이익 등이 포함될 수 있다. 정신상의 손해에는 일조 방해에 따른 주거환경의 악화 등에 의해 정신적 고통[35]이 포함될 수 있다.

2) 방해의 제거 또는 예방

인근 건물의 건축으로 인한 일조방해가 수인한도를 넘거나 넘을 염려가 있는

29) 일조방해에 따른 공법적 구제수단으로는 행정규제를 통한 사전적 구제방법과 건축분쟁조정위원회에 의한 조정 등의 행정상 구제, 일조방해로 손해를 입은 피해자가 제기하는 행정소송 등의 사후적 구제방법이 있다(일조방해에 따른 공법적 구제수단은 유지태, "일조권에 관한 공법적 검토", 법정신문, 1996. 5. 20, 8면 참조).

30) 전경운, 환경사법론, 집문당, 2009, 383면.

31) 일조방해에 따른 손해배상의 범위에 관한 상세는 김판기, 앞의 논문, 160-162면을 참조하기 바람.

32) 직사광선에는 방의 온도를 상승시키는 열효과가 있고, 방을 밝게 하는 광효과도 있다. 일조를 방해받게 되면 열과 광의 효과가 감소되어 광열비 등이 증대된다.

33) 주택지에 있어서 토지와 건물의 매매나 임대 등의 거래에서는 햇빛이 잘 드는지 여부에 따라 그 가격에 상당한 영향을 미쳐, 일조방해를 받는 토지와 건물의 가격이 저하되는 경우가 많다.

34) 예를 들어 임대아파트의 일조가 방해되면 임대료의 증액이 곤란할 뿐만 아니라, 오히려 일조방해를 받기 전보다 임대료를 적게 받는 경우가 있을 수 있다.

35) 정신적 손해는 물권의 침해에 따른 재산상의 손해로 인한 정신적 고통을 위자료를 청구하는 경우와 인격권의 침해에 의한 정신적인 고통을 위자료로 청구하는 경우로 나누어 볼 수 있다.

때에는 그 피해자는 물권적 청구권 등을 행사하여 방해의 제거나 방해의 예방을 청구할 수 있을 것이다. 즉 이미 완성된 건축물에 의해 일조가 방해되는 경우에는 해당 건축물의 철거청구가, 공사가 진행 중인 건축물에 대하여는 방해의 예방청구가 가능할 것이다. 다만, 일조방해를 이유로 건축물의 철거를 청구하는 경우에는 경계선 부근의 건축에 관한 민법 제242조에서 발생되는 문제가 그대로 발생될 우려가 있는 바, 그 적용에 있어서 신중을 기해야 한다.[36]

3. 현행 보호체계의 문제점

앞서 살펴본 바와 같이 현행법은 일조권의 보호를 위해 공법적 측면에서는 건축허가 사항에 일조권의 보호에 관한 규제 기준을 두어 사전적으로 보호하고 있으며, 사법적 측면에서는 이른바 수인한도론에 근거하여 일조의 방해 등을 판단하고 그것이 위법한 일조방해로 인정되는 경우에는 사후적 보호로써 그 방해의 제거 등을 청구할 수 있고 또한 그 방해로 인해 손해가 발생한 경우 이에 대한 손해배상을 인정하고 있다.

하지만 이러한 일조권의 침해와 수인한도에 관하여 공·사법적 접근을 하고 있는 현행 보호체계는 여러 가지 문제가 있다고 생각된다.

첫째로 가장 큰 문제점은 공법상의 기준과 사법상의 기준의 괴리 현상이 심각한 것이다. 이로 인해 공법상의 기준을 모두 충족하더라도 사법상의 책임을 부담해야 하는 경우가 발생한다. 즉, 현행 건축법령은 일조 보호를 위해 이격거리나 일조시수에 관한 기준을 설정함으로써 규제하고 있다. 그러나 건축주는 이러한 건축법령상의 규제 기준을 모두 충족하여 건물을 축조 하더라도 경우에 따라서는 일조방해에 따른 공사의 중지나 손해배상청구와 같은 각종 분쟁에 휘말리는 일이 발생하게 된다. 이러한 현상은 일반인의 통념 내지 상식에서는 쉽사리 이해하기가 어려운 상황일 것이다. 이는 우리 판례가 일조의 방해가 수인한도를 넘었는지

36) 이에 대하여 이미 완성된 건물에 대한 건물의 철거청구는 민법 제242조 제2항을 유추적용하여 그 철거청구를 허용하지 않고, 일조방해자에게 고의나 과실이 있는 경우에는 손해배상청구만이 가능하고, 고의나 과실이 없이 건물을 완성한 경우에는 조정적 보상청구만이 허용된다는 견해가 있다(전경운, 앞의 책, 387면).

여부를 판단함에 있어 건축법령상의 기준을 준수하였는지를 주된 기준으로 삼고 있는 것이 아니라, 건축법령상의 기준을 포함한 여러 다양한 기준을 수인한도를 판단하는 기준으로 삼고 있기 때문이라고 생각된다. 따라서 이러한 공·사법간 기준의 괴리현상은 국민들에 대한 법적 안정성 내지 법의 실효성 측면에서 문제가 있다.

둘째로 일조권 보호를 위한 현행 건축법령 자체의 문제이다. 일조권을 보호해야 하는 궁극적인 목적은 일정한 일조시간 내지 일조량을 확보하는 것이다. 일조시간 내지 일조량이 부족한 경우 인간에게 심각한 건강상의 문제를 야기 할 수 있으며, 우리 생체시계의 불균형과 그로 인한 여러 부작용을 불러올 위험도 있기 때문이다. 그러나 현행 건축법령은 일조시간이나 일조량의 보장이 아닌 건물간의 이격거리를 중심으로 규제를 하고 이를 통해 간접적으로 일조권을 보호하는 방식을 취하고 있다. 이로 인해 건축법령에서 정한 이격거리를 준수하더라도 충분한 일조시간이나 일조량의 보장이 이루어지지 않는 경우가 발생한다.[37] 그리고 현행 건축법령에 의할 경우 일조권의 보호가 필요함에도 그 보호에 관한 규제가 적용되지 않는 사각지대가 존재한다. 단독주택의 경우에는 여러 적용제외 규정을 두어 실질적인 일조확보의 가능성 여부에 관한 배려가 결여되어 있고, 공동주택의 경우에는 최근의 건축 상황[38]을 전혀 고려하지 아니한 규정을 두고 있거나,[39] 건축물 소재지의 용도에 따라 규제의 대상이 되는지 여부가 달라지는 문제가 있다.[40] 이러한 문제로 인해 법원이 수인한도를 판단함에 있어 건축법령의 준수여부를 그 주된 기준으로 활용하는 것이 아니라, 여러 다른 기준들과 함께 수인한도를 넘었는지 여부를 고려하는 하나 요소 정도로밖에 활용되지 못하는 결과가 야기된

37) 예를 들어 단독주택이 주를 이루는 주거지역에서 단독주택 바로 남쪽에 8m 높이이 공동주택이 이격거리 요건만을 갖추어 건축된다면 과연 단독주택 거주자의 일조권은 보호될 수 없을 것이다(김종보, “건축법상 일조권”, 환경법연구 제23권 제2호, 한국환경법학회, 2001, 201면 이하 참조).

38) 최근 건축되는 공동주택은 설계방식의 다양화 등으로 서로 마주보고 건축되는 경우 뿐만 아니라, 동과 동이 직각으로 배치되거나, 사선형으로 배치가 되거나, 주상복합건축물과 같이 타워형으로 건축되는 경우가 많다.

39) 김민규, 앞의 논문, 231면.

40) 일조권 보호를 위한 건축법령상의 문제점에 대한 추가적인 논의는 진상욱, 앞의 논문, 77면 이하; 이상천, 앞의 논문, 98면 이하; 김민규, 앞의 논문, 219면 이하 참조.

것으로 생각된다.

셋째로 일조권 보호를 위한 사법적 측면에서의 문제이다. 우선 가장 논쟁이 많은 부분이 일조권이 과연 사법상 어떠한 근거에 의해서 인정되는지에 관한 것이다. 현재 일조의 이익이 보호되어야 하는 법익이라는 것에는 의견이 일치하고 있는 것으로 보이나 이에 대한 명확한 법적 근거가 없는 한은 그 법적 근거에 대한 분쟁은 끊이지 않을 것이다. 다음으로 현재의 해석상 일조권을 사법상 보호의 대상으로 한다고 하더라도 사법상 일조 방해로 인한 구제를 위해서는 그러한 방해가 수인한도를 넘었는지 여부에 따라 그 결론이 달라지게 된다. 그러나 수인한도라는 기준은 매우 불명확한 개념이어서[41] 개별적인 사안마다 다른 결론이 날 수 있는 여지가 있는 점도 문제점으로 지적할 수 있다.

□ 일조권의 보호를 위한 합리적 방안

현행 일조권 보호체계에 있어 가장 큰 문제는 일조의 보호를 위한 공법과 사법 간 기준의 괴리문제이다. 앞서 검토한 건축법령상의 문제나 사법상 수인한도의 판단기준에 관한 문제점은 공사법상의 괴리현상으로 없애거나 최소화함으로써 또는 그 과정에서 충분히 해결할 수 있을 것으로 생각된다. 이에 아래에서는 공·사법상 기준의 괴리를 수정하기 위한 방안을 중심으로 검토하고자 한다.

1. 외국의 일조권 보호

일조권의 보호를 위해 외국의 경우에도 다양한 방안을 마련하고 있다. 일본의 경우에는 日影부분에 대한 규제를 통해서 일조권을 보호하고 있다. 일본의 일영규제는 1960년대 일조분쟁의 격화에 대응하기 위해 1976년에 도입되었다. 일영규제는 주거계용도지역 내 조례로 지정하는 지역에 대하여 중·고층 건축물에 의해 발생하는 일영을 일정시간의 범위로 규정하여 그 주변 지역의 일조를 확보하는

41) 다만 일조권 분쟁에 관해 오랜기간 다양한 판례가 축적되면서 실무상 판례가 수인한도 판단에 관한 어느 정도의 기준은 제시하고 있다.

방식이다(일본 건축기준법 제56조의2).[42] 일본의 경우 일영규제가 적용되고 있는 지역에서 일영규제를 지키고 있음에도 불구하고 일조권이 인정된 판례는 없다고 한다.[43]

영국의 경우에는 기후와 환경의 영향에 의해 일조나 채광과 관련된 법제가 일찍부터 발전하였다. 영국은 특정한 장소에 대하여 햇빛이 비치는 최소시간을 절대적인 기준으로 삼아 채광을 확보하도록 하는 채광권법(Rights of Light Act)과, 채광지역권에 관한 시효취득법(Prescription Act)을 통해 일조권을 보호하고 있다. 이로 인해 영국에서는 일조권 관련 분쟁이 법원소송까지 가는 경우는 매우 드물다고 알려져 있다.[44]

미국의 경우에는 보통법에서 인접 토지의 일조, 조망 등이 방해되는지에 상관없이 소유권행사를 절대적으로 인정하여 오다가 태양에너지 개발이 활발해짐에 따라 일조에 대한 권리를 인정하게 되었다.[45] 다만 이런 인정은 예외적인 경우이다. 최근에는 계획입법(Planning Law) 분야에서 일조확보를 위한 효율적인 방법들이 나타나고 있는데 그 중 하나가 '가상의 일영벽(solar fences)[46]' 인데 여러 지방자치단체들이 이 방법을 채택하고 있다.[47]

이처럼 외국은 우리나라와는 달리 일조권의 보호를 사전적 수단으로 공법적 측면에서 일조량 내지 일조시간을 직접적으로 규제함으로써 일조권을 보호함에 따라 사후적 측면에서의 사법상의 분쟁이 예방되는 결과를 도모하고 있는 것으로

42) 유광흠, "일조 관련 건축 기준 해외사례 검토 및 제도 개선방향", 부동산포커스 제53호, 한국감정원 부동산연구원, 2012. 10, 46면 이하 참조.

43) 유광흠, 앞의 논문, 54면.

44) 유광흠, 앞의 논문, 61면.

45) Prah v. Marratti, 108 Wis. 2d 233, 321. 이 사건에서 원고는 시 교외에서 태양열 주택을 건축하여 살고 있었는데 피고가 어느날 원고의 대지 남방 인접지를 매수한 후 지상에 주택을 건축하기 시작하였다. 이에 원고는 피고에게 피고의 건축이 원고의 태양열 시스템에 영향을 미쳐 원고가 손해를 입게 된다고 고지하면서 그 건축의 중지를 요구하였다. 그런데도 피고가 건축을 계속하자 원고는 피고를 상대로 건축공사중지 및 손해배상청구의 소를 제기하였는데 Wisconsin 주 대법원은 일광의 경관 내지 채광 목적만으로서의 가치를 인정하면서 원고의 청구를 인용하였다.

46) 이는 토지경계선 상에 특정한 높이의 가상의 담장을 설정하여 그 담장이 일 년 중 해가 가장 짧은 날의 특정한 시간대에서 만들어내는 그림자보다 더 긴 그림자를 비치게 할 수 없도록 하는 방법이다.

47) 김진혜, "일조침해에 대한 판례 소개", 부동산소송 실무자료 제4집, 유로, 2010, 94-95면.

보인다. 이러한 외국의 예는 공법상의 규제와 사법상의 보호가 사실상 별개의 기준으로 운영되고 있는 우리법제에 시사하는 점이 있다고 생각된다.

2. 공법과 사법상 기준의 괴리 수정

우리나라는 1990년대 처음 일조에 관한 소송이 제기된 이래 해마다 그 분쟁이 크게 증가하고 있는데,[48] 이는 앞서 본 외국의 예와는 달리 우리나라는 일조 보호에 관해 공·사법상의 기준을 달리하고 있기 때문이 아닌가 생각된다.

기존의 여러 선행연구들은 공·사법상 기준의 괴리의 심각성을 인식하고 이에 대한 해소방안을 제시하고 있다. 이러한 연구들은 공사법상 기준의 괴리가 발생하는 요인으로 ① 입법목적 및 법 성격의 상위성, ② 공법과 사법영역 사이의 일조확보 기준의 상위성, ③ 일조확보를 위한 규제영역의 공백, ④ 입법업무 종사자들의 전문성 결여 등을 원인으로 제시하고[49] 있으며, 이러한 괴리현상의 해소방안으로 ① 공·사법상 괴리를 줄이기 위한 입법조치가 필요하다는 견해[50], ② 현행 일조 관련 건축법령의 방만한 입법태도를 시정해야 한다는 견해[51], ③ 해석학적 해결방안으로 위법성의 이중기준론을 제시하는 견해[52] 등이 제시되고 있다. 그러나 이와는 반대로 공·사법상 괴리는 항상 상존하는 것으로 근본적인 해결이 곤란한 법체계상의 본질적·내재적 한계가 존재하기 때문에[53] 무리한 이론으로 공·사법상 기준의 괴리를 좁힐 필요는 없다고 주장하기도 한다.[54]

우리는 전통적으로 공법과 사법을 구분하고 있으며, 그 구별기준에 대해서도

48) 중앙환경분쟁조정위원회(http://edc.me.go.kr) 통계자료 참조.

49) 김민규, 앞의 논문, 219-222면 참조.

50) 박균성, "건축관련이익의 공법적 조정에 관한 연구", 토지공법연구 제24집, 한국토지공법학회, 2004, 298면 이하.

51) 이상천, "일조갈등의 예방적 해소를 위한 입법론적 연구", 동아법학 제45호, 동아대학교 법학연구소, 2009, 57면 이하.

52) 김종보, "건축법과 민사법의 접점", 중앙법학 제4집 제2호, 중앙법학회, 2002, 63면 이하.

53) 김민규, 앞의 논문, 243면.

54) 김민규, 앞의 논문, 224면 참조.

다양한 견해가 주장되고 있다. 그러나 오늘날은 공법과 사법적 요소가 혼재된 법영역도 존재하고 있으며, 실제 최근의 입법도 특정의 개별주체를 중심으로 관련되는 공법과 사법 규정들이 하나의 단행법으로 포섭되는 경향을 보이기도 한다.[55] 일조권 보호의 문제도 공법과 사법적 요소가 혼재되어 공법적 측면에서는 건축관련 법령을 통해 규제를 하고 있고 사법적 측면에서는 일조 방해에 대하여 그 방해의 제거나 예방, 손해배상 등을 통해 사후적인 구제를 하고 있다. 그러나 전술한 바와 같이 현행 공법과 사법상의 기준이 상이하여 모두 일조권의 보호라는 궁극적인 목적에 있어서는 동일함에도 불구하고 그 보호방법에 차이가 발생하여 국민에 대한 법적안정성의 문제가 발생하고 있다. 따라서 일조권의 보호 - 좀 더 넓게는 다양한 환경권까지 포함하여 - 의 문제는 전통적인 공법과 사법의 구분에 따라 그 법의 목적을 구분하여 접근할 것이 아니라 일조권의 보호라는 공통된 목적을 달성하기 위해 공법과 사법을 조화롭게 접목시키는 작업이 필요할 것으로 생각된다. 이러한 작업을 통해 공법과 사법상의 괴리현상은 어느 정도 해소가 될 것으로 생각된다.

3. 일조권 보호를 위한 새로운 패러다임

공법과 사법간 기준의 괴리 현상을 수정하는 방안으로는 다양한 견해가 제시되고 있지만, 개인적으로는 기존의 법체계를 유지하면서 공법과 사법의 접점을 찾는 방안을 모색하는 것이 타당하다고 생각된다. 즉, 사법영역에서 확립된 일조권 보호에 관한 기준을 공법영역에 반영하여 일조분쟁의 가능성을 최대한 줄이고, 그럼에도 불구하고 일조권의 침해가 발생하는 경우에는 사법영역에서 이를 사후적으로 구제하는 방안이 필요할 것이다.

우선 공사법간 기준의 괴리를 수정하기 위해 건축법령에서 건축허가 요건으로 규정하고 있는 이격거리 방식의 일조 보호 규정을 민사판례를 통해 그 동안 축적되어 온 수인한도 판단의 기준을 반영하여 개정하는 작업이 필요할 것이다.

---

55) 지원림, 민법강의, 홍문사, 2012, 4면.

다만 현재까지 축적된 판례들은 수인한도의 판단기준으로 일조방해의 정도, 피해이익의 법적 성질, 가해 건물의 용도, 지역성, 토지이용의 선후관계, 가해 방지 및 피해 회피의 가능성, 공법적 규제의 위반 여부, 교섭 경과 등을 제시하고 있으나, 인간이 건강하고 쾌적한 생활을 누릴 수 있도록 하겠다는 일조권 보호의 목적 내지 필요성 등을 감안하여 인간에게 기본적으로 필요한 일조시간 내지 일조량을 지역적 특성을 고려하여 보다 구체적이고 명확하게 측정하여 이를 법령정비에 반영하여야 할 것이다.[56] 이것은 일영을 규제하고 있는 일본이나 미국, 최소한의 채광권을 확보해 주고 있는 영국의 입법례를 보더라도 바람직한 입법방향이라 생각된다.

다음으로 일조방해의 사전적 예방을 위한 건축법령의 개정 외에 사후적 측면에서 사법영역의 개선도 필요하다. 일조시간 내지 일조량을 기준으로 건축기준을 변경하더라도 일조 방해로 인해 피해를 보는 경우는 발생할 수 있다. 이때 그러한 피해를 인정할 것인지 여부는 지금과 마찬가지로 수인한도를 그 판단기준으로 삼아야 할 것이다. 사법영역의 개선을 위해서는 우선 논란의 대상이 되고 있는 일조권의 보호에 관한 사법상 보호의 근거규정을 마련하고 이를 토대로 사법상 수인한도의 기준을 명문화 하여 제시하는 것이 필요할 것이다. 하지만 이러한 권리를 사법상의 구체적인 권리로 인정하는 데는 향후 많은 연구와 시간이 필요할 것이므로, 우선은 법원의 판례 등을 통한 해석론에 의해 일조권의 보호라는 목적을 달성하여야 할 것이다. 이때 판례 등을 통한 해석론은 일조권을 보호해야 하는 본질적인 목적이 무엇인지를 감안하면 기존 판례 등의 태도와 같이 다양하고 추상적인 여러 기준에 의해 일조권 침해여부를 종합적으로 판단할 것이 아니라, 일조시간 내지 일조량에 관한 건축법령의 기준을 중심으로 일조권의 침해 여부를 구체적이고 개별적으로 판단하여야 할 것이다.[57]

56) 동지: 공순진, 앞의 논문, 188면.

57) 동지: 전경운, 앞의 책, 379면.

[쟁점 3]
- 구분소유권의 성립시기[1]

☐ 논의의 필요성

물권의 객체는 독립한 물건이고, 특히 건물의 경우 1동의 건물이 1개의 물건으로 취급되어 그 위에 하나의 소유권이 성립한다. 그러나 1동의 건물을 구분한 일부라도 물리적 구조나 이용상황에 따라서는 독립된 소유권의 객체로 할 필요가 있다. 이에 집합건물법에 근거하여 1동의 건물 중 일부에 대하여 구분소유권을 인정하고 이 경우 구분된 건물을 구분건물이라고 하고, 이와 같은 구조를 가진 1동의 건물자체를 집합건물이라고 한다.

현행법의 해석상 구분소유가 인정되기 위해서는 객관적·물리적 측면에서 1동의 건물 중 일부가 구조상·이용상 독립되어 있어야 하고, 이렇게 물리적으로 구획된 건물부분을 각각 구분소유권의 객체로 하려는 구분행위가 있어야 한다.

구분소유권을 인정하기 위한 요건 중 구조상·이용상의 독립성은 건물의 완성도에 따라 외관상 객관적으로 확인할 수 있는 부분이다. 반면 구분행위와 관련하여서는 어떠한 행위를 구분행위로 볼 것인지에 대한 명확한 규정이나 해석의 기준이 마련되어 있지 못하다. 종래 대법원 판결도 구분소유 성립 시점을 두고 구분건물로 하겠다는 객관적 표시로 구분행위를 인정하는 판결[2]과 등록이나 등기가 이루어져야 구분행위가 된 것으로 보고 등록·등기시점에 구분소유가 성립한다는 판결[3]로 나뉘어 있었다. 이에 대법원은 "구분행위는 시기나 방식에 특별한 제한이 있는 것은 아니고 물리적으로 완성되기 전에도 건축허가신청이나 분양계약 등을 통해 장래 구분건물로 하겠다는 의사가 객관적으로 표시되면 그 존재를 인정할 수 있으며, 건물이 집합건축물대장에 등록되거나 구분건물로서 등기부에 등기되지

---

1) 아래의 내용은 김판기, "집합건물에 있어 구분소유권의 성립", 인권과 정의 제434호, 대한변호사협회, 2013. 6.; 김판기, "구분소유권의 성립과 소멸에 관한 법정책적 고찰", 법과 정책연구 제16집 제2호, 한국법정책학회, 2016.6.을 요약·정리하였음.

2) 대법원 2006. 3. 10. 선고 2004다742 판결 등.

3) 대법원 1999. 9. 17. 선고 99다1345 판결, 대법원2006. 11. 9. 선고 2004다67691 판결 등.

않았더라도 구조상·이용상 독립성을 갖추고 구분행위가 있으면 그 시점에서 구분소유가 성립한다"고 판시하여[4] 구분소유권의 성립요건 및 성립시기와 관련해 서로 다른 취지로 대립하고 있던 기존의 판례를 정리함으로써 집합건물법의 해석을 위한 중요한 법리를 제시하였다. 하지만 대법원의 이러한 해석은 보는 관점에 따라서는 여러 가지 문제점이 있는 것으로 생각된다.

□ 구분소유권의 성립요건으로서의 구분행위

가. 구분행위의 의의

집합건물법 제1조는 "1동의 건물 중 구조상 구분된 여러 개의 부분이 독립한 건물로서 사용될 수 있을 때에는 그 각 부분은 이 법에서 정하는 바에 따라 각각 소유권의 목적으로 할 수 있다."고 규정하여 구조상·이용상 독립성이 있는 건물부분에 대하여 구분소유권의 성립가능성을 인정하고 있다. 하지만, 해당 건물이 물리적으로는 구조상·이용상 독립되어 건물의 구분소유가 가능하더라도 건물의 소유자는 이를 구분하지 않고 건물 전부를 1개의 단일한 소유권의 객체로 삼을 수 있다. 이에 따라 구분소유권이 성립하기 위해서는 물리적인 측면에서 구조상·이용상의 독립성외에 건물의 소유자가 해당 건물을 구분소유의 객체로 하고자 하는 소유자의 의사가 필요하고, 이러한 소유자의 구분의사는 어떠한 형태로든 외부에 표시하는 행위가 있어야 하는데 이를 구분행위라고 한다.

각 건물부분이 구조상·이용상 독립성을 가져야 한다는 것이 구분소유권 성립의 객관적 요건이라고 말할 수 있다면, 이러한 구분행위는 구분소유권 성립의 주관적 요건에 해당하는 것으로 이해할 수 있으며, 구분소유권의 성립을 위해 구분행위가 반드시 필요하다는 점에 대해서 학설[5]과 판례[6] 모두 이견이 없는 듯하다.

---

4) 대법원 2013. 1. 17. 선고 2010다71578 전원합의체 판결.

5) 지원림, 민법강의, 홍문사, 2012, 579면; 김준호, 민법강의, 법문사, 2012, 619면; 송덕수, 민법강의, 박영사, 2012, 665면; 김희동, "구분소유의 성립시기", 부동산소송 제2집, 서울지방법원 의정부지원, 2001, 233면; 이현종, "집합건물의 구분소유 성립시점", 민사판례연구 제23권, 민사판례연구회, 2001, 52면; 송호열, "집합건물에서 구분소유의 성립에 관한 고찰", 토지법학 제24-1호, 한국토지법학회, 2008. 6, 169면; 노수웅, "구분소유권의 성립요건과 구조상 독립성이 없는 건물의 권리관계에 관한 검토", 민사집행법연구 제7집, 한국민사집행법

나. 구분행위의 법적성질

구분소유권의 성립요건으로서 인정되는 구분행위의 법적성질에 대하여는 다양한 관점에서 논의가 되고 있으며, 세부적인 내용의 차이는 있지만[7] 대체로 구분행위를 법률행위의 일종으로 파악하고 있는 것으로 보인다. 판례도 구분행위의 법적성질을 일종의 법률행위[8]로 보거나, 여러 개의 구분소유권으로 변경·창설하는 형성적 효력을 가지는 법적 행위[9]로 보고 있다.

구분행위는 건물의 소유자가 해당 건물을 구분소유의 객체로 하고자 하는 소유자의 의사표시를 말하는 것으로 법률행위에 해당한다. 다만, 구분소유자의 수나 건물의 성질여하에 따라 세부적인 법률행위의 종류는 차이가 나는 것으로 판단하여야 할 것이다. 즉, 소유자 1인이 구분행위를 하는 경우에는 상대방 없는 단독행위로[10] 보아야 하고, 수인이 공동으로 건물을 소유하면서 이를 구분소유 건물로 하고자 하는 경우에는 합동행위로 보아야 할 것이다.

다. 구분행위와 공시방법과의 관계

일반적으로 법률행위는 일정한 법률효과의 발생을 목적으로 하는 한 개 또는 수개의 의사표시를 요소로 하는 법률요건으로 정의된다.[11] 이러한 법률행위 중 물권의 변동을 일으키는 법률행위를 물권행위라고 한다. 물권행위의 개념과 관련하여 ① 직접 물권의 변동을 목적으로 하는 의사표시를 요소로 하는 법률행위라는 견해[12], ② 물권변동을 직접 목적으로 하는 당사자간의 물권적 의사표시의 합치라

학회, 2011, 314면.

6) 대법원 1999. 7. 27. 선고 98다35020 판결 등.

7) 견해에 따라서는 구분행위의 법적성질을 법률형성적 처분행위, 상대방 없는 단독행위, 등기공무원을 상대방으로 하는 단독행위, 합동행위 등으로 파악하고 있다.

8) 대법원 2013. 1. 17. 선고 2010다71578 전원합의체 판결〈다수의견〉.

9) 대법원 2013. 1. 17. 선고 2010다71578 전원합의체 판결〈다수의견에 대한 박병대, 김용덕 대법관 보충의견〉.

10) 이에 대하여 구분행위를 등기관을 상대방으로 하는 단독행위로 보는 견해(이기용·이춘원, "구분소유의 성립에 관한 고찰", 성균관법학 제17권 제2호, 성균관대학교 비교법연구소, 2005. 12, 272면)도 있으나 집합건물의 등기에 관한 등기관의 실질적 심사권을 삭제한 현행 등기법하에서는 이러한 해석은 무리가 있다고 생각된다.

11) 조성민, 민법총칙, 두성사, 2007, 149면.

12) 곽윤직, 물권법, 박영사, 2003, 31면; 송덕수, 앞의 책, 514면; 김준호, 앞의 책, 508면.

는 견해[13], ③ 물권변동을 직접 목적으로 하는 당사자간의 물권적 의사표시의 합치와 이에 의한 등기·인도를 구성요소로 하는 법률행위라는 견해[14] 등이 대립되고 있다. 개인적으로 물권행위는 채권행위와 함께 법률행위의 핵심을 이루는 것으로서 등기나 인도와 같은 공시방법을 물권행위의 요소에 포함시키는 것은 적절치 않은 것으로 생각되어, 물권행위는 직접 물권의 변동을 목적으로 하는 의사표시만으로 성립된다고 보는 것이 타당하다.

구분소유권의 성립요건으로서의 구분행위는 건물의 소유자가 해당 건물을 구분소유의 객체로 하고자 하는 소유자의 의사를 말하는 것으로 이는 일종의 물권행위에 해당한다고 볼 수 있다. 따라서 위에서 검토한 바와 같이 물권행위의 개념에서 등기나 인도와 같은 공시수단을 제외한다면, 구분행위에 있어서도 등기나 인도와 같은 공시수단은 그 개념에서 제외되는 것이 타당하다. 다만, 이러한 공시수단은 일정한 경우에 형식주의를 취하고 있는 우리 법제하에서 법률행위로 인한 구분소유권의 발생이라고 하는 물권의 변동을 일으키기 위한 또 다른 요건으로 취급하여야 할 것이다.

라. 사견(구분행위 개념의 재정립을 중심으로)

일반적으로 구분소유권의 성립요건으로서의 구분행위는 건물의 소유자가 해당 건물을 구분소유의 객체로 하고자 하는 구분의사를 어떠한 형태로든 외부에 표시하는 행위를 의미하는 것으로 설명되고 있다. 판례의 경우에도 신축건물에 있어 구조상·이용상 독립성을 갖추고 소유자의 구분행위만 있으면 구분소유권이 성립하는 것으로 취급하고 있다. 이때 대법원은 구분행위를 폭넓게 인정하여 구분의사가 대외적으로 표시되면 충분하다고 보아, 건축허가신청, 분양계약 등도 구분행위의 범주에 포섭시키고, 나아가 구분건물로서의 물리적 요건 구비와 구분행위의 시간적 선후를 묻지 않고 분양계약 등에 의한 구분행위가 구분건물로서의 물리적 완성보다 선행하는 것도 가능하다는 입장에 서서, 구분행위의 의미를

13) 이은영, 물권법, 박영사, 2006, 121면.

14) 이영준, 물권법, 박영사, 2009, 66면; 지원림, 앞의 책, 459면.

구조상·이용상 독립성이라는 물리적 요건에 부합하는 대외적인 의사표시의 존재 정도의 의미로 단순하게 파악하고 있는 것으로 보인다.

하지만 구분소유권의 성립요건으로서의 구분행위를 이처럼 폭넓게 파악하여 인정하는 것은 구분소유권의 대상이 불명확하고 유동적이게 되므로 적절하지 못하다고 생각된다. 우리 민법 중 물권의 가장 기본적이고 중요한 특성이 물권에 대한 직접 지배성과 배타성이라고 할 수 있다. 우리는 직접 지배가능성을 높이고 배타성을 보장해 주기 위하여 공시제도와 같은 다양한 수단을 마련해 놓고 있다. 물권법은 기본적으로 물권법상의 권리가 언제 성립하여 누구에게 귀속이 되는지, 그 법률관계의 내용이 무엇인지가 명확하게 정해져 있어야 하고, 이를 외부에서 쉽게 파악할 수 있어야 한다. 이러한 원칙은 구분소유권의 성립에 있어서도 마찬가지로 적용되어야 한다. 물권으로서의 기본적 성격인 배타성에 의해 구분소유관계는 이를 둘러싼 이해당사자들이 쉽게 인식할 수 있도록 명확하게 정해져야 한다.

따라서 구분소유권의 성립요건으로서의 구분행위의 범주를 단순한 구분의사의 외부 표시만으로 인정하여 그 범위를 확대할 것이 아니라 어느 정도의 제한은 필요할 것으로 생각된다. 그렇다고 하여 구분행위에 물권변동의 성립요건으로서의 등기까지 포함시키는 것은 앞서 살펴본 바와 같이 적절치 못하다. 특히 건물신축을 통한 소유권의 원시취득에 있어서는 소유권의 성립에 등기가 필요하지 않기 때문에 구조상·이용상 독립성과 구분행위만으로 소유권이 성립되게 되므로 구분행위의 인정범위를 좀 더 제한하고 그 시점을 객관적으로 정할 수 있도록 하여야 할 것이다.

이에 필자는 구분행위의 개념과 관련하여 '구분행위는 건물의 소유자가 해당 건물을 구분소유의 객체로 하고자 하는 구분의사를 외부에 표시하는 행위를 의미하며, 그 표시행위가 있었는지 여부는 구분소유 건물로 건축물대장에 등록하였는지에 따라 결정된다'고 정의하고자 한다.

이는 일물일권주의의 대상이 되는 일반 건물의 소유와는 달리 구분소유권은 일물일권주의의 예외[15]로서 건물의 일부분이 독립한 소유권의 객체가 되므로

15) 이승길·박세창, "구분소유권의 개념에 관한 고찰", 집합건물법학 제8집, 한국집합건물법학회, 2011. 12,

최대한 객관적이고 명확한 기준을 제시해야 할 필요가 있으며, 이것이 물권에 있어 거래의 안전을 도모하는 길이라고 생각되기 때문이다. 또한 일반 건물의 소유권과는 달리 구분소유권이 인정되기 위해서는 집합건물법이 정하는 바에 따라 반드시 건축물대장에 등록을 하는 절차를 거쳐야 하므로,[16] 건축물대장에의 등록은 구분소유권의 성립여부를 판단하는데 있어 통일적이고 명확한 해석의 기준이 될 수 있다.

□ 등기와 구분소유권의 성립시기

구분소유권이 성립되기 위해서는 구조상·이용상 독립성, 구분행위 외에 공시수단으로서의 등기가 필요한지에 대해서는 학설과 판례가 나뉘고 있다. 독일의 경우에는 주거소유권법(WEG)에서 구분소유권이 성립되기 위해서는 구분행위 외에 등기가 필요함을 명문으로 규정하고 있고, 일본의 경우에는 우리와는 달리 법률행위에 의사주의를 취하고 있기 때문에 구분소유권의 성립을 위해 등기가 필요하지 한다고 해석하는 것이 통설적인 견해이다.[17] 하지만 우리나라의 경우에는 구분소유권의 성립을 위해 등기와 같은 공시방법이 필요한지에 관한 명문의 규정이 존재하지 않는다. 이로 인해 구분소유권의 성립시기를 언제로 볼 것인지에 대한 다양한 해석론이 존재하고 있다.

가. 학설의 태도와 논거

(1) 구분등기 필요설

이 견해는 구분행위의 법적성질이 법률행위이고, 민법 제186조가 법률행위로 인한 물권의 득실변경은 등기하여야 효력이 생긴다고 규정하고 있으므로 구분소유

223면.

16) 집합건물의 소유 및 관리에 관한 법률 제56조는 건물의 신축이나 구분으로 동법의 적용을 받게 되는 경우에는 일정한 기간내에 건축물대장 등록신청을 하도록 강제하고 있으며 이를 위반하는 경우 과태료 부과처분을 받게 된다.

17) 송호열, 앞의 논문, 173면; 이기용, 이춘원, 앞의 논문, 278면.

권의 성립을 위해서는 반드시 등기가 필요하다고 주장한다.[18)]

이 견해에 의하면 "1동의 각 부분이 구분건물로 될 수 있는 요건을 갖추었어도 소유자가 이를 구분건물로 등기하지 아니하고 그대로 1동의 건물전체를 객체로 한 등기만을 한 때에는 구분소유권이 성립할 여지가 없다. 물론 당초부터 구분소유 상태인 건물을 건축하여 구분건물로서 등기할 수도 있고 건축주 1인명의로 등기한 후 구분등기절차를 통하여 구분건물로 등기할 수도 있다. 여하튼 건물의 구분소유 성립에는 등기가 되지 않는 한 그 소유권도 인정할 수 없다. 분양아파트의 경우 건축주명의로만 등기되어 있고 구분의사는 있으나 아직 구분등기가 되어 있지 않는 경우 채권자는 건축주 1인의 부동산으로 보고 압류할 수 있으며, 한편 구분등기가 되어 있을 때에는 그 건물의 각 구분소유자가 동일인인 경우에도 채권자는 1동의 건물로 보고 압류할 수 없고 각 구분건물마다 별도의 압류를 할 수밖에 없다. 물권변동에 형식주의를 취하고 있는 우리 법제하에서는 당연한 조치라 할 것이다"라고 주장하고 있다.[19)]

(2) 구분등기 불요설

① 구분행위만으로 족하다는 견해

이 견해는 구분소유권은 소유자의 구분행위에 의하여 성립하는 것으로, 등기는 사후절차에 불과한 것이라고 주장한다.[20)]

이 견해에 의하면 "민법 186조가 규정하고 있는 물권의 득실변경, 즉 물권변동이라 함은 본래 물권의 상대적 변동, 즉 물권이 그 권리주체를 달리하여 타인에게 이전적 또는 설정적으로 승계되는 것을 의미하는 것이다. 그러나 구분행위에 따른 물권변동이라 함은 소유주체의 변동과는 관계없는 (또는 소유자의 변경

18) 김준호, 앞의 책, 619면; 지원림, 앞의 책, 579면; 고인상, "집합건물법에 관한 소고", 사법연구자료 13집, 법원행정처, 1986, 83-84면.

19) 고인상, 위의 논문, 83-84면.

20) 이홍권, "건물구분소유권의 성립과 소멸에 관한 몇 가지 문제", 민사재판의 제문제 제7권, 한국사법행정학회, 1993, 506면.

이전의) 권리의 내용 또는 범위의 변경을 의미하는 것에 불과하다. 구분소유권의 성립이라 함은 본래 하나의 소유권의 객체인 1동의 건물을 수개의 소유권의 객체로 나누는 것을 의미하는 것뿐이라고 보아야 하고, 그 분할된 수개의 구분소유권이 수인의 소유로 귀속된다 하더라도 그것은 구분행위에 이어서 이루어진 수인 사이의 물권계약의 결과에 불과하다. 후자의 경우에는 민법 제186조가 적용되어 등기가 그 효력발생요건이지만, 전자의 경우에는 반드시 민법 제186조가 적용되어야 할 필연적인 이유는 없는 것이다. 결국, 이는 1필의 토지를 수필로 분할하는 경우와 유사하다고 볼 수 있다. 토지는 1필의 토지에 대하여 1개의 소유권이 존재하는 것으로 보고 있고, 지적법상 소유자의 분할신청과 이에 따른 대장등록이라는 일종의 행정처분에 의하여 소유권이 구분되고 토지의 개수가 정하여지는 것이지, 분필등기는 대장에 의하여 성립한 토지의 분할을 등기부에 반영하여 이를 기재하는 절차에 지나지 않는다. 따라서 1인이 소유하고 있는 1필의 토지가 수필로 분할되면 그 소유권의 내용자체는 변경되고, 그런 의미에서 물권자체의 내용에 변경이 생긴다고 볼 수 있지만, 이는 민법 186조에서 말하는 등기를 요하는 물권변동은 아니고 등기는 사후절차에 불과한 것이다. 다만, 그 분할된 필지를 타인의 소유로 이전하고자 할 경우 비로소 등기를 요하는 것이다. 또한, 일반적으로 등기는 사실의 등기와 권리의 등기로 분류되고, 사실의 등기는 표제부의 등기로서 부동산의 위치, 면적, 사용목적(건물의 경우는 구조) 등을 표시하는 것이며, 권리의 등기는 등기용지의 갑구 및 을구에 하는 부동산의 권리 관계의 등기로서 권리변동이라는 등기의 실체법적 효력은 권리의 등기에 관하여만 인정된다고 설명하고 있는바, 건물을 구분하는 경우에 새로 경료하는 등기도 실질적으로 표제부에 하는 사실의 등기뿐이지, 갑구나 을구 사항란에는 종전의 권리에 관한 등기를 이기하는 것뿐이므로, 이러한 등기를 물권변동의 요건으로서의 등기라 하기 어렵다."고[21] 주장한다.

21) 이홍권, 앞의 논문, 506면 이하.

② 구분행위 외에 건축물대장에의 등록이 필요하다는 견해

이 견해는 구조상·이용상 독립성과 구분행위가 있은 후에 집합건물의 건축물대장에 각각의 건물부분을 등록함으로써 구분소유권의 목적인 부동산의 표시를 특정한 때에 비로소 구분소유권이 성립한다고 주장한다.[22)]

이 견해에 의하면 "집합건물법은 1984. 4. 10. 제정 당시부터 '구분건물의 가옥대장'이란 명칭으로 제3장에서 제53조부터 제64조까지 가옥대장의 편성, 등록절차 등에 관한 자세한 규정을 마련하였으며, 건축법은 1991. 5. 31. 전문 개정되면서 제29조 제1항에서 건축물대장에 관한 규정을 두었고, 시행령 제25조 제1호로써 집합건물법에 의한 가옥대장의 신규등록 및 변경등록의 신청에 의한 건축물대장의 작성·보관에 관하여 규정하고 있다. 나아가 집합건물의 가옥대장에 관한 집합건물법의 규정을 좀 더 자세히 들여다보면, 집합건물법은 제53조 제1항에서 시장, 군수 또는 구청장에게 집합건물법의 적용을 받는 건물에 대하여 집합건물법이 정하는 가옥대장과 건물의 도면 및 각 층의 평면도에 대한 비치의무를 부과하는 한편, 제56조 제1항·제3항에서 집합건물법의 적용을 받는 건물을 신축한 경우나 그 밖에 집합건물법의 적용을 받지 아니하던 건물이 구분, 신축 등으로 인하여 집합건물법의 적용을 받게 된 경우에 소유자 등에게 1동의 건물의 현황 및 전유부분인 건물의 현황과 소유관계에 관한 가옥대장 신규등록 신청의무를 부과하고 있다. 이에 따라 집합건물에 관하여는 가옥대장 내지 건축물대장이 작성되게 되었고, 집합건물의 가옥대장은 단지 지방세의 징수상의 편의라는 목적이 아닌 건축물의 소유·이용상태 확인이라는 목적을 가지게 되었다. 또한 집합건물법은 제56조 제2항에서 건물신축 등으로 구분건물의 가옥대장 신규등록을 신청하는 자는 그 신청서에 건물의 도면, 각 층의 평면도를 첨부하여야 한다고 규정하는 한편, 제59조에서 구분건물의 가옥대장 비치의무를 부담하는 소관청에 대하여 건물신축자의 신규등록신청이 있는 경우에 소속 공무원으로 하여금 건물의 표시에 관한 사항을 조사하게 할 수 있다고 규정하면서, 다시 제60조 제1항에서 소관청이 관계공무원의 조사결과 그 신고내용이 부당하다고 인정될 때에는 그 취지를

22) 이현종, 앞의 논문, 65면.

기재하여 정정을 명하고 그 신고내용을 정정하여도 그 건물의 상황이 제1조의 규정에 부합하지 아니한다고 인정할 때에는 그 등록을 거부하고 그 건물 전체를 하나의 건물로 하여 일반의 가옥대장에 이를 등록하여야 한다고 규정하여, 적어도 집합건물에 관하여서는 가옥대장의 기재가 건물의 현황에 정확히 일치하도록 담보하는 조치도 마련하고 있다. 따라서 집합건물법이 정한 집합건물에 관한 한, 가옥대장의 기재가 건물의 현황을 제대로 반영한다고 충분히 볼 만한 상황이 되었다. 그리고 무엇보다도 집합건물법 제1조가 1동의 건물 중 구조상·이용상의 독립성을 갖춘 건물 부분을 '이 법이 정하는 바에 따라' 각각 소유권의 목적으로 할 수 있다고 규정하고 있으므로, 이제 집합건물에 관하여서는 집합건물법이 정한 가옥대장에의 등록으로써 구분소유권의 목적이 되는 건물부분의 개수가 결정된다고 보아야 할 것이다."라고[23] 주장한다.

(3) 절충설

이 견해는 집합건물을 신축하는 경우에는 등기 없이도 구조상·이용상 독립성, 구분행위의 요건만 갖추면 구분소유권이 성립하나, 이미 존재하는 건물을 구분하여 양도함에 의하여 구분소유권이 성립하는 경우에는 구분소유에 대한 당사자간의 물권적 합의와 등기가 있음으로써 비로소 구분소유권이 성립하는 것으로 주장한다.[24]

나. 판례의 태도와 논거

구분소유권의 성립시기와 관련하여 기존의 판례는 사안에 따라서 "집합건물의 소유 및 관리에 관한 법률 제53조, 제54조, 제56조, 제57조의 규정에 비추어 보면, 집합건물의 어느 부분이 전유부분인지 공용부분인지 여부는 구분소유가 성립한 시점, 즉 원칙적으로 건물 전체가 완성되어 당해 건물에 관한 건축물대장에 구분건

23) 이현종, 앞의 논문, 63-64면.

24) 최종길, "집합주택(아파트)의 구분소유에 관한 비교법적 실태적 고찰", 서울대 법학 제11권 제2호, 서울대학교 법학연구소, 1970, 23면.

물로 등록된 시점을 기준으로 판단하여야 하고, 그 후의 건물 개조나 이용상황의 변화 등은 전유부분인지 공용부분인지 여부에 영향을 미칠 수 없다."고 판시[25]하거나, 구조상·이용상의 독립성을 갖추었고, 주택건설사업계획을 승인받아 원고 등에게 분양할 무렵 이 사건 건물을 구분소유권의 객체로 하려는 의사표시, 즉 구분행위가 있었다고 할 것이어서 구분소유권의 성립을 인정할 수 있다는 취지로 판시[26]하기도 함으로써 구분소유권의 성립시기에 관해 일관된 태도를 보이고 있지 않았다.

하지만 대법원은 전원합의체 판결인 대상판결에서 "구분건물이 물리적으로 완성되기 전에도 건축허가신청이나 분양계약 등을 통하여 장래 신축되는 건물을 구분건물로 하겠다는 구분의사가 객관적으로 표시되면 구분행위의 존재를 인정할 수 있고, 이후 1동의 건물 및 그 구분행위에 상응하는 구분건물이 객관적·물리적으로 완성되면 아직 그 건물이 집합건축물대장에 등록되거나 구분건물로서 등기부에 등기되지 않았더라도 그 시점에서 구분소유가 성립한다."고 판시하여 대립되는 기존의 판례를 정리하였다.

대상판결에서는 ① 구분소유권의 성립요건인 구분행위는 법률행위이기는 하지만, 법률행위는 원칙적으로 방식의 자유가 인정되므로 법률에서 특정한 방식으로 행위 할 것을 규정하고 있지 않는 한 일정한 방식으로 하여야만 법률행위가 성립하거나 그 효력이 인정된다고 할 수는 없다는 점, ② 구분소유권에 관한 기본적 사항을 규율하고 있는 집합건물법은 제1조 및 제2조에서 구분소유권의 성립요건을 규정하고 있지만 건축물대장의 등록에 관하여는 직접적으로 아무런 언급을 하고 있지 않은 점,[27] ③ 집합건물법의 규정 순서와 조문 체계 및 각 조항의 내용 등을 종합해 보면 구분소유권의 성립요건으로 건축물대장 등록이 필요하다거나 구분행위에 대장등록이 필수적인 방식으로 요구된다고 해석하는

25) 대법원 1999. 9. 17. 선고 99다1345 판결.

26) 대법원 2006.3.10. 선고 2004다742 판결 참조.

27) 대상판결은 집합건물법 제1조가 "1동의 건물 중 구조상 구분된 여러 개의 부분이 독립한 건물로서 사용될 수 있을 때에는 그 각 부분은 이 법에서 정하는 바에 따라 각각 소유권의 목적으로 할 수 있다"고 하고 있으나, 이는 각 구분건물이 독립성을 갖추고 있으면 그 각각을 소유권의 목적으로 함으로써 구분소유권을 성립시킬 수 있다는 원칙을 선언하고, 아울러 그 소유권은 '이 법에서 정하는 바에 따라'행사되어야 한다는 것, 즉 전유부분과 공용부분의 이용 및 처분상의 제한 등 권리관계가 이 법의 규정에 따라 규율된다는 것을 선언하는 것일 뿐이라고 한다.

것은 무리라는 점, ④ 구분소유권은 각 구분건물의 독립성과 구분행위에 의하여 성립하고, 그와 같이 구분소유권이 성립한 건물에 대해서는 처분의 일체성 등 권리의 내용과 그 행사방식에 일정한 제한이 가해지며, 구분소유권의 대상인 구분건물에 대해서는 사후적·보고적 공시방법으로 건축물대장의 편성 및 등록을 할 의무를 부담한다는 것을 집합건물법에서 순차 규정한 것으로 이해하는 것이 순리적으로 이해하는 방식이라는 점, ⑤ 구분행위를 대상판결처럼 파악하더라도 구체적 상황에서 건물 건축주의 행위 태양과 건물의 건축 형상 등을 토대로 객관적인 사실인정을 통해 구분행위의 시기와 내용 등을 확정하는 것은 얼마든지 가능하다는 점, ⑥ 대상판결처럼 인정한다고 하여 권리관계가 특별히 불안정해지거나 거래의 안전을 해칠 것도 없다는 점 등을 논거로 하고 있다.

다. 사견

앞서 살펴본 바와 같이 구분소유권의 성립요건으로서의 구분행위에 등기와 같은 공시수단은 포함되지 않는 것으로 해석하는 것이 타당하다. 따라서 법률행위로 인한 물권변동으로서 구분소유권이 발생되기 위해서는 민법 제186조에 따라 등기와 같은 공시수단이 필요하다. 하지만, 법률행위 이외의 방법에 의한 물권변동으로서의 구분소유권의 성립에는 민법 제187조에 의해 등기 없이도 구조상·이용상 독립성과 구분행위만으로 구분소유권은 성립될 수 있다.

기존의 학설은 구분소유권의 성립을 위해 구분행위 외에 별도의 등기와 같은 공시수단이 필요하지 않다는 견해, 등기까지는 아니더라도 건축물대장에의 등록은 필요하다는 견해, 반드시 등기가 경료되어야 한다는 견해 등으로 구분이 되어 있다. 하지만, 구분소유권의 성립을 위해 등기와 같은 공시수단이 필요한지 여부는 해당 건물이 구분소유 건물로 되는 태양에 따라 달리 취급하는 것이 타당할 것이다. 즉, 건물이 신축되어 원시취득 되는 경우에 있어서는 민법 제187조가 적용되어 구분소유권의 성립은 구분행위 외에 등기가 필요 없을 것이지만, 기존의 일반 건물을 구분소유건물로 변경하는 경우에는 민법 제186조가 적용되어 법률행위인 구분행위 외에 공시수단으로서의 등기가 반드시 필요할 것이다. 또한 구분소유 건물로 되는 태양에 관계없이 건축물대장에의 등록만으로도 구분소유권이 성립한다는 견해는 물권변동에 관한 우리 물권법의 기본 원칙에 저촉되는 것으로 타당하지 못하다.

□ 구분소유권의 성립시기에 관한 합리적 해석

현재 구분소유권의 성립시기에 관해 명확한 해석기준이 마련되어 있지 않아 학설과 판례가 대립하고 있다. 이러한 시점에서 2013년 대법원 판결로 구분소유권의 성립시점에 관한 구체적인 해석기준이 마련된 점에는 의미가 있다고 생각된다. 하지만, 다음과 같은 이유에서 2013년 대법원 판결의 결론에는 찬성할 수 없다.

① 2013년 대법원 판결은 신축건물의 구분소유권의 성립시점을 판단함에 있어 구분행위의 개념을 지나치게 확대하여 명확한 기준을 제시하지 못하여 거래의 안전에 혼란을 줄 우려가 있다.

② 구분소유권은 일반 소유권의 성립과는 달리 그 성립에 의해 전유부분과 공용부분, 대지사용권이 일체화 되어 그 처분에 제한이 따르는 법률관계의 큰 변화가 있음에도 불구하고, 2013년 대법원 판결은 구분소유권의 성립시기를 구분소유자의 단순한 대외적 의사표시만으로 판단하고자 한다. 하지만 이러한 구분소유자의 의사표시는 건물이 완공되는 과정에서 얼마든지 변동이 가능한(예를 들어 구분소유권의 범위를 변경하거나, 구분소유건물을 일반건물로 변경하는 등) 불명확한 의사표시라 할 수 있기 때문에 이를 대상판결과 같이 구분소유권 성립의 기준으로 삼는 것은 문제가 있다.

③ 2013년 대법원 판결대로 해석하면 구분행위의 시기나 내용에 그다지 특별한 제한이 없기 때문에 현실적으로는 구조상·이용상 독립성이 갖추어졌는지 여부에 의해 구분소유권이 성립되는 결과를 낳게 된다. 그러나 물리적인 요건인 구조상·이용상 독립성에 관한 판단에 있어 원칙이 불분명[28]하기 때문에 그 시기를 정하는데 혼란이 있을 수 있으며 이는 오히려 법적

28) 건물의 완성도에 따른 건물소유권의 원시취득과 관련한 판례의 태도에 관해서는 오시영, "집합건물과 구분소유권의 원시취득에 관한 고찰", 재산법연구 제28권 제1호, 한국재산법학회, 2011. 5, 5면 이하 참조.

분쟁을 심화시키는 폐해를 가져올 우려가 있다. 2013년 대법원 판결의 사안만을 놓고 보더라도 대상판결은 공정률 22% 정도의 완성만으로도 구조상·이용상 독립성을 인정하였으나 이 사건의 1심은 아예 이를 부정하였다. 남은 80% 정도의 공사과정에서 공사내용의 변경이 충분히 가능함에도 과연 22% 정도의 완성률을 가지고 구분소유권을 인정하여 여러 법률관계의 효력을 발생시키는 것이 타당한 것인지는 의문이다.

④ 2013년 대법원 판결은 정치적 정책적 이유에서 아파트 등 공동주택을 선분양한 후 신축하여 1동 건물의 독립성이나 각 전유부분의 구조상·이용상 독립성이 갖추어졌는데도 어떠한 이유에서 사용승인을 받지 못하여 건축물대장에 등록하지 못하고 장기간 미등록 건물로 방치될 가능성이 있고, 경우에 따라서는 이런 상태에서 수분양자들의 입주까지 이루어지는 현실에서, 건축물대장에 등록하여야만 구분소유권이 성립한다는 견해를 취하면 미등록 건물을 분양받은 수분양자에 대한 유력한 보호장치인 집합건물법 제20조의 대지사용권의 분리처분금지 원칙의 적용이 배제된다는 점을 중요한 근거로 삼고 있다. 그러나 집합건물법 제20조에 의한 분리처분금지의 효과는 원래 토지와 건물로 이원화된 법률관계가 구조상·이용상 독립성이라는 물리적 요건 외에도 물권으로서의 대세적 효력에 부합하는 공시기능을 하는 구분행위를 갖추어 건물과 그 대지인 토지가 법률적으로 일체화됨에 따라 규범적으로 부여되는 효력이다. 선분양이 공동주택 공급의 일반적인 거래 방법이고 미등록 상태가 장기화될 가능성이 있는 현실에서 수분양자들의 보호를 도외시할 수는 없지만, 물권으로서 대세적 효력이 있는 구분소유권과 그 법률관계의 명확성 요청이라는 기본원칙을 포기하면서까지 집합건물법 제20조에 의한 분리처분금지의 효력 발생시점을 앞당기기 위하여 무리한 해석론을 취하여 규범적 효력을 부여하는 방식으로 수분양자들의 보호를 꾀하는 것은 법정책적으로 보아도 타당하다고 할 수 없다.[29]

29) 대상판결에 대한 김창석, 김신 대법관의 반대의견.

□ 구분소유권의 성립시기에 관한 사견

구분소유권의 성립시기에 대해서는 2013년 전원합의체 판결 이후에 여러 연구자들이 각자의 논거에 근거한 다양한 견해들을 주장하고 있다. 어느 견해든 그 논리적 근거에 비추어 보면 일응 타당한 것으로 생각된다. 다만, 필자는 구분소유권의 성립시기에 대한 기존의 논의 외에 아래와 같은 해석론을 추가적으로 제시해 보고자 한다.

집합건물법에 예외를 두고 있는 상가건물의 경우를 제외하고는 원칙적으로 구분소유권이 성립되기 위해서 건물의 구조상·이용상의 독립성과 구분행위가 필요하다는 데는 이견이 없는 것으로 보인다. 다만, 구분소유권의 성립과 관련해 구분행위의 법적 성질과 구분소유권이 성립하는 시기가 언제인가, 즉 구분소유권의 성립을 위해 구분소유의 등기가 별도로 필요한 것인가에 대해서는 견해의 대립이 존재한다.

구분행위는 건물의 소유자가 해당 건물을 구분소유의 객체로 하고자 하는 소유자의 의사표시를 말하는 것으로 법률행위에 해당하며,[30] 이는 일종의 물권행위로 볼 수 있다. 그리고 물권행위는 채권행위와 함께 법률행위의 핵심을 이루는 것으로서 등기와 같은 공시방법을 물권행위의 요소에 포함시키는 것은 적절치 않고, 물권행위는 직접 물권의 변동을 목적으로 하는 의사표시만으로 성립되므로, 구분행위에 있어서도 등기와 같은 공시수단은 그 개념에서 제외되는 것이 타당하다.[31]

구분행위를 법률행위로 본다면 일반적으로 구분소유권은 민법 제186조에 의해 등기하여야 성립이 되는 것으로 해석될 수 있다. 하지만, 민법 제186조에서 요구하는 등기는 실체법상의 등기를 의미하고, 부동산에 관한 법률관계를 일반에게 공시하기 위하여 필요한 절차법상의 등기는 여기에 포함되지 않는 것으로 해석된

30) 김판기, "집합건물에 있어 구분소유권의 성립", 인권과 정의 제434호, 대한변호사협회, 2013. 6, 109면(다만, 구분행위를 법률행위로 보는 경우에도 구분소유자의 수나 건물의 성질여하에 따라 세부적인 법률행위의 종류는 차이가 나는 것으로 보아, 소유자 1인이 구분행위를 하는 경우에는 상대방 없는 단독행위로, 수인이 공동으로 건물을 소유하면서 이를 구분소유 건물로 하고자 하는 경우에는 합동행위로 보아야 할 것이다.)

31) 김판기, 앞의 논문, 110면.

다.[32] 이른바 절차법상의 등기는 부동산의 위치·면적 등, 부동산의 표시의 등기와 권리의 보존·설정·이전·변경·소멸 등, 부동산의 권리관계의 등기를 모두 포함하는데, 실체법상 등기라고 할 때에는 부동산의 표시에 관한 등기를 제외하여 부동산의 권리관계의 등기만을 의미한다고 한다.[33] 따라서 부동산의 표시에 관계되는 사항인, 없었던 물건이 새로 생기거나 또는 물건이 멸실함으로써 물권이 취득 또는 상실되는 것, 또 물건의 증감에 따라서 물권의 내용이 확장 또는 감축되는 것은 법률에 명문의 규정이 없어도 당연히 민법 제186조의 적용범위에서 제외된다.[34] 따라서 일물일권주의의 원칙에 따라 1동 전체를 소유권의 목적으로 해야 할 것을 일정한 요건하에 1동의 건물 일부를 소유권의 목적으로 하겠다는 의사인 구분행위는 건물의 권리에 관계에 관한 사항이 아니라 건물의 표시에 관한 사항에 지나지 않으므로 민법 제186조는 적용되지 않는 것으로 해석할 수 있다.[35] 이러한 해석에 따르면 구분행위에 의한 물권변동은 소유주체의 변동과는 관계없는 또는 소유자의 변경 이전의 권리의 내용 또는 범위의 변경을 의미하는 것에 불과하므로, 이는 민법 제186조에서 말하는 등기를 요하는 물권변동은 아니며 등기는 사후절차일 뿐이고, 따라서 구분소유권은 소유자의 구분행위가 완료됨과 동시에 성립하게 된다.[36]

그렇다면 구분소유권을 발생시키는 구분행위는 언제 완료가 되는 것인가? 구분행위는 구분소유권의 성립시기와 관련하여 중요한 의미를 가진다. 일물일권주의의 대상이 되는 일반 건물의 소유와는 달리 구분소유권은 일물일권주의의

32) 곽윤직, 부동산등기법, 박영사, 1998, 99-100면.

33) 등기를 하지 않으면 사법상의 권리변동의 효력과 추정력이 발생하지 않는 것을 실체법상의 등기사항 이라고 하며, 등기를 하지 않아도 사법상 권리변동의 효력에는 지장이 없는 것을 절차법상의 등기사항이라고 한다. 실체법상의 등기사항은 모두 절차법상의 등기사항이지만, 절차법상의 등기사항은 실체법상의 등기사항을 전부 포함하지는 않는다(최명구, 신부동산등기법, 동방문화사, 2015, 33면).

34) 김증한·김학동, 물권법, 박영사, 1997, 140면; 이현종, 앞의 논문, 59-60면; 어영강, "집합건물의 구분소유에 있어서 구조상의 독립성 요건을 둘러싼 몇 가지 문제", 판례와 실무, 인천지방법원, 2004, 19면(건물을 구분하는 경우에 새로 마치는 등기도 실질적으로 표제부에 하는 사실의 등기뿐이지, 갑구나 을구 사항란에는 종전의 권리에 관한 등기를 이기할 뿐이므로, 이러한 등기를 물권변동의 요건으로서의 등기라 하기 어렵다는 점에 비추어 구분소유권의 성립에 등기를 요하는 것은 아니다).

35) 이현종, 앞의 논문, 59-60면.

36) 이현종, 앞의 논문, 58면.

예외[37])로서 건물의 일부분이 독립한 소유권의 객체가 되므로 최대한 객관적이고 명확한 기준을 제시해야 할 필요가 있으며, 이것이 물권에 있어 거래의 안전을 도모하는 길이라고 생각된다. 즉, 구분행위는 건물을 신축하거나 기존 일반건물을 구분소유 건물로 변경하는 과정에서 명확히 판단할 수 있어야 하고, 그 시점을 구분행위로 보아도 사회통념상 크게 문제가 되지 않아야 할 것이다. 이러한 측면에서 구분소유권 인정되기 위한 일련의 과정(건축허가, 분양계약, 건물의 건축, 건축물대장의 등록, 구분소유의 등기 등) 중 건축물대장에의 등록이 외부에서 파악하기도 용이하고, 외관상 구분건물이 완성된 것으로 보는데도 가장 적절하고 타당한 시점이라고 생각된다.[38])

일반적으로 매매계약에서 물권적 합의가 이루어지는 시점, 즉 물권행위의 완성시점이 언제인가에 대하여 등기에 필요한 서류를 교부받는 시점이라고 하는 것처럼, 구분행위라는 물권행위의 완성시점을 건축물대장에의 등록으로 보면 물권행위의 외관이 명확히 드러날 것이다. 개인적으로 대장과 등기를 일원화 할 것을 주장하고는 있지만, 현실적으로 이를 일원화 하는 것은 불가능한 것으로 보인다. 그렇다면 구분소유의 경우에는 건축물대장의 등록을 구분행위의 판단기준으로, 일반건물의 경우에는 신축이나 (당사자 변경 없이) 소유권의 내용이 변경되는 경우에는 건축물대장의 등록을 소유권의 발생시점을 결정하는 기준으로 삼을 수 있다. 특히 집합건물의 경우에는 집합건물법에 의해 건축물대장의 등록이 강제되고 있다.

또한 최근에는 건축행정 업무 전반의 전자화를 통해 전국의 모든 670만건의 건축물을 DB화함에 따라 기관 방문 없이 인터넷(건축행정시스템 '세움터[39])')으로 신속하게 건축물대장을 발급받고, 건축물대장의 작성, 기재사항의 변경, 말소 등을 인터넷을 통해 온라인으로 신청할 수 있는 원스톱시스템이 구축되어 있어 국민 누구나 건축행정 업무를 손쉽게 볼 수 있도록 되었다.

37) 이승길·박세창, 앞의 논문, 223면.

38) 김판기, 앞의 논문, 116면.

39) http://www.eais.go.kr/

이러한 논거에 근거하여 구분행위는 건물의 소유자가 해당 건물을 구분소유의 객체로 하고자 하는 구분의사를 외부에 표시하는 일종의 법률행위를 의미하며, 그 표시행위가 있었는지 여부는 구분소유 건물로 건축물대장에 등록이 되었는지를 기준으로 결정될 것이다.[40)]

결론적으로 구분소유권은 구분행위의 완료에 의해서 발생하고 구분행위의 완료는 건축물대장에 등록된 시점을 기준으로 판단을 하게 된다.[41)] 구분소유권이 성립하는 과정을 정리하면 아래와 같다.

<table>
<tr><td>신축건물</td><td colspan="2">건축물 완공(1동 전체에 대해 1개의 소유권 성립) → 구분행위(집합건축물대장에 등록) → 구분소유권 성립</td></tr>
<tr><td rowspan="2">기존건물[42)]</td><td>1인 단독소유 건물</td><td>구분행위(일반건축물대장→집합건축물대장) → 구분소유권 성립(각 구분건물을 1인이 모두 소유)</td></tr>
<tr><td>수인 공동소유 건물</td><td>구분행위(일반건축물대장→집합건축물대장) → 구분소유권 성립(각 구분건물을 수인이 공동으로 소유)</td></tr>
</table>

40) 김판기, 앞의 논문, 111면.

41) 건축물대장은 건물이 완공이 되어야 그 등록이 가능하므로 구조상, 이용상의 독립성 요건은 건축물대장의 등록으로 당연히 충족하게 된다.

42) 2013년 선행연구인 김판기, 앞의 논문, 116-117면에서 건물의 신축의 경우와 기존건물을 구분소유건물로 변경하는 경우를 구분하여 신축건물은 건축물대장 등록시에, 기존건물은 등기시에 구분소유권이 성립되는 것으로 주장을 하였다. 그러나 이러한 해석은 신축건물과 기존건물의 구분행위의 법적 성질을 달리 취급하는 이유를 명확히 설명하지 못하는 난점이 있으므로, 법률관계의 통일적이고 간명한 해석을 위해 기존의 견해를 변경하여 신축건물과 기존건물 모두 집합건축물대장에 등록이 되는 시점에 구분소유권이 성립하는 것으로 정정하고자 한다.

[쟁점 4]
- 구분소유권의 소멸[1]

□ 논의의 필요성

집합건물법은 구분소유자들의 권리관계를 간명하게 공시할 수 있게 하고 부동산거래로 인한 분쟁을 사전에 방지함과 동시에 건물의 공동관리 및 이용에 따른 생활관계를 규율할 목적으로 제정된 것으로, 사실상 민법 제215조 규정을 대체하는 역할을 하고 있다. 집합건물법은 1984년 제정이후 수차례의 개정을 통해 사회변화 등 현상을 반영하는 노력을 해 왔다. 그러나 집합건물법의 구성체계는 실제 분쟁사안을 해결하는데 한계점을 드러내고 있다. 특히 구분소유권의 성립과 소멸에 관한 부분은 명확한 근거규정이 없어 학설과 판례 등 해석론에 의해 법률공백을 보충해 오고 있다. 특히 대법원 2016. 1. 14. 선고 2013다219142 판결은 2013년 선고된 전원합의체 판결을 인용하여 구분소유권의 성립을 인정하고 이에 더해 구분폐지에 의한 구분소유권의 소멸에 대해서까지 언급한 판결로 하나의 사건에서 구분소유권의 성립과 소멸에 관한 법리가 모두 다루어진 점에 나름의 의미를 가진다.

구분소유권은 구조상의 독립성, 이용상의 독립성, 구분행위의 요건을 갖추면 성립을 하게 되므로, 이러한 구분소유권의 성립에 필요한 요건들 중 전부 또는 일부가 흠결되면 구분소유권이 소멸하는 것은 당연하다. 그러나 우리 집합건물법은 구분소유권의 소멸에 관한 명시적인 규정을 두고 있지 않아,[2] 해석론에 의거하여 구분소유권의 소멸이 인정될 수 있는지 여부를 검토해야 한다.

---

1) 아래의 내용은 김판기, "구분소유권의 성립과 소멸에 관한 법정책적 고찰", 법과 정책연구 제16집 제2호, 한국법정책학회, 2016. 6.을 요약·정리 하였음.

2) 다만, 우리 집합건물법은 집합건물의 유지를 위해 건물의 멸실·훼손 및 노후화로 인한 재건축·복구에 관한 규정은 두고 있다.

□ 구분폐지에 따른 구분소유권의 소멸시기

1) 의사표시에 의한 구분폐지

의사표시에 의한 구분폐지는 건물의 물리적 현황변화 없이 구분행위에 의해 성립된 구분소유권을 소유자가 구분을 폐지하여 1개의 건물로 사용하고자 하는 합병의 의사를 표시하는 것을 의미한다.[3] 이러한 합병의 의사표시도 구분행위와 마찬가지로 물권행위 성격의 법률행위로 보는 것이 타당할 것이다. 다만, 구분소유권이 소멸하는 시점에 대해서는 앞서 살펴본 구분소유권의 성립시기를 언제로 볼 것인지에 따라 차이가 날 수 있다.

구분소유권이 구분행위와 구조상·이용상 독립성을 갖춘 때 성립한다는 견해에 의하면 어떠한 형태로든 구분을 폐지한다는 의사가 표시되면 구분소유권은 소멸하는 것으로 해석될 것이고, 구분소유권은 구조상·이용상 독립성과 구분행위가 있은 후에 집합건물의 건축물대장에 등록이 된 때에 성립한다는 견해에 의하면 구분폐지의 의사표시 후에 이러한 사항이 건축물대장에 반영되어야 구분소유권이 소멸되는 것으로 해석될 것이고, 구분소유권은 구분소유의 등기가 경료된 때 성립한다는 견해에 의하면 일반건물로 등기가 경료되어야 비로소 구분소유권이 소멸하는 것으로 해석될 것이다.

2) 사실상 구분폐지

사실상 구분폐지는 구분건물의 구조상·이용상 독립성이 결여되어 구분건물로서의 실체를 상실한 경우를 의미한다.[4] 사실상 구분폐지는 건물의 멸실로 인한 경우, 경계벽 제거 등으로 인해 구분건물의 요건을 상실한 경우로 구분해 볼 수 있다.[5] 이러한 사실상 구분폐지는 앞의 의사표시에 의한 구분폐지와는 달리

3) 어영강, "집합건물의 구분소유에 있어서 구조상의 독립성 요건을 둘러싼 몇 가지 문제", 판례와 실무, 인천지방법원, 2004, 25면.

4) 김안수, "건물에 대한 구분행위와 구분소유권에 관한 연구", 아주대 박사학위논문, 2014, 168-169면.

5) 사실상 구분폐지를 분류하면서 건물이 합병되는 경우를 포함시키는 견해가 있으나, 건물의 합병은 건물의 물리적 변경은 따르지 않고, 다만 일정한 건물부분의 등기상의 소유적만을 바꾸는 처분을 말하는 것으로(배병일,

사실행위 내지 사건에 의해 구분폐지가 이루어지는 것으로 등기나 건축물대장의 말소 없이도 당연히 구분소유권은 소멸한다.

① 건물의 멸실로 인한 구분폐지

건물의 멸실로 인한 구분폐지의 경우에는 구분소유의 목적물이 없어지게 되므로 구분소유권은 멸실과 함께 당연히 소멸하게 된다. 다만, 건물 전체가 멸실되었는지 아니면 일부만 멸실되었는지에 따라 법률관계가 달라 질 수 있다. 일부멸실의 경우에는 잔존부분이 1개의 구분건물로 남게 되는 경우에는 구분소유관계 자체가 해소되어 일반건물로 변경되고, 2개 이상의 구분건물이 남게 되는 경우에는 일부 멸실된 부분에 대해서만 구분소유권이 소멸하고 잔존부분에 대한 구분소유권은 그대로 존속하게 된다.[6] 또한 건물가격의 2분의 1 이하에 상당하는 건물 부분이 멸실되었을 때에는 각 구분소유자는 멸실한 공용부분과 자기의 전유부분을 복구할 수 있고(집합건물법 제50조 제1항), 멸실된 부분이 건물가격의 2분의 1을 초과하는 경우에 관리단 집회는 구분소유자의 5분의 4 이상 및 의결권의 5분의 4 이상으로 멸실한 공용부분을 복구할 것을 결의할 수 있는데(집합건물법 제50조 제4항), 이러한 복구가 이루어지면 구분소유권은 소멸하지 않는다.[7]

② 경계벽 제거 등으로 인한 구분폐지

구분소유권의 목적인 건물부분 사이의 경계벽이 제거된 경우에는 건물의 구조상 독립성 및 이용상 독립성을 상실하게 된다. 이 경우에는 종전에 구분되었던 건물부분의 소유자가 동일한 지와 관계없이 구분소유권은 그 성립요건의 흠결로 소멸하게 된다.[8]

다만, 인접한 구분건물 사이에 설치된 경계벽이 일정한 사유로 제거됨으로써

"건물의 합체에 관한 연구", 영남법학 제11권 제2호, 영남대학교 법학연구소, 2005. 6, 169면), 구분소유권의 성립요건의 흠결로 인한 사실상 구분폐지와는 개념상 거리가 있다.

6) 주석민법 물권법(2), 한국사법행정학회, 2011. 10, 138면.

7) 양형우, "구분소유관계의 종료(해소)에 관한 고찰", 비교사법 제19권 3호, 한국비교사법학회, 2012. 8, 850면.

8) 어영강, 앞의 논문, 25면. 이 경우 소유자가 동일한 경우에는 단독소유로 되고, 소유자가 다른 경우에는 1개의 건물에 관한 공유관계가 성립한다.

각 구분건물이 구분건물로서의 구조상 및 이용상의 독립성을 상실하게 되었다고 하더라도, 각 구분건물의 위치와 면적 등을 특정할 수 있고 사회통념상 그것이 구분건물로서의 복원을 전제로 한 일시적인 것일 뿐만 아니라 그 복원이 용이한 것이라면,[9] 각 구분건물은 구분건물로서의 실체를 상실한다고 쉽게 단정할 수는 없고, 아직도 그 등기는 구분건물을 표상하는 등기로서 유효하다고 해석되어,[10] 구분소유권은 소멸하지 않는다.

□ 구분소유권의 소멸

구분행위는 건물의 소유자가 해당 건물을 구분소유의 객체로 하고자 하는 구분의사를 외부에 표시하는 일종의 법률행위를 의미하고, 그 표시행위가 있었는지 여부는 구분소유 건물로 건축물대장에 등록이 되었는지를 기준으로 결정한다. 해석론의 일관성 측면에서 구분폐지를 원하는 소유자가 그 의사를 외부에 표시하는 것을 의사표시에 의한 구분폐지라고 하고, 이러한 구분폐지행위가 있었는지 여부는 집합건축물대장에서 일반건축물대장으로 그 등록을 변경하였는지를 기준으로 결정하여야 할 것이다.[11] 이에 따라 구분소유권은 단순한 구분폐지 의사에 의해서가 아니라 일반건물로 변경된 해당 건물의 현황이 일반건축물대장에 기재됨으로써 소멸이 될 것이다.

반면 사실상 구분폐지는 의사표시에 의한 구분폐지와는 달리 건물의 멸실이나 경계벽의 제거와 같은 물리적 현황의 변화가 가시적으로 드러나는 것이기 때문에 별도의 구분폐지에 대한 판단기준은 필요하지 않을 것이다. 이에 사실상 구분폐지의 경우에는 건물의 물리적 현황 변화라는 사실행위 내지 사건에 의해 구분폐지가 이루어진 시점에 당연히 구분소유권은 소멸하는 것으로 보아야 할 것이다.

---

9) 복원가능성의 판단에 관한 기준은 허명욱, "구분건물의 사실상 구분폐지와 관련한 몇 가지 법률적 문제", 집합건물법학 제12집, 한국집합건물법학회, 2013. 12, 8-10면; 김안수, 앞의 논문, 170-172면 참조.

10) 대법원 1999. 06. 02. 선고 98마1438 결정.

11) 만일 구분소유자가 2인이상인 경우에는 건축물대장등록에 앞서 소유자들 간의 구분소유관계에 관한 합의가 선행되어야 할 것이다. 이러한 합의가 성립되지 않는 경우에는 건축물대장의 등록은 사실상 불가능할 것이다.

□ 구분소유권의 성립과 소멸에 관한 집합건물법 개정 제안

집합건물법은 구분소유자들의 권리관계를 간명하게 공시할 수 있게 하고 부동산거래로 인한 분쟁을 사전에 방지함과 동시에 건물의 공동관리 및 이용에 따른 생활관계를 규율할 목적으로 제정(법률 제3725호, 1984. 4. 10) 된 것으로, 사실상 민법 제215조 규정을 대체하는 역할을 하고 있다. 집합건물법은 1984년 제정이후 수차례의 개정을 통해 사회변화 등 현상을 반영하는 노력을 해 왔다. 그러나 집합건물법의 구성체계는 실제 분쟁사안을 해결하는데 한계점을 드러내고 있다. 특히 구분소유권의 성립과 소멸에 관한 부분은 명확한 근거규정이 없어 학설과 판례 등 해석론에 의해 법률공백을 보충해 오고 있다. 하지만 이러한 해석론을 통한 보충은 (비록 사회현상의 변화를 즉각적으로 반영할 수 있는 장점은 있지만) 장기적인 측면에서 법률분쟁에 대해 일관되고 명확한 해결책을 제시하는 데는 한계가 있다. 이에 기본적인 법률관계와 관련된 사항에 대해서는 다양한 해석론을 통해 혼란을 주기 보다는 법정책적 측면에서의 입법적 해결을 통해 통일된 기준을 제시하는 것도 의미가 있다고 생각된다.

① 구분소유권의 성립 및 소멸에 관한 입법 방향

- ○ 구분소유에 관한 실체법인 집합건물법의 개정일 것
- ○ 구분소유권의 성립과 소멸에 관한 기준을 명확히 제시할 것
- ○ 제시된 기준은 복잡한 논리구조가 아닌 일반 거래관념에 최대한 근접할 것
- ○ 분쟁의 가능성을 최소화 할 것
- ○ 판단기준이 필요한 경우에는 최대한 객관적이고 간편한 기준을 찾을 것
- ○ 국민에게 과도한 부담을 주지 않을 것
- ○ 거래안전을 해하지 않을 것

② 구분소유권의 성립 및 소멸에 관한 집합건물법 개정안

제2조의3(건물의 구분소유권) ①건물의 구분소유권은 구분소유자의 구분행위에 의해서 성립하며, 구분행위는 구분건물의 건축물대장 등록에 의하여 완성된다.

②건물의 구분소유권은 아래의 어느 하나에 해당하는 사유가 발생한 경우에 소멸한다.

1. 구분소유자의 구분폐지 의사에 따라 집합건축물대장에서 일반건축물대장으로 변경 등록 된 때. 단, 구분소유자가 수인인 경우에는 구분소유자 5분의 4 이상의 합의로 건축물대장이 변경등록 된 때
2. 구분소유의 목적이 된 건물이 전부 멸실된 때
3. 구분소유의 목적이 된 건물이 일부가 멸실된 후 제50조에 따른 복구 없이 6개월이 경과한 때
4. 건물의 구조상 및 이용상 독립성(제1조의2에 따른 구분점포의 경우에는 이용상 독립성)이 상실되어 복원이 불가능한 때

[쟁점 5]
- 도급 건축물의 소유권의 취득[1)]

□ 논의의 필요성

독일민법 제93조는 '물건의 다수의 구성부분이 그 중 하나를 훼멸시키거나 그 중 하나의 본질을 변경하지 아니하면 서로 분리될 수 없는 경우에는(본질적 구성부분), 이들은 별도의 권리의 목적이 될 수 없다'고 하면서, 제94조 제1항에서 '토지의 정착물 특히 건물과 토지에 부착되어 있는 토지의 산출물은 토지의 본질적 구성부분에 속한다'고 규정하고, 제2항은 '건물의 건축을 위하여 부가된 물건은 건물의 본질적 구성부분에 속한다'고 규정하여 토지와 건물을 별개의 독립된 부동산으로 취급하지 않고, 건물을 토지의 구성부분으로 보고 있다. 그러나 우리나라에서는 토지와 건물을 각각 독립된 부동산으로 보고 있기 때문에 건물이 완성된 경우에 그 소유권이 누구에게 귀속하는지가 문제된다.

즉, 건물의 건축에 있어서는 토지소유자, 건설업자, 재료제공자 등 여러 사람이 관여하게 된다. 이때 독일의 경우에 건물은 토지에 종속하는 것이므로 건축재료의 공급자가 누구냐에 관계없이 완성된 건물은 당연히 토지소유자에게 소유권이 귀속하게 된다. 그러나 우리나라의 경우는 건축재료를 누가 공급하였느냐, 어느 정도를 공급하였느냐에 따라 완성된 건축물의 소유권 귀속자가 달라지게 된다. 그러므로 이러한 완성건물의 소유권 귀속은 건축관여자들의 이해관계에 중대한 영향을 미치고, 또한 그 관여자들의 채권자들에게도 큰 영향을 주게된다. 이러한 이유에서 완성건물의 소유권이 과연 누구에게 귀속하는지를 명확히 밝힐 필요성이 대두되는 것이다.

1) 아래의 내용은 김판기, "완성된 도급건축물의 소유권 귀속", 부동산법학 제14집, 한국부동산법학회, 2006. 6.을 요약정리 하였음.

□ 완성된 건물의 소유권 귀속

1. 학설의 대립

(1) 수급인귀속설

1) 순수한 수급인귀속설

이 설은 건물소유권의 귀속을 재료의 공급자를 기준으로 결정하고자 하는 견해로 그 주된 내용은 다음과 같다.[2)]

① 도급인이 재료의 전부 또는 주요부분을 제공한 경우: 이 경우는 건물의 완성과 동시에 소유권은 도급인에게 귀속한다. 가공의 규정은 적용되지 않는다.

② 수급인이 재료의 전부 또는 주요부분을 제공한 경우: 이 경우에는 건물의 완성과 동시에 소유권은 수급인에게 귀속하고, '인도'에 의하여 도급인에게 이전된다. 건물은 독립한 부동산이기 때문에 토지에 부합하는 것은 아니다.

또, 이것과는 별도로 건설업자의 측면에서는 재료공급의 유무에도 불구하고 건물소유권은 항상 수급인에게 있다는 견해도 있다.[3)] 이것은 수급인귀속설을 보다 철저히 한 것으로 볼 수 있다.

2) 수정된 수급인귀속설

이 설은 순수한 수급인 귀속설을 기본적으로 유지하면서, 예외적으로 도급인이 원시적으로 취득할 여지를 확대하는 견해이다.[4)] 예외적으로 도급인이 소유권을

---

2) 김기선, 한국채권법각론, 법문사, 1982, 243면; 김현태, 신고채권법각론, 일조각, 1969, 235면; 이태재, 채권각론신강, 진명문화사, 1985, 295면; 末弘嚴太郎, 債權各論, 有斐閣, 大正7年, 695頁.

3) 荒井八太郎, 建設請負契約論, 勁草書房, 昭和42年, 905頁.

4) 我妻榮, 債權各論 (二), 岩波書店, 昭和37年, 616-617頁; 末川博, 契約法 下, 岩波書店, 昭和50年, 180頁.

원시적으로 취득하는 것은 다음의 경우이다.

① 도급인이 재료는 지급하지 않지만, 재료의 구입대금을 부담한 경우에는 도급인이 원시적으로 취득한다.
② 수급인이 재료를 공급하는 경우에도 도급인에게 원시적으로 귀속된다라고 하는 특약이 있으면, 그 특약의 효력으로서 도급인이 원시적으로 취득한다.
③ 수급인이 재료를 공급하는 경우에도 대금의 전액을 지불한 경우에는 도급인이 원시적으로 취득한다는 특약이 있었던 것으로 추정된다.

이 근거로서는 물권이론, 당사자 의사에 합치한다는 것과 함께, 수급인의 보수청구권을 확보하는 효과도 있다는 것을 들고있다.[5]

(2) 도급인귀속설

이 견해는 재료의 공급자가 누구인가를 묻지 않고, 즉 재료의 공급자가 도급인인 경우는 물론, 건축재료의 공급자가 수급인인 경우에도 원칙적으로 항상 도급인이 건물소유권을 원시적으로 취득한다고 주장한다.[6] 그 이유는 논자에 따라 다소 차이는 있지만, 주된 것은 다음과 같다.

1) 당사자의 의사해석

수급인은 도급인의 주문에 따라 건물을 건축하는 것으로, 도급인에게 소유되어야 할 건물의 건축을 도급받고 있다는 의사를 가지는 것이고, 또 도급자로서도 자기가 소유할 의사로 건축을 주문한 것이기 때문에 도급인에게 원시적으로 귀속되는 것이 당사자의 의사에 합치한다.

5) 我妻榮, 前揭書, 617頁.

6) 곽윤직, 채권각론, 박영사, 2000, 311면; 이은영, 전게서, 534면; 이상태, '완성건물의 소유권귀속에 관한 연구', 일감법학 제2권, 건국대 법학연구소, 1997. 12, 130면; 민법주해 15, 442면(김용담 집필부분).

2) 부지의 이용관계

수급인에게는 부지의 이용권이 없기 때문에 건물소유권이 인정되어도 의미가 없다.

3) 공사대금확보수단

수급인이 소유권의 취득을 주장하는 목적은 공사대금채권의 확보에 있다. 그러나 이를 위해서는 저당권, 동시이행의 항변권, 유치권 등의 수단을 통해 해결이 가능하다. 또 대금이 공사의 진척에 따라 지불되는 경우에는 대금의 지불이 되지 않으면 공사를 중지하는 것도 가능하기 때문에 소유권을 취득할 필요성은 없다.

4) 부동산물권변동의 요건

수급인귀속설에 의하면 수급인이 소유권을 원시취득하고 대금을 지급받으면 완성된 부동산은 인도에 의해 도급인에게 이전된다고 하지만, 이는 등기를 부동산 물권변동의 성립요건으로 하고 있는 우리 민법상의 물권변동 이론에 모순된다.

5) 등기실무

등기의 실제상 건축허가가 도급인 명의로 나 있는 경우가 대부분이므로 수급인이 보존등기를 하는 것이 곤란하다.

6) 건축공사 관행

건축공사에 있어서 우리의 관행은 공사대금의 지급을 일의 진척도에 따라 일부씩 지급하고 있어, 건물완성당시에는 대금 전액이 지급되지는 않더라도 상당액이 지급되는 것이 보통인데, 이러한 경우에도 완성건물이 수급인에게 귀속한다는 것은 부당하다.

7) 민법 제666조의 해석

민법 제666조는 수급인에게 보수채권의 담보목적으로 저당권설정청구권을 인정하는데, 그것은 도급인이 완성된 부동산의 소유권을 취득하는 것을 전제로 한 규정이다.

2. 판례의 태도

(1) 도급인이 재료의 전부 또는 주요부분을 제공한 경우

판례는 완성된 목적물의 소유권은 특약 및 특별한 사정이 없는 한 그 완성물의 소유권은 도급인이 당연히 원시취득한다고 한다.[7]

(2) 수급인이 재료의 전부 또는 주요부분을 제공한 경우

판례는 '수급인이 자기의 노력과 출재로 건축중이거나 완성한 건물의 소유권은 도급인과 수급인 사이의 특약에 의하여 달리 정하거나 기타 특별한 사정이 없는 한 도급인이 약정에 따른 건축공사비 등을 청산하여 소유권을 취득하기 이전에는 수급인의 소유에 속한다고 봄이 상당하다'고 판시[8]한다.

(3) 도급인과 수급인 사이의 특약이 있는 것으로 본 경우

소유권귀속에 관하여 당사자의 특약이 있는 경우에는 그에 따라야 한다. 여기서 특약에 관해 판례는 반드시 명시적이어야 하는 것은 아니고 묵시적인 것이라고 상관없다고 한다. 판례는 양도담보계약을 체결하고 있는 경우[9], 동업계약을 하고 대지대금의 확보를 위하여 건축허가명의를 토지소유자로 하였을 경우[10], 건물건축 도급계약 당시부터 건축허가 명의를 도급인으로 한 경우[11], 도급인이 공사의

---

7) 대법원 1962. 3. 29. 선고 62다23 판결; 대법원 1962. 7. 5. 선고 4292민상876 판결; 日大判 昭和 7. 5. 9, 民集 11巻 824頁(도급인이 건축공사의 주요 재료를 공급한 때는 건물소유권은 준공과 동시에 당연히 도급인에게 귀속한다); 日大判 昭和 10. 11. 6, 法學 5巻, 635頁.

8) 대법원 1999. 2. 9. 선고 98두16675 판결; 대법원 1993. 3. 26. 선고 91다14116 판결; 대법원 1992. 8. 18. 선고 91다25505 판결

9) 대법원 1979. 6. 12. 선고 78다1992 판결.

10) 대법원 1985. 5. 28. 선고 84다카2234 판결.

11) 대법원 1997. 5. 30. 선고 97다8601 판결; 대법원 1996. 9. 20. 선고 96다24804 판결; 대법원 1992. 8. 18. 선고 91다25505 판결; 대법원 1992. 3. 27. 선고 91다34790 판결.

기성고에 맞추어 수급인에게 공사대금의 95%에 이르는 금액을 이미 지급한 경우[12]에는 당사자사이의 특약에 관한 묵시적 합의가 있는 것으로 보았다.

□ 건물소유권 귀속의 특수문제

1. 조립식 건물

조립식건물에 있어서는 일반적인 내구소비재와 마찬가지로, 종종 제조업자와 도급인과의 사이에 대금완제까지 소유권을 조립식 제조업자에게 유보하는 취지의 소유권유보특약이 정해진다. 이것은 소유권의 귀속에 있어서의 특약이 있는 것으로 된다. 조립식 제조업자가 도급인과 직접 계약을 체결하는 경우에는 통상의 건물의 건축과 마찬가지로 해석해도 좋을 것이다. 주로 재판상의 분쟁이 되는 것은 도급인으로부터 수급인이 공사를 수주하고, 이것을 다시 조립식 제조업자에게 발주하는 경우이다. 도급인이 대금을 수급인에게 지불하였지만, 도급인이 하도급에 해당하는 조립식 제조업자에게 대금을 지불하지 않은 경우에 조립식 제조업자가 수급인과의 사이의 유보소유권을 도급인에 대하여도 주장할 수 있는 것인가가 다투어진다. 이것에 대하여는 당사자간에는 원래 소유권유보특약이 단지 제조업자가 대금채권을 확보하기 위하여 심리적인 강제를 목적으로 하는데 지나지 않은 것으로서 특약의 효력을 부정하여 건물이 도급인에게 귀속한다고 판단한 것[13]이 있다.

2. 하도급관계와 소유권 귀속

건축공사에 있어서 도급인으로부터 도급을 받은 수급인(원수급인)이 실제 공사 시공의 전부 또는 일부를 다른 수급인(하수급인)에게 다시 도급을 하는

12) 대법원 1994. 12. 9. 선고 94마 2089 판결.

13) 東京高判 昭和 54. 4. 19, 判例時報 934号 56頁.

경우가 적지 않다. 이러한 경우에 수급인귀속설에 따르면 다소 복잡한 문제가 생긴다. 즉, 수급인이 원시적으로 취득한다고 하면, 원수급인이 전면적으로 일인의 하수급인을 이용하고 있는 경우에는 소유권은 우선 하수급인에게 귀속하고 이것이 원수급인에게 이전하고, 그 후에 도급인에게 이전하는 것으로 된다. 이 경우에도 대금의 완제, 인도가 있으면 도급인이 원시적으로 소유권을 취득하는 것으로 해석되기 때문에, 특별히 곤란한 문제는 생기지 않는다. 그러나 도급인은 원수급인에게 대금을 완제하였지만 원수급인이 하수급인에게 대금을 변제하지 않은 채로 도산하여 건물의 인도가 되지 않은 경우에는 하수급인이 소유권을 가지는 것으로 된다. 그래서 원수급인의 도산에 의해 불이익을 도급인이 부담하는 것인가, 하수급인이 부담하는 것인가가 문제된다.

(1) 하수급인귀속설

과거 대심원판결에서는 수급인귀속설을 그대로 적용하여, 하수급인에게 원시적으로 귀속하는 것을 인정한 것이 있다.[14] 그러나 그 후에는 이것을 답습하는 것은 발견되지 않는다.

(2) 도급인귀속설

건물이 도급인에게 인도되어 있는 경우, 혹은 대금이 하수급인에게도 지불되어 있는 경우에는 도급인귀속설에서도 수정된 수급인 귀속설에서도 차이를 발생하지 않는다. 하지만 원수급인에의 대금지불은 있지만, 하수급인에의 대금지불이 없는 사안에 있어서 수급인귀속설을 전제로 하면서, 하수급인을 원수급인의 이행대용자로 보아, 도급인과 원수급인과의 사이에서 대금전액의 변제가 되어 있는 것의 법률효과는 하수급인에게도 미치는 것으로서, 소유권이 도급인에게 귀속한다고 한 사례가 있다.[15]

단, 법원이 대상으로 한 것은 원수급인이 공사의 전부를 하수급인에게 시공시킨

14) 日大判 大正 4. 10. 22, 日民緣 21輯 1746頁.

15) 仙台高決 昭和 59. 9. 4, 判例タイムズ 542号 220頁.

일괄도급의 사안이고, 실무상은 오히려 드문 경우이다. 원수급인이 일부시공하고 다수의 하수급인이 관여하는 것이 통상의 하도급관계에 있어서는 수급인귀속설이 전제로하는 소유권의 귀속 판정기준으로서의 주된 재료의 공급자가 판정곤란한 경우조차도 있다. 또 건물소유권이 하수급인에게 귀속한다고 하여도 다수의 하수급인 중 누구에게 귀속하는가가 문제로 되지만, 이러한 실무상 통상의 사례에 있어서는 판례가 발견되지 않는다.[16)]

16) 民法コンメンタール(14) - 契約(4), ぎょうせい, 1989, 393頁.

제5장

부동산 취득시효

중요 쟁점 미리보기

- 취득시효제도의 의의
- 부동산 점유취득시효
- 부동산 등기부취득시효

기본이론 들여다보기

취득시효제도의 의의

취득시효란 물건 또는 권리를 점유하는 사실상태가 일정한 기간 계속되는 경우에 그것이 진실한 권리관계와 일치하는가의 여부를 묻지 않고 권리취득의 효과가 생기는 것으로 하는 제도이다. 시효제도에는 취득시효제도와 소멸시효제도가 있다. 양자는 일정한 기간의 경과를 필요로 한다는 점에서 공통점이 있지만 그 효과에 있어서는 취득시효는 '권리의 취득'을, 소멸시효는 '권리의 소멸'을 가져오는 점에서 차이가 있다.

시효로 취득할 수 있는 권리는 소유권(245조·246조)과 그 밖의 재산권(248조)이다. 후자는 지상권·계속되고 표현된 지역권·전세권·질권 등 일정한 물권과 이와 유사한 성질을 가지는 권리(예: 광업권·어업권·무체재산권 등)에 한한다. 점유를 수반하지 않는 물권(저당권)·신분관계를 기초로 하는 재산적 권리(각종 부양청구권)·1회의 행사로서 소멸하는 권리(취소권·해제권 등)·법률의 규정에 의하여 성립하는 권리(점유권·유치권 등) 등은 시효취득할 수 없다.

부동산 점유취득시효

20년간 소유의 의사로 평온·공연하게 부동산을 점유한 자는 등기함으로써 그 소유권을 취득하는데(245조 제1항), 이를 점유취득시효라고 한다.

점유취득시효의 객체는 부동산, 즉 토지와 건물이다. 부동산의 일부에 대한 시효취득도 인정된다. 다만 1필의 토지의 일부에 대한 시효취득을 인정하기 위해서는 그 부분이 다른 부분과 구분되어 시효취득자의 점유에 속한다는 것을 인식하기에 족한 객관적인 징표가 계속하여 존재할 것을 요한다(대법원 1993. 12. 14. 선고 93다5581 판결). 판례는 시효로 부동산의 지분권을 취득하는 것도 가능하다고 한다(대법원 1975. 6. 24. 선고 74다1877 판결). 다만, 부동산 전체를 점유해야 한다(이 경우 지분비율만 시효취득함). 타인소유의 부동산만이 취득시효가 가능하고 자기소유의 부동산에 대하여는 시효취득할 수 없는가에 대해 논의가 있으나, 현행민법의 해석으로는 자기소유의 부동산에 대하여도 시효취득이 가능하다고 한다. 이렇게 해석하는 것이 현재의 사실상태를 권리상태로 높이려고 하는 취득시효제도의 본질에도 부합하기 때문이다. 국유재산은 시효취득이 배제된다. 즉, 국유재산 가운데 행정재산(공용재산, 공공용재산, 기업용재산, 보존재산)은 시효취득의 대상이 되지 아니한다(국유재산법 제7조 제2항). 다만 사적 거래의 대상이 되는 일반재산(잡종재산)에 대하여는 부동산취득시효가 적용된다.

취득시효를 주장하는 사람은 소유의 의사로 점유하여야 한다. 즉 취득시효의 요건으로서의 점유는 자주점유이어야 한다.

취득시효가 인정되기 위해서는 평온·공연한 점유가 요건이 되는데 여기서 평온이라 함은 强暴(강박·폭행)에 의하지 않은 것이며, 공연이라 함은 隱秘에 대한 말로 점유의 존재를 아는 데 관하여 점유를 숨기지 않는 것을 말한다. 그런데 부동산에 관하여는 현실적으로 은비의 점유란 있을 수 없다. 평온·공연도 추정된다(제197조 제1항).

이러한 요건을 갖춘 사람은 해당 부동산을 20년간 점유하고 등기를 하여야 소유권을 취득한다. 점유취득시효는 법률행위에 의하지 않은 부동산물권취득이지만, 민법 제245조 제1항에 의하여 등기를 하여야 소유권을 취득할 수 있다. 따라서 부동산의 일반취득시효에 특별히 요구되는 요건은 등기이다. 시효취득의 기산점은 점유의 개시시이므로, 시효의 기산점은 임의로 주장할 수 없다(대법원 1971. 9. 28. 선고 71다1446·1447 판결).

취득시효가 완성되면 점유자는 소유자에게 소유권이전을 청구할 수 있다. 취득시효완성 당시의 소유자가 취득시효대상 부동산을 제3자에게 처분하여 점유자로 하여금 소유권을 취득하지 못하게 한 경우에는 소유자가 취득시효완성 사실을 알고 있는 경우에만 불법행위가 성립한다(대법원 1993. 2. 9. 선고 92다47892 판결). 다만, 취득시효가 완성된 후 점유자가 소유권이전등기를 하기 전에 제3자가 현재의 소유자로부터 소유권이전등기를 경료한 경우에는 점유자는 그 제3자에 대하여 시효취득을 주장할 수 없다(대법원 1986. 8. 19. 선고 85다카2306 판결).

※ 점유취득시효 기간 완성과 소유자 변경

- 점유취득시효 기간 완성 주장: 甲

① 乙 소유 부동산 --〈10년〉-->
취득시효기간 완성 전 丙으로 소유자 변경 --〈11년 경과〉
→ 甲은 丙을 상대로 취득시효 주장 가능

② 乙 소유 부동산 --〈20년〉-->
취득시효기간 완성 후 丙으로 소유자 변경 --〈10년 경과〉
→ 甲은 취득시효 주장 못함

③ 乙 소유 부동산 --〈20년〉-->
취득시효기간 완성 후 丙으로 소유자변경 --〈20년 경과〉
→ 甲은 丙을 상대로 취득시효 주장 가능

④ 乙 소유 부동산 --〈20년〉-->
1차 취득시효기간 완성 후 丙으로 소유자 변경 --〈10년 경과〉-->
2차 취득시효기간 완성 전 丁으로 소유자 변경 --〈11년 경과〉
→ 甲은 丁을 상대로 취득시효 주장 가능. 종전의 판례는 2차 취득시효 기간 중 소유자 변동이 없는 경우에만 2차 취득시효 주장이 가능한 것으로 판단하였으나 대법원 2009. 7. 16. 선고 2007다15172, 15189 전원합의체 판결에 의해 판례 변경

※ 이른바 취득시효의 5원칙

(1) 제1원칙: 부동산에 대한 점유취득시효 기간이 완성된 경우에 점유자는 원소유자에 대하여 등기 없이도 그 부동산의 시효취득을 주장하여 대항할 수 있다.
(2) 제2원칙: 점유취득시효기간이 진행되던 중에 등기부상의 소유자가 변경된 경우에는 이는 시효중단사유가 될 수 없으므로 점유자는 점유취득시효완성 당시의 등기부상의 소유자에 대하여도 취득시효완성의 효과를 주장할 수 있다.
(3) 제3원칙: 점유취득시효가 완성되었다고 하더라도 그에 따른 등기를 하지 않고 있는 사이에 제3자가 그 부동산에 관한 소유권이전등기를 마친 경우(해당 소유권이전등기의 원인된 법률행위가 취득시효 완성 전에 이루어진 경우 포함)에는 점유자는 그 제3자에 대하여 취득시효완성의 효과를 주장하여 대항할 수 없다.
(4) 제4원칙: 점유자는 실제로 점유를 개시한 때를 점유취득시효의 기산점으로 삼아야 하고 그 기산점을 임의로 선택할 수 없다.
(5) 제5원칙: 점유취득시효 완성 후 소유자의 변동이 있는 경우에도 소유자가 변동된 시점을 기산점으로 다시 취득시효기간이 완성된 경우에는 점유자는 소유자에 대하여 취득시효완성을 주장할 수 있다.

부동산 등기부취득시효

부동산의 소유자로 등기한 자가 10년간 소유의 의사로 평온·공연하게 선의이며 과실 없이 그 부동산을 점유한 때에는 소유권을 취득하게 되는데(제245조 제2항), 이것을 등기부취득시효라고 한다.

등기부취득시효의 경우에도 소유의 의사로 평온·공연하게 점유하여야 한다는 요건은 점유취득시효와 같다. 다만, 등기부취득시효에서는 시효취득을 주장하는 사람의 선의·무과실의 점유가 필요하다. 여기서 선의라 함은 단지 자기가 무권리자임을 모르는 것뿐만 아니라 적극적으로 자기가 권리자로 믿는 것을 말하고, 무과실은 선의인 점에 대하여 과실이 없는 것을 말한다. 이 때에 선의의 점유는 추정되나(제197조 제1항), 무과실은 추정되지 않는다. 따라서 시효취득을 주장하는 점유자는 무과실을 입증하여야 한다(대법원 1981. 6. 23. 선고 80다1642 판결).

등기부취득시효의 완성을 위해서는 10년의 등기 및 점유가 필요한데, 여기서 소유자로 등기된 기간과 점유기간이 때를 같이 하여 다같이 10년이어야 하는지의 여부가 문제된다. 이른바 '등기의 승계'의 문제로서 소수설 및 종래의 판례는 소유자로 등기된 기간과 점유기간이 때를 같이 하여 다같이 10년이어야 한다는 견해를 취하였으나, 다수설 및 현재의 판례(대법원 1989. 12. 26. 선고 87다카2176 판결)는 시효취득자 명의뿐만 아니라 앞 등기명의까지 합쳐 10년간 소유자로 등기되어 있으면 충분하다고 본다. 여기서의 등기는 적법·유효한 등기일 필요가 없으므로 무효인 등기가 경료되더라도 족하다(대법원 1994. 2. 8. 선고 93다23367 판결).

판례를 통한 법리의 이해

부동산 점유취득시효

□ 대법원 2017. 12. 22. 선고 2017다360, 377 판결

[1] 물건의 점유자는 소유의 의사로 점유한 것으로 추정된다(민법 제197조 제1항). 따라서 점유자가 취득시효를 주장하는 경우 스스로 소유의 의사를 증명할 책임은 없고, 그 점유자의 점유가 소유의 의사가 없는 점유임을 주장하여 취득시효의 성립을 부정하는 자에게 그 증명책임이 있다. 점유자의 점유가 자주점유인지 아니면 타주점유인지는 점유자의 마음속에 있는 의사에 따라 결정되는 것이 아니라 점유 취득의 원인이 된 권원의 성질이나 점유와 관련된 모든 사정에 따라 외형적·객관적으로 결정되어야 한다. 점유자가 성질상 소유의 의사가 없는 것으로 보이는 권원에 바탕을 두고 점유를 취득한 사실이 증명되었거나, 점유자가 타인의 소유권을 배제하여 자기의 소유물처럼 배타적 지배를 하려는 의사를 가지고 점유하는 것으로 볼 수 없는 객관적 사정, 즉 점유자가 진정한 소유자라면 통상 취하지 않았을 태도를 나타내거나 소유자라면 당연히 취했을 것으로 보이는 행동을 취하지 않은 경우 등 외형적·객관적으로 보아 점유자가 타인의 소유권을

배척하고 점유할 의사를 갖고 있지 않았던 것이라고 볼 만한 사정이 증명된 경우에 한하여 그 추정은 깨진다. 그러나 점유자가 스스로 매매나 증여와 같이 자주점유의 권원을 주장하였는데, 이것이 인정되지 않는다는 사유만으로는 자주점유의 추정이 깨진다고 볼 수 없다.

[2] 사망자 명의의 신청으로 이루어진 이전등기는 원인무효의 등기로서 등기의 추정력을 인정할 여지가 없으므로 등기의 유효를 주장하는 자가 현재의 실체관계와 부합함을 증명할 책임이 있다.

□ 대법원 2010. 10. 14. 선고 2008다92268 판결

〈사실관계〉

- 토지조사령(1912. 8. 13)에 의한 토지사정에 의해 소외1이 해당 토지르 사정받음. 원고1과 원고2는 소외1의 재산을 공동상속한 상속인임
- 한편 해당 토지는 1938. 의정부-광릉 간 도로부지에 편입된 이래 도로로 사용되어 왔고, 피고(대한민국)는 2004. 8. 4. 소유권보존등기를 경료함
- 원고는 해당 토지의 소유권보존등기의 말소를 청구하였고, 피고는 이에 대해 점유취득시효의 완성을 주장함

〈판결요지〉

[1] 법령상 지방자치단체의 장이 처리하도록 하고 있는 사무가 자치사무인지, 기관위임사무에 해당하는지 여부를 판단하면서는 그에 관한 법령의 규정 형식과 취지를 우선 고려하여야 할 것이지만, 그 외에도 그 사무의 성질이 전국적으로 통일적인 처리가 요구되는 사무인지 여부나 그에 관한 경비부담과 최종적인 책임귀속의 주체 등도 아울러 고려하여 판단하여야 한다.

[2] 국가 또는 상위 지방자치단체 등 위임관청이 법령 등에 의하여 그 권한의 일부를 하위 지방자치단체의 장 등 수임관청에 기관위임을 하여 수임관청이 그 사무처리를 위하여 도로 등의 부지가 된 토지를 점유하는 경우, 간접점유의 요건이 되는 점유매개관계는 법률행위뿐만 아니라 법률의 규정, 국가행위 등에

의하여도 설정될 수 있으므로, 이러한 법령의 규정 등을 점유매개관계로 볼 수 있는 점, 사무귀속의 주체인 위임관청은 법령의 개정 등에 의한 기관위임의 종결로 수임관청에게 그 점유의 반환을 요구할 수 있는 지위에 있는 점 등에 비추어 보면, 위임관청은 법령의 규정 등을 점유매개관계로 하여 법령상 관리청인 수임관청이 직접점유하는 도로 등의 부지가 된 토지를 간접점유한다고 보아야 한다.

[3] 부동산의 점유권원의 성질이 분명하지 않을 때에는 민법 제197조 제1항에 의하여 점유자는 소유의 의사로 선의, 평온 및 공연하게 점유한 것으로 추정되는 것이며, 이러한 추정은 지적공부 등의 관리주체인 국가나 지방자치단체가 점유하는 경우에도 마찬가지로 적용된다. 그리고 점유자가 점유 개시 당시에 소유권 취득의 원인이 될 수 있는 법률행위 기타 법률요건이 없이 그와 같은 법률요건이 없다는 사실을 잘 알면서 타인 소유의 부동산을 무단점유한 것임이 입증된 경우에는, 특별한 사정이 없는 한 점유자는 타인의 소유권을 배척하고 점유할 의사를 갖고 있지 않다고 보아야 할 것이므로 이로써 소유의 의사가 있는 점유라는 추정은 깨어진다고 할 것이나, 한편 국가나 지방자치단체가 취득시효의 완성을 주장하는 토지의 취득절차에 관한 서류를 제출하지 못하고 있다고 하더라도, 그 토지에 관한 지적공부 등이 6·25 전란으로 소실되었거나 기타의 사유로 존재하지 아니함으로 인하여 국가나 지방자치단체가 지적공부 등에 소유자로 등재된 자가 따로 있음을 알면서 그 토지를 점유하여 온 것이라고 단정할 수 없고, 그 점유의 경위와 용도 등을 감안할 때 국가나 지방자치단체가 점유 개시 당시 공공용 재산의 취득절차를 거쳐서 소유권을 적법하게 취득하였을 가능성도 배제할 수 없다고 보이는 경우에는, 국가나 지방자치단체가 소유권 취득의 법률요건이 없이 그러한 사정을 잘 알면서 토지를 무단점유한 것임이 입증되었다고 보기 어려우므로, 위와 같이 토지의 취득절차에 관한 서류를 제출하지 못하고 있다는 사정만으로 그 토지에 관한 국가나 지방자치단체의 자주점유의 추정이 번복된다고 할 수는 없다.

□ 대법원 2010. 8. 19. 선고 2010다33866 판결

<사실관계>

- 피고는 1969. 청주시 상당로 도로개설사업을 시행하면서 해당 토지를 도로부지로 지정하고, 1969. 6. 13. 공사에 착수하여 1969. 11. 9. 공사를 완료함.
- 피고는 도로부지에 편입시킨 토지와 건물에 대하여 이 무렵 피고명의로 소유권이전등기를 마쳤으나 해당 토지에 대하여는 소유권이전등기를 마치지 못함(피고는 원고로부터 토지의 매도승낙서와 인감증명서를 받는 등 매수절차를 진행하였으나 현재 매매계약서, 매매대금 영수증 등 관련 자료를 보관하고 있지 않음)
- 원고는 자신의 토지를 무단 사용한 피고를 상대로 부당이득반환을 청구하고 피고는 취득시효의 완성을 주장함

<판결요지>

[1] 지방자치단체나 국가가 취득시효의 완성을 주장하는 토지의 취득절차에 관한 서류를 제출하지 못하고 있다 하더라도 그 점유의 경위와 용도 등을 감안할 때 국가나 지방자치단체가 점유개시 당시 공공용 재산의 취득절차를 거쳐서 소유권을 적법하게 취득하였을 가능성도 배제할 수 없다고 보이는 경우에는 국가나 지방자치단체가 소유권취득의 법률요건이 없이 그러한 사정을 잘 알면서 무단점유한 것이 입증되었다고 보기 어려우므로 자주점유의 추정은 깨어지지 않는다.

[2] 지방자치단체가 도로개설사업을 시행하면서 소유자로부터 그 도로의 부지로 지정된 토지의 매도승낙서 등을 교부받는 등 매수절차를 진행하였음이 인정되나 매매계약서, 매매대금 영수증 등의 관련 자료를 보관하지 않고 있는 사안에서, 위 지방자치단체가 법령에서 정한 공공용 재산의 취득절차를 밟거나 소유자의 사용승낙을 받는 등 위 토지를 점유할 수 있는 일정한 권원에 의하여 위 토지를 도로부지에 편입시켰을 가능성을 배제할 수 없으므로 위 토지의 후속 취득절차에 관한 서류들을 제출하지 못하고 있다는 사정만으로 위 토지에 관한 자주점유의

추정이 번복된다고 할 수 없다고 한 사례.

□ 대법원 2010. 2. 25. 선고 2009다83933 판결

<사실관계>

- 원고는 소외1 소유 토지위에 소외1의 허락을 받아 (주) 진일건설에 도급을 주어 3동의 건물을 신축 중 공사대금 미지급으로 공사가 중단됨
- 피고는 소외1로부터 해당 토지를 매수한 함(해당 미완성건물은 매수하지 않음)
- 한편 원고는 원고가 (주) 진일건설에 지급하지 못한 공사대금에 갈음하여 위 건물을 (주) 진일건설이 피고에게 매도하여 대금을 취득하도록 허락함
- 피고는 건물신축공사를 진행하여 건물을 완성함으로써 해당 건물의 소유권을 원시취득함
- 원고는 자신이 건축 중이던 건물의 소유자임을 주장하며 피고에게 기존 건축부분에 대한 부당이득금 및 지연손해금의 지급을 청구하였고, 이에 대해 피고는 건물의 소유자인 (주) 진일건설로부터 해당 건물을 매수하였으므로 원고의 청구에 응할 수 없다고 주장함

<판결요지>

건물 신축의 공사가 진행되다가 독립한 부동산인 건물로서의 요건을 아직 갖추지 못한 단계에서 중지된 것을 제3자가 이어받아 계속 진행함으로써 별개의 부동산인 건물로 성립되어 그 소유권을 원시취득한 경우에 그로써 애초의 신축 중 건물에 대한 소유권을 상실한 사람은 민법 제261조, 제257조, 제259조를 준용하여 건물의 원시취득자에 대하여 부당이득 관련 규정에 기하여 그 소유권의 상실에 관한 보상을 청구할 수 있다.

□ 대법원 2009. 12. 10. 선고 2006다19177 판결

[1] 구 지방재정법(2005. 8. 4. 법률 제7663호로 전부 개정되기 전의 것) 제74조 제2항은 “공유재산은 민법 제245조의 규정에 불구하고 시효취득의 대상이 되지 아니한다. 다만, 잡종재산의 경우에는 그러하지 아니하다.”라고 규정하고 있으므로, 구 지방재정법상 공유재산에 대한 취득시효가 완성되기 위하여는 그 공유재산이 취득시효기간 동안 계속하여 시효취득의 대상이 될 수 있는 잡종재산이어야 하고, 이러한 점에 대한 증명책임은 시효취득을 주장하는 자에게 있다.

[2] 타인의 부동산을 점유하는 사람은 일응 소유의 의사로 점유하는 것으로 추정되고 그 추정을 번복할 만한 특별한 사정이 있는 경우에 한하여 타주점유로 인정할 수 있는바, 토지의 점유자가 이전에 토지 소유자를 상대로 그 토지에 관하여 매매를 원인으로 한 소유권이전등기청구소송을 제기하였다가 패소하고 그 판결이 확정되었다 하더라도 그 사정만을 들어서는 토지 점유자의 자주점유의 추정이 번복되어 타주점유로 전환된다고 할 수 없다.

[3] 취득시효 완성으로 인한 권리변동의 당사자는 시효취득자와 취득시효 완성 당시의 진정한 소유자이므로, 시효이익의 포기는 특별한 사정이 없는 한 시효취득자가 취득시효 완성 당시의 진정한 소유자에 대하여 하여야 그 효력이 발생한다.

□ 대법원 2009. 11. 26. 선고 2009다50421 판결

[1] 부동산의 점유권원의 성질이 분명하지 않을 때에는 민법 제197조 제1항에 의하여 점유자는 소유의 의사로 선의, 평온 및 공연하게 점유한 것으로 추정되는 것이며, 이러한 추정은 지적공부 등의 관리주체인 국가나 지방자치단체가 점유하는 경우에도 마찬가지로 적용된다. 그리고 부동산 취득시효에 있어서 점유자가 그 성질상 소유의 의사가 없는 것으로 보이는 권원에 바탕을 두고 점유를 취득한 사실이 증명되었거나, 점유자가 진정한 소유자라면 통상 취하지 아니할 태도를 나타내거나 소유자라면 당연히 취했을 것으로 보이는 행동을 취하지 아니한 경우 등 외형적·객관적으로 보아 점유자가 타인의 소유권을 배척하고 점유할 의사를 갖고 있지 아니하였던 것이라고 볼 만한 사정이 증명된 경우에 비로소

소유의 의사로 점유한 것이라는 위의 추정이 깨어지는 것이다.

[2] 지적복구 과정에서 사무착오로 지적이 잘못 복구되었고 지방자치단체가 그 잘못된 지적에 따라 토지를 소유자로서 점유한 경우, 자주점유가 인정되고 조선총독부 시대의 보안림 편입 도면의 존재를 몰랐다는 사정만으로 자주점유의 추정이 깨어진다고 볼 수 없다고 한 사례.

□ 대법원 2001. 7. 13. 선고 2001다17572 판결

취득시효는 당해 부동산을 오랫동안 계속하여 점유한다는 사실상태를 일정한 경우에 권리관계로 높이려고 하는 데에 그 존재이유가 있는 점에 비추어 보면, 시효취득의 목적물은 타인의 부동산임을 요하지 않고 자기 소유의 부동산이라도 시효취득의 목적물이 될 수 있다고 할 것이고, 취득시효를 규정한 민법 제245조가 '타인의 물건인 점'을 규정에서 빼놓은 것도 같은 취지에서라고 할 것이다.

□ 대법원 1998. 4. 10. 선고 97다56822 판결

취득시효의 기초가 되는 점유가 법정기간 이상으로 계속되는 경우, 취득시효는 그 기초가 되는 점유가 개시된 때를 기산점으로 하여야 하고 취득시효를 주장하는 사람이 임의로 기산일을 선택할 수는 없으나, 점유가 순차 승계된 경우에 있어서는 취득시효의 완성을 주장하는 자는 자기의 점유만을 주장하거나 또는 자기의 점유와 전 점유자의 점유를 아울러 주장할 수 있는 선택권이 있으며, 전 점유자의 점유를 아울러 주장하는 경우에도 어느 단계의 점유자의 점유까지를 아울러 주장할 것인가도 이를 주장하는 사람에게 선택권이 있고, 다만 전 점유자의 점유를 아울러 주장하는 경우에는 그 점유의 개시 시기를 어느 점유자의 점유기간 중의 임의의 시점으로 선택할 수 없는 것인바, 이와 같은 법리는 반드시 소유자의 변동이 없는 경우에만 적용되는 것으로 볼 수 없다.

□ 대법원 1998. 5. 12. 선고 97다8496,8502 판결

취득시효기간 중 계속해서 등기명의자가 동일한 경우에는 그 기산점을 어디에 두든지 간에 취득시효의 완성을 주장할 수 있는 시점에서 보아 그 기간이 경과한

사실만 확정되면 충분하므로, 전 점유자의 점유를 승계하여 자신의 점유기간을 통산하여 20년이 경과한 경우에 있어서도 전 점유자가 점유를 개시한 이후의 임의의 시점을 그 기산점으로 삼을 수 있다.

□ 대법원 1997. 8. 21. 선고 95다28625 전원합의체 판결

[1] 민법 제197조 제1항에 의하면 물건의 점유자는 소유의 의사로 점유한 것으로 추정되므로 점유자가 취득시효를 주장하는 경우에 있어서 스스로 소유의 의사를 입증할 책임은 없고, 오히려 그 점유자의 점유가 소유의 의사가 없는 점유임을 주장하여 점유자의 취득시효의 성립을 부정하는 자에게 그 입증책임이 있다.

[2] 점유자의 점유가 소유의 의사 있는 자주점유인지 아니면 소유의 의사 없는 타주점유인지의 여부는 점유자의 내심의 의사에 의하여 결정되는 것이 아니라 점유 취득의 원인이 된 권원의 성질이나 점유와 관계가 있는 모든 사정에 의하여 외형적·객관적으로 결정되어야 하는 것이기 때문에 점유자가 성질상 소유의 의사가 없는 것으로 보이는 권원에 바탕을 두고 점유를 취득한 사실이 증명되었거나, 점유자가 타인의 소유권을 배제하여 자기의 소유물처럼 배타적 지배를 행사하는 의사를 가지고 점유하는 것으로 볼 수 없는 객관적 사정, 즉 점유자가 진정한 소유자라면 통상 취하지 아니할 태도를 나타내거나 소유자라면 당연히 취했을 것으로 보이는 행동을 취하지 아니한 경우 등 외형적·객관적으로 보아 점유자가 타인의 소유권을 배척하고 점유할 의사를 갖고 있지 아니하였던 것이라고 볼 만한 사정이 증명된 경우에도 그 추정은 깨어진다.

[3] [다수의견] 점유자가 점유 개시 당시에 소유권 취득의 원인이 될 수 있는 법률행위 기타 법률요건이 없이 그와 같은 법률요건이 없다는 사실을 잘 알면서 타인 소유의 부동산을 무단점유한 것임이 입증된 경우, 특별한 사정이 없는 한 점유자는 타인의 소유권을 배척하고 점유할 의사를 갖고 있지 않다고 보아야 할 것이므로 이로써 소유의 의사가 있는 점유라는 추정은 깨어졌다고 할 것이다.

□ 대법원 2009. 7. 16. 선고 2007다15172, 15189 전원합의체 판결

[1] 부동산에 대한 점유취득시효가 완성된 후 취득시효 완성을 원인으로 한 소유권이전등기를 하지 않고 있는 사이에 그 부동산에 관하여 제3자 명의의 소유권이전등기가 경료된 경우라 하더라도 당초의 점유자가 계속 점유하고 있고 소유자가 변동된 시점을 기산점으로 삼아도 다시 취득시효의 점유기간이 경과한 경우에는 점유자로서는 제3자 앞으로의 소유권 변동시를 새로운 점유취득시효의 기산점으로 삼아 2차의 취득시효의 완성을 주장할 수 있다.

[2] [다수의견] 취득시효기간이 경과하기 전에 등기부상의 소유명의자가 변경된다고 하더라도 그 사유만으로는 점유자의 종래의 사실상태의 계속을 파괴한 것이라고 볼 수 없어 취득시효를 중단할 사유가 되지 못하므로, 새로운 소유명의자는 취득시효 완성 당시 권리의무 변동의 당사자로서 취득시효 완성으로 인한 불이익을 받게 된다 할 것이어서 시효완성자는 그 소유명의자에게 시효취득을 주장할 수 있는바, 이러한 법리는 새로이 2차의 취득시효가 개시되어 그 취득시효기간이 경과하기 전에 등기부상의 소유명의자가 다시 변경된 경우에도 마찬가지로 적용된다고 봄이 상당하다.

[대법관 박일환, 대법관 김능환, 대법관 신영철의 반대의견]

(가) 우리 민법은 법률행위로 인한 물권변동은 등기하여야 한다는 이른바 형식주의를 취하고 부동산의 점유취득시효에 관하여도 등기함으로써 소유권을 취득한다고 규정하고 있으므로, 등기가 아니라 점유에 기하여 법률관계가 정해지도록 하는 것은 예외적으로 제한된 범위 내에서만 허용된다고 보는 것이 바람직하다.(나) 다수의견은 이른바 형식주의를 채택한 우리 민법 아래에서 거래의 안전을 심각하게 침해하는 결과를 초래할 수 있다. 우리 민법의 점유취득시효제도가 어떻게 운용되어야 할 것인지에 관하여 이미 종전 대법원 판결이 "무릇 점유취득시효제도란 권리 위에 잠자는 자를 배제하고 점유사용의 현실적 상황을 존중하자는 제도이기는 하지만, 이는 극히 예외적인 상황하에서만 인정되어야 할 것이고, 이를 지나치게 넓게 인정하는 것은 타인의 재산권을 부당히 침해할 요소가 큰 것이므로, 법이 진정한 재산권을 보호하지 못하는 결과가 되어 온당치 않다고

보이고, 따라서 그 취득요건은 극히 엄격히 해석하여야 할 것"이라는 판시를 한 바 있고, 이는 현재에도 유효하다.(다) 다수의견은 1차 점유취득시효가 완성된 후에 등기부상의 소유명의자가 변경된 경우에 그 등기부상의 명의 변경 시점을 새로이 점유취득시효의 기산점으로 볼 수 있는 근거 내지 이유에 대한 설명이 없다. 만일 1차 점유취득시효가 완성된 후에 등기부상의 소유명의자가 변경된 경우, 만일 당초의 점유자가 그와 같은 등기부상 소유자의 변경 사실을 잘 알면서도 감히 점유를 개시한 것이라면 이는 타주점유에 해당하는 것으로 보아야 하고, 그렇지 아니하고 당초의 점유자가 등기부상 소유자의 변경 사실을 알지 못한 채 점유를 계속한 것이라면 그 등기부상 소유자의 변경 시점을 새로운 점유의 기산점으로 볼 아무런 이유가 없다.

□ 대법원 2012. 5. 17. 선고 2010다28604 전원합의체 판결

[1] [다수의견] 소유자가 자신의 소유권에 기하여 실체관계에 부합하지 아니하는 등기의 명의인을 상대로 그 등기말소나 진정명의회복 등을 청구하는 경우에, 그 권리는 물권적 청구권으로서의 방해배제청구권(민법 제214조)의 성질을 가진다. 그러므로 소유자가 그 후에 소유권을 상실함으로써 이제 등기말소 등을 청구할 수 없게 되었다면, 이를 위와 같은 청구권의 실현이 객관적으로 불능이 되었다고 파악하여 등기말소 등 의무자에 대하여 그 권리의 이행불능을 이유로 민법 제390조상의 손해배상청구권을 가진다고 말할 수 없다. 위 법규정에서 정하는 채무불이행을 이유로 하는 손해배상청구권은 계약 또는 법률에 기하여 이미 성립하여 있는 채권관계에서 본래의 채권이 동일성을 유지하면서 그 내용이 확장되거나 변경된 것으로서 발생한다. 그러나 위와 같은 등기말소청구권 등의 물권적 청구권은 그 권리자인 소유자가 소유권을 상실하면 이제 그 발생의 기반이 아예 없게 되어 더 이상 그 존재 자체가 인정되지 아니하는 것이다. 이러한 법리는 선행소송에서 소유권보존등기의 말소등기청구가 확정되었다고 하더라도 그 청구권의 법적 성질이 채권적 청구권으로 바뀌지 아니하므로 마찬가지이다. [대법원장 양승태, 대법관 이상훈, 대법관 김용덕의 별개의견] 청구권이 발생한 기초가 되는 권리가 채권인지 아니면 물권인지와 무관하게 이미 성립한 청구권에 대하여는 그 이행불능

으로 인한 전보배상을 인정하는 것이 법리적으로 불가능하지 아니하며, 이를 허용할 것인지는 법률 정책적인 결단이므로, 이미 대법원에서 이를 허용하여 채권에 못지않게 물권을 보호하는 견해를 취한 것은 구체적 타당성 면에서 옳고, 확정판결을 거쳐 기판력이 발생되어 있는 경우에는 더욱 그러하다고 보이며, 장기간 이와 같은 견해를 유지하여 온 판례들을 뒤집어 물권 내지는 물권자의 보호에서 후퇴하여야 할 이론적·실무적인 필요성이 없다. 따라서 선행소송에서 본래적 급부의무인 소유권보존등기 말소등기절차를 이행할 의무가 현존함이 확정된 경우, 그 이행불능 또는 집행불능에 따른 전보배상책임을 인정하는 것이 가능하다.

[2] 국가 명의로 소유권보존등기가 경료된 토지의 일부 지분에 관하여 갑 등 명의의 소유권이전등기가 경료되었는데, 을이 등기말소를 구하는 소를 제기하여 국가는 을에게 원인무효인 등기의 말소등기절차를 이행할 의무가 있고 갑 등 명의의 소유권이전등기는 등기부취득시효 완성을 이유로 유효하다는 취지의 판결이 확정되자, 을이 국가를 상대로 손해배상을 구한 사안에서, 갑 등의 등기부취득시효 완성으로 토지에 관한 소유권을 상실한 을이 불법행위를 이유로 소유권 상실로 인한 손해배상을 청구할 수 있음은 별론으로 하고, 애초 국가의 등기말소의무 이행불능으로 인한 채무불이행책임을 논할 여지는 없고, 또한 토지의 소유권 상실로 인한 손해배상을 구하는 을의 청구에 대하여 당사자가 주장하지 아니한 소유권보존등기 말소등기절차 이행의무의 이행불능으로 인한 손해배상책임을 인정할 수 없음에도, 이와 달리 손해배상책임을 인정한 원심판결에 법리오해와 처분권주의 위반의 위법이 있다고 한 사례.

□ 대법원 2017. 9. 7. 선고 2017다228342 판결

점유자는 소유의 의사로 선의, 평온 및 공연하게 점유한 것으로 추정되므로(민법 제197조 제1항), 점유자가 취득시효를 주장할 때 자신이 소유의 의사로 점유하였음을 증명할 책임은 없고, 오히려 점유가 소유의 의사로 이루어진 것이 아님을 주장하여 점유자의 취득시효의 성립을 부정하려는 사람이 증명책임을 부담하는 것이 원칙이다. 그런데 점유자의 점유가 소유의 의사 있는 자주점유인지는 점유자의 내심의 의사에 의하여 결정할 것은 아니고 점유취득의 원인이 된 권원의 성질이나 점유와 관계있는 모든 사정에 비추어 외형적·객관적으로 결정하여야 할 문제이므로, 점유자가 점유 개시 당시에 소유권 취득의 원인이 될 수 있는 법률행위 기타 법률요건이 없이 그와 같은 법률요건이 없다는 사실을 잘 알면서 다른 사람 소유의 부동산을 무단으로 점유한 것이라면 특별한 사정이 없는 한 점유자는 타인의 소유권을 배척하고 점유할 의사를 갖고 있지 않다고 보아야 하고, 이로써 소유의 의사가 있는 섬유라는 추정은 깨어진 것이다.

이러한 법리는 국가나 지방자치단체가 점유하는 경우에도 적용된다. 국가나 지방자치단체가 자신의 부담이나 기부의 채납 등 국유재산법 또는 지방재정법 등에 정한 공공용 재산의 취득절차를 밟거나 소유자들의 사용승낙을 받는 등 토지를 점유할 수 있는 일정한 권원 없이 사유토지를 점유·사용하였다면 특별한 사정이 없는 한 자주점유의 추정은 깨어진다. 다만 국가나 지방자치단체가 취득시효의 완성을 주장하는 토지의 취득절차에 관한 서류를 제출하지 못하고 있다 하더라도 점유의 경위와 용도 등을 감안할 때 국가나 지방자치단체가 점유 개시 당시 공공용 재산의 취득절차를 거쳐서 적법하게 소유권을 취득하였을 가능성을 배제할 수 없다고 보이는 경우에는 국가나 지방자치단체가 소유권 취득의 법률요건이 없이 그러한 사정을 잘 알면서 무단점유한 것임이 증명되었다고 보기 어려우므로 자주점유의 추정은 깨어지지 않는다고 보는 것이 옳다.

□ 대법원 2017. 1. 25. 선고 2012다72469 판결

[1] 건물은 일반적으로 대지를 떠나서는 존재할 수 없으므로, 건물의 소유자가 건물의 대지인 토지를 점유하고 있다고 볼 수 있다. 이 경우 건물의 소유자가 현실적으로 건물이나 대지를 점유하지 않고 있더라도 건물의 소유를 위하여 대지를 점유한다고 보아야 한다. 그리고 점유는 물건을 사실상 지배하는 것을 가리키므로, 1개의 물건 중 특정 부분만을 점유할 수는 있지만, 일부 지분만을 사실상 지배하여 점유한다는 것은 상정하기 어렵다. 따라서 1동의 건물의 구분소유자들은 전유부분을 구분소유하면서 공용부분을 공유하므로 특별한 사정이 없는 한 건물의 대지 전체를 공동으로 점유한다. 이는 집합건물의 대지에 관한 점유취득

시효에서 말하는 '점유'에도 적용되므로, 20년간 소유의 의사로 평온, 공연하게 집합건물을 구분소유한 사람은 등기함으로써 대지의 소유권을 취득할 수 있다. 이와 같이 점유취득시효가 완성된 경우에 집합건물의 구분소유자들이 취득하는 대지의 소유권은 전유부분을 소유하기 위한 대지사용권에 해당한다.

[2] 집합건물의 소유 및 관리에 관한 법률(이하 '집합건물법'이라고 한다)은 구분소유자의 대지사용권은 그가 가지는 전유부분의 처분에 따르고(제20조 제1항), 구분소유자는 규약에 달리 정한 경우를 제외하고는 그가 가지는 전유부분과 분리하여 대지사용권을 처분할 수 없다(제20조 제2항)고 정함으로써, 전유부분과 대지사용권의 일체성을 선언하고 있다. 나아가 집합건물법은 각 공유자의 지분은 그가 가지는 전유부분의 면적 비율에 따르고(제12조 제1항), 구분소유자가 둘 이상의 전유부분을 소유한 경우에 규약으로써 달리 정하지 않는 한 대지사용권이 전유부분의 면적 비율대로 각 전유부분의 처분에 따르도록 규정하고 있다(제21조 제1항, 제12조). 이 규정은 전유부분을 처분하는 경우에 여러 개의 전유부분에 대응하는 대지사용권의 비율을 명백히 하기 위한 것인데, 대지사용권의 비율은 원칙적으로 전유부분의 면적 비율에 따라야 한다는 것이 집합건물법의 취지라고 할 수 있다. 이러한 취지에 비추어 보면, 집합건물의 구분소유자들이 대지 전체를 공동점유하여 그에 대한 점유취득시효가 완성된 경우에도 구분소유자들은 대지사용권으로 전유부분의 면적 비율에 따른 대지 지분을 보유한다고 보아야 한다.

집합건물의 대지 일부에 관한 점유취득시효의 완성 당시 구분소유자들 중 일부만 대지권등기나 지분이전등기를 마치고 다른 일부 구분소유자들은 이러한 등기를 마치지 않았다면, 특별한 사정이 없는 한 구분소유자들은 각 전유부분의 면적 비율에 따라 대지권으로 등기되어야 할 지분에서 부족한 지분에 관하여 등기명의인을 상대로 점유취득시효 완성을 원인으로 한 지분이전등기를 청구할 수 있다.

□ 대법원 2016. 10. 27. 선고 2016다224596 판결

부동산에 대한 취득시효 제도의 존재이유는 부동산을 점유하는 상태가 오랫동안 계속된 경우 권리자로서의 외형을 지닌 사실상태를 존중하여 이를 진실한 권리관계로 높여 보호함으로써 법질서의 안정을 기하고, 장기간 지속된 사실상태는 진실한 권리관계와 일치될 개연성이 높다는 점을 고려하여 권리관계에 관한 분쟁이 생긴 경우 점유자의 증명곤란을 구제하려는 데에 있다. 그런데 부동산에 관하여 적법·유효한 등기를 마치고 소유권을 취득한 사람이 자기 소유의 부동산을 점유하는 경우에는 특별한 사정이 없는 한 사실상태를 권리관계로 높여 보호할 필요가 없고, 부동산의 소유명의자는 부동산에 대한 소유권을 적법하게 보유하는 것으로 추정되어 소유권에 대한 증명의 곤란을 구제할 필요 역시 없으므로, 그러한 점유는 취득시효의 기초가 되는 점유라고 할 수 없다. 다만 그 상태에서 다른 사람 명의로 소유권이전등기가 되는 등으로 소유권의 변동이 있는 때에 비로소 취득시효의 요건인 점유가 개시된다고 볼 수 있을 뿐이다.

부동산등기부취득시효

☐ 대법원 2017. 12. 13. 선고 2016다248424 판결

[1] 등기부취득시효가 인정되려면 점유의 개시에 과실이 없어야 하는데, 무과실에 관한 증명책임은 시효취득을 주장하는 사람에게 있다.

[2] 부동산을 매수하는 사람으로서는 매도인에게 부동산을 처분할 권한이 있는지 여부를 조사하여야 하므로, 이를 조사하였더라면 매도인에게 처분권한이 없음을 알 수 있었음에도 불구하고 그러한 조사를 하지 않고 매수하였다면 부동산의 점유에 대하여 과실이 있다고 보아야 한다. 매도인이 등기부상의 소유명의자와 동일인인 경우에는 일반적으로는 등기부의 기재가 유효한 것으로 믿고 매수한 사람에게 과실이 있다고 할 수 없을 것이다. 그러나 만일 등기부의 기재 또는 다른 사정에 의하여 매도인의 처분권한에 대하여 의심할 만한 사정이 있거나, 매도인과 매수인의 관계 등에 비추어 매수인이 매도인에게 처분권한이 있는지 여부를 조사하였더라면 별다른 사정이 없는 한 그 처분권한이 없음을 쉽게 알 수 있었을 것으로 보이는 경우에는, 매수인이 매도인 명의로 된 등기를 믿고

매수하였다 하여 그것만으로 과실이 없다고 할 수 없다.

□ 대법원 1989. 12. 26. 선고 87다카2176 전원합의체 판결

등기부취득시효에 관한 민법 제245조 제2항의 규정에 위하여 소유권을 취득하는 자는 10년간 반드시 그의 명의로 등기되어 있어야 하는 것은 아니고 앞 사람의 등기까지 아울러 그 기간동안 부동산의 소유자로 등기되어 있으면 된다고 할 것이다.

□ 대법원 1996. 10. 17. 선고 96다12511 전원합의체 판결

민법 제245조 제2항은 부동산의 소유자로 등기한 자가 10년간 소유의 의사로 평온·공연하게 선의이며 과실 없이 그 부동산을 점유한 때에는 소유권을 취득한다고 규정하고 있는바, 위 법 조항의 '등기'는 부동산등기법 제15조가 규정한 1부동산 1용지주의에 위배되지 아니한 등기를 말하므로, 어느 부동산에 관하여 등기명의인을 달리하여 소유권보존등기가 2중으로 경료된 경우 먼저 이루어진 소유권보존등기가 원인무효가 아니어서 뒤에 된 소유권보존등기가 무효로 되는 때에는, 뒤에 된 소유권보존등기나 이에 터잡은 소유권이전등기를 근거로 하여서는 등기부취득시효의 완성을 주장할 수 없다.

□ 대법원 2016. 8. 24. 선고 2016다220679 판결

등기부취득시효가 인정되려면 점유의 개시에 과실이 없어야 하고, 증명책임은 주장자에게 있으며, 여기서 무과실이란 점유자가 자기의 소유라고 믿은 데에 과실이 없음을 말한다. 그런데 부동산에 등기부상 소유자가 존재하는 등 소유자가 따로 있음을 알 수 있는 경우에는 비록 소유자가 행방불명되어 생사를 알 수 없더라도 부동산이 바로 무주부동산에 해당하는 것은 아니므로, 소유자가 따로 있음을 알 수 있는 부동산에 대하여 국가가 국유재산법 제8조에 따른 무주부동산 공고절차를 거쳐 국유재산으로 등기를 마치고 점유를 개시하였다면, 특별한 사정이 없는 한 점유의 개시에 자기의 소유라고 믿은 데에 과실이 있다.

심화 쟁점 생각해 보기

[쟁점 1]
- 취득시효의 요건으로서의 소유의 의사 판단[1)]

□ 소유의 의사의 의미

소유권의 취득시효의 요건인 점유가 자주점유, 즉 소유의 의사를 가지고 점유하지 않으면 안된다는 것은 민법 제245조의 규정으로부터 명백한 것이다. 그러나 취득시효의 요건으로서의 자주점유, 즉 「소유의 의사로 하는 점유」 또는 「소유의 의사를 가지고 하는 점유」에 있어서 소유의 의사란 어떠한 것인가에 관하여 학설이 나뉘고 있다.

일원설의 견해에 의하면 '소유의 의사'란 「소유자로서 점유하는 의사」, 「소유권과 동일한 지배를 할 의사」, 「마치 소유자가 그의 소유물에 대하여 가지는 것과 동일한 의사」, 「소유자가 할 수 있는 것과 같은 배타적 지배를 사실상 행사하려고

1) 아래의 내용은 김판기, "취득시효의 요건으로서의 소유의 의사", 부동산법학 제11집, 한국부동산법학회, 2004. 12.을 요약정리하였음.

하는 의사」라는 등의 표현으로 설명되는데 실질적으로는 같은 의미라고 할 수 있다. 이것이 우리나라 통설[2]의 견해이다.

이원설의 견해에 의하면 민법 제245조 1항의 점유취득시효와 2항의 등기부취득시효가 존재이유의 면에서 서로 다르다는 입장(시효취득이분설)에서, 각각의 취득시효에 있어서 「소유의 의사」를 다르게 이해한다.[3] 그에 의하면, 등기부취득시효는 전주의 무권리등기에 기하여 선의이며 과실없이 부동산을 양수한 자를 보호하는 거래의 안전보호를 위한 제도이어서 거래행위, 즉 소유권의 이전을 목적으로 하는 법률행위에 의하여 취득되는 점유만이 소유의 의사를 가지고 하는 점유가 되어 제245조 2항의 취득시효의 요건을 충족시킨다고 한다.[4] 그에 비하여 점유취득시효는 진정한 권리자를 보호하기 위한 제도, 즉 증거를 잃은 진정한 소유자에게 소유권의 증명을 용이하게 하는 이른바 법정증거제도이므로, 거기에서는 「점유취득의 원인이 무엇인가를 불문하고 점유자가 동시에 부동산의 소유자인 것이 틀림없다는 강한 추정을 생기게 하는 점유가 소유의 의사를 가지고 하는 점유」라고 한다.[5]

이에 대해 대법원은 "소유의 의사"의 의미에 관해 크게 두 가지 표현을 쓰고 있다. 우선 "취득시효에 있어서 자주점유라 함은 소유의 의사, 즉 소유자와 동일한 지배를 사실상 행사하려는 의사를 가지고 하는 점유를 의미"한다고 한다.[6] 그런가 하면 "자주점유에 있어서 소유의 의사는 타인의 소유권을 배제하여 자기의 소유물처럼 배타적 지배를 행사하는 의사를 말한다"고 판시하기도 한다.[7] 그리고 자주점유이기 위하여 소유자와 동일한 지배를 할 수 있는 권원, 즉 소유권을

2) 곽윤직, 앞의 책, 205면; 김증한, 물권법강의, 박영사, 1988, 150면; 김증한·김학동, 물권법, 박영사, 1998, 149·199면; 장경학, 물권법, 법문사, 1988, 307면; 김기선, 한국물권법, 법문사, 1985, 134면.

3) 노승두, "민법 제245조의 「소유의 의사」에 관한 소고", 사법논집 제7집, 1976, 88면이하.

4) 고상룡, "소유의 의사로 점유한다는 것의 의미", 판례월보, 1981. 10, 145면 참조.

5) 송덕수, "자주점유", 이대 법학논집 2권 1호, 이화여대 법학연구소, 1997. 5, 96-97면.

6) 대법원 1996. 1. 26. 선고 95다863·870 판결; 대법원 1996. 10. 11. 선고 96다23719 판결; 대법원 1991. 7. 9. 선고 90다18838 판결; 대법원 1993. 9. 14. 선고 93다24889 판결; 대법원 1994. 10. 21. 선고 93다12176 판결; 대법원 1994. 11. 8. 선고 94다36438·36445 판결.

7) 대법원 1997. 8. 21. 선고 95다28625 전원합의체 판결; 대법원 1997. 10. 24. 선고 97다32901 판결; 대법원 1998. 2. 10. 선고 97다6841·6835 판결; 대법원 1998. 2. 13. 선고 97다35603 판결

가지고 있거나 또는 소유권이 있다고 믿고 있어야만 하는 것이 아니라고 한다.[8)]

□ 소유의 의사의 판단기준

통설과 판례는 소유의 의사를 "소유자가 할 수 있는 것과 같은 배타적인 지배를 사실상 행사하려는 의사"라고 정의하고 있다. 그러나 이러한 개념정의만으로는 "소유의 의사로 점유하였는가", 즉 자주점유인가를 확정하는 데는 별다른 도움이 못된다. 다만 어떠한 사실이 인정된 경우에 그러한 사실에 비추어 보면 "그 점유자는 소유자가 할 수 있는 것과 같은 배타적인 지배를 사실상 행사하려는 의사로 점유하였다고 볼 수 있다라든가 혹은 없다"라는 판단을 하는데 도움이 될 뿐이다.[9)] 그러므로 구체적으로 어떠한 경우에 "소유자가 할 수 있는 것과 같은 배타적인 지배를 사실상 행사하려는 의사로 점유하였는가"에 관하여는 별도의 판단기준을 정해야 할 것이다.

이러한 판단기준에 관하여 소유의 의사가 점유자의 내심의 의사인가 아니면 외부로부터 인식되는 점유자의 의사인가 학설이 대립하고 있다.

내심의 의사에 따라 결정하자는 견해(주로 주관설이라 칭함)에 의하면 소유의 의사는 점유의 심소(animus)로서의 내심의 의사이고, 따라서 소유의 의사는 내부적 사실이고 이것을 외부에 표시할 것을 요하지 않으며, 내심의 의사의 변화에 의하여 소유의 의사의 존부도 변동하는 것이 원칙이다.[10)] 그러나 "소유의 의사"는 본질적으로는 의사적 요소이지만 그 존부에 따라 법률효과(취득시효의 성립여부)가 달라지게 되므로 그러한 소유의 의사의 존부를 결정함에 있어서는 단지 점유자의 주관적·자연적 의사에만 의존할 수는 없고 그 결정기준을 객관화 할 필요가 있다는 비판이 따른다.

외부로 나타난 사정에 의하여 결정하자는 견해에 의하면 소유의 의사 자체는

8) 대법원 1996. 10. 11. 선고 96다23719 판결; 대법원 1991. 7. 9. 선고 90다18838 판결; 대법원 1993. 9. 14. 선고 93다24889 판결; 대법원 1994. 10. 21. 선고 93다12176 판결.

9) 김형훈, "점유취득시효에 있어서의 자주점유의 추정과 번복", 석사학위논문, 부산대대학원, 1999, 24면.

10) 유남석, "부동산취득시효에 있어서 '소유의 의사'의 추정과 무단점유", 인권과 정의 255호, 대한변호사협회, 1997. 11, 93면.

의사적 요소이지만, 그 존부는 내심의 의사에 의하지 않고 외부로 나타난 사정에 의하여 결정하여야 한다. 이 견해(주로 객관설이라 칭함)가 현재 우리나라와 일본, 독일 등의 통설이라고 할 수 있다.[11] 이러한 객관설의 견해도 그 내용에 약간의 차이가 있다.

□ 소유의 의사의 판단에 관한 판례의 구체적 기준

(1) 점유취득의 원인이 된 권원의 성질

1) 권원에 의한 경우

가) 법률행위에 의한 경우

① 증여

증여의 경우에 대법원은 "부동산을 증여 받아 그 점유를 개시하였다면 그 점유권원의 성질상 이는 자주점유라 할 것이고 설사 그 증여가 무권리자에 의한 것이어서 소유권을 적법하게 취득하지 못한다는 사정을 알았다고 하더라도 그와 같은 사유만으로 그 점유가 타주점유가 된다고 볼 수는 없는 것이다"라고 판시[12]하여 소유의 의사가 있는 것으로 인정하였다. 그리고 기부채납형식으로 증여를 받은 건물을 소유의 의사로써 점유관리중 국가로부터 징발되어 군대가 그 건물을 점유하다가 피징발자에게 반환되었다면 군대의 점유는 권원의 성질상 소유의 의사가 없고 피징발자의 대리점유라고 인정함이 옳을 것이고 이 대리점유는 피징발자의 취득시효의 진행을 방해하는 사유가 되지 않는다고 한다.[13]

11) 공순진, 앞의 논문, 149면.
12) 대법원 1994. 11. 25. 선고 94다14612 판결.
13) 대법원 1970. 10. 30. 선고 70다715·716 판결; 대법원 1972. 2. 22. 선고 71다2522·2523 판결.

② 매매

대법원은 유효한 매매를 원인으로 하여 매수인이 그 점유를 취득한 경우에 매수인의 점유는 권원의 성질상 소유의 의사가 있는 점유라고 하고 있다.[14]

그러나 소유권유보부 매매의 경우에 관한 판례[15]에서는 어느 토지를 타주점유하는 자가 소유자로부터 그 토지를 매수함에 있어, 계약금을 제외한 나머지 매매대금을 4회에 걸쳐 분납하되 그 대금을 완납한 후가 아니면 소유권의 이전을 받을 수 없고, 소유권을 이전받기 전에는 매도인의 승인 없이 매매 목적물의 전대, 양도나 저당권 설정 기타 제한물권의 설정을 하지 못할 뿐 아니라 매매 목적물의 원형 또는 사용 목적의 변경도 할 수 없도록 하는 내용의 매매계약을 체결한 뒤, 그 대금 일부만을 납부하였지 4회에 걸쳐 분납하기로 한 나머지 매매대금을 납부하지 아니한 경우, 점유자와 소유자 사이에 그와 같은 내용의 매매계약이 체결되었다 하더라도 그 대금이 완납되기 전에는 매수인이 매매 목적물인 토지를 소유자와 동일한 지배를 하려는 의사를 가지고 점유하게 되었다고 할 수는 없으므로, 그 점유는 여전히 타주점유로 남게 된다고 판시하여 다른 유효한 매매의 경우와는 다르게 취급하고 있다. 이 판례의 경우에 매도인이 소유자이고, 간접점유자인 매수인은 장차 소유권을 취득할 수 있는 지위를 갖는다. 그러나 그러한 사정만으로 그의 점유가 자주점유로 되기에는 충분하지가 않다. 이 경우에 매수인은 타인의 소유권을 승인하면서, 그리고 소유자에 대한 보관의무를 이행하면서 점유한다. 따라서 그는 타주점유자이고, 간접점유자인 소유자의 점유매개자이

14) ① 대법원 1987. 11. 10. 선고 87다카1566·1567 판결 : "학교법인 소유의 대지를 전전매수하여 점유하고 있다면 매수인의 점유는 그 권원의 성질상 자주점유라 할 것이고 법인의 처분행위에 주무관청의 인가가 없었다 하더라도 이는 그 처분행위의 효력이 인정되지 아니하는 사유가 될 뿐이지 매수인의 점유가 이로 인하여 타주점유로 된다 할 수 없다"고 판시한다.

② 대법원 1979. 6. 5. 선고 79다610 판결 : "대지가 갑, 을, 병, 정, 피고 순으로 전전승계된 경우 을이 갑으로부터 대지를 매수한 사실이 없다 하더라도 병이 을로부터 이를 매수하여 점유하였다면 그 점유는 소유의 의사로써 한 것이 되고 그로부터 직접 또는 전전매수 점유한 정이나 피고도 소유의 의사로써 점유하였다고 할 수 있다"라고 판시한다.

③ 대법원 1972. 1. 31. 선고 71다2132 판결 : "중앙토지 행정처로부터 부동산을 매수하여 소유권 이전등기가 되었으나 그 매수대금을 현실로 완불하지 아니하여 이를 피담보채권으로 하여 저당권설정 등기를 마치었다면 특별한 사정이 없는 한 매수인은 매수일부터 자기의 소유로 알고 점유한 것이라 할 것이다"라고 판시한다.

15) 대법원 1995. 12. 22. 선고 95다30062 판결.

다.[16)]

무효인 매매계약에 의하여 점유를 취득한 매수인의 경우에 대법원은 대법원 1968. 12. 24. 선고 68다2111 판결에서 부동산관리인이 목적부동산을 불법처분한 사안에 대하여, "무효인 매매계약의 매수인이라고 하더라도 소유의 의사를 가지고 있다고 볼 수 있다"고 판시한 바 있고, 이에 대한 재심판결인 대법원 1972. 12. 12. 선고 72다1856 판결 에서는 "타인으로부터 부동산을 매수하여 이를 점유하게 된 자는 그 매매가 무효가 된다는 사정이 있음을 알았다는 등의 특단의 사정이 없는 한 일반적으로는 그 점유의 시초에 있어서 소유의 의사로 점유한 것이라고 할 것"이라고 판시하여 이후 무효인 계약에 따른 매수인의 점유의 성질에 관한 기본적인 기준이 되고 있는 것으로 보여진다. 판례의 주류적인 견해를 보면 무효인 매매인 경우도 소유의 의사를 인정하고 있다.[17)] 다만 주류적인 입장과는 달리

16) 송덕수, 앞의 논문, 105-106면.

17) 〈소유의 의사를 인정한 경우〉

① 대법원 1972. 3. 31. 선고 72다88 판결 : 상고이유에서 사찰재산을 주지 아닌 자가 처분하였고, 감독관청의 승인도 없었으므로 매수인의 점유가 타주점유라고 주장한 사안인데, 대법원은 "특별한 사정이 없는 한 일반적 처분권이 있다고 인정되는 소유명의자나 그 대리인으로부터 부동산을 매수하고 인도까지 받은 매수인에게 매도인의 매각행위가 법률상의 유효요건을 구비한 것인지 여부까지 조사할 의무가 없다"고 판시하여 자주점유를 인정하였다.

② 대법원 1978. 5. 9. 선고 78다281 판결 : "무효인 매매계약의 매수인이라도 소유의 의사는 가지고 있으며, 농지소재지관서의 증명이 없어 매매가 무효라고 하더라도 자주점유라고 봄에 소장이 없다"라고 판시하여 자주점유를 인정하였다.

③ 대법원 1978. 7. 25. 선고 78다449 판결 : 주지가 사찰재산을 주무관청의 허가없이 처분하고 원고가 이를 전전매수한 후, 전자의 점유까지 포함하여 20년 시효를 주장한 사안에 관하여 대법원은 "특별사정 없는 한 처분권한 있는 자로부터 부동산을 매수하고 이를 인도받은 경우에는 매도인의 매각행위가 법률상 유효요건을 구비하고 있는 여부를 조사할 의무가 없고, 주무관청의 허가없음을 각 매수인들이 알거나 알 수 있었다고 볼 자료가 있다고 볼 수 없는 이 사건에서 각 매수인들의 점유를 자주점유로 본 조치는 정당하다"고 판시하였다.

④ 대법원 1981. 6. 9. 선고 80다469 판결 : 지방자치단체 소유의 부동산을 무권리자로부터 그가 처분권이 있는 것으로 믿고 취득한 사안으로 대법원 1972. 12. 12. 선고 72다1856 판결과 같은 내용의 판시를 하였다.

⑤ 대법원 1981. 11. 24. 선고 80다3038 판결 : 군청이 면사무소 부지를 매수함에 있어서 등기부 및 토지대장상의 명의자가 아닌 경작자로부터 매수하고 대금도 백미로 지급하였다고 주장한 경우, 원심은 도대체 군청이 그와 같이 매수한다는 것은 경험칙상 맞지 않는다고 하여 매수사실을 배척하고 자주점유를 부정하였던 사안인데, 대법원은 "소유의 의사의 유무는 점유취득의 원인사실에 의하여 외형적, 객관적으로 정하여져야 하고, 매매계약에 기하여 토지의 매매로서 그 소유권을 취득할 수 없는 경우에도 특별사정이 없는 이상 매수인의 점유는 소유의 의사로써 하는 것이라고 해석함이 상당하다"고 판시하고, 원심판결을 파기하였다.

⑥ 대법원 1990. 11. 27. 선고 90다카27280 판결: 부동산소유자가 아닌 관리인과 사이에 교환하거나 그로부터 매수한 사안에 대한 것으로, "그 매매가 타인의 토지의 매매로서 그 소유권을 취득할 수는

소유의 의사를 부정한 판례들도 있다.[18] 이 판례들은 특별한 사정에 대한 입증의 정도를 상당히 완화하거나 특별한 사정을 알았다는 점에 대한 사실상의 추정을 인정한 것이라 할 수 있다. 이러한 판례에 대해 비판을 하는 견해도 있지만 위 판례들이 그대로 타당한 것이라고 하더라도, 다른 주류적인 판례들과 구별할 수 있는 그 적용범위의 한계를 설정할 수 없는 것은 아니다. 자주점유를 부정한 판례는 모두 법인이나 사찰의 기본재산을 주무관청의 허가를 받음이 없이 직접 법인이나 사찰 명의로 매도한 경우에 관한 것이었고, 그와 같은 경우에는 주무관청의 허가를 받아야 한다는 사정은 경험칙상 당사자들 사이에 당연히 알고 있었을 것이라고 인정되는 사안이었다. 따라서 위 판례들이 타당한 범위도 결국은 매수인이 그 매매가 무효인 사정을 알았다고 하는 특별사정이 존재하는 경우로 한정할 수 있다고 할 것이다. 특히 법인이나 사찰 재산을 법인이나 사찰이 그 명의로 처분한 것이 아니라 무권리자가 이를 처분한 경우에 있어서 매수인의 자주점유를 부정한 사례, 즉 "특별사정의 존재"를 추정한 사례는 없다.[19]

③ 교환

교환 계약에 의하여 점유를 취득한 경우 대법원은 점유권원의 객관적 성질상

없다 하여도 특별사정이 없는 한 소유의 의사는 있다"고 판시하였다.

18) 〈소유의 의사가 부정된 경우〉

① 대법원 1978. 11. 14. 선고 78다991 판결: 사찰재산을 주무관청의 허가없이 소외인을 거쳐 원고가 순차 매수한 사안으로, 원심에서는 매수인들이 매매가 무효임을 알았다고 인정할 증거가 없다는 이유로 시효취득을 원인으로 한 소유권이전등기를 명하는 원고승소 판결을 선고하였으나, 대법원은 "매매계약서상 「허가로 인해서 이전불능한 동시에는 영수금액을 반환하고……」라고 기재되어 있다면, 당사자들은 허가없음을 알고 있었다고 보아야 한다"고 판시하고, 원심판결을 파기, 환송하였다.

② 대법원 1979. 12. 26. 선고 79다1806 판결 : "매수자가 매매당시 허가가 없었다는 사실을 알고 있었다면 매매계약이 무효임을 알았다고 봄이 경험칙상 타당하고, 따라서 자주점유라고 할 수 없다"고 판시하였다.

③ 대법원 1991. 7. 23. 선고 90다11578 판결 : 이 사건에서는 서류를 위조하여 임의로 매도함을 알고 매수한 사실이 인정된다면 매수인의 점유를 자주점유라고 볼 수 없다고 판시하였다.

④ 대법원 2000. 9. 29. 선고 99다50705 판결 : "처분권한이 없는 자로부터 그 사실을 알면서 부동산을 취득하거나 어떠한 법률행위가 무효임을 알면서 그 법률행위에 의하여 부동산을 취득하여 점유를 시작한 때에는 그 점유의 시작에 있어 이미 자신이 그 부동산의 진정한 소유자의 소유권을 배제하고 마치 자기의 소유물처럼 배타적 지배를 할 수 없다는 것을 알면서 점유하는 자이므로 점유 시작 당시에 소유의 의사가 있다고 할 수 없는 것이다"라고 판시하였다.

19) 권오곤, "재단법인의 기본재산을 무권리자로부터 매수한 자의 점유의 성질", 대법원판례해설 제18호, 법원도서관, 495면 참조.

소유의 의사가 있는 점유라고 하고 있다.[20] 그러나 교환 계약이 무효임을 안 때에는 소유의 의사가 있는 점유로 볼 수 없다고 한다.[21] 이 경우는 매매의 경우와 같다고 보여진다.

④ 임대차

판례에 의하면 임대차를 원인으로 하여 점유를 취득한 경우에는 그 권원의 성질상 소유의 의사가 있는 점유라고 할 수 없다.[22]

⑤ 위임

판례는 부동산의 관리위임을 맡고 그 점유를 시작한 경우라면 점유권원의 성질상 소유의 의사로 점유한 것으로 볼 수 없다고 한다.[23]

⑥ 명의신탁

판례는 명의신탁에 의하여 부동산의 소유자로 등기된 자는 그 점유권원의

20) ① 대법원 1977. 6. 7. 선고 76다2621 판결 : "점유하던 임야중의 일부를 타인 소유 토지와 교환계약까지 하였다는 등 사정이 있다면 그 임야점유는 소유의 의사로써 한 자주점유임을 알아차릴 수 있다"고 판시하였다.
② 대법원 1969. 3. 4. 선고 69다5 판결 : "권원의 성질상 자주점유로 볼 수 없는 경우를 제외하고는 점유자는 소유의 의사로 점유한 것으로 추정을 받는 것이며, 원래 경찰서장 관사부지로 사용하던 본건 대지를 거리관계로 군수관사와 교환하여 피고가 군수관사부지로 점유하여 왔다는 것인 바, 그러한 사정만으로서는 피고의 점유가 권원의 성질상 자주점유가 아니라고는 볼 수 없을 것"이라고 판시하였다.

21) 대법원 1976. 11. 9. 선고 76다486 판결 : "학교법인의 기본재산에 관한 교환 계약에 있어 문교부 장관의 허가 없음을 알고 있었다면 그 교환계약이 무효임을 알았다고 봄이 우리의 경험상 타당하다 할 것이니 원고의 점유는 권원의 성질상 자주점유라 볼 수 없다"고 판시하였다.

22) ① 대법원 1990. 2. 13. 선고 89다카2469 판결 : "원고가 주장하는 원고의 전점유자인 소외인의 매수사실이나 원고의 매수 점유사실이 인정되지 아니하고 오히려 소외인이 피고에게 임대료를 지급하고 점유함이 인정된 경우 취득시효의 요건으로서의 원고가 주장하는 바와 같은 기간의 점유사실의 입증이 있었다고 할 수 없고 더구나 소외인의 점유는 타주점유가 되어 자주점유의 추정력도 깨어진 것이라고 보아야 한다"고 판시하였다.
② 대법원 1976. 1. 27. 선고 75다236 판결 : 소작계약에 의하여 토지를 점유, 경작하는 자의 점유를 타주점유로 보고있다.
③ 대법원 1965. 10. 5. 선고 65다1472 판결 : "토지에 관하여 원고와 사용대차계약을 체결하고 그때부터 점유를 시작하였다면, 토지에 관한 점유는 그 권원의 성질상 소유의 의사가 있는 자주점유라고는 볼 수 없다"라고 판시하였다.

23) 대법원 1989. 10. 24. 선고 88다카11619 판결; 대법원 1980. 7. 22. 선고 80다908 판결.

성질상 자주점유라고 할 수 없다고 판시한다.[24] 그리고, 종중 위토의 명의수탁자 중의 한 사람이 그 위토를 점유하였다고 하여도 다른 사정이 없는 한 이는 종중을 위하여 종중의 위토로 점유하였다고 볼 것이지 그 수탁지분을 넘는 부분을 소유할 의사로 점유하였다고 볼 것은 아니라고 한다.[25] 또한 점유자가 토지의 일부만을 매수하였으나 소유자가 소유권보존등기를 하여 줌에 있어서 그 매수부분이 분할되어 있지 않았던 관계로 편의상 토지전체에 대하여 점유자 앞으로 보존등기를 하여준 사안에 있어서, 특별한 사정이 없는 한 매매하지 않은 부분에 대하여는 이를 매수인에게 명의신탁한 경우에 해당한다 하여 시효취득을 부정하고 있다.[26]

나) 행정처분에 의한 경우

판례는 무효인 행정처분에 기해서 점유를 개시한 경우에 소유의 의사로 점유하였다고 볼 수 없다고 판시하고 있다.[27]

2) 상속에 의한 경우

가) 타주점유자의 상속인의 경우

상속은 당사자의 의사에 기하지 않는 점유의 취득으로, 상속으로 점유가 상속인에게 이전하게 되고, 피상속인의 사망으로 물건은 상속인에게 귀속하게 된다. 이때 타주점유자인 피상속인의 점유를 상속한 경우에 이것이 상속인에게 새로운 권원인지에 대해 논란이 있다. 이에 대해 판례는 타주점유자의 상속인은 피상속인의 점유를 승계하는 것이므로 상속으로 인한 점유에 대해 소유의 의사가 있음을

24) 대법원 1987. 11. 10. 선고 85다카1644 판결.

25) 대법원 1992. 9. 8. 선고 92다18184 판결.

26) 대법원 1989. 10. 27. 선고 88다카23506 판결.

27) 대법원 1993. 7. 16. 선고 92다37871 판결: 무효인 법률행위에 의하여 부동산을 취득하여 점유하게 된 자가 그 법률행위가 무효임을 안 때에는 일반적으로 그 점유의 시초에 있어 소유의 의사로 점유한 것으로 볼 수 없는 것이라고 하고서, 피고로서는 이 사건 토지를 분배받을 당시 농림부장관의 농지사용목적변경인허처분으로 인하여 농지매수대상에서 제외된 이 사건 토지에 관하여 자경농가가 아닌 자신에게 이루어진 위 농지분배처분이 당연히 무효라는 점을 알았다고 봄이 상당하므로 피고가 이 사건 토지를 분배받은 이래 이를 소유의 의사로 점유하였다고 볼 수 없다고 판시하였다.

인정하지 않는다.[28)]

나) 오상상속인의 경우

판례는 상속인이 아닌 자가 상속인 내지 권리상속자인 것으로 믿고 현실로 부동산의 점유를 개시하여 관리 및 수익을 해 온 경우라면 그의 점유는 권원의 성질상 소유의 의사로 하는 점유로 보고 있다.[29)]

3) 권원의 오상의 경우

가) 오상권원의 경우

오상권원의 경우에는 원칙적으로 점유권원이 없는 경우이므로 자주점유를 인정하는 것이 곤란[30)]하나 예외적으로 자주점유를 인정하는 경우[31)]가 있다.

---

28) 대법원 1997. 12. 12. 선고 97다40100 판결 : "상속에 의하여 점유권을 취득한 경우에는 상속인이 새로운 권원에 의하여 자기 고유의 점유를 시작하지 않는 한 피상속인의 점유를 떠나 자기만의 점유를 주장할 수 없고, 또 선대의 점유가 타주점유인 경우 선대로부터 상속에 의하여 점유를 승계한 자의 점유도 그 성질 내지 태양을 달리하는 것이 아니어서 특별한 사정이 없는 한 그 점유가 자주점유로 될 수 없고, 그 점유가 자주점유가 되기 위하여는 점유자가 소유자에 대하여 소유의 의사가 있는 것을 표시하거나 새로운 권원에 의하여 다시 소유의 의사로써 점유를 시작하여야 한다"고 판시하였다.

29) ① 대법원 1982. 7. 27. 선고 81다1174, 1175 판결 : 피상속인의 장조카로서 피상속인을 봉양하여 오다가 그가 사망하자 자신이 상속인 또는 권리귀속자라고 믿고 그 때부터 부동산의 점유를 개시하여 관리인들로부터 지료를 거두어 들이는 등 소유자로서 이를 점유해 온 사안으로 대법원은 이에 대해 권원의 성질상 소유의 의사로 점유한 것으로 판시하였다.
② 대법원 1997. 10. 24. 선고 97다22409 판결 : 원고의 시아버지인 갑이 1956. 5. 15. 사망하고 그 호주상속인인 장남 을도 1959. 1. 15. 사망하였는바, 을의 사망 당시 을에게는 직계비속 남자가 없고 딸, 아내인 원고, 조모, 모 등이 있어 구관습에 따라 갑의 유산은 을에게 상속되었다가 다시 사후양자가 상속하기까지 을의 조모에게 상속되었는데도, 원고가 갑의 유산을 을이 상속하고 을의 유산을 다시 원고가 상속한 것으로 알고 점유한 사안에서, 원고는 유산인 부동산을 점유하게 된 때인 1959. 1. 15. 에 자기에게 위 부동산의 소유권이 귀속된 것으로 믿고 현실로 점유를 시작한 것이므로 소유의 의사로 이를 점유한 것으로 추정된다고 판시하였다.

30) ① 대법원 1962. 2. 15. 선고 61다794 판결 : "피고들이 일방적으로 이 사건의 토지가 원고회사로부터 양도된 것으로 생각한 사실만으로써 곧 피고들에게 소유의 의사가 있었다고 할 수 없다"고 판시하였다.
② 대법원 1981. 3. 24. 선고 80다1525 판결 : "대지의 점유자가 일방적으로 이 사건 대지를 국가로부터 자기가 불하받은 것으로 알고 있었다는 사실만으로는 그 점유자에게 시효취득의 요건인 소유의 의사가 있었다고는 할 수 없다"고 판시하였다.

31) 대법원 1984. 2. 14. 선고 83다카587 판결 : "매매를 원인으로 토지를 인도한 경우 비록 그 매도인이 착오를 일으켜 매매목적물이 아닌 다른 토지를 인도 받았다 하여도 그 토지를 인도 받은 매수인이 현실적으로 인도 받아 점유하고 있는 토지에 대하여 소유의 의사가 있다고 보아야 할 것이다"라고 판시하였다.

나) 경계분쟁의 경우

경계분쟁형이란 예컨대 일필의 토지를 매수하여 점유 중 인접지 소유자와 경계에 관한 분쟁이 발생하여 소송으로 된 경우 인접지와의 경계선으로 알고 있던 것이 착각이어서 매수지에 포함되어 있는 것으로 생각했던 토지의 일부가 측량등에 의하여 객관적으로 타인의 토지에 속하고 있는 것이 명확하여진 경우이다.[32] 판례는 시효취득에 있어서 자주점유의 요건이 되는 소유의 의사는 점유취득의 원인이 되는 점유권원의 성질에 의하여 객관적으로 결정되는 것이므로 지상건물과 함께 그 대지를 매수 취득하여 점유를 개시함에 있어서 매수인이 인접토지와의 경계선을 정확하게 확인하여 보지 아니하여 착오로 인접토지의 일부를 그가 매수 취득한 대지에 속하는 것으로 믿고 점유를 하여 왔다 하더라도 위 인접토지의 일부를 현실적으로 인도 받아 점유하고 있는 이상 위 인접토지에 대한 점유 역시 소유의 의사에 기하여 한 것이라고 보아야 할 것이다라고 한다.[33] 그러나 부동산을 매수하려는 사람은 통상 매매계약을 체결하기 전에 그 등기부등본이나 지적공부 등에 의하여 소유관계 및 면적 등을 확인한 다음 매매계약을 체결하므로, 매매대상 대지의 면적이 등기부상의 면적을 상당히 초과하는 경우[34]에는 특별한

32) 이기용, 앞의 논문, 261면.

33) 대법원 1992. 5. 26. 선고 92다2844, 91다2851, 91다2868 판결; 대법원 2000. 9. 29. 선고 99다58570·58587 판결; 대법원 2001. 5. 29. 선고 2001다5913 판결.

34) 〈자주점유로 본 경우〉

① 대법원 1998. 11. 10. 선고 98다32878 판결 : 매매대상 대지의 공부상 면적이 228㎡이고 인도받은 토지의 면적이 270㎡로서 공부상 면적의 118.4% 정도이고 토지의 주변이 경사지인 사안에서 매수인이 인도 받은 대지의 면적이 공부상의 면적을 초과하여 이 사건 토지를 침범하고 있다는 사실을 알고 있었다고 볼 특별한 사정이 있다고 하기는 어렵다고 하였다.

② 대법원 1973. 7. 24. 선고 73다559, 560 판결 : 토지 962평을 매수하면서 동일한 담장안의 경계지 51평이 그 일부라고 오인한 것은 객관적으로 수긍이 된다고 하여 소유의 의사가 있는 것으로 보았다.

〈타주점유로 본 경우〉

① 대법원 1997. 1. 24. 선고 96다41335 판결 : 매매대상 대지의 면적이 각각 40㎡, 36㎡, 43㎡인데 초과부분면적이 각각 40㎡, 23㎡, 8㎡인 경우 각각 상당부분을 초과하였다하여 모두 타주점유로 인정하였다.

② 대법원 1977. 10. 11. 선고 77다 1381 판결: 피고가 대지 13평을 매수하고 그 인접대지 50평도 함께 20년간 점유하여 왔는데 인접지 소유자가 인접지의 반환 및 가옥철거등의 청구를 한 사건에 있어서 피고가 인접지 50평을 매수한 사실이 없는 한 권원의 성질상 소유의 의사로 점유하였다고 추정될 수 없다고 하였다.

③ 대법원 2000. 12. 8. 선고 2000다42977·42984·42991 판결 : 자신의 대지면적이 46㎡에 불과한 소유자가

사정이 없는 한 계약 당사자들이 이러한 사실을 알고 있었다고 보는 것이 상당하며, 그러한 경우에는 매도인이 그 초과 부분에 대한 소유권을 취득하여 이전하여 주기로 약정하는 등의 특별한 사정이 없는 한, 그 초과 부분은 단순한 점용권의 매매로 보아야 하고 따라서 그 점유는 권원의 성질상 타주점유에 해당한다.[35)]

다) 매도후 점유를 계속한 경우

판례는 부동산을 타인에게 매도하여 그 인도의무를 지고 있는 매도인의 점유는 특별한 사정이 없는 한 타주점유로 변경된다고 한다.[36)]

(2) 점유와 관계가 있는 사정

1) 등기부 기타 공적 장부에의 등재여부

점유자가 등기부상 부동산의 소유자로 등기되어 있거나 기타 공적 장부에 소유자로 등재되어 있는지 여부에 따라 기재된 경우에는 소유의 의사를 인정하고,[37)] 그렇지 않은 경우에는 이를 부정한다.[38)] 그러나 최근 등기가 없더라도

인접토지를 19㎡가량 침범하여 건축을 한 경우 자주점유를 인정하지 않았다.

④ 대법원 2000. 4. 25. 선고 2000다348 판결 : "매수한 2필지의 공부상 면적은 합계 162㎡인데 반하여 매도인으로부터 인도받아 점유하는 면적은 제3자 소유의 토지 부분을 포함하여 합계 202㎡인 경우, 인도받은 토지 면적이 공부상 면적을 상당히 초과한다고 보아 위 초과 부분에 대한 매수인의 점유를 타주점유"라고 판시하였다.

⑤ 대법원 2000. 2. 22. 선고 99다68164 판결: "매수한 4필지 합계 3,011㎡ 중 1필지 301㎡와 한 울타리 안에 있으면서 그와 일체가 되어 주택 등의 부지와 마당으로 사용되다가 초과 인도받은 토지의 면적이 415㎡인 경우, 인도받은 토지 면적이 공부상 면적을 상당히 초과한다고 보아 위 초과 부분에 대한 매수인의 점유를 타주점유"라고 판시하였다.

35) 대법원 1998. 11. 10. 선고 98다32878 판결; 대법원 1997. 1. 24. 선고 96다41335 판결.

36) 대법원 1997. 12. 12. 선고 97다40100 판결; 대법원 1992. 9. 14. 선고 92다20064 판결; 대법원 1969. 9. 30. 선고 69다764 판결; 대법원 1980. 10. 27. 선고 80다1969 판결 (채무자가 채무를 변제하지 못하여 채권자에게 담보로 제공한 임야의 소유권을 양도하였고, 그 채권자가 타인에게 매도하였으나, 점유는 여전히 채무자가 하고 있는 경우에 관하여 채무자는 단지 관리인으로서 점유한 것에 지나지 아니하여 권원의 성질상 자주점유라고 볼 수 없다고 한 사례).

37) 대법원 1981. 7. 14. 선고 80다2289 판결 : 원고 교육위원회 경영의 학교재산으로 원고측 장부상 등재되어 있고 동학교부지 및 실습지로 점유·관리하여 왔다면 다른 특별한 사정이 없는 한 그 점유에는 소유의 의사가 있었다고 할 것이다.

38) 대법원 1977. 3. 22. 선고 76다2705, 2706 판결; 대법원 1999. 3. 12. 선고 98다29834 판결 (원고가 그 점유 토지를 자신의 명의로 사정받았다고 주장하였으나 그 사실이 인정되지 아니하고 오히려 계쟁

소유의 의사를 인정한 판례가 있어 주목된다.[39] 또 허위로 등기를 한 경우에는 소유의 의사로 점유하였다고 보지 않는다.[40]

2) 공조·공과의 부담여부

대법원은 점유자의 공조·공과금의 납부여부가 소유의 의사의 유무를 판단하는 한 요소로 되기는 하지만[41], 그것 하나만으로 소유의 의사의 유무를 판단하고 있지는 않다.[42]

3) 대가지급등의 보상여부

대가지급등의 보상여부에 따라 소유의 의사의 유무를 어떻게 판단해야 할지에 대해 판례는 구체적인 언급을 하고 있지 않은 것으로 보인다. 다만 시효완성으로 부동산의 소유권을 취득할 자가 그 소유권에 관하여 분쟁이 있어 이를 해결하기 위하여 다시 매수하려고 한 사실이 있다고 하더라도 그러한 사실만으로써 그 후부터는 소유의 의사가 없는 것이라고 단정할 수는 없다고 한다.[43]

토지의 토지조사부의 사정받은 자의 난에는 피고의 이름이 등재되어 있으며 달리 원고가 그 점유 당시의 의사에 관하여 아무런 주장·입증도 하고 있지 아니한 경우, 위 토지에 대한 원고의 점유는 점유개시 당시에 소유권 취득의 원인이 될 수 있는 법률행위 기타 법률요건이 없이 그와 같은 법률요건이 없다는 사정을 잘 알면서 무단점유한 것이라고 볼 여지가 있고, 사실이 그러하다면 위 토지에 대한 원고의 자주점유의 추정은 깨어진다고 한 사례).

39) 대법원 2000. 3. 16. 선고 97다37661 판결 : "민법 제197조 제1항이 규정하고 있는 점유자에게 추정되는 소유의 의사는 사실상 소유할 의사가 있는 것으로 충분한 것이지 반드시 등기를 수반하여야 하는 것은 아니므로 등기를 수반하지 아니한 점유임이 밝혀졌다고 하여 이 사실만 가지고 바로 점유권원의 성질상 소유의 의사가 결여된 타주점유라고 할 수 없다"라고 판시하였다.

40) 대법원 1893. 3. 8. 선고 80다3198 판결 : "토지공부가 멸실되었음을 기화로 갑이 소유자로부터 매수하였다는 허위내용의 관계서류에 의하여 그의 자 명의로 회복등기를 경료한 경우 갑의 자로서는 권원의 성질상 그 회복등기한 때로부터 당해 토지를 소유의 의사로 점유하였다고는 볼 수 없다"고 판시하였다.

41) 대법원 1975. 6. 19. 선고 74나2812 판결 : 경작중인 농지를 농지개혁법 공포시행직후 자작농지로 신고하여 소유의 의사를 표시하고 농지소표상 자작농지로 등재되어 농지개혁법에 의한 농지분배에서 제외되고 위 토지에 대한 제 세금을 납부하며 점유하여온 경우 자주점유를 인정할 수 있다.

42) 대법원 1971. 3. 23. 선고 71다281 판결 : 토지를 점유사용하고 있는 동안에 그 세금을 납부한 사실이 없다는 한가지 사실만으로서는 그 점유가 자주점유가 될 수 없다고 단정하기는 곤란하다.

43) 대법원 1978. 9. 12. 선고 78다1098 판결.

4) 점유기간의 장기여부

점유기간의 장기여부와 관련하여 특이한 것은 재판상 이것이 단독으로 고려되는 경우는 종중이 그 주체가 되어 점유가 승계된 경우 정도라는 것이다.[44] 기타의 경우에는 다른 사항과 더불어 고려되고 있다. 즉, 판례는 단순히 20년이상 점유하였다는 사실만으로는 소유의 의사를 인정하기는 부족하고 기타의 다른 사항에 의한 보완을 요구하고 있다.

5) 이의제기 여부

진정한 권리자로부터 이의가 제기되었을 때 점유자가 양해를 얻어 점유를 계속하면 이는 타주점유가 된다.[45] 그러나 지상물철거 및 토지인도청구소송에서 패소한 경우[46]에 관하여 이러한 사정만으로는 타주점유로 되지 않는다고 보고있다.

6) 점유취득 경위

대법원은 국가가 1·4후퇴 당시 피난민들을 귀속재산인 잡종지에 무상으로 정착하게 한 경우, 그 피난민들의 점유[47], 건물소유자가 6·25 당시 피난간 사이에 그 건물에 거주한 경우[48]에 타주점유에 해당한다고 한다. 또 화전정리사업의 시행으로 토지를 점유한 경우에 이는 화전정리사업의 일환으로 토지를 농경지로

44) 판례에서 가장 많이 인용하고 있는 경우로 대법원 1970. 2. 10. 선고 69다2013 판결이 대표적이다.

45) 대법원 1971. 6. 29. 선고 71다963 판결 : 소유자로부터 소유권 침해의 항의를 받게 되자 그 대지가 도시계획선 구역내에 들어 있어서 언젠가는 헐리게 될 것이고 또 대지소유자의 인도요구가 있는 경우에는 언제든지 건물을 철거하여 인도하겠다고 하여 양해를 얻어 건물을 건립하였다면 대지의 점유자는 타주점유자이다.

46) 대법원 1989. 4. 25. 선고 88다카3618 판결: 지상건물철거 및 토지인도청구권을 소송물로 하는 소송은 소유권 자체의 확정이 아니라 건물철거청구권 및 토지인도청구권의 존부만을 목적으로 할 따름이므로 그 소송에서 부동산 권리귀속에 관한 판단이 있더라도 그 기판력은 판결주문에 표시된 건물철거청구권 및 토지인도청구권에 국한되고 판결이유 중 부동산 권리귀속에 관한 판단부분에까지 미치지는 아니하며, 점유자는 선의로 점유한 것으로 추정되고 본권에 관한 소에서 패소한 때에 그 소가 제기된 때로부터 악의의 점유자로 볼 뿐이므로 지상건물철거 및 토지인도 청구소송에서 패소하더라도 그 점유가 개시된 때로 소급하여 타주점유로 전환되는 것은 아니다.

47) 대법원 1995. 11. 28. 선고 94다54924 판결.

48) 대법원 1993. 9. 28. 선고 92다50904 판결.

조성한 점유자들에게 경작권만 주어진 것이라고 할 것이니 그 점유는 그 권원의 성질상 타주점유라고 판시한다.[49)]

7) 소유물이라고 믿고 있는지의 여부

점유자가 자기의 소유물이라고 믿고서 점유를 하였는지에 따라 소유의 의사의 인정여부가 달라진다.[50)] 이 사항은 소유의 의사를 인정함에 있어서 특히 인접토지와 관련[51)]하여 가장 중요한 역할을 하고 있다.

8) 기타

대법원은 타인 소유의 임야에 분묘를 설치하여 관리하고 그 임야에서 땔감을 채취한 경우 그것만으로는 그 임야를 소유의 의사로 배타적으로 점유하였다고 볼 수 없다[52)]고 한다.

49) 대법원 1994. 1. 28. 선고 93다15847 판결.

50) 대법원 1989. 9. 26. 선고 88다카24394, 244400, 24417 판결 : 토지소유자가 점유자에게 그 토지에 대한 매수 또는 사용료의 지급을 청구하여 왔고, 그때마다 점유자는 예산이 확보되는 대로 토지대금이나 사용료를 청산 지급하겠다고 회보함으로써 그 토지에 대한 소유자의 소유권을 승인하였다면 점유자가 그 토지에 대한 점유를 개시할 때 소유의 의사로 점유하기 시작하였다는 추정은 깨어졌다고 볼 것이다.

51) 대법원 1991. 2. 22. 선고 90다12977 판결: 담장 경계 내에 위치한 타인 소유의 대지에 대하여 시효취득을 인정하였다.

52) 대법원 1999. 6. 11. 선고 99다2553 판결.

[쟁점 2]
- 무단점유와 자주점유의 추정[1)]

□ 논의의 필요성

건물만을 매수하여 그 부지인 타인 소유의 토지도 점유하여 온 경우, 관리인 없이 방치된 토지를 무단점유한 경우, 국가 또는 지방자치단체가 사인 소유 토지에 대하여 공공용 재산으로서의 취득절차를 밟는 등의 정당한 권원이 없이 그 토지를 도로부지로 점유한 경우 등과 같은 사안에서 해당 부동산의 점유자가 부동산의 소유권을 취득할 수 있을 것인가가 문제될 수 있다.

우리민법은 타인 소유의 부동산을 20년간 소유의 의사로 평온·공연하게 점유하는 자는 그 부동산의 소유권을 취득할 수 있는 것으로 규정하고 있으며(민법 제245조 제1항), 점유자는 소유의 의사로 평온·공연하게 점유한 것으로 추정하고 있다(민법 제197조). 이 경우 민법 제197조의 자주점유의 추정규정이 부동산의 점유취득시효에도 적용될 수 있다면, 위에서든 예와 같이 타인의 부동산을 무단으로 점유한 사람도 민법 제197조의 자주점유의 추정규정에 의하여 20년간의 점유사실만을 입증하면 해당 부동산의 소유권을 취득할 수 있다는 결론에 도달할 수 있다. 그러나 점유자가 점유 개시 당시에 소유권 취득의 원인이 될 수 있는 법률행위 기타 법률요건이 없이 그와 같은 법률요건이 없다는 사실을 알면서 타인 소유의 부동산을 무단으로 점유한 경우까지 소유의 의사가 있었던 것으로 보아서 점유취득시효를 인정 할 수 있게 되면 이는 정의관념에 부합하지 않는 부당한 결론을 인정하는 것이 될 것이다.

1) 아래의 내용은 김판기, "무단점유와 자주점유의 추정에 관한 일고찰", 부동산법학 제13집, 한국부동산법학회, 2005. 12.을 요약·정리하였음.

□ 무단점유의 개념

1. 무단점유의 의의

가. 학설

무단점유의 의의에 관하여 학설마다 그 의미를 약간 다르게 보고 있다. 예를들면 권원이 없고 또 그것을 알면서 점유한 경우,[2] 부동산을 점유할 정당한 권원이 없음을 잘 알면서도 소유자나 관리자가 관리를 소홀히 함을 틈타서 목적물을 점유하고 있는 경우,[3] 부동산이 타인의 소유임을 알면서도 소유권을 취득할 수 있는 권원이 되는 법률행위를 매개로 하지 아니하고 점유를 취득한 경우[4], 점유를 개시할 만한 무슨 법률행위적 혹은 법적인 변동 원인이나 계기가 없이 단지 사실적인 행위만에 의하여 자신의 점유를 개시하는 경우[5] 등이라고 설명한다.

나. 판례

판례[6]는 "점유자가 점유 개시 당시에 소유권 취득의 원인이 될 수 있는 법률행위 기타 법률요건이 없이 그와 같은 법률요건이 없다는 사실을 잘 알면서 타인 소유의 부동산을 무단점유한 것임이 입증된 경우"를 무단점유라고 표현하고 있다.

다. 검토

학설과 판례에 의하면 표현은 다소 다르지만 모두가 동일한 문제상황의 인식에서 무단점유를 동일한 의미로 사용하고 있다고 보인다. 그리고 대부분의 학자들은 무단점유에 악의의 개념을 포함시켜 악의의 무단점유라는 용어를 사용한다. 이는 실제 소송에서 문제되는 것이 악의의 무단점유이기 때문이라 생각된다.

---

2) 송덕수, "악의의 무단점유와 취득시효", 판례실무연구Ⅰ, 박영사, 1997, 257면.

3) 박해성, "무단점유자의 점유가 자주점유인가?", 판례실무연구Ⅰ, 박영사, 1997, 350면.

4) 윤진수, "악의의 무단점유와 자주점유에 관한 소견", 판례실무연구Ⅰ, 박영사, 1997, 377면.

5) 전하은, "악의의 무단점유에 관한 의견", 판례실무연구Ⅰ, 박영사, 1997, 385면.

6) 대법원 1997. 8. 21. 선고 95다28625 전원합의체 판결

2. 무단점유의 요소

가. 객관적 요소

무단점유의 객관적 요소는 점유개시 당시에 소유권 취득의 원인이 될 수 있는 법률행위 기타 법률요건이 없이 타인 소유의 부동산을 점유하는 것이다. 여기서 '기타'라는 표현에 주목하면 '소유권 취득의 원인이 될 수 있는 법률행위'라는 것은 법률요건의 예시라고 보아야 할 것이다.[7] 여기서 법률요건이라 함은 일정한 법률효과를 발생하게 하는 법률행위, 준법률행위, 사건 등의 원인 사실을 말하는 것이므로 무단점유라고 하기 위해서는 우선 타인 소유 부동산의 점유 개시 당시에 그에 관한 법률효과를 발생하게 할 수 있는 원인 사실이 존재하지 않는 경우라야 할 것이다.

나. 주관적 요소

무단점유의 주관적 요소는 점유자의 악의이다. 여기서 악의라고 함은 소유권 취득의 원인이 될 수 있는 법률행위 기타 법률요건이 존재하지 않는다는 점을 인식하는 것이다.[8]

□ 무단점유의 자주점유 추정

1. 자주점유 추정의 의의

우리 민법전은 자주점유라는 용어를 직접적으로 사용하고 있지는 않다. 그 대신에 몇몇 규정에서 「소유의 의사로 … 점유」(민법 제197조 제1항, 제245조 제1항, 제2항, 제246조 제1항, 제252조 제2항) 또는 「소유의 의사가 없는 점유」(민법 제202조 후단)라는 표현을 쓰고 있을 뿐이다. 그렇지만 학설과 판례는 소유의

7) 유남석, "부동산취득시효에 있어서 '소유의 의사'의 추정과 무단점유", 인권과 정의 255호, 1997. 11, 100면.
8) 공순진, "부동산취득시효에 있어서의 자주점유", 토지법학 13, 한국토지법학회, 1998. 1, 159면.

의사로써 하는 점유를 자주점유라고 하고 소유의 의사가 없는 점유를 타주점유라고 하는데 일치하고 있다.[9]

이러한 자주점유는 취득시효를 인정하기 위한 중요한 요건으로서, 원칙적으로 소유권을 취득하려는 자가 이를 주장하고 입증하여야 한다. 그러나, 우리 민법은 제197조 제1항에서 "점유자는 소유의 의사로 선의, 평온 및 공연하게 점유한 것으로 추정한다"고 규정하여 점유자는 소유의 의사로 점유한 것으로 추정하고 있다.[10]

2. 취득시효의 경우 자주점유 추정

가. 학설

1) 적용을 긍정하는 견해

이 견해는 민법 제197조 제1항이 "점유자는 소유의 의사로 선의, 평온 및 공연하게 점유한 것으로 추정한다"고 규정하고 있으므로, 부동산취득시효에 있어서도 점유사실만 입증되면 소유의 의사가 추정된다고 주장하며, 우리나라의 통설적 견해이다.[11]

민법의 체계상 자주점유의 추정은 점유권에서 규정되어 있고, 자주점유에 특별한 효과가 주어지는 것은 과실수취권(민법 제202조)과 취득시효(민법 제245조, 246조)에서이다. 그렇다면 자주점유의 추정은 과실수취권·취득시효에서 인정하지 않으면 적어도 자주점유의 추정에 관한 민법 제197조 제1항은 유명무실한 규정이 되어 버리고 만다. 그리고 만일 취득시효에서만 추정을 인정하지 않는다면 이 또한 합리적인 것이라고 볼 수가 없으므로, 제197조 제1항의 규정이 제245조에도 적용된다는 통설의 입장이 타당하다고 설명한다.[12]

9) 조성민, "무단점유의 경우에 자주점유의 추정이 깨지는지 여부", 판례월보 제326호, 1997. 11, 19면.

10) 이러한 추정규정으로 인해 그 적용범위와 추정의 번복 등 해석상 여러가지 문제가 발생한다(선병도, "자주점유의 추정과 입증책임", 판례연구 제16집(상), 서울지방변호사회, 2002. 8, 128면).

11) 공순진, 앞의 논문, 154면.

2) 적용을 부정하는 견해

① 우리 민법의 관련규정들을 역사적·비교법적·정책적 관점에서 볼 때, 민법 제197조 제1항의 자주점유추정을 민법 제245조에도 적용하는 것은 부당하다는 견해가 있다.[13] 이 견해에 의할 경우 점유하고 있는 사람이 정당한 권원을 입증하면 소유의 의사를 추정하여 주고, 전혀 소유의 근거가 될 수 있는 입증을 못하는 경우에는 추정은 부당하고 결국 취득시효 주장자가 정당한 권원을 입증하여야 한다고 하고, 설령 이와같은 점유자에 의한 권원의 입증요구가 받아 들이기 어렵다면 부동산등기제도와의 교량상 재고할 점이 있다고 한다. 즉, 적어도 부동산등기부에 소유권자로 등재된 자를 상대로 하는 경우에는 점유에 기한 소유의 의사의 추정이 깨어진 상황으로 보는 식으로 추정에 강력한 예외를 인정하는 것이 바람직할 것이라고 한다.[14]

② 민법 제197조 제1항은 소유권 취득의 원인이 되는 행위가 있는 경우에만 적용된다고 해석하는 견해가 있다. 이 견해에 의하면, 추정은 외부에서 파악하기 어려운 내심의 의사와 같은 사실을 그야말로 쉽게 인지될 수 있는 객관적 사실로부터 미루어 짐작하는 것으로, 그 배후에는 그 객관적 사실이 있으면 통상 그 추정되는 사실이 인정된다는 생활경험이 자리잡고 있어야 한다. 따라서 점유자가 소유권 취득의 원인이 되는 행위, 가령 매매, 증여 등에 기하여 점유를 취득한 경우에는 그 경우에만 통상 그러한 소유의 의사가 있는 것이 우리의 생활경험이라고 할 수 있으므로 제197조 제1항은 소유권 취득의 원인이 되는 행위가 있는 경우에만 적용된다고 한다.[15]

12) 남효순, "프랑스 민법상의 점유 및 취득시효", 판례실무연구Ⅰ, 박영사, 1997, 233-234면.

13) 최병조, "부동산의 점유취득시효와 점유자의 소유의사의 추정", 서울대 법학 100호, 서울대법학연구소, 1996. 5, 103면.

14) 제3회 세미나(1996. 7. 19) 토론요지, 판례실무연구Ⅰ, 1997, 417-418면 최병조 교수 토론부분 참조.

15) 제3회 세미나(1996. 7. 19) 토론요지, 판례실무연구Ⅰ, 1997, 411-412면 양창수 교수 토론부분 참조.

③ 민법 제197조 제1항의 추정규정을 점유가 법률요건으로 되어 있는 모든 사실관계에 그대로 적용할 수 없다고 하면서 대법원의 입장에 의문을 나타내는 견해도 있다.[16] 민법 제197조 제1항의 추정규정 중 선의의 추정은 같은 조 제2항에 의하여 점유자가 본권에 관한 소에서 패소한 경우에는 소가 제기된 때로부터 적용되지 않는다는 취지의 대법원 판결[17]을 근거로 하는데, 부동산에 대한 과실수취권이라는 작은 권리에도 적용 여부가 다투어지는 제197조 제1항의 규정을 부동산에 대한 소유권 이전등기청구권이라는 큰 권리의 발생사유에 그대로 적용하는 것은 방법론상 일관성이 없다고 한다.

나. 판례

과거 대법원은 점유권원의 성질이 분명하지 않은 경우에 자주점유의 추정을 인정하지 아니하고 자주점유를 주장하는 점유자에게 그 점유권원의 성질에 관한 입증책임이 있다는 취지의 견해를 표명한 바 있고[18], 또 점유자가 매수 또는 증여받은 사실이 인정되지 않은 경우에 자주점유로 추정되지 않는다는 취지의 견해를 표명한 바 있으나[19], 대법원 1983. 7. 12. 선고 82다708·709, 82다카1792·1793 전원합의체 판결이 선고된 이후에는 이 판결이 자주점유 추정에 관한 기본판례가 되고 있고, 그 결과 수많은 다른 판례들이 이에 따르고 있다. 대법원 1983. 7. 12. 선고 82다708·709, 82다카1792·1793 전원합의체 판결은 "점유권원의 성질이 분명하지 아니한 때에는 민법 제197조 제1항에 의하여 점유자는 소유의 의사로 점유한 것으로 추정되므로 점유자가 스스로 그 점유권원의 성질에 의하여 자주점유임을 입증할 책임이 없고 점유자의 점유가 소유의 의사 없는 자주점유임을 주장하

16) 김동국, "자주점유의 추정과 악의의 무단점유", 판례연구, 전주지방법원, 1998, 339-340면 참조.

17) 대법원 1969. 9. 30. 선고 69다1234 판결 : 피고가 대지의 선의의 점유자라고 하려면 피고에게 이를 점유, 사용할 권원이 있음을 오신한 경우라야 할 것인데, 원심사실만으로는 피고가 대지의 점유, 사용할 권원이 있다고 믿은 점유자로 인정할 근거가 없다; 대법원 1979. 11. 27. 선고 79다547 판결 : 피고는 대지를 점유, 사용할 권원이 있다고 믿을 만한 사실이 있었다는 점을 주장, 입증하여야 한다.

18) 대법원 1967. 10. 25. 선고 66다2049 판결 등.

19) 대법원 1981. 12. 8. 선고 81다99 판결 등.

는 상대방에게 타주점유에 대한 입증책임이 있다고 할 것이다. 그러므로 점유자가 스스로 매매 또는 증여와 같은 타주점유의 권원을 주장하였으나 이것이 인정되지 않는 경우에도 원래 위와 같은 자주점유의 권원에 관한 입증책임이 점유자에게 있지 아니한 이상 그 점유권원이 인정되지 않는다는 사유만으로 자주점유의 추정이 번복된다거나 또는 점유권원의 성질상 타주점유라고 볼 수는 없다"라고 판시하면서, 자주점유의 추정규정이 어떠한 경우에 적용되어야 하고, 자주점유의 입증책임을 부담하는 당사자가 누구이며, 점유자가 주장한 권원이 부인되는 경우에 어떠한 효과가 생기는지에 관하여 태도를 밝히고 있다.

3. 자주점유의 주장과 입증책임

앞서 살펴본 것 이외에 민법 제197조의 추정으로 인하여 취득시효를 주장하는 자는 점유사실만을 주장하면 되고 자주점유는 주장할 필요도 없는가의 문제, 즉 주장책임과 입증책임의 문제가 논의된다.

학설에 따르면 자주점유의 주장에 관하여는 침묵하면서 입증과 관련하여서만 자주점유가 추정되는 만큼 자주점유가 아니라고 주장하는 자가 상대방의 점유가 타주점유임을 입증할 것이라는 견해가 있다.[20)21)] 그런가 하면 주장·입증모두에 관하여 타주점유를 주장하는 자에게 그 책임이 있다고 하는 견해도 있다.[22)] 또, 자주점유 사실은 점유자가 주장하여야 하나 그 사실을 입증할 필요는 없고 오히려 그 상대방이 반대입증을 하여야 한다는 견해도 있다.[23)]

20) 곽윤직, 물권법, 박영사, 2000, 206면; 김상용, 물권법, 법문사, 1999, 277면; 김증한김학동, 물권법, 박영사, 1998, 200면.

21) 정지형 판사는 "변론주의를 채택하는 소송에 있어서 전제사실의 주장이 있는 때에는 추정사실, 즉 본래적 법조의 요건사실의 주장이 필요한 것인지에 관하여는 다툼이 있으나, 전제사실의 주장입증이 있으면 재판관은 추정규정을 적용시키는 것이 당연하기 때문에 그 결과 필연적으로 추정사실이 재판의 기초가 되는 것이므로 구태여 그 주장은 불필요한 것으로 본다"고 한다(정지형, "취득시효의 요건인 자주점유의 입증책임", 민사판례연구VI, 박영사, 1993, 38-39면).

22) 김증한, 물권법강의, 박영사, 1988, 151면; 이영준, 물권법, 박영사, 1999, 490면.

23) 이기용, "취득시효의 요소로서의 자주점유의 법리", 비교사법 제5권 1호, 1998. 6, 276면; 이재성, "자주점유의 추정", 판례월보 165호, 1984. 6, 156-157면("민법 제197조가 규정한 것은 어디까지나 그 법조에서 열거한 사실을 추정하는데 그치는 것이고 그것은 그 추정받는 사실을 소송에서 원용하는 당사자에게 그 사실에

이에 대해 판례는 자주점유가 추정되기 때문에 점유자가 스스로 자주점유를 입증할 책임이 없고 점유자의 점유가 타주점유임을 주장하는 상대방이 타주점유의 입증책임이 있다고 한다.[24] 대법원은 또 점유자에게 자주점유의 입증책임 뿐만 아니라 주장책임도 없다고 한 적도 있다.[25]

사견으로는 취득시효의 요건사실에 관한 주장책임까지도 면제된다고 보는 것은 지나치다고 보여지므로 민법의 규정상 점유자는 자주점유하였다는 사실은 주장해야 될 것이다.

4. 무단점유와 자주점유의 관계

우리 민법은 점유취득시효의 요건으로 20년의 자주점유, 평온·공연한 점유만을 규정하고 있고, 정당한 권원이나 그러한 권원에 대한 선의는 언급하지 않고 있다. 그러한 이유에서 권원이 없고 또 그것을 알면서 점유한 자에 대하여 소유의 의사를 가지고 점유를 하고 있는지를 매개로 해서 시효취득의 인정여부를 결정해야 할 것이다. 아래에서는 점유자가 타인 소유의 부동산을 무단점유 한 경우에 소유의 의사가 존재하는 것이라고 인정할 수 있는지에 관한 학설의 대립을 살펴보고, 약간의 변화를 거쳐온 판례의 태도를 살펴보기로 한다.

가. 학설

무단점유의 경우에도 소유의 의사가 인정되는지에 관하여 학설의 내용을 간략

대한 입증책임을 면제하여 주고 오히려 그 상대방이 그 부존재를 입증할 책임을 지게 한 것은 명백하지만 그러한 사실을 원용하는 자에게 그 사실에 대한 소송의 주장책임까지도 면하게 하려는 취지라고는 볼 수 없는 것이다. 변론주의가 지배하는 우리 민사소송제도하에서는 일체의 소송자료는 당사자의 원용, 즉 소송상의 주장이 있어야 비로소 법원이 그것을 심판의 자료로 쓸 수 있는 것이고 당사자가 주장하지 아니한 사실은 법원이 우연히 지득하였더라도 심판의 자료로 삼을 수 없는 것이다. 그리고 증거조사라는 것은 당사자 쌍방이 주장한 소송자료 중 어떤 것을 채택하고 어떤 것을 버릴 것인가 하는 문제를 결정하기 위하여 시행하는 것이고 따라서 당사자의 입증책임도 이미 소송자료로 제출된 주장사실에 대하여 어느 쪽 당사자가 입증하여야 하느냐 하는 문제가 되는 것 뿐이다"라고 한다.)

24) 대법원 1983. 7. 12. 선고 82다708·709, 82다카1792·1793 전원합의체 판결

25) 대법원 1984. 1. 31. 선고 83다615 판결.

히 보면, 사실행위에 의한 악의의 무단점유는 원칙적으로 권원의 성질상 자주점유라고 보아야 할 것이며 이는 절도의 점유도 자주점유라는 명제의 귀결이라는 견해,[26] 무단점유자는 특별한 사정이 없는 한 악의의 자주점유자에 해당한다는 견해,[27] 악의 또는 무단점유라고 하여 자주점유 추정의 원칙이 배제되지 않으므로 자주점유 추정이 번복되는 것은 점유개시 당시의 사실관계 뿐만 아니라 점유기간을 통하여 점유자의 객관적인 점유형태와 점유자와 소유자의 관계 등을 종합하여 볼때 점유자의 점유를 소유자로서의 점유라고 볼 수 없는 객관적인 부가적 사정을 입증한 경우에 한한다는 견해,[28] 권원이 없고 그에 대하여 악의인 점유자에 대하여도 자주점유 추정이 인정되나 상대방이 권원없음과 악의의 개연성을 입증한 경우에 한하여 시효취득을 배제하는 것으로 해석하여야 한다는 견해[29] 등이 있다. 한편 무단점유는 특별한 사정이 없는 한 소유자라면 마땅히 취했을 행동을 취하지 않은 것으로 보아 자주점유의 추정을 번복함이 상당하다는 견해,[30] 점유자가 절취 또는 무단침입의 방법에 의하여 점유를 개시하였다는 점을 입증해 내면 자주점유의 권원 전부는 부존재로 확정되고 그 결과 점유는 자주점유가 아닌 것으로 평가받아 자주점유의 추정을 번복할 수 있게 된다는 견해,[31] 무단점유자의 점유가 자주점유인지 타주점유인지의 문제는 민법 제197조 제1항의 추정의 문제가 아니라 입증된 권원의 성질에서 소유의 의사의 존부를 인정하는 가치판단의 문제라고 하면서 무단점유의 경우 특별한 사정이 없는 한 권원의 성질상 타주점유로 보아야 한다는 견해[32] 등이 있다.

26) 전하은, "악의의 자주점유", 사법행정, 1994. 7, 68면.

27) 남효순, 앞의 논문, 236-237면.

28) 이성호, "영미법상의 Adverse Possession 제도 및 시효제도의 본질론에 비추어 본 악의점유자의 부동산 점유취득시효문제", 판례실무연구Ⅰ, 박영사, 1997, 348-349면.

29) 송덕수, 앞의 논문, 265-266면.

30) 윤진수, 앞의 논문, 381면.

31) 김상준, "사유지상의 도로개설과 점유취득시효의 완성", 민사판례연구 XV, 박영사, 1993, 69-70면.

32) 박해성, 앞의 논문, 367-368면.

나. 판례

종래 우리 대법원은 무단점유에 관하여 타주점유로 보기도 하고[33], 자주점유로 추정하기도 하여[34] 혼란이 있어왔다. 그러나 대법원 1997. 8. 21. 선고 95다28625 전원합의체 판결이 그러한 혼란을 정리하였다. 즉 이 전원합의체 판결은 점유자가 타인 소유의 토지를 무단점유한 것이 입증된 경우에는 자주점유의 추정이 깨진다고 하여 취득시효의 성립을 부인하였다.

다. 검토

무단점유에 관하여 자주점유가 인정된다고 주장하는 학설들에서도 그들이 비록 무단점유의 자주점유성은 인정하지만 그러한 방법으로 자주점유의 개념을 이용하는 것은 바람직하지 않다고 하고 있다. 소유의 의사의 판단은 경험칙의 적용과정을 거치는 것이고, 또한 평균인의 일반적 사고와 행동을 기준으로 해야 할 것이다. 그런데 무단점유의 경우에 정상적인 사고와 행동을 하는 평균인이라면, 동산과는 달리 은닉하여 소유권자의 추급을 회피할 수도 없는 부동산을 점유 개시 당시부터 진정한 소유자의 소유권을 배척하고 점유할 의사를 갖고 있었던 것이 아니라, 오히려 진정한 소유자가 그 반환을 구하는 경우에 이를 반환할 것이지만 그 동안 일시적으로 사용하겠다는 의사나 장차 그 소유권자로부터 본권을 취득할 의사로 점유를 개시하였다고 보는 것이 사회통념과 우리의

---

33) ① 대법원 1979. 4. 24. 선고 78다2373 판결: "관리소홀로 황폐된대로 방치하여 둔 타인의 소유인 이 사건 토지를 소외 이정돈이 1957년경부터 일부씩 개간 경작하였다는 것은 권원의 성질상 소유의 의사로 점유한 것이라 볼 수 없으니 이런 취지에서 한 위 원심판단은 정당하다"라고 판시하였다.

② 대법원 1997. 1. 24. 선고 96다41335 판결 : "통상 부동산을 매수하려는 사람은 매매계약을 체결하기 전에 그 등기부등본이나 지적공부 등에 의하여 소유관계 및 면적 등을 확인한 다음 매매계약을 체결하므로, 매매 대상 대지의 면적이 등기부상의 면적을 상당히 초과하는 경우에는 특별한 사정이 없는 한 계약 당사자들이 이러한 사실을 알고 있었다고 보는 것이 상당하며, 그러한 경우에는 매도인이 그 초과 부분에 대한 소유권을 취득하여 이전하여 주기로 약정하는 등의 특별한 사정이 없는 한 그 초과 부분은 단순한 점용권의 매매로 보아야 하고, 따라서 그 점유는 권원의 성질상 타주점유에 해당한다"고 판시하였다.

34) ① 대법원 1994. 4. 29. 선고 93다18327·18334 판결 : "매수한 건물이 타인 소유인 대지 위에 무단히 건립된 것임을 알면서도 이를 매수한 후 증축하여 그 대지부분을 점유, 사용하여 왔다고 하더라도 이는 권원의 성질상 자주점유에 해당한다"고 판시하였다.

② 대법원 1996. 1. 26. 선고 95다863·870 판결 : "건물의 일부가 타인 소유인 토지 위에 무단히 건립된 것임을 알면서도 이를 매수한 후 그 토지 중 일부분을 건물의 부지로서 점유·사용하여 왔다고 하더라도, 다른 특별한 사정이 없는 한 그 점유자의 점유는 권원의 성질상 오히려 자주점유에 해당한다"고 판시하였다.

생활경험에 합치하는 것이고, 그것이 바로 평균인의 보편적 도의관념이라고 할 것이다.[35] 따라서 무단점유의 경우에는 소유의 의사로 하는 점유로 인정되지 않는 것이 타당할 것이다.

□ 자주점유 추정 규정의 개정 필요

1. 자주점유 추정규정의 문제점

민법 제197조 제1항은 점유자는 소유의 의사로 점유한 것으로 추정하고 있고, 대법원 1983. 7. 12. 선고 82다708·709, 82다카1792·1793 전원합의체 판결도, "취득시효에 있어서 자주점유의 요건인 소유의 의사는 객관적으로 점유취득의 원인이 된 점유권원의 성질에 의하여 그 존부를 결정하여야 할 것이나, 점유권원의 성질이 분명하지 아니한 때에는 민법 제197조 제1항에 의하여 점유자는 소유의 의사로 점유한 것으로 추정되므로 점유자가 스스로 그 점유권원의 성질에 의하여 자주점유임을 입증할 책임이 없고, 점유자의 점유가 소유의 의사 없는 타주점유임을 주장하는 상대방에게 타주점유에 대한 입증책임이 있다"고 판시하고 있다. 이러한 자주점유 여부는 특히 취득시효에서 문제되는데, 위와 같은 민법 규정 및 판례에 의할 때에는 취득시효의 요건으로서 자주점유가 다투어질 때에는 취득시효를 부정하는 사람이 점유자의 점유가 자주점유가 아님을 입증하지 못하는 한 자주점유가 추정되게 되어, 취득시효의 성립이 매우 쉽게 된다. 그러나 그러한 결과는 특히 이른바 악의의 무단점유, 즉 점유자가 점유 개시 당시에 소유권 취득의 원인이 될 수 있는 법률행위 기타 법률요건이 없이 그와 같은 법률요건이 없다는 사실을 알면서 타인 소유의 부동산을 무단점유한 경우까지 소유의 의사가 있었던 것으로 보아서 취득시효를 인정 할 수 있게 되는데 이는 정의관념에 부합하지 않는다는 비판이 있어왔다.

그리하여 대법원 1997. 8. 21. 선고 95다28625 전원합의체 판결은, "점유자가

35) 대법원 1997. 8. 21. 선고 95다28625 전원합의체 판결 중 이용훈 대법관의 보충의견.

점유 개시 당시에 소유권 취득의 원인이 될 수 있는 법률행위 기타 법률요건이 없이 그와 같은 법률요건이 없다는 사실을 잘 알면서 타인 소유의 부동산을 무단점유한 것임이 입증된 경우, 특별한 사정이 없는 한 점유자는 타인의 소유권을 배척하고 점유할 의사를 갖고 있지 않다고 보아야 할 것이므로 이로써 소유의 의사가 있는 점유라는 추정은 깨어졌다고 할 것이다"라고 판시하여 종래의 판례를 변경하였다.

이 판결에 대하여는 찬반 양론이 있으나, 이러한 판례의 결론은 시시될 수 있다고 생각된다. 판례를 비판하는 견해도 이러한 판례가 민법 제197조 제1항의 추정을 외면하는 결과가 된다고 주장하면서, 이러한 난점을 해결하려면 민법을 개정하여야 한다고 주장하고 있으므로 민법 제197조 제1항의 개정은 필요하다.[36)]

2. 민법 제197조의 개정논의

민법 제197조의 개정과 관련하여 1999년 2월부터 2004년 6월까지 구성된 법무부 민법개정특별분과위원회에서는 "현행 민법 제197조 제1항에 의한 자주점유의 추정 때문에 취득시효가 지나치게 넓은 범위에서 인정되고 있다는 비판을 받아 왔고 그리하여 판례는 점유자가 점유개시 당시 소유권 취득의 원인이 될 수 있는 법률행위 기타 법률요건이 없이 그와 같은 법률요건이 없다는 사실을 알면서 타인 소유의 부동산을 무단 점유한 경우에 자주점유의 추정이 깨어진다고 판시하여 종래의 판례를 변경하였다. 그러므로 아예 제197조 제1항 중 자주점유의 추정을 삭제하거나 아니면 판례와 마찬가지로 악의의 무단점유의 경우에는 자주점유의 추정이 깨어지는 것으로 규정할 필요가 있다"고 하여 개정의견을 제시하였다.[37)]

---

36) 윤진수, "민법중 법인, 물건 및 소멸시효, 취득시효에 관한 개정예비안", 민사법학 제19호, 한국민사법학회, 2001. 3, 53-54면.

37) 법무부, 민법(재산편) 개정 자료집, 2004. 11, 257면.

그러나, 위원회에서는 이러한 개정의견에 대하여 ① 취득시효와 관련하여 악의의 무단점유의 경우에 자주점유의 추정을 부정하는 것은 판례에 맡기는 것이 타당하다는 점, ② 개정의견은 부동산취득시효에 발생한 문제를 규율하기 위한 것이기 때문에, 일반적으로 자주점유의 추정을 배제하는 것은 타당하지 않다는 점 등을 이유로 개정대상에서 제외하여,[38] 현재 국회에 계류 중인 「민법 중 개정 법률안」에는 민법 제197조의 개정안이 포함되어 있지 않다.

3. 민법 제197조의 개정 방향 및 개정안

가. 개정방향

민법 제197조의 개정방향과 관련하여 ① 자주점유의 추정자체를 인정하지 말자는 의견, ② 무단점유가 입증된 경우에는 자주점유의 추정이 깨지도록 하자는 의견, ③ 물권적 청구권을 행사하는 경우에만 자주점유의 추정을 인정하자는 의견 등을 생각해 볼 수 있다. 이 중 첫번째 의견은 종래의 상태에 대하여 너무 큰 변화를 가져오며, 세번째 의견은 현행법상 물권적 청구권의 행사에 있어서 자주점유는 그 요건이 아니므로 큰 의미를 가지기 어렵다.[39]

따라서, 현행 민법상 자주점유가 요건으로 되는 것은 취득시효에 한정되어 있기 때문에,[40] 민법 제197조 자체를 개정하는 것이 타당할 것이며, 그 내용도 현재의 판례와 같이 원칙적으로는 자주점유의 추정을 인정하되, 악의의 무단점유에 한하여 추정이 깨어지는 것으로 하는 것이 타당할 것이다[41][42].

---

38) 법무부, 앞의 책, 266-267면 참조.

39) 법무부, 앞의 책, 258면.

40) 과실수취권과 관련하여서도 문제가 된다는 주장이 있으나, 민법 제201조는 점유자가 선의인가 악의인가에 따라 과실수취권의 존부 여부를 달리하고 있을 뿐이다(윤진수, 앞의 "민법중 법인, 물건 및 소멸시효, 취득시효에 관한 개정예비안", 54면).

41) 윤진수, 앞의 "민법중 법인, 물건 및 소멸시효, 취득시효에 관한 개정예비안", 54-55면.

42) 이에 대해 "점유자가 소유권 취득의 원인이 될 수 있는 요건 없음을 알면서 점유를 개시한 때에는 부동산인가의 여부 및 소유자 있는 물건인가의 여부 등에 따라 소유의사의 추정이 인정될 여지가 없거나 그 추정 여부가 문제된다. 그런데, 소유의사의 추정여부가 문제되는 경우에는 그 추정을 긍정하는 것이 타당하다. 또한 민법개정위원회의 개정항목과 같은 조항을 두는 입법례도 없는 것 같다. 그러므로 민법 제197조는 현행대로 두는 것이 타당하다"라고 하는 견해가 있다(강태성, "점유권·소유권에 관한 민법개정방향", 민사법학 제20호,

나. 개정안

제197조 〔점유의 태양〕 ① 점유자는 선의, 평온 및 공연하게 점유한 것으로 추정한다.

② 점유자는 소유의 의사로 점유한 것으로 추정한다. 다만, 점유자가 소유권 취득의 원인이 될 수 있는 요건이 없음을 알면서 점유를 개시한 때에는 그러하지 아니하다.

③ 선의의 점유자라도 본권에 관한 소에 패소한 때에는 그 소가 제기된 때로부터 악의의 점유자로 본다.

한국민사법학회, 2001. 7, 502-503면).

제6장

법정지상권

중요 쟁점 미리보기

- 법정지상권의 개념
- 민법상의 법정지상권
- 판례상의 법정지상권
- 특별법상의 법정지상권

기본이론 들여다보기

지상권의 개념

지상권은 타인의 토지에 건물 기타의 공작물이나 수목을 소유하기 위하여 그 토지를 사용하는 용익물권이다(제279조). 지상권은 토지와 건물을 별개의 부동산으로 취급하는 우리 법제에서 건물의 소유를 위한 대지사용권이 필요하기 때문에 존재하는 제도라고 할 수 있다.

지상권은 당사자 사이의 지상권설정계약과 등기에 의하여 성립한다(제186조 참조). 이것이 지상권을 취득하는 원칙적인 모습이다. 그 밖에 유언과 지상권의 양도에 의하여 지상권이 승계취득된다. 지상권은 부동산물권이므로 상속·공용징수·판결·경매·기타 법률의 규정에 의해 지상권이 취득될 수 있으며, 이 때에는 그 등기 없이도 당연히 지상권을 취득한다(제187조). 다만 점유취득시효로 지상권을 취득하는 경우에는 그 등기를 하여야 한다(제245조 1항). 지상권자는 설정계약에서 정한 목적범위 내에서 타인의 토지를 사용할 권리가 있다(제279조). 지상권자는 토지소유자의 동의 없이도 지상권을 양도하거나 지상권의 존속기간 내에서 그 토지를 임대할 수 있고(제282조), 지상권 위에 저당권을 설정할 수도 있다(제371

조 제1항).

법정지상권의 개념

지상권은 지상권설정계약과 등기에 의하여 취득하는 것이 원칙이다. 그러나 동일인 소유의 토지와 그 지상건물 어느 하나에만 제한물권을 설정하였는데, 그 후에 어떤 사정으로 토지와 건물이 소유자를 달리 하게 된 때에는 건물소유자를 위하여 법률상 당연히 지상권이 설정된 것으로 보는 경우가 있다. 이를 법정지상권이라 한다. 법정지상권은 민법상 인정되는 것, 판례상 인정되는 것, 특별법상 인정되는 것 세 종류가 있다.

민법은 토지와 건물을 각각 별개의 부동산으로 취급하여 독립해서 처분할 수 있도록 하고 있다. 그런데 건물은 본래 토지이용을 전제로 하는 것이므로 건물이 건축된 경우 토지소유권의 내용은 이미 잠재적으로 그 건물의 이용을 위한 편익과 여타의 법익으로 분리된다고 할 수 있다. 이러한 잠재적 토지이용관계는 토지와 건물의 소유자가 동일인일 때에는 문제되지 않으나, 당사자가 미처 이용권을 설정할 기회 없이 양자의 소유자가 달라진 경우에는 법률이 토지이용관계를 현실화하여 줄 필요가 있다. 그러므로 법정지상권은 건물소유자가 미리 지상권을 설정할 수 없는 경우에 잠재적인 토지이용권을 법률상 당연히 현실화하여 줌으로써 건물을 독립한 부동산으로 취급하는 우리 법제의 특수성에 따른 결함을 시정하는 제도이다.

민법상의 법정지상권 – 제366조의 법정지상권

민법 제366조의 저당권 실행으로 인한 법정지상권은 저당물의 경매로 인해 토지와 그 지상건물이 다른 소유자에 속하게 되어 소유자가 달라진 경우에 토지소유자가 건물소유자에 대하여 가지는 지상권을 말한다.

법정지상권도 지상권이므로 그 내용은 일반지상권의 경우와 같다. 즉 지상권은 건물의 대지에만 한정되지 않고 그 건물이용에 적당한 범위에 미치며, 지료는 당사자의 협의에 의하여 정하여진다. 협의가 되지 않으면 당사자의 청구에 의하여 법원이 정한다(제366조 단서). 존속기간은 그 약정이 없는 것으로 보아 민법 제281조에 따라 결정하여야 한다.

법정지상권은 법률의 규정에 의한 부동산물권의 취득이므로 등기 없이도 효력이 생긴다. 그러나 이를 처분하려면 먼저 등기하여야 하며(제187조), 법정지상권을 등기하지 않은 채 건물을 전득한 자는 토지소유자에게 지상권을 주장하지 못하는 것이 물권변동의 원칙이다(제187조 단서). 그러나 법정지상권을 취득한 건물소유자가 법정지상권설정등기를 경료하지 않고 건물을 양도한 경우에는 특별한 사정이 없는 한 건물과 함께 지상권을 양도하기로 하는 채권적 계약이 있는 것으로 보고 건물양수인이 양도인을 대위하여 토지소유자에게 법정지상권설정등기절차 이행을 청구할 수 있다(대법원 1981. 9. 8. 선고 80다2873 판결). 나아가 건물과 함께 법정지상권을 양수한 자에 대한 대지소유자의 건물철거청구도 허용되지 않는데, 대지소유자는 지상권의 부담을 용인하고 설정등기절차를 이행할 의무를 진다는 점에서 건물철거청구권은 신의칙에 반하기 때문이다(대법원 1985. 4. 9. 선고 84다카1131·1132 판결).

민법상의 법정지상권 – 제305조의 법정지상권

민법 제305조의 법정지상권은 건물에 전세권을 설정할 당시에는 건물과 대지가 동일인에게 속하였으나, 그 후 대지만 타인에게 특별승계된 경우에 그 전세권설정자가 대지의 양수인으로부터 취득하는 법정지상권을 말한다.

법정지상권을 취득하는 사람은 전세권자가 아니라 건물소유자이다. 지상권은 지상물을 소유하기 위한 권리이기 때문이다. 또한 법정지상권의 취득에 등기를 요하지 않음은 민법 제366조의 경우와 같고, 지료·존속기간·강행규정도 민법 제366

조와 같다. 다만 대지소유자는 타인에게 그 대지를 임대하거나 이를 목적으로 한 지상권·전세권을 설정하지 못한다(제305조 제2항).

판례상의 법정지상권 - 관습법상 법정지상권

토지와 건물이 동일인에게 속하였다가 그 중 어느 하나가 매매 기타의 원인으로 각각 소유자를 달리하게 된 때, 그 건물을 철거한다는 특약이 없는 경우에 건물소유자가 당연히 취득하게 되는 법정지상권을 말한다. 민법 제366조에 의한 법정지상권은 경매에 의한 경우에만 해당하기 때문에 판례에서 이를 인정하는 것이다.

관습법상의 법정지상권에는 다른 특별한 사정이 없는 한 민법상 지상권에 관한 규정이 준용된다. 따라서 관습법상 법정지상권에 의한 토지사용권은 객관적인 여러 가지 사정을 종합하여 그 건물을 사용하는데 일반적으로 필요한 범위라고 인정되는 대지에 대해서만 그 권리가 인정된다. 관습법상의 법정지상권은 존속기간을 약정하지 않은 지상권으로 본다. 따라서 민법 제280조 및 제281조가 준용된다. 지료는 당사자간의 협의에 의해 결정하고, 협의가 되지 않으면 당사자의 신청에 의해 법원이 결정한다(제366조 단서). 따라서 법정지상권자는 대지소유자에게 지료를 지급할 의무가 있고, 법정지상권이 있는 건물의 양수인으로서 장차 법정지상권을 취득할 지위에 있는 자가 대지를 점유·사용함으로써 얻은 이득은 부당이득으로서 대지소유자에게 반환할 의무가 있다(대법원 1997. 12. 26. 선고 96다34665 판결).

판례상의 법정지상권 - 분묘기지권

타인의 토지에 분묘를 설치한 자는 그 분묘기지에 대하여 지상권에 유사한 물권을 취득한다. 이를 분묘기지권이라고 하는데, 관습법상 인정되는 특수한 지상권이다. 분묘기지권은 한국사회의 묘지제도의 특수성에서 유래한다.

분묘기지권은 다음의 세 가지 중 하나만 구비하면 성립한다.

① 승낙형: 토지소유자의 승낙을 얻어 분묘를 설치한 경우
② 시효취득형: 토지소유자의 승낙 없이 분묘를 설치하고 20년간 평온·공연하게 분묘를 점유하여 시효취득한 경우
③ 처분형: 자기소유의 토지에 분묘를 설치한 후 그 묘지에 대한 소유권을 유보하거나 분묘이전의 약정 없이 토지를 처분한 경우

분묘기지권은 분묘의 보전수호와 제사에 필요한 범위내에서 인정이 된다. 확실한 범위는 구체적인 경우에 관습의 취지에 따라 개별적으로 정하여야 한다(대법원 1988. 2. 23. 선고 86다카2919 판결). 분묘기지권은 분묘 그 자체가 공시의 기능을 하고 있기 때문에 등기는 필요 없다. 따라서 분묘가 평장되거나 암장된 경우에는 분묘기지권을 취득할 수 없다(대법원 1991.10.25. 선고 91다18040 판결). 분묘기지의 사용대가로 지료를 지급하여야 하는가에 관하여 민법 제366조 단서를 유추적용하자는 견해와 그 유형에 따라 취급을 달리하자는 견해가 있다. 후자의 견해는 승낙형의 경우에는 지료에 관한 약정이 있으면 유상이고 약정이 없으면 무상이라고 한다. 또 시효취득형의 경우에는 무상, 처분형의 경우에는 민법 제366조를 적용하여 지료를 결정한다고 한다. 분묘기지권의 성질은 지상권에 유사한 물권이지만 그 존속기간에 관하여는 민법의 지상권에 관한 규정에 따를 것이 아니라 당사자 사이에 약정이 있으면 그에 따르고, 그 약정이 없는 경우에는 관리자가 분묘의 수호와 봉사를 계속하는 한 그 분묘가 존속하는 동안은 분묘기지권은 존속한다고 보아야 할 것이다(대법원 1994. 8. 26. 선고 94다28970 판결). 따라서 상당기간 동안 분묘의 수호와 봉사를 저버린 경우 토지소유자는 분묘의 이전을 청구할 수 있다.

특별법상의 법정지상권

입목은 토지와 분리하여 처분할 수 있으므로(입목에 관한 법률 제3조 제2항), 민법상 건물과 토지간에 발생하는 법률관계가 역시 발생할 수 있다. 즉 경매 등으로 인하여 토지소유자와 입목소유자가 달라졌을 때 입목소유자를 위한 토지이용권의 문제가 발생한다. 이 문제를 해결하기 위해 입목에 관한 법률은 법정지상권을 인정하고 있다(입목에 관한 법률 제6조). 입목에 관한 법률에 의한 법정지상권의 성립요건과 효력은 민법 제366조의 법정지상권과 원칙적으로 동일하다. 다만 민법 제366조와 달리 경매 이외에 매매·증여의 경우에도 성립되고, 지료는 당사자의 약정에 따르도록 되어 있는 점이 다르다(입목에 관한 법률 제6조 제2항).

토지와 건물이 동일한 소유자에게 속하였다가 그 일방 또는 쌍방에 채권담보를 위한 소유권이전등기 또는 담보가등기를 한 후 그 담보권의 실행과 청산에 의하여 토지와 건물의 소유자가 달라진 경우에는, 그 건물의 소유를 목적으로 그 토지 위에 지상권이 설정된 것으로 본다(가등기담보 등에 관한 법률 제10조). 이 경우 존속기간·지료 등은 당사자의 청구에 의해 법원이 정한다.

판례를 통한 법리의 이해

민법 제366조의 법정지상권

□ 대법원 2003. 12. 18. 선고 98다43601 전원합의체 판결

[다수의견] 동일인의 소유에 속하는 토지 및 그 지상 건물에 관하여 공동저당권이 설정된 후 그 지상 건물이 철거되고 새로 건물이 신축된 경우에는 그 신축건물의 소유자가 토지의 소유자와 동일하고 토지의 저당권자에게 신축건물에 관하여 토지의 저당권과 동일한 순위의 공동저당권을 설정해 주는 등 특별한 사정이 없는 한 저당물의 경매로 인하여 토지와 그 신축건물이 다른 소유자에 속하게 되더라도 그 신축건물을 위한 법정지상권은 성립하지 않는다고 해석하여야 하는 바, 그 이유는 동일인의 소유에 속하는 토지 및 그 지상 건물에 관하여 공동저당권이 설정된 경우에는, 처음부터 지상 건물로 인하여 토지의 이용이 제한 받는 것을 용인하고 토지에 대하여만 저당권을 설정하여 법정지상권의 가치만큼 감소된 토지의 교환가치를 담보로 취득한 경우와는 달리, 공동저당권자는 토지 및 건물 각각의 교환가치 전부를 담보로 취득한 것으로서, 저당권의 목적이 된 건물이 그대로 존속하는 이상은 건물을 위한 법정지상권이 성립해도 그로 인하여 토지의

교환가치에서 제외된 법정지상권의 가액 상당 가치는 법정지상권이 성립하는 건물의 교환가치에서 되찾을 수 있어 궁극적으로 토지에 관하여 아무런 제한이 없는 나대지로서의 교환가치 전체를 실현시킬 수 있다고 기대하지만, 건물이 철거된 후 신축된 건물에 토지와 동순위의 공동저당권이 설정되지 아니 하였는데도 그 신축건물을 위한 법정지상권이 성립한다고 해석하게 되면, 공동저당권자가 법정지상권이 성립하는 신축건물의 교환가치를 취득할 수 없게 되는 결과 법정지상권의 가액 상당 가치를 되찾을 길이 막혀 위와 같이 당초 나대지로서의 토지의 교환가치 전체를 기대하여 담보를 취득한 공동저당권자에게 불측의 손해를 입게 하기 때문이다.

관습법상 법정지상권

☐ 대법원 2012. 10. 18. 선고 2010다52140 전원합의체 판결

[1] 동일인의 소유에 속하고 있던 토지와 그 지상 건물이 강제경매 또는 국세징수법에 의한 공매 등으로 인하여 소유자가 다르게 된 경우에는 그 건물을 철거한다는 특약이 없는 한 건물소유자는 토지소유자에 대하여 그 건물의 소유를 위한 관습상 법정지상권을 취득한다. 원래 관습상 법정지상권이 성립하려면 토지와 그 지상 건물이 애초부터 원시적으로 동일인의 소유에 속하였을 필요는 없고, 그 소유권이 유효하게 변동될 당시에 동일인이 토지와 그 지상 건물을 소유하였던 것으로 족하다.

[2] 강제경매의 목적이 된 토지 또는 그 지상 건물의 소유권이 강제경매로 인하여 그 절차상의 매수인에게 이전된 경우에 건물의 소유를 위한 관습상 법정지상권이 성립하는가 하는 문제에 있어서는 그 매수인이 소유권을 취득하는 매각대금의 완납시가 아니라 그 압류의 효력이 발생하는 때를 기준으로 하여 토지와 그 지상 건물이 동일인에 속하였는지가 판단되어야 한다. 강제경매개시결정의 기입등기가 이루어져 압류의 효력이 발생한 후에 경매목적물의 소유권을 취득한

이른바 제3취득자는 그의 권리를 경매절차상 매수인에게 대항하지 못하고, 나아가 그 명의로 경료된 소유권이전등기는 매수인이 인수하지 아니하는 부동산의 부담에 관한 기입에 해당하므로(민사집행법 제144조 제1항 제2호 참조) 매각대금이 완납되면 직권으로 그 말소가 촉탁되어야 하는 것이어서, 결국 매각대금 완납 당시 소유자가 누구인지는 이 문제맥락에서 별다른 의미를 가질 수 없다는 점 등을 고려하여 보면 더욱 그러하다. 한편 강제경매개시결정 이전에 가압류가 있는 경우에는, 그 가압류가 강제경매개시결정으로 인하여 본압류로 이행되어 가압류집행이 본집행에 포섭됨으로써 당초부터 본집행이 있었던 것과 같은 효력이 있다. 따라서 경매의 목적이 된 부동산에 대하여 가압류가 있고 그것이 본압류로 이행되어 경매절차가 진행된 경우에는, 애초 가압류가 효력을 발생하는 때를 기준으로 토지와 그 지상 건물이 동일인에 속하였는지를 판단하여야 한다.

☐ 대법원 1994. 12. 22. 선고 94다41072, 94다41089 - 장차 철거될 것을 예상하고 건축한 경우의 관습법상의 법정지상권 인정여부

토지와 건물이 동일인의 소유이었다가 매매 기타의 원인으로 그 소유자가 달라지게 된 경우에는 특히 그 건물을 철거한다는 특약이 없는 이상 건물소유자는 토지소유자에 대하여 관습상의 법정지상권을 취득하게 되는 것이나, 토지의 소유자가 건물을 건축할 당시 이미 토지를 타에 매도하여 소유권을 이전하여 줄 의무를 부담하고 있었다면 토지의 매수인이 그 건축행위를 승낙하지 않는 이상 그 건물은 장차 철거되어야 하는 운명에 처하게 될 것이고 토지소유자가 이를 예상하면서도 건물을 건축하였다면 그 건물을 위한 관습상의 법정지상권은 생기지 않는다고 보아야 할 것이다.

☐ 대법원 1999. 3. 26. 선고 98다64189 판결 - 원인무효인 동일인에게의 소유권 귀속이 그 원인무효가 밝혀져 등기가 말소된 경우 관습법상 법정지상권의 인정여부

관습상의 법정지상권의 성립 요건인 해당 토지와 건물의 소유권의 동일인에의 귀속과 그 후의 각기 다른 사람에의 귀속은 법의 보호를 받을 수 있는 권리변동으로

인한 것이어야 하므로, 원래 동일인에게의 소유권 귀속이 원인무효로 이루어졌다가 그 뒤 그 원인무효임이 밝혀져 그 등기가 말소됨으로써 그 건물과 토지의 소유자가 달라지게 된 경우에는 관습상의 법정지상권을 허용할 수 없다.

□ 대법원 1986. 9. 9. 선고 85다카2275 판결

귀속재산처리법상의 불하처분이 행정행위라 하더라도 그 실질은 매매이며 매매에 의하여 동일소유자에 속한 토지와 건물의 소유자가 다르게 된 경우에 관습에 의한 법정지상권이 성립함은 물론 그 존속기간은 민법의 규정에 따라야 한다.

□ 대법원 1995. 7. 28. 선고 95다9075, 9082 판결

관습법상의 법정지상권이 성립된 토지에 대하여는 법정지상권자가 건물의 유지 및 사용에 필요한 범위를 벗어나지 않은 한 그 토지를 자유로이 사용할 수 있는 것이므로, 지상건물이 법정지상권이 성립한 이후에 증축되었다 하더라도 그 건물이 관습법상의 법정지상권이 성립하여 법정지상권자에게 점유·사용할 권한이 있는 토지 위에 있는 이상 이를 철거할 의무는 없다.

□ 대법원 1993. 6. 29. 선고 93다10781 판결

관습상의 법정지상권에 대하여는 다른 특별한 사정이 없는 한 민법의 지상권에 관한 규정을 준용하여야 할 것이므로 지상권자가 2년분 이상의 지료를 지급하지 아니하였다면 관습상의 법정지상권도 민법 제287조에 따른 지상권소멸청구의 의사표시에 의하여 소멸한다.

□ 대법원 1988. 9. 27. 선고 87다카279 판결

가. 토지 또는 건물이 동일한 소유자에게 속하였다가 건물 또는 토지가 매매 기타 원인으로 인하여 양자의 소유자가 다르게 된 때에 그 건물을 철거하기로 하는 합의가 있었다는 등 특별한 사정이 없는 한 건물소유자는 토지소유

자에 대하여 그 건물을 위한 관습상의 지상권을 취득하게 되고, 건물을 철거하기로 하는 합의가 있었다는 등의 특별한 사정의 존재에 관한 주장입증책임은 그러한 사정의 존재를 주장하는 쪽에 있다.

나. 관습상의 지상권은 법률행위로 인한 물권의 취득이 아니고 관습법에 의한 부동산물권의 취득이므로 등기를 필요로 하지 아니하고 지상권취득의 효력이 발생하고 이 관습상의 법정지상권은 물권으로서의 효력에 의하여 이를 취득할 당시의 토지소유자나 이로부터 소유권을 전득한 제3자에게 대하여도 등기없이 위 지상권을 주장할 수 있다.

다. 법정지상권을 취득한 건물소유자가 법정지상권의 설정등기를 경료함이 없이 건물을 양도하는 경우에는 특별한 사정이 없는 한 건물과 함께 지상권도 양도하기로 하는 채권적 계약이 있었다고 할 것이므로 법정지상권자는 지상권설정등기를 한 후에 건물양수인에게 이의 양도등기절차를 이행하여 줄 의무가 있는 것이고 따라서 건물양수인은 건물양도인을 순차대위하여 토지소유자에 대하여 건물소유자였던 최초의 법정지상권자에의 법정지상권설정등기절차이행을 청구할 수 있다.

라. 법정지상권을 가진 건물소유자로부터 건물을 양수하면서 지상권까지 양도받기로 한 사람에 대하여 대지소유자가 소유권에 기하여 건물철거 및 대지의 인도를 구하는 것은 지상권의 부담을 용인하고 그 설정등기절차를 이행할 의무있는 자가 그 권리자를 상대로 한 청구라 할 것이어서 신의성실의 원칙상 허용될 수 없다.

분묘기지권

□ 대법원 1988. 2. 23. 선고 86다카2919 판결

동일 종손이 소유·관리하는 누대의 분묘가 집단설치된 경우의 그 묘지소유를 위한 지상권 유사의 물권이 미치는 지역은 그 종손이 그 집단된 전분묘를 보전수호

하여 묘참배에 소요되는 범위를 참작하여 포괄적으로 정하는 것이 위 물권의 효력을 인정하는 관습의 취지라고 해석되고 그 확실한 범위는 각 구체적인 경우에 위와 같은 관습의 취지에 비추어 개별적으로 정하여야 한다.

□ 대법원 2011. 11. 10. 선고 2011다63017 판결

[1] 타인 소유의 토지에 소유자의 승낙 없이 분묘를 설치한 경우에는 20년간 평온·공연하게 그 분묘의 기지를 점유하면 지상권 유사의 관습상 물권인 분묘기지권을 시효로 취득하고, 분묘기지권은 분묘를 수호하고 봉제사하는 목적을 달성하는 데 필요한 범위 내에서 타인의 토지를 사용할 수 있는 권리를 의미하는 것으로서, 분묘기지권은 분묘의 기지 자체 뿐만 아니라 분묘의 설치목적인 분묘의 수호 및 제사에 필요한 범위 내에서 분묘 기지 주위의 공지를 포함한 지역에까지 미치는 것이다.

[2] 갑이 을과, 을 소유의 분묘지 중 일부분에 관하여 분묘기지사용계약을 체결하였고 이에 따라 토지를 인도받아 수기의 분묘를 설치하고 20년이 넘도록 평온·공연하게 점유함으로써 분묘기지 중 계약면적을 초과하는 부분의 토지에 관하여 지상권 유사의 관습상 물권인 분묘기지권을 시효취득한 사안에서, 을이 갑에게 위 계약에 따른 관리채무의 내용을 초과하여 초과 토지에 대하여도 급부를 행하였으므로, 이는 갑이 법률상 원인 없이 을의 급부로 인하여 초과 토지에 관한 관리비 상당의 이익을 얻고 이로 인하여 을에게 동액 상당의 손해를 가한 것이어서, 갑이 얻은 이익은 부당이득으로서 을에게 반환되어야 할 것이고, 이러한 결과는 비록 갑이 초과 토지에 관하여 분묘기지권을 시효취득하였다고 하더라도 달라지지 아니함에도, 이와 달리 본 원심판결에는 법리오해의 위법이 있다고 한 사례.

□ 대법원 2001. 8. 21. 선고 2001다28367 판결

분묘기지권은 분묘를 수호하고 봉제사하는 목적을 달성하는 데 필요한 범위 내에서 타인의 토지를 사용할 수 있는 권리를 의미하는 것으로서, 이 분묘기지권에는 그 효력이 미치는 지역의 범위 내라고 할지라도 기존의 분묘 외에 새로운

분묘를 신설할 권능은 포함되지 아니하는 것이므로, 부부 중 일방이 먼저 사망하여 이미 그 분묘가 설치되고 그 분묘기지권이 미치는 범위 내에서 그 후에 사망한 다른 일방을 단분(單墳)형태로 합장하여 분묘를 설치하는 것도 허용되지 않는다.

□ 대법원 1996. 6. 14. 선고 96다14036 판결

[1] 평온한 점유란 점유자가 점유를 취득 또는 보유하는데 있어 법률상 용인될 수 없는 강포행위를 쓰지 않는 점유이고, 공연한 점유란 은비의 점유가 아닌 점유를 말한다.

[2] 타인 소유의 토지에 소유자의 승낙 없이 분묘를 설치한 경우에는 20년간 평온, 공연하게 그 분묘의 기지를 점유하면 지상권 유사의 관습상의 물권인 분묘기지권을 시효로 취득하는데, 이러한 분묘기지권은 봉분 등 외부에서 분묘의 존재를 인식할 수 있는 형태를 갖추고 있는 경우에 한하여 인정되고, 평장되어 있거나 암장되어 있어 객관적으로 인식할 수 있는 외형을 갖추고 있지 아니한 경우에는 인정되지 않으므로, 이러한 특성상 분묘기지권은 등기 없이 취득한다.

□ 대법원 2017. 1. 19. 선고 2013다17292 전원합의체 판결

[다수의견]

(가) 대법원은 분묘기지권의 시효취득을 우리 사회에 오랜 기간 지속되어 온 관습법의 하나로 인정하여, 20년 이상의 장기간 계속된 사실관계를 기초로 형성된 분묘에 대한 사회질서를 법적으로 보호하였고, 민법 시행일인 1960. 1. 1.부터 50년 이상의 기간 동안 위와 같은 관습에 대한 사회 구성원들의 법적 확신이 어떠한 흔들림도 없이 확고부동하게 이어져 온 것을 확인하고 이를 적용하여 왔다.

대법원이 오랜 기간 동안 사회 구성원들의 법적 확신에 의하여 뒷받침되고 유효하다고 인정해 온 관습법의 효력을 사회를 지배하는 기본적 이념이나 사회질서의 변화로 인하여 전체 법질서에 부합하지 않게 되었다는 등의 이유로 부정하게 되면, 기존의 관습법에 따라 수십 년간 형성된 과거의 법률관계에 대한 효력을 일시에 뒤흔드는 것이 되어 법적 안정성을 해할 위험이 있으므로, 관습법의 법적

규범으로서의 효력을 부정하기 위해서는 관습을 둘러싼 전체적인 법질서 체계와 함께 관습법의 효력을 인정한 대법원판례의 기초가 된 사회 구성원들의 인식·태도나 사회적·문화적 배경 등에 의미 있는 변화가 뚜렷하게 드러나야 하고, 그러한 사정이 명백하지 않다면 기존의 관습법에 대하여 법적 규범으로서의 효력을 유지할 수 없게 되었다고 단정하여서는 아니 된다.

(나) 우선 2001. 1. 13.부터 시행된 장사 등에 관한 법률(이하 개정 전후를 불문하고 '장사법'이라 한다)의 시행으로 분묘기지권 또는 그 시효취득에 관한 관습법이 소멸되었다거나 그 내용이 변경되었다는 주장은 받아들이기 어렵다. 2000. 1. 12. 법률 제6158호로 매장 및 묘지 등에 관한 법률을 전부 개정하여 2001. 1. 13.부터 시행된 장사법[이하 '장사법(법률 제6158호)'이라 한다] 부칙 제2조, 2007. 5. 25. 법률 제8489호로 전부 개정되고 2008. 5. 26.부터 시행된 장사법 부칙 제2조 제2항, 2015. 12. 29. 법률 제13660호로 개정되고 같은 날 시행된 장사법 부칙 제2조에 의하면, 분묘의 설치기간을 제한하고 토지 소유자의 승낙 없이 설치된 분묘에 대하여 토지 소유자가 이를 개장하는 경우에 분묘의 연고자는 토지 소유자에 대항할 수 없다는 내용의 규정들은 장사법(법률 제6158호) 시행 후 설치된 분묘에 관하여만 적용한다고 명시하고 있어서, 장사법(법률 제6158호)의 시행 전에 설치된 분묘에 대한 분묘기지권의 존립 근거가 위 법률의 시행으로 상실되었다고 볼 수 없다. 또한 분묘기지권을 둘러싼 전체적인 법질서 체계에 중대한 변화가 생겨 분묘기지권의 시효취득에 관한 종래의 관습법이 헌법을 최상위 규범으로 하는 전체 법질서에 부합하지 아니하거나 정당성과 합리성을 인정할 수 없게 되었다고 보기도 어렵다. 마지막으로 화장률 증가 등과 같이 전통적인 장사방법이나 장묘문화에 대한 사회 구성원들의 의식에 일부 변화가 생겼더라도 여전히 우리 사회에 분묘기지권의 기초가 된 매장문화가 자리 잡고 있고 사설묘지의 설치가 허용되고 있으며, 분묘기지권에 관한 관습에 대하여 사회 구성원들의 법적 구속력에 대한 확신이 소멸하였다거나 그러한 관행이 본질적으로 변경되었다고 인정할 수 없다.

(다) 그렇다면 타인 소유의 토지에 분묘를 설치한 경우에 20년간 평온, 공연하게 분묘의 기지를 점유하면 지상권과 유사한 관습상의 물권인 분묘기지권을 시효로

취득한다는 점은 오랜 세월 동안 지속되어 온 관습 또는 관행으로서 법적 규범으로 승인되어 왔고, 이러한 법적 규범이 장사법(법률 제6158호) 시행일인 2001. 1. 13. 이전에 설치된 분묘에 관하여 현재까지 유지되고 있다고 보아야 한다.

[대법관 김용덕, 대법관 박보영, 대법관 김소영, 대법관 권순일, 대법관 김재형의 반대의견]

(가) 현행 민법 시행 후 임야를 비롯한 토지의 소유권 개념 및 사유재산제도가 확립되고 토지의 경제적인 가치가 상승함에 따라 토지 소유자의 권리의식이 향상되고 보호의 필요성이 커졌으며, 또한 상대적으로 매장을 중심으로 한 장묘문화가 현저히 퇴색함에 따라, 토지 소유자의 승낙 없이 무단으로 설치된 분묘까지 취득시효에 의한 분묘기지권을 관습으로 인정하였던 사회적·문화적 기초는 상실되었고 이러한 관습은 전체 법질서와도 부합하지 않게 되었다.

(나) 비록 토지 소유자의 승낙이 없이 무단으로 설치한 분묘에 관하여 분묘기지권의 시효취득을 허용하는 것이 과거에 임야 등 토지의 소유권이 확립되지 않았던 시대의 매장문화를 반영하여 인정되었던 관습이더라도, 이러한 관습은 적어도 소유권의 시효취득에 관한 대법원 1997. 8. 21. 선고 95다28625 전원합의체 판결이 이루어지고 2001. 1. 13. 장사법(법률 제6158호)이 시행될 무렵에는 재산권에 관한 헌법 규정이나 소유권의 내용과 취득시효의 요건에 관한 민법 규정, 장사법의 규율 내용 등을 포함하여 전체 법질서에 부합하지 않게 되어 정당성과 합리성을 유지할 수 없게 되었다. 전통적인 조상숭배사상, 분묘설치의 관행 등을 이유로 타인 소유의 토지에 소유자의 승낙 없이 분묘를 설치한 모든 경우에 분묘기지권의 시효취득을 인정해 왔으나, 장묘문화에 관한 사회 일반의 인식 변화, 장묘제도의 변경 및 토지 소유자의 권리의식 강화 등 예전과 달라진 사회현실에 비추어 볼 때, 분묘기지권 시효취득의 관습에 대한 우리 사회 구성원들이 가지고 있던 법적 확신은 상당히 쇠퇴하였고, 이러한 법적 확신의 실질적인 소멸이 장사법의 입법에 반영되었다고 볼 수 있다.

(다) 따라서 토지 소유자의 승낙이 없음에도 20년간 평온, 공연한 점유가 있었다는 사실만으로 사실상 영구적이고 무상인 분묘기지권의 시효취득을 인정하

는 종전의 관습은 적어도 2001. 1. 13. 장사법(법률 제6158호)이 시행될 무렵에는 사유재산권을 존중하는 헌법을 비롯한 전체 법질서에 반하는 것으로서 정당성과 합리성을 상실하였을 뿐 아니라 이러한 관습의 법적 구속력에 대하여 우리 사회 구성원들이 확신을 가지지 않게 됨에 따라 법적 규범으로서 효력을 상실하였다. 그렇다면 2001. 1. 13. 당시 아직 20년의 시효기간이 경과하지 아니한 분묘의 경우에는 법적 규범의 효력을 상실한 분묘기지권의 시효취득에 관한 종전의 관습을 가지고 분묘기지권의 시효취득을 주장할 수 없다.

심화 쟁점 생각해 보기

[쟁점]
- 시효취득한 분묘에의 합장과 분묘기지권[1]

□ 논의의 필요성

우리 민족의 묘지에 대한 인식은 다른 어느 민족보다 강하다. 우리의 조상들은 예부터 조상의 분묘를 자신이 기거하는 주택보다 더 소중히 생각하여 조상의 분묘를 소위 명당에 설치하는 것을 자손된 도리로 알고, 또한 일단 설치된 분묘를 잘 수호하는 것을 후손의 당연한 책무로 인식하여 왔다. 이러한 사회적 풍토에 의해 법원은 일정한 경우에 분묘의 소유자에게 지상권에 유사한 관습법상의 물권인 분묘기지권을 취득할 수 있도록 하고 있다.

그러나 여기서 문제되는 것 중의 하나가 분묘소유자가 취득시효에 의해서 분묘기지권을 취득한 이후에 시효취득한 분묘 기지내에 합장을 할 수 있는지에

---

1) 아래의 내용은 김판기, "시효취득한 분묘에의 합장가능성", 부동산법학 제15집, 한국부동산법학회, 2006. 12.을 요약·정리하였음.

관해 논란이 있다.

□ 분묘기지권의 성립

판례에 의하여 분묘기지권이 성립하는 경우는 ① 타인소유의 토지에 승낙을 얻어 분묘를 설치한 경우, ② 자기소유의 토지에 분묘를 설치한 후 그 토지를 타인에 양도한 경우, ③ 취득시효에 의하여 취득하는 경우의 세가지이다.

(1) 타인소유의 토지에 승낙을 얻어 분묘를 설치한 경우

타인의 토지에 합법적으로 분묘를 설치한 자는 관습상 그 토지 위에 지상권에 유사한 일종의 물권을 취득한다.[2)]

(2) 자기소유의 토지에 분묘를 설치한 후 그 토지를 타인에 양도한 경우

자기소유 토지에 분묘를 설치하고 이를 타에 양도한 경우에는 그 분묘가 평장되어 외부에서 인식할 수 없는 경우를 제외하고는 당사자간에 특별한 의사표시가 없으면 판 사람은 분묘소유를 위하여 산 사람이 토지에 대하여 지상권 유사의 물권을 취득한다.[3)]

(3) 취득시효에 의하여 취득하는 경우

타인 소유의 토지에 소유자의 승낙 없이 분묘를 설치한 경우에는 20년간 평온·공연하게 그 분묘의 기지를 점유하면 지상권 유사의 관습상의 물권인 분묘기지권을 시효로 취득하는데, 이러한 분묘기지권은 봉분 등 외부에서 분묘의 존재를 인식할 수 있는 형태를 갖추고 있는 경우에 한하여 인정되고, 평장되어 있거나 암장되어 있어 객관적으로 인식할 수 있는 외형을 갖추고 있지 아니한 경우에는 인정되지 않으므로, 이러한 특성상 분묘기지권은 등기없이 취득한다.[4)]

---

2) 대법원 1962. 4. 26. 선고 4294민상1451 판결.

3) 대법원 1967. 10. 12. 선고 67다1920 판결.

4) 대법원 1996. 6. 14. 선고 96다14036 판결.

□ 분묘기지권의 소멸

(1) 소멸사유[5)]

분묘기지권은 물권의 일종이므로 물권일반의 소멸원인인 토지의 멸실, 분묘의 멸실, 존속기간의 만료, 혼동, 분묘기지권에 우선하는 저당권의 실행에 의한 경매, 토지수용 등으로 소멸한다.

분묘소유자가 이장을 한다든지 폐묘를 한 경우에는 분묘기지권이 소멸한다. 이 경우에 그 자리에 새로이 분묘를 설치한다 해도 기존의 분묘기지권이 존속하거나 회복되지는 않는 것이 관습이다.

또한 일정한 경우에는 분묘기지권 소멸청구권이 인정된다고 해석하여야 할 것인바, 동 청구권의 행사에 의하여서도 분묘기지권은 소멸한다고 하여야 할 것이다.

분묘기지권자는 분묘기지권을 언제든지 포기할 수 있다. 다만 정기적으로 지료를 지급하는 경우에는 포기에 의하여 토지소유자에게 생긴 손해를 배상하여야 한다(민법 제153조 2항 참조).

(2) 소멸의 효과

분묘기지권자는 분묘기지권이 소멸한 때에는 분묘를 수거하고 그 토지를 원상에 회복하여 반환하여야 한다(민법 제285조 1항 참조). 분묘의 수거는 분묘기지권 소멸후 지체없이 하여야 하나 수거를 위하여 필요한 기간은 토지의 사용을 계속할 수 있다고 하여야 할 것이다.[6)]

5) 이승우, '분묘기지권 소고', 판례월보 191호, 1986. 8, 20면.

6) 이승우, 앞의 논문, 20면.

□ 시효취득한 분묘에 합장가능성

1. 대법원 판례의 태도

결론적으로 대법원은 분묘기지권을 가진다해도 사망한 다른 일방의 합장은 불가능한 것으로 판단한다. 즉, 대법원은 '분묘기지권은 분묘를 수호하고 봉제사하는 목적을 달성하는 데 필요한 범위 내에서 타인의 토지를 사용할 수 있는 권리를 의미하는 것으로서, 분묘기지권에는 그 효력이 미치는 지역의 범위 내라고 할지라도 기존의 분묘 외에 새로운 분묘를 신설할 권능은 포함되지 아니하는 것이므로, 부부 중 일방이 먼저 사망하여 이미 그 분묘가 설치되고 그 분묘기지권이 미치는 범위 내에서 그 후에 사망한 다른 일방의 합장을 위하여 쌍분(쌍분) 형태의 분묘를 설치하는 것도 허용되지 않는다'라고 판시[7]하여 합장을 위하여 쌍분의 형태로 분묘를 설치하는 것을 허용하지 않았고, 대법원 2001. 8. 21. 선고 2001다28367 판결에서는 '분묘기지권이 미치는 범위 내에서 그 후에 사망한 다른 일방을 단분(단분)형태로 합장하여 분묘를 설치하는 것도 허용되지 않는다'라고 판시하였다.

2. 합장가능여부

(1) 권리의 본질적 측면에서의 검토

지상권은 '타인의 토지에 건물 기타 공작물이나 수목을 소유하기 위하여 그 토지를 사용하는 권리'를 말한다(민법 제279조). 여기서 공작물이라 함은 지상 및 지하에 인공적으로 설치된 모든 시설물을 말한다. 즉 건물을 비롯하여 교량·연못·광고탑·전주 등 지상공작물 뿐만 아니라 지하철·터널·우물 등 지하공작물을 포함한다. 그리고 이러한 지상권은 목적에 의한 제한을 받으므로 토지에 영구적인 손해를 일으키는 변경을 가할 수는 없다.

7) 대법원 1997. 5. 23. 선고 95다29086 판결.

지상권의 본질이 이러하다면 '지상권 유사의 물권'이라는 분묘기지권의 경우도 지상권과 유사하게 다루어야 할 것이다. 지상권자가 그 지상에 한 채의 집을 짓건, 두채의 집을 짓건 그것은 지상권 설정자가 간섭할 수 없는 것과 마찬가지로, 분묘에 부부를 합장하거나 하는 등의 행위도 토지에 영구적인 손해를 일으키는 변경이 아니므로 분묘기지권자가 그 토지에 분묘를 하나를 쓰건 둘을 쓰건 설정자는 간섭할 수 없다고 보는 것이 옳다.[8)]

(2) 당사자의 이해관계의 측면에서의 검토

분묘기지권의 존속기간은 당사자의 특별한 약정이 없으면 권리자가 분묘의 수호와 봉사를 계속하며 그 분묘가 존속하고 있는 동안은 분묘기지권은 존속한다고 함은 앞서 살펴보았다. 그렇다면 토지소유자는 어차피 자기는 사용하지 못하는 토지를 지상권가 그 범위내에서 분묘를 하나 더 쓰겠다는데 이를 못쓰게 하는 것은 공연한 심술이고 권리남용이라고 생각된다.[9)]

(3) 공익적 측면에서의 검토

현대사회는 산업화 등으로 인하여 토지 이용의 필요가 증가하여 임야가 무주공산이던 시대는 지났다. 그리고 정부에서도 평장제나 공원묘지의 조성과 같은 정책을 실시하고 있는 실정에서 볼 때도, 기존의 분묘의 토지소유자가 사용할 여지가 없는 분묘에 합장하는 것을 불가하다고 할 아무런 이유가 없다.

또한 합장은 우리의 관습이었고 자손들의 성묘에도 편리하며 누구에게도 폐해를 끼치는 일이 없으므로 이를 제한할 필요는 없다고 생각된다.

8) 광주고등법원 1957. 4. 15, 4289민재1 판결은 '재심피고가 20수년전인 단기 4263년에 동 피고의 망부묘를 타인의 임야상에 설치하고 평온공연히 동 기지를 점유하여 오던 중 단기 4278년에 모가 사망하자 위 망부묘지에 망모의 분묘를 쌍분으로 설치한 경우라면 재심피고는 위 망부 분묘를 소유하기 위하여 그를 유지함에 필요한 일정 범위내의 기지에 대하여 지상권에 유사한 일종의 물권을 취득하고 동 기지내에 쌍분으로 설치된 망모의 분묘 역시 위 망부묘와 운명을 같이 할 법률상의 지위에 있다고 봄이 우리나라 관습상 상당하다'라고 하여 종전의 분묘기지내에 새로운 분묘를 쌍분의 형태로 설치한 것은 종전의 분묘기지권의 범위내의 행위임을 인정한다.

9) 유현석. '분묘기지권의 범위와 내용', 판례연구(12), 서울지방변호사회, 1999, 228면.

제7장 기타 부동산물권의 쟁점

중요 쟁점 미리보기

- 부동산 명의신탁
- 부동산 유치권
- 부동산 저당권
- 가등기담보

기본이론 들여다보기

부동산 명의신탁1 - 기본개념

판례는 명의신탁의 개념에 관해 '부동산의 명의신탁(대내적 관계에서는 신탁자가 소유권을 보유하여 이를 관리 수익하면서 공부상의 소유명의만을 수탁자로 하여둔 것)의 경우에 있어서도 대외적인 관계에서는 그 부동산의 소유권이 수탁자에게 이전되는 것'이라고 판시(대법원 1965. 5. 18. 선고 65다312 판결)하거나 '부동산의 명의 신탁이라 함은, 당사자의 신탁에 관한 채권계약에 의하여 신탁자가 실질적으로는 그의 소유에 속하는 부동산의 등기명의를 실체적인 거래관계가 없는 수탁자에게 매매 등의 형식으로 이전하여 두는 것'이라고 판시(대법원 1972. 11. 28. 선고 72다1789 판결)하고 있다.

학설은 명의신탁을 보는 시각에 따라 '등기부·토지대장 등의 공부상의 소유명의가 수탁자에게 이전되지만 수탁자는 그 재산을 관리처분할 의무를 부담하지 않는 신탁', '공부상의 명의만 수탁자에게 이전될 뿐 그 외의 아무런 실질관계는 존재하지 않는 경우', '공부상의 소유명의는 수탁자 앞으로 하여 두되 신탁자와 수탁자 사이의 내부관계에 있어서는 신탁자가 여전히 소유권을 보유하기로 하는 것', '공부상 재산권의 명의가 수탁자에게 이전되나, 수탁자가 적극적으로 관리·처분할 권리의무를 가지지 아니하는 신탁', 대법원 1965. 5. 18. 판결 65다312 판결의 정의를 그대로 인용하면서 그 결과 명의신탁은 소유권에 관해서만 인정된다고 보는 견해도 있다.

부동산 명의신탁은 일반적으로 등기명의신탁과 계약명의신탁의 두 가지로 구분되며, 전자는 다시 2자간의 등기명의신탁과 3자간의 등기명의신탁(중간생략형 명의신탁)으로 나누어진다.

등기명의신탁은 신탁부동산의 등기 명의만을 수탁자에게 이전할 뿐, 수탁자가 부동산 취득을 위한 원인계약(매매계약 등)에 관여하지 아니하는 형태의 명의신탁을 말한다. 이러한 등기명의신탁은 다시 '2자간의 등기명의신탁'과 '3자간의 등기명의신탁'으로 나뉜다. 2자간의 등기명의신탁은 신탁자가 소유하던 부동산을 명의신탁의 약정에 따라 수탁자의 명의로 등기를 이전하는 것으로서, 가장 단순한 유형의 명의신탁이다. 이러한 명의신탁을 '이전형 명의신탁' 또는 '단순명의신탁'이라고 부르기도 한다. 3자간의 등기명의신탁은 신탁자가 수탁자와 명의신탁약정을 맺고, 신탁자가 매매계약의 당사자가 되어 매수인으로부터 부동산을 매수하되, 등기만 매도인으로부터 수탁자 앞으로 직접 이전하는 것이다. 이와 같은 명의신탁은 중간생략등기와 명의신탁이 결합된 것이라는 이유에서 '중간생략명의신탁' 또는 '중간생략형 명의신탁'이라고도 한다. 한편 3자간의 등기명의신탁에 관하여는 의사주의를 취하고 있던 구민법하에서는 몰라도, 형식주의를 취하고 있는 현행 민법하에서는 신탁자(매수인)가 소유권이전등기를 받지 아니한 이상 그 소유권을 취득할 수 없고, 따라서 명의신탁에 의하여 신탁자가 보유할 내부적 소유권이 존재할 수 없게 되어 명의신탁도 성립될 수 없다는 비판이 제기되고 있다. 다만, 판례는 3자간의 등기명의신탁의 유효성을 인정한다(대법원 1991. 5. 28. 선고 91다7200 판결).

계약명의신탁은 신탁자가 수탁자와 명의신탁약정을 맺고, 수탁자가 매매계약의 당사자가 되어 매도인과 매매계약을 체결한 후, 그 등기를 수탁자 앞으로 이전등기 하는 것을 말한다. 원래 계약명의신탁이라는 용어는 타인에게 '계약당사자의 명의'를 신탁하여 일정한 계약을 체결하는 것을 지칭하는 경우로도 쓰이나,

계약명의신탁이 부동산과 같이 등기를 요하는 재산권을 취득하기 위한 채권계약에서 이루어지는 경우에는 이외에도 그 계약에 의하여 취득한 부동산의 명의를 수탁자 앞으로 하고 이에 관한 소유권을 신탁자가 가지기로 하는 '등기명의'에 관한 신탁약정이 함께 존재하므로, 등기명의신탁과 대비되는 의미에서 수탁자의 이름으로 부동산을 매수하여 수탁자 앞으로 등기를 마치되, 그 부동산에 관한 소유권은 신탁자가 보유하기로 약정한 형태의 명의신탁을 가리키는 경우로도 혼용되어 쓰이는 실정이다. 이러한 명의신탁을 '위임형 명의신탁'이라 부르기도 한다.

부동산 명의신탁2
– 부동산 실권리자명의 등기에 관한 법률상 명의신탁

① 무효인 명의신탁

부동산실명법 제3조는 누구든지 부동산에 관한 물권을 명의신탁약정에 의하여 명의수탁자의 명의로 등기하여서는 아니된다고 규정하고 있고, 제4조는 이러한 명의신탁약정은 무효로 하고, 이러한 명의신탁약정에 따라 행하여진 등기에 의한 부동산에 관한 물권변동은 무효로 한다고 규정하고 있다. 여기서 '명의신탁약정'이라 함은 부동산에 관한 소유권 기타 물권을 보유한 자 또는 사실상 취득하거나 취득하려고 하는 자가 타인과의 사이에서 대내적으로는 실권리자가 부동산에 관한 물권을 보유하거나 보유하기로 하고 그에 관한 등기(가등기를 포함한다)는 그 타인의 명의로 하기로 하는 약정(위임위탁매매의 형식에 의하거나 추인에 의한 경우를 포함한다)을 말한다(동법 제2조 제1호). 따라서, 부동산실명법은 명의신탁의 주체가 되는 자를 '물권을 보유한 자' 이외에 '물권을 사실상 취득하거나 취득하려고 하는 자'를 포함시킴으로써 3자간의 명의신탁도 규제대상에 넣고 있으며, 그 밖에 '위임, 위탁매매의 형식에 의하거나 추인에 의한 경우도 포함한다'고 하여 계약명의신탁(위임형 명의신탁)도 규제대상으로 포함한다. 그러므로 부동산실명법은 등기명의신탁(2자간의 명의신탁과 3자간의 명의신탁), 계약명의신탁 모두를 원칙적으로 무효로 하고 있는 것이다.

② 유효인 명의신탁

○ 양도담보, 가등기담보

양도담보는 채무자가 채무담보를 목적으로 부동산을 채권자 명의로 소유권이전등기를 하고, 채무를 이행하면 등기를 채무자 앞으로 환원하며 이행하지 못하면 채권자가 처분하여 우선적으로 채무를 변제받기로 하는 제도이다. 판례상의 명의신탁과는 그 계약의 내용과 경제적 목적에서 구별되며, 가등기담보 등에 관한 법률에 의하여 비전형담보의 일종으로 인정되고 있으므로(동법 제2조 1호), 부동산실명법이 규제하고자 하는 명의신탁에서 제외됨은 당연하다. 다만 양도담보와 명의신탁은 모두 민법상의 신탁행위의 범주에 포함되는 것으로서, 가등기담보 등에 관한 법률 시행후에도 여전히 양도담보의 법률적 성질을 신탁적 양도로 파악하고 있는 견해도 있다. 또한 양도담보나 명의신탁 모두 실제로는 매매를 원인으로 한 소유권이전등기를 마치는 것이 보통이어서, 등기 외형상으로는 구별하기 어려운 점이 있다. 따라서 부동산실명법은 양도담보가 동법의 규제대상에 포함되지 아니함을 명시하는 한편, 양도담보의 형식을 빌린 탈법의 가능성을 막기 위하여, 동법 제3조 제2항에서 양도담보의 취지를 등기부에 기재하도록 의무화하였다. 또한 채무의 변제를 담보하기 위하여 채권자가 부동산의 물권에 관한 가등기를 하는 경우, 즉 가등기담보는 명의신탁과 무관한 것으로 부동산실명법의 적용대상이 되지 아니하는 것은 당연하다고 할 것이다.

○ 상호명의신탁(구분소유적 공유)

2인이상이 부동산의 위치와 면적을 특정하여 구분소유하기로 하고, 그 구분소유자의 공유로 등기한 경우에 관하여, 판례는 대내적으로는 구분소유자들이 각 특정부분을 소유하며, 각 공유지분등기 중 각자의 특정소유 부분 이외에 대하여는 상호명의신탁의 관계에 있는 것으로 보고 있다. 부동산실명법의 입법과정에서 이러한 상호명의신탁도 명의신탁의 일종으로서 규제하여야 한다는 견해가 있었으나, 판례가 구분소유적 공유를 명의신탁으로 설명하고 있는 것은 토지거래의 현실과 당사자들의 의사를 고려하여, 그 법률관계를 합리적으로 구성하기 위하여 명의신탁이론을 원용하고 있는 것일 뿐, 구분소유적 공유는 당사자들이 각기 특정의 토지부분을 실제로 소유하고 있고, 또한 이와 같은 권리가 전체 토지에 대한 지분등기의 형식으로 공시되고 있는 점 등에서 통상의 명의신탁과 성격을 달리하는 점이 많이 있다. 또한 이를 허용하더라도 보통의 명의신탁에서와 같은 폐해가 나타날 우려도 없다는 점 등을 고려하면, 구분소유적 공유를 적용대상에서 제외한 것은 타당하다고 할 것이다.

따라서 구분소유적 공유관계에 있는 토지에 대하여 명의신탁해지를 원인으로 한 판결에 의한 등기신청은 부동산실명법 제11조의 유예기간에 관계없이 그 등기를 신청할 수 있다.

○ 신탁등기

신탁법이나 신탁업법에 의한 신탁등기는 단순히 명의만을 빌리기 위하여 이루어지는 명의신탁과는 달리, 위탁자와 수탁자간에 특별한 신임관계에 기하여 위탁자가 특정의 재산권을 수탁자에게 이전하고 수탁자는 수익자를 위하여 재산권을 관리·처분하는 제도로서(신탁법 제2조). 명의신탁과는 연혁·성질·효과를 모두 달리하는 것이므로 부동산실명법의 적용대상이 되지 않는 것은 명백하나 주의적으로 이와 같이 규정한 것이다. 여기서 규정하는 신탁등기는 신탁법에 의한 신탁목적, 신탁등기절차에 따른 것임을 요하고, 탈법목적의 신탁(신탁법 제7조), 소송을 목적으로 하는 신탁(신탁법 제6조), 사해행위(신탁법 제8조) 등은 신탁법에 의하여 금지된다.

○ 종중, 배우자 및 종교단체에 대한 특례

부동산실명법은 종중, 배우자 및 종교단체간 명의신탁에 대하여는 조세포탈, 강제집행의 면탈 또는 법령상의 제한의 회피를 목적으로 하지 않는 경우는 특례를 인정하여, 명의신탁 약정의 효력(동법 제4조), 과징금(동법 제5조), 이행강제금(동법 제6조), 벌칙(동법 제7조) 및 기존명의신탁의 실명등기 의무위반시 효력(동법 제12조)규정의 적용을 배제하였다.

부동산실명법에서는 종중이 보유한 부동산에 관한 물권을 종중명의 또는 종중과 그 대표자를 같이 표시하여 등기하지 않고, 종중 이외의 자 명의로 등기한 경우와 부부간에 자신의 부동산을 배우자명의로 등기한 경우, 종교단체의 명의로 그 산하 조직이 보유한 부동산에 관한 물권을 등기한 경우 특례를 인정하도록 하였다. 따라서 기존 명의신탁의 경우 실명등기하지 않아도 되며 또한 실명법시행일인 1995년 7월 1일 이후의 신규명의신탁도 가능하다 할 것이다. 다만, 명의신탁이 조세포탈을 목적으로 하였거나, 강제집행의 면탈 또는 법령상의 제한을 회피하기 위한 목적으로 이루어진 경우에는 특례가 인정되는 바, 동 규정은 구체적인 탈법의 목적이 입증되는 경우까지 예외로 보호하지는 않겠다는 원칙을 선언한 것이다. 이 경우 조세포탈은 조세범처벌법의 적용대상이 되는 고의성이 명백한 경우에 한정되므로 종중·부부간의 명의신탁 행위로 인한 단순한 과세누락은 과징금·벌칙 등이 적용되지 않는다. 한편, 강제집행면탈에 해당되어 이 법과 함께 형법상 강제집행면탈죄로 처벌을 받게 되는 경우에는 형법상 경합범 규정에 따라 처리하게 된다.

부동산 유치권

유치권은 타인의 물건을 점유하고 있는 자가 그 물건에 관해서 생긴 채권을 가지는 경우에 그 변제를 받을 때까지 그 물건을 유치할 수 있는 권리이다(제320조). 유치권은 공평의 원칙에서 인정된 담보물권으로서 당사자의 의사에 기하지 않고 법률상 당연히 발생하는 법정담보물권으로 동산, 부동산, 유가증권을 그 목적물로 한다.

유치권이 성립하기 위해서는 ① 타인의 물건을 점유하고 있을 것, ② 그 물건에 관하여 생긴 채권을 가지고 있을 것(견련성), ③ 채권이 변제기에 있을 것, ④ 점유가 불법행위로 인한 것이 아닐 것이 필요하다.

유치권자는 그 채권의 전부를 변제받을 때까지 목적물의 전부를 유치할 수 있다(제321조). 유치란 목적물을 계속 점유함으로써 그 인도를 거절하는 것을 말하며, 목적물의 유치가 바로 유치권의 본체적 효력이다. 유치권은 채권변제를 받을 때까지는 누구에 대해서도 목적물을 유치할 수 있고, 목적물의 소유권이 이전되더라도 이러한 효력에 변함이 없다. 유치물이 경매되는 경우에도 경락인은 유치권자에 대하여 채권을 변제하지 않으면 그 목적물을 수취할 수 없다(인수주의, 민사집행법 제91조 제5항).

유치권자는 채권의 변제를 받기 위하여 유치물을 경매할 수 있다(제322조 제1항). 그러나 유치권자에게 우선변제권은 인정되지 않으므로 다른 채권자의 배당요구가 있으면 그 자와 평등한 비율로 변제를 받을 수 있을 뿐이다.

유치권자는 정당한 이유가 있는 때에 감정인의 평가에 의하여 유치물로서 직접 변제에 충당할 것을 법원에 청구할 수 있다. 이 경우에는 미리 채무자에게 통지하여야 한다(제322조 제2항).

유치권자는 유치물에서 생긴 과실을 수취하여 이것으로 다른 채권자에 우선하여 그 채권의 변제에 충당할 수 있다(제323조 제1항). 이는 과실에 의한 우선변제권이라 할 수 있으나 선의점유자(제201조 제1항)와 달리 과실의 소유권이 귀속되는 것은 아니다. 유치권자는 간이변제충당으로 직접 유치물의 소유권을 취득하며 등기를 필요로 하지 않는다. 다만 차액은 채무자에게 반환하여야 한다. 과실에는 천연과실·법정과실이 모두 해당되며, 부당이득으로서 반환하여야 할 사용이익도 과실에 준하는 것으로 볼 것이다. 수취한 과실은 먼저 이를 채권의 이자에 충당하고, 또 나머지가 있으면 원본에 충당한다(제323조 제2항). 과실이 금전이 아닌 때에는 이를 경매하여 위와 같이 충당하여야 한다(제323조 제1항 단서).

유치권자가 유치물에 관하여 필요비를 지출한 때에는 소유자에게 그 상환을 청구할 수 있다(제325조 제1항). 유익비를 지출한 때는 그 가격의 증가가 현존하는 경우에 한하여 소유자의 선택에 좇아 그 지출한 금액 또는 증가액의 상환을 청구할 수 있다. 단 유익비의 상환에 대하여 법원은 소유자의 청구에 의하여 상당한 기간을 허여할 수 있고(제325조 제2항), 이때에는 유익비에 관하여 유치권을 행사할 수 없다.

유치권자는 선량한 관리자의 주의의무로 유치물을 점유하여야 한다(제324조 제1항). 유치권자는 그 권리의 성질상 채무자의 승낙 없이 유치물을 사용·대여 또는 담보제공을 하지 못한다(제324조 제2항 본문). 유치권자가 위 의무를 위반한 경우에 채무자는 유치권의 소멸을 청구할 수 있다(제324조 제3항).

유치권도 물권이므로 물권의 일반적인 소멸원인에 의하여 소멸한다. 즉 목적물의 멸실, 토지수용, 혼동, 포기 등으로 유치권은 소멸한다. 다만 유치권자는 목적물을 점유하고 있으므로 유치권이 시효로 소멸하지는 않는다. 또한 유치권은 유치권자가 보관의무를 해태하거나 채무자의 승낙 없이 유치물을 사용·대여·담보제공을 한 경우에는 채무자는 유치권의 소멸을 청구할 수 있고(제324조 제3항), 채무자는 상당한 담보를 제공하고 유치권의 소멸을 청구할 수 있으며(제327조), 점유의 상실로 인하여도 소멸이 가능하다(제328조).

부동산 저당권

저당권은 채무자 또는 제3자가 점유를 이전하지 아니하고 채무의 담보로 제공한 부동산 기타 목적물에 대하여 우선변제를 받을 권리를 가지는 담보물권이다. 저당권은 목적물의 점유·사용을 그 소유자에게 그대로 놓아둔 채 그 교환가치만을 파악하므로 목적물의 이용이 채무자에게 필요한 경우, 예컨대 채무자가 공장을 담보로 제공하지만 계속해서 공장을 가동하여야 그 변제가 가능한 경우에 유효한 담보제도로 이용될 수 있다. 다만 목적물을 계속 그 소유자가 점유하므로 저당권을 공시할 방법이 마련되어져야 한다. 그 결과 저당권의 객체가 될 수 있는 것은 점유 이외의 공시방법인 '등기'나 '등록'을 할 수 있는 것에 한정된다. 민법이 인정하는 저당권의 객체는 부동산(제356조)과 지상권 및 전세권(제371조)이다. 민법 이외의 특별법에서 인정되는 저당권의 객체로는 등기된 선박(상법 제787조)·수목의 집단(입목에 관한 법률 제3조 제2항)·광업권(광업법 제11조)·어업권·공장재단·광업재단·건설기계·「선박등기법」이 적용되지 아니하는 선박·자동차·항공기(자동차 등 특정동산 저당법)등이 있다.

저당권에 의하여 담보될 수 있는 채권, 즉 피담보채권의 목적에는 아무런 제한이 없다. 금전채권인 경우가 보통이겠지만, 금전 이외의 급부를 목적으로 하는 채권이라도 그 불이행으로 인하여 금전에 의한 손해배상채권으로 변하는 것이 원칙이기 때문에 역시 저당권의 피담보채권이 될 수 있다. 다만 피담보채권이 금전채권이 아닌 경우에는 그 채권의 평가액을 등기하여야 한다(부동산등기법 제77조).

저당권은 약정담보물권이므로 저당권설정의 합의와 등기에 의하여 성립하는 것이 원칙이나, 예외적으로 법률의 규정에 의해 저당권이 성립하는 경우가 있다. 저당권설정계약은 물권계약이므로 저당권설정의 합의 외에 그 등기를 하여야 비로소 저당권이 성립한다. 등기하여야 할 사항은 채권자·채권액·변제기·이자 및 그 지급시기 등이며, 그 밖에 원본 또는 이자의 지급장소에 관한 약정이나 민법 제358조 단서의 약정이 있는 때에는 그 약정채권이 조건부인 때에는 그 조건의 내용을 기재한다(부동산등기법 제75조). 등기는 효력발생요건이고 효력존속요건이 아니므로 저당권등기가 불법말소되더라도 저당권에는 영향을 미치지 못한다.

저당권은 물권이면서 담보물권이므로 물권일반의 소멸원인과 담보물권일반의 소멸원인에 의하여 소멸한다. 또한 저당권은 경매나 제3취득자의 변제(제364조)·피담보채권의 소멸(제369조) 등에 의해서도 소멸한다. 또한 저당권의 포기에 의해서도 소멸하나, 포기는 물권적 단독행위이므로 그 등기를 하여야 저당권소멸의 효력이 발생한다.

보통의 저당권과 성질이 다른 특수한 저당권으로 민법은 공동저당(제368조)과 근저당(제357조)을 규정하고 있고, 그 외에 입목저당·재단저당·동산저당 등이 특별법에 의해서 인정되고 있다.

가등기담보

가등기담보란 금전채권을 담보하기 위하여 채권자와 채무자(또는 제3자) 사이에 채무자(또는 제3자) 소유의 부동산을 목적물로 하는 대물변제예약 또는 매매예약을 체결하고 채무자의 채무불이행이 있는 경우에, 채권자가 그의 예약완결권을 행사함으로써 발생하게 될 장래의 소유권이전청구권을 보전하기 위한 가등기를 하는 담보형식을 말한다.

가등기담보는 소유권이전의 담보형식을 취하지만 가등기담보법에 의하여 가등기담보권자에게 목적부동산의 경매청구권이 인정되고, 그 경매에 관하여는 저당권으로 보며(가등기담보 등에 관한 법률 제12조) 우선변제권이 인정된다(가등기담보 등에 관한 법률 제13조). 따라서 가등기담보권은 일종의 담보물권으로 이해하여야 할 것이다.

가등기담보권도 일종의 담보물권으로 볼 것이므로 저당권에 관한 민법규정, 예컨대 제360조·제358조·제342조 등이 적용된다. 따라서 가등기담보권은 원본·이자·위약금·채무불이행으로 인한 손해배상청구권·담보권실행비용 등을 담보하게 되고, 부합물·종물·과실 등도 가등기담보권의 효력이 미치는 목적물의 범위에 포함된다. 또한 가등기담보권도 저당권과 같은 불가분성·물상대위성을 가진다고 볼 것이다.

가등기담보권이 설정되어도 목적물의 소유권은 그 가등기담보권의 실행이 있게 될 때까지는 설정자에게 있다. 따라서 가등기가 설정되기 이전에 목적물에 설정된 용익권은 가등기에 의하여 아무런 영향을 받지 않는다. 또 가등기담보권이 실행되어 그 목적물의 소유권이 담보권자나 제3자에게 이전되더라도 그들은 용익권이 붙어 있는 상태로 소유권을 취득하는 데 지나지 않으므로 용익권에는 영향이 없다.

판례를 통한 법리의 이해

부동산 명의신탁

☐ 대법원 2018. 4. 10. 선고 2017다257715 판결

부동산 실권리자명의 등기에 관한 법률(이하 '부동산실명법'이라 한다) 제4조는 명의신탁약정(제1항)과 명의신탁약정에 따른 등기로 이루어진 부동산에 관한 물권변동(제2항 본문)을 무효라고 하면서, 제2항 단서에서 '다만 부동산에 관한 물권을 취득하기 위한 계약에서 명의수탁자가 어느 한쪽 당사자가 되고 상대방 당사자는 명의신탁약정이 있다는 사실을 알지 못한 경우에는 그러하지 아니하다.'고 정하고 있다.

부동산실명법 제4조 제2항 단서는 부동산 거래의 상대방을 보호하기 위한 것으로 상대방이 명의신탁약정이 있다는 사실을 알지 못한 채 물권을 취득하기 위한 계약을 체결한 경우 그 계약과 그에 따른 등기를 유효라고 한 것이다(대법원 2015. 12. 23. 선고 2012다202932 판결 등 참조). 명의신탁자와 명의수탁자가 계약명의신탁약정을 맺고 명의수탁자가 당사자가 되어 매도인과 부동산에 관한 매매계약을 체결하는 경우 그 계약과 등기의 효력은 매매계약을 체결할 당시 매도인의 인식을 기준으로 판단해야 하고, 매도인이 계약 체결 이후에 명의신탁약정 사실을 알게 되었다고 하더라도 위 계약과 등기의 효력에는 영향이 없다. 매도인이 계약 체결 이후 명의신탁약정 사실을 알게 되었다는 우연한 사정으로 인해서 위와 같이 유효하게 성립한 매매계약이 소급적으로 무효로 된다고 볼 근거가 없다. 만일 매도인이 계약 체결 이후 명의신탁약정 사실을 알게 되었다는 사정을 들어 매매계약의 효력을 다툴 수 있도록 한다면 매도인의 선택에 따라서 매매계약의 효력이 좌우되는 부당한 결과를 가져올 것이다.

☞ 원고가 자신의 딸 A와 명의신탁약정을 맺은 다음 계약 당사자가 되어 명의신탁약정 사실을 모르는 피고로부터 이 사건 부동산을 매수하였는데, 피고가 이후 명의신탁약정 사실을 알고 매매계약이 무효라고 주장한 사안에서, 원고와 피고 사이에 체결된 이 사건 매매계약은 부동산실명법 제4조 제2항 단서에 따라 유효하고, 피고가 이후 위와 같은 명의신탁약정 사실을 알았는지 여부는 이러한 결론에 영향이 없으므로, 피고는 원고에게 이 사건 매매계약에 따른 소유권이전등기절차를 이행할 의무가 있다고 판단한 원심을 수긍한 사례

□ 대법원 2017. 12. 5. 선고 2015다240645 판결

[1] 부동산 실권리자명의 등기에 관한 법률(이하 '부동산실명법'이라 한다)은 명의신탁약정과 그에 따른 등기를 원칙적으로 무효로 하되(제4조), 부부간의 명의신탁이 조세 포탈, 강제집행의 면탈 또는 법령상 제한의 회피(이하 '조세 포탈 등'이라 한다)를 목적으로 하지 않는 경우에 이를 허용하는 특례를 인정하고 있다(제8조 제2호). 따라서 부부간에는 조세 포탈 등의 목적이 없는 한 명의신탁약정과 그에 따른 등기의 효력(제4조), 과징금(제5조), 이행강제금(제6조), 벌칙(제7조), 기존 명의신탁의 실명등기의무 위반의 효력(제12조)에 관한 부동산실명법 규정이 적용되지 않는다. 부동산실명법 제8조의 내용과 문장 구조에 비추어 보면, 부동산에 관하여 부부간의 명의신탁 약정에 따른 등기가 있는 경우 그것이 조세 포탈 등을 목적으로 한 것이라는 점은 예외에 속한다. 따라서 이러한 목적이 있다는 이유로 등기가 무효라는 점은 이를 주장하는 자가 증명하여야 한다. 위 규정에서 '조세 포탈 등의 목적'은 명의신탁약정과 그에 따른 등기의 효력을 가리는 기준이 될 뿐만 아니라 과징금·이행강제금의 부과 요건, 형벌조항의 범죄구성요건에 해당한다. 이러한 목적이 있는지는 부부간의 재산관리 관행을 존중하려

는 특례규정의 목적과 취지, 부부의 재산관계와 거래의 안전에 미치는 영향, 조세 포탈 등의 행위를 처벌하는 다른 형벌조항과의 체계적 연관성 등을 고려하여 판단하여야 한다. 한편 부동산실명법 제8조의 '강제집행의 면탈'을 목적으로 한 명의신탁에 해당하려면 민사집행법에 따른 강제집행 또는 가압류·가처분의 집행을 받을 우려가 있는 객관적인 상태, 즉 채권자가 본안 또는 보전소송을 제기하거나 제기할 태세를 보이고 있는 상태에서 한쪽 배우자가 상대방 배우자에게 부동산을 명의신탁함으로써 채권자가 집행할 재산을 발견하기 곤란하게 할 목적이 있다고 인정되어야 한다. 부부간의 명의신탁 당시에 막연한 장래에 채권자가 집행할 가능성을 염두에 두었다는 것만으로 강제집행 면탈의 목적을 섣불리 인정해서는 안 된다.

[2] 진정한 등기명의의 회복을 위한 소유권이전등기청구는 이미 자기 앞으로 소유권을 표상하는 등기가 되어 있었거나 법률에 따라 소유권을 취득한 자가 진정한 등기명의를 회복하기 위한 방법으로서, 현재의 등기명의인을 상대로 하여야 하고 현재의 등기명의인이 아닌 자는 피고적격이 없다.

☐ 대법원 2010. 10. 28. 선고 2010다52799 판결

<사실관계>

- 원고가 전주동부신용협동조합으로부터 전주시 덕진구 여의동 소재 토지를 모두 자신의 자금으로 매수하였으나, 원고와 피고를 공동매수인으로 하여 매매계약서를 작성하였고, 이에 따라 원고와 피고가 공유로 소유권이전등기를 마침
- 원심은 이러한 원고와 피고의 행위가, 원고는 피고에게 해당 토지 지분의 각 1/2 지분에 관한 소유 명의를 신탁하였고, 피고는 명의신탁약정에 따라 직접 매수인이 되어 전주신협과 사이에 매매계약을 체결하고 자신 명의로 소유권이전등기를 마쳤으므로, 원고와 피고 사이의 명의신탁관계는 계약명의신탁에 해당한다고 판단함

〈판결요지〉

[1] 명의신탁약정이 3자간 등기명의신탁인지 아니면 계약명의신탁인지의 구별은 계약당사자가 누구인가를 확정하는 문제로 귀결되는데, 계약명의자가 명의수탁자로 되어 있다 하더라도 계약당사자를 명의신탁자로 볼 수 있다면 이는 3자간 등기명의신탁이 된다. 따라서 계약명의자인 명의수탁자가 아니라 명의신탁자에게 계약에 따른 법률효과를 직접 귀속시킬 의도로 계약을 체결한 사정이 인정된다면 명의신탁자가 계약당사자라고 할 것이므로, 이 경우의 명의신탁관계는 3자간 등기명의신탁으로 보아야 한다.

[2] 갑이 매매계약 당사자로서 계약 상대방으로부터 토지 지분을 매수하면서 그 중 1/2 지분에 관한 등기명의만을 을로 하기로 한 것으로, 그 매매계약에 따른 법률효과를 갑에게 직접 귀속시킬 의도였던 사정이 인정되므로 갑과 을의 명의신탁약정은 3자간 등기명의신탁에 해당함에도 불구하고, 매매계약 명의자가 갑 및 을이라는 이유만으로 그 명의신탁약정이 계약명의신탁에 해당한다고 판단한 원심판결을 파기한 사례.

□ 대법원 2003. 11. 27. 선고 2003다41722 판결

[1] 부당이득의 반환청구가 금지되는 사유로 민법 제746조가 규정하는 불법원인이라 함은 그 원인되는 행위가 선량한 풍속 기타 사회질서에 위반하는 경우를 말하는 것으로서, 법률의 금지에 위반하는 경우라 할지라도 그것이 선량한 풍속 기타 사회질서에 위반하지 않는 경우에는 이에 해당하지 않는다.

[2] 부동산실권리자명의등기에관한법률이 규정하는 명의신탁약정은 부동산에 관한 물권의 실권리자가 타인과의 사이에서 대내적으로는 실권리자가 부동산에 관한 물권을 보유하거나 보유하기로 하고 그에 관한 등기는 그 타인의 명의로 하기로 하는 약정을 말하는 것일 뿐이므로, 그 자체로 선량한 풍속 기타 사회질서에 위반하는 경우에 해당한다고 단정할 수 없을 뿐만 아니라, 위 법률은 원칙적으로 명의신탁약정과 그 등기에 기한 물권변동만을 무효로 하고 명의신탁자가 다른 법률관계에 기하여 등기회복 등의 권리행사를 하는 것까지 금지하지는 않는 대신, 명의신탁자에 대하여 행정적 제재나 형벌을 부과함으로써 사적자치 및

재산권보장의 본질을 침해하지 않도록 규정하고 있으므로, 위 법률이 비록 부동산 등기제도를 악용한 투기·탈세·탈법행위 등 반사회적 행위를 방지하는 것 등을 목적으로 제정되었다고 하더라도, 무효인 명의신탁약정에 기하여 타인 명의의 등기가 마쳐졌다는 이유만으로 그것이 당연히 불법원인급여에 해당한다고 볼 수 없다.

□ 대법원 1999. 09. 17. 선고 99다21738 판결

부동산실권리자명의등기에관한법률 소정의 유예기간 경과에 의하여 기존 명의신탁 약정과 그에 의한 등기가 무효로 되면 명의신탁 부동산은 매도인 소유로 복귀하므로 매도인은 명의수탁자에게 무효인 명의수탁자 명의의 등기의 말소를 구할 수 있게 되고, 한편 같은 법은 매도인과 명의신탁자 사이의 매매계약의 효력을 부정하는 규정을 두고 있지 아니하여 위 유예기간 경과 후로도 매도인과 명의신탁자 사이의 매매계약은 여전히 유효하므로, 명의신탁자는 위 매매계약에 기한 매도인에 대한 소유권이전등기청구권을 보전하기 위하여 매도인을 대위하여 명의수탁자에게 무효인 명의수탁자 명의의 등기의 말소를 구할 수 있다.

□ 대법원 2009. 04. 09. 선고 2009다2576 판결

[1] 명의수탁자가 제3자에게 수탁 부동산을 처분한 경우 제3자가 그 부동산의 소유권을 유효하게 취득하는지 여부(원칙적 적극) - 부동산을 명의신탁한 경우에는 소유권이 대외적으로 수탁자에게 귀속하므로, 수탁자가 제3자에게 수탁 부동산을 처분하였을 때에는 그 처분행위가 무효 또는 취소되는 등의 특별한 사유가 없는 한 그 제3자는 신탁재산에 대한 소유권을 완전히 유효하게 취득한다

[2] 갑과 을이 공동으로 부동산을 매수하면서 지분에 관한 명의신탁약정에 따라 을 단독 명의로 소유권이전등기를 마친 사안에서, 명의신탁약정의 해지로 인한 소유권이전등기청구권을 보전하기 위하여 이루어진 명의신탁자 갑 명의의 가등기는 원인무효이고, 명의수탁자 을은 위 부동산의 1/2 지분에 대한 소유자로서 그 가등기에 대하여 말소등기청구권을 행사할 수 있다고 한 사례

□ 대법원 2005. 01. 28. 선고 2002다66922 판결

부동산실권리자명의등기에관한법률 제4조 제1항, 제2항에 의하면, 명의신탁자와 명의수탁자가 이른바 계약명의신탁약정을 맺고 명의수탁자가 당사자가 되어 명의신탁약정이 있다는 사실을 알지 못하는 소유자와의 사이에 부동산에 관한 매매계약을 체결한 후 그 매매계약에 따라 당해 부동산의 소유권이전등기를 수탁자 명의로 마친 경우에는 명의신탁자와 명의수탁자 사이의 명의신탁약정의 무효에도 불구하고 그 명의수탁자는 당해 부동산의 완전한 소유권을 취득하게 되고, 다만 명의수탁자는 명의신탁자에 대하여 부당이득반환의무를 부담하게 될 뿐이라 할 것인데, 그 계약명의신탁약정이 부동산실권리자명의등기에관한법률 시행 후인 경우에는 명의신탁자는 애초부터 당해 부동산의 소유권을 취득할 수 없었으므로 위 명의신탁약정의 무효로 인하여 명의신탁자가 입은 손해는 당해 부동산 자체가 아니라 명의수탁자에게 제공한 매수자금이라 할 것이고, 따라서 명의수탁자는 당해 부동산 자체가 아니라 명의신탁자로부터 제공받은 매수자금을 부당이득하였다고 할 것이다.

□ 대법원 2010. 02. 11. 선고 2008다16899 판결

'부동산 실권리자명의 등기에 관한 법률' 시행 전에 명의수탁자가 소유하는 부동산에 관하여 명의신탁자와 사이에 사후적으로 그 부동산을 명의신탁자를 위하여 '대외적으로만' 보유하는 관계에 관한 명의신탁약정이 이루어진 다음 위 법 제11조에서 정한 유예기간 내에 실명등기 등을 하지 않고 그 기간을 경과함으로써 위 법 제12조 제1항, 제4조에 의하여 위 명의신탁약정이 무효로 됨에 따라 명의수탁자가 당해 부동산에 관한 완전한 소유권을 취득하게 된 경우, 위 유예기간이 경과하기 전까지는 명의수탁자는 명의신탁약정에 따라 당해 부동산에 관한 소유명의를 취득한 것으로서 명의신탁자는 언제라도 명의신탁약정을 해지하고 당해 부동산에 관한 소유권을 취득할 수 있었다고 할 것이므로, 명의수탁자는 위 법 시행에 따라 당해 부동산에 관한 완전한 소유권을 취득함으로써 당해 부동산 자체를 부당이득하였다고 보아야 하고, 위 법 제3조 및 제4조가 명의신탁자에게 소유권이 귀속되는 것을 막는 취지의 규정은 아니므로 명의수탁자는 명의신탁

자에게 자신이 취득한 당해 부동산을 부당이득으로 반환할 의무가 있다.

□ 대법원 2008. 05. 15. 선고 2007다74690 판결

부동산 실권리자명의 등기에 관한 법률 시행 전에 명의신탁자와 명의수탁자가 이른바 계약명의신탁약정을 맺고 명의수탁자가 당사자가 되어 명의신탁약정이 있다는 사실을 알지 못하는 소유자와 부동산에 관한 매매계약을 체결한 후 그 매매계약에 따라 당해 부동산의 소유권이전등기를 수탁자 명의로 마쳤으나 위 법률 제11조에서 정한 유예기간이 경과하기까지 명의신탁자가 그 명의로 당해 부동산을 등기이전하는 데 법률상 장애가 있었던 경우에는, 명의신탁자는 당해 부동산의 소유권을 취득할 수 없었으므로, 위 명의신탁약정의 무효로 인하여 명의신탁자가 입은 손해는 당해 부동산 자체가 아니라 명의수탁자에게 제공한 매수자금이고, 따라서 명의수탁자는 당해 부동산 자체가 아니라 명의신탁자로부터 제공받은 매수자금을 부당이득하였다고 할 것이다.

□ 대법원 2010. 10. 14. 선고 2007다90432 판결

'부동산 실권리자명의 등기에 관한 법률' 제4조 제1항, 제2항에 의하면 명의신탁자와 명의수탁자가 이른바 계약명의신탁약정을 맺고 명의수탁자가 당사자가 되어 명의신탁약정이 있다는 사실을 알지 못하는 소유자와의 사이에 부동산에 관한 매매계약을 체결한 후 그 매매계약에 따라 당해 부동산의 소유권이전등기를 수탁자 명의로 마친 경우에는 명의신탁자와 명의수탁자 사이의 명의신탁약정의 무효에도 불구하고 그 명의수탁자는 당해 부동산의 완전한 소유권을 취득하게 되고, 다만 명의수탁자는 명의신탁자에 대하여 부당이득반환의무를 부담하게 될 뿐이다. 이 경우 그 계약명의신탁약정이 '부동산 실권리자명의 등기에 관한 법률' 시행 후인 경우에는 명의신탁자는 애초부터 당해 부동산의 소유권을 취득할 수 없었으므로, 위 계약명의신탁약정의 무효로 인하여 명의신탁자가 입은 손해는 당해 부동산 자체가 아니라 명의수탁자에게 제공한 매수자금이고, 따라서 명의수탁자는 당해 부동산 자체가 아니라 명의신탁자로부터 제공받은 매수자금 상당액을 부당이득하였다고 할 것이다. 이때 명의수탁자가 소유권이전등기를 위하여 지출하

여야 할 취득세, 등록세 등을 명의신탁자로부터 제공받았다면, 이러한 자금 역시 위 계약명의신탁약정에 따라 명의수탁자가 당해 부동산의 소유권을 취득하기 위하여 매매대금과 함께 지출된 것이므로, 당해 부동산의 매매대금 상당액 이외에 명의신탁자가 명의수탁자에게 지급한 취득세, 등록세 등의 취득비용도 특별한 사정이 없는 한 위 계약명의신탁약정의 무효로 인하여 명의신탁자가 입은 손해에 포함되어 명의수탁자는 이 역시 명의신탁자에게 부당이득으로 반환하여야 한다.

□ 대법원 2009. 07. 09. 선고 2009다23313 판결

[1] 부동산 실권리자명의 등기에 관한 법률 제11조의 유예기간이 경과한 후에도 실명화 등의 조치를 취하지 아니한 명의신탁자가 명의수탁자에 대하여 부당이득의 법리에 따라 가지는 소유권이전등기청구권의 소멸시효기간(=10년)

[2] 명의신탁자가 명의신탁 부동산을 계속 점유·사용하여 온 경우에는 명의수탁자에 대한 부당이득반환청구권에 기한 등기청구권의 소멸시효가 진행하지 않는지 여부(소극)

[1] 부동산 실권리자명의 등기에 관한 법률 시행 전에 명의수탁자가 명의신탁약정에 따라 부동산에 관한 소유명의를 취득한 경우 위 법률의 시행 후 같은 법 제11조의 유예기간이 경과하기 전까지 명의신탁자는 언제라도 명의신탁 약정을 해지하고 당해 부동산에 관한 소유권을 취득할 수 있었던 것으로, 실명화 등의 조치 없이 위 유예기간이 경과함으로써 같은 법 제12조 제1항, 제4조에 의해 명의신탁 약정은 무효로 되는 한편, 명의수탁자가 당해 부동산에 관한 완전한 소유권을 취득하게 된다 할 것인데, 같은 법 제3조 및 제4조가 명의신탁자에게 소유권이 귀속되는 것을 막는 취지의 규정은 아니므로 명의수탁자는 명의신탁자에게 자신이 취득한 당해 부동산을 부당이득으로 반환할 의무가 있다 할 것인바, 이와 같은 경위로 명의신탁자가 당해 부동산의 회복을 위해 명의수탁자에 대해 가지는 소유권이전등기청구권은 그 성질상 법률의 규정에 의한 부당이득반환청구권으로서 민법 제162조 제1항에 따라 10년의 기간이 경과함으로써 시효로 소멸한다.

[2] 명의신탁계약 및 그에 기한 등기를 무효로 하고 그 위반행위에 대하여 형사처벌까지 규정한 부동산 실권리자명의 등기에 관한 법률의 시행에 따라 그 권리를 상실하게 된 위 법률 시행 이전의 명의신탁자가 그 대신에 부당이득의 법리에 따라 법률상 취득하게 된 명의신탁 부동산에 대한 부당이득반환청구권의 경우, 무효로 된 명의신탁 약정에 기하여 처음부터 명의신탁자가 그 부동산의 점유 및 사용 등 권리를 행사하고 있다 하여 위 부당이득반환청구권 자체의 실질적 행사가 있다고 볼 수 없을 뿐만 아니라, 명의신탁자가 그 부동산을 점유사용하여 온 경우에는 명의신탁자의 명의수탁자에 대한 부당이득반환청구권에 기한 등기청구권의 소멸시효가 진행되지 않는다고 보아야 한다면, 이는 명의신탁자가 부동산 실권리자명의 등기에 관한 법률의 유예기간 및 시효기간 경과 후 여전히 실명전환을 하지 않아 위 법률을 위반한 경우임에도 그 권리를 보호하여 주는 결과로 되어 부동산 거래의 실정 및 부동산 실권리자명의 등기에 관한 법률 등 관련 법률의 취지에도 맞지 않는다.

□ 대법원 2016. 7. 29. 선고 2015다56086 판결

부부간의 명의신탁약정은 특별한 사정이 없는 한 유효하고(부동산 실권리자명의 등기에 관한 법률 제8조 참조), 이때 명의신탁자는 명의수탁자에 대하여 신탁해지를 하고 신탁관계의 종료 그것만을 이유로 하여 소유 명의의 이전등기절차의 이행을 청구할 수 있음은 물론, 신탁해지를 원인으로 하고 소유권에 기해서도 그와 같은 청구를 할 수 있는데, 이와 같이 명의신탁관계가 종료된 경우 신탁자의 수탁자에 대한 소유권이전등기청구권은 신탁자의 일반채권자들에게 공동담보로 제공되는 책임재산이 된다.

그런데 신탁자가 유효한 명의신탁약정을 해지함을 전제로 신탁된 부동산을 제3자에게 직접 처분하면서 수탁자 및 제3자와의 합의 아래 중간등기를 생략하고 수탁자에게서 곧바로 제3자 앞으로 소유권이전등기를 마쳐 준 경우 이로 인하여 신탁자의 책임재산인 수탁자에 대한 소유권이전등기청구권이 소멸하게 되므로, 이로써 신탁자의 소극재산이 적극재산을 초과하게 되거나 채무초과상태가 더 나빠지게 되고 신탁자도 그러한 사실을 인식하고 있었다면 이러한 신탁자의

법률행위는 신탁자의 일반채권자들을 해하는 행위로서 사해행위에 해당한다.

□ 대법원 2010. 2. 11. 선고 2009다40264 판결

1필지의 토지 중 일부를 매도하면서 토지가 등기부상 분할되어 있지 아니하였던 관계로 전부에 관하여 매도인으로부터 매수인에게 소유권이전등기가 경료된 경우에 있어서, 매도인이 매수인에게 매도하지 아니하였던 토지 부분에 관하여는 특별한 사정이 없는 한 두 사람 사이에 명의신탁관계가 성립되었다고 할 것이다.

□ 대법원 2009. 12. 24. 선고 2008다71858 판결

[1] 내부적으로는 토지의 특정 부분을 소유하나 등기부상으로는 공유지분을 가지는 이른바 구분소유적 공유관계에서 구분공유자 중 1인이 소유하는 부분이 후에 독립한 필지로 분할되고 그 구분공유자가 그 필지에 관하여 단독 명의로 소유권이전등기를 경료받았다면, 그 소유권이전등기는 실체관계에 부합하는 것으로서 유효하고, 그 구분공유자는 당해 토지에 대한 단독소유권을 적법하게 취득하게 되어, 결국 당해 구분공유자에 관한 한 이제 구분소유적 공유관계는 해소된다. 따라서 그 구분공유자이었던 사람이 위와 같이 분할되지 아니한 나머지 토지에 관하여 여전히 등기부상 공유지분을 가진다고 하여도, 그 공유지분등기는 명의인이 아무런 권리를 가지지 아니하는 목적물에 관한 것으로서 효력이 없게 되고, 명의인은 대외적으로도 위의 나머지 토지에 대하여 공유지분권을 가진다고 할 수 없으며, 종전의 다른 구분공유자는 자신의 소유권 또는 공유지분권에 기하여 위와 같이 효력 없는 공유지분등기의 말소 기타 정정을 청구할 수 있다. 이상은 구분소유적 공유관계에서 구분공유자 중 1인이 자신이 소유하는 부분을 제3자에게 양도하였는데 후에 그 부분이 독립한 필지로 분할되고 위 양수인이 그 필지에 관하여 단독 명의로 소유권이전등기를 경료받은 경우에도 다를 바 없다.

[2] 점유취득시효가 완성된 경우에 그 효력으로 시효완성점유자는 다른 특별한 사정이 없는 한 당해 부동산의 시효완성 당시의 소유자에 대하여 소유권이전등기청구권을 취득하는 것이고, 비록 등기부상 소유자 또는 공유자로 등기되어 있는 사람이라고 하더라도 그가 진정한 소유자가 아닌 이상 그를 상대로 취득시효의

완성을 원인으로 소유권이전등기를 청구할 수 없다.

□ 대법원 2010. 5. 27. 선고 2006다84171 판결

[1] 상호명의신탁관계 내지 구분소유적 공유관계에서 건물의 특정 부분을 구분소유하는 자는 그 부분에 대하여 신탁적으로 지분등기를 가지고 있는 자를 상대로 하여 그 특정 부분에 대한 명의신탁 해지를 원인으로 한 지분이전등기절차의 이행을 구할 수 있을 뿐 그 건물 전체에 대한 공유물분할을 구할 수는 없다.

[2] 각 층이 물리적으로 구분된 1동의 건물을 신축하여 그 중 1층은 수개의 점포로 구분하여 분양하고 지하층과 2, 3층은 각 따로 매도하면서 이를 구분등기하지 않고 수분양자 또는 매수인들에게 건물 전체 면적 중 분양 면적 또는 매도 면적에 해당하는 비율로 공유지분등기를 마쳐 준 사안에서, 1층 점포를 분양받은 사람들은 1층 내부만 사용하고 지하층과 2, 3층을 매수한 사람들은 각 지하층과 2, 3층만 사용하여 온 사실 등에 비추어 위 건물 각 층의 구분소유자들은 상호명의신탁관계 내지 구분소유적 공유관계에 있으므로, 건물 전체에 대한 공유물분할을 청구할 수 없다고 한 사례.

[3] 건물 각 층의 구분소유자들은 다른 층 소유자들과 사이에 상호명의신탁을 해지하는 한편으로, 건물에 대하여 구분건물로 건축물대장의 전환등록절차 및 등기부의 구분등기절차를 마치고 각 층별로 상호간에 자기가 신탁받은 공유지분 전부를 이전하는 방식으로 건물에 대한 구분소유적 공유관계를 해소할 수 있다.

[4] 각 층이 물리적으로 구분된 1동의 건물을 신축하여 그 중 1층은 수개의 점포로 구분하여 분양하고 지하층과 2, 3층은 각 따로 매도하면서 이를 구분등기하지 않고 수분양자 또는 매수인들에게 건물 전체 면적 중 분양 면적 또는 매도 면적에 해당하는 비율로 공유지분등기를 마쳐 줌으로써 그 건물 각 층의 구분소유자들 사이에 상호명의신탁관계 내지 구분소유적 공유관계가 성립한 사안에서, 1층의 구분소유자들은 건물에 대한 구분소유적 공유관계의 해소 여부와 상관없이 그 공유하는 1층에 대한 공유물분할을 청구할 수 있다고 한 사례.

[5] 집합건물의 소유 및 관리에 관한 법률 제20조 제2항에 의하면 구분소유자는 특별한 사정이 없는 한 대지사용권을 전유부분과 분리하여 처분할 수 없고, 이를

위반한 대지사용권의 처분은 법원의 공유물분할경매절차에 의한 것이라 하더라도 무효이므로, 구분소유의 목적물인 건물 각 층과 분리하여 그 대지만에 대하여 경매분할을 명한 확정판결에 기하여 진행되는 공유물분할경매절차에서 그 대지만을 매수하더라도 매수인은 원칙적으로 그 대지의 소유권을 취득할 수 없다.

부동산 유치권

□ 대법원 2018. 1. 24. 선고 2016다234043 판결

[1] 제한물권은 이해관계인의 이익을 부당하게 침해하지 않는 한 자유로이 포기할 수 있는 것이 원칙이다. 유치권은 채권자의 이익을 보호하기 위한 법정담보물권으로서, 당사자는 미리 유치권의 발생을 막는 특약을 할 수 있고 이러한 특약은 유효하다. 유치권 배제 특약이 있는 경우 다른 법정요건이 모두 충족되더라도 유치권은 발생하지 않는데, 특약에 따른 효력은 특약의 상대방뿐 아니라 그 밖의 사람도 주장할 수 있다.

[2] 조건은 법률행위의 효력 발생 또는 소멸을 장래의 불확실한 사실의 발생 여부에 의존케 하는 법률행위의 부관으로서, 법률행위에서 효과의사와 일체적인 내용을 이루는 의사표시 그 자체라고 볼 수 있다. 유치권 배제 특약에도 조건을 붙일 수 있는데, 조건을 붙이고자 하는 의사가 있는지는 의사표시에 관한 법리에 따라 판단하여야 한다.

[3] 당사자 사이에 약정의 해석을 둘러싸고 다툼이 있어 처분문서에 나타난 당사자의 의사해석이 문제 되는 경우에는 문언의 내용, 약정이 이루어진 동기와 경위, 약정으로 달성하려는 목적, 당사자의 진정한 의사 등을 종합적으로 고찰하여 논리와 경험칙에 따라 합리적으로 해석하여야 한다.

□ 대법원 1993. 03. 26. 선고 91다14116 판결

유치권은 타물권인 점에 비추어 볼 때 수급인의 재료와 노력으로 건축되었고

독립한 건물에 해당되는 기성부분은 수급인의 소유라 할 것이므로 수급인은 공사대금을 지급받을 때까지 이에 대하여 유치권을 가질 수 없다.

□ 대법원 1996. 08. 23. 선고 95다8713 판결

구민사소송법 제728조에 의하여 담보권의 실행을 위한 경매절차에 준용되는 같은 법 제608조 제3항은 경락인은 유치권자에게 그 유치권으로 담보하는 채권을 변제할 책임이 있다고 규정하고 있는 바, 여기에서 '변제할 책임이 있다'는 의미는 부동산상의 부담을 승계한다는 취지로서 인적 채무까지 인수한다는 취지는 아니므로, 유치권자는 경락인에 대하여 그 피담보채권의 변제가 있을 때까지 유치목적물인 부동산의 인도를 거절할 수 있을 뿐이고 그 피담보채권의 변제를 청구할 수는 없다.

□ 대법원 2007. 09. 07. 선고 2005다16942 판결

민법 제320조 제1항에서 '그 물건에 관하여 생긴 채권'은 유치권 제도 본래의 취지인 공평의 원칙에 특별히 반하지 않는 한 채권이 목적물 자체로부터 발생한 경우는 물론이고 채권이 목적물의 반환청구권과 동일한 법률관계나 사실관계로부터 발생한 경우도 포함한다.

□ 대법원 2013. 10. 24. 선고 2011다44788 판결

민법 제320조 제1항은 "타인의 물건 또는 유가증권을 점유한 자는 그 물건이나 유가증권에 관하여 생긴 채권이 변제기에 있는 경우에는 변제를 받을 때까지 그 물건 또는 유가증권을 유치할 권리가 있다"고 규정하고 있으므로, 유치권의 피담보채권은 '그 물건에 관하여 생긴 채권'이어야 한다.

☞ 건물의 옥탑, 외벽 등에 설치된 간판의 경우 일반적으로 건물의 일부가 아니라 독립된 물건으로 남아 있으면서 과다한 비용을 들이지 않고 건물로부터 분리할 수 있는 것이 충분히 있을 수 있고, 그러한 경우에는 특별한 사정이 없는 한 간판 설치공사 대금채권을 그 건물 자체에 관하여 생긴 채권이라고 할 수 없으므로, 설치된 간판의 종류와 형태, 간판 설치공사의 내용 등을 심리하여 그 간판이 건물의 일부인지 아니면 별도의 독립한 물건인지 등을 명확히 한 다음 간판 설치공사 대금채권이 건물에 관한 유치권의 피담보채권이 될 수 있는지 여부를

판단하였어야 하는데도, 이 점에 관하여 충분히 심리하지 아니한 채 곧바로 피고가 주장하는 간판 설치공사 대금채권이 유치권의 피담보채권에 해당한다고 단정한 원심판결을 파기한 사안

☐ 대법원 1967. 11. 28. 선고 66다2111 판결

기초공사 벽체공사 옥상스라브공사만이 완공된 건물에 전세금을 지급하고 입주한 후 소유자와 간에 위 건물을 매수하기로 합의하여 자기 자금으로 미완성 부분을 완성한 자는 위 건물에 들인 금액 상당의 변제를 받을 때까지 위 건물의 제3취득자에 대하여 유치권을 행사할 수 있다.

☐ 대법원 1975. 4. 22. 선고 73다2010 판결

건물의 임차인이 임대차관계 종료시에는 건물을 원상으로 복구하여 임대인에게 명도하기로 약정한 것은 건물에 지출한 각종 유익비 또는 필요비의 상환청구권을 미리 포기하기로 한 취지의 특약이라고 볼 수 있어 임차인은 유치권을 주장을 할 수 없다.

☐ 대법원 1976. 05. 11. 선고 75다1305 판결

건물의 임대차에 있어서 임차인의 임대인에게 지급한 임차보증금반환청구권이나 임대인이 건물시설을 아니하기 때문에 임차인에게 건물을 임차목적대로 사용 못한 것을 이유로 하는 손해배상청구권은 모두 민법 320조 소정 소위 그 건물에 관하여 생긴 채권이라 할 수 없다.

☐ 대법원 1994. 10. 14. 선고 93다62119 판결

임대인과 임차인 사이에 건물명도시 권리금을 반환하기로 하는 약정이 있었다 하더라도 그와 같은 권리금반환청구권은 건물에 관하여 생긴 채권이라 할 수 없으므로 그와 같은 채권을 가지고 건물에 대한 유치권을 행사할 수 없다.

☐ 대법원 2012. 01. 26. 선고 2011다96208 판결

[1] 민법 제320조 제1항은 "타인의 물건 또는 유가증권을 점유한 자는 그

물건이나 유가증권에 관하여 생긴 채권이 변제기에 있는 경우에는 변제를 받을 때까지 그 물건 또는 유가증권을 유치할 권리가 있다."고 규정하고 있으므로, 유치권의 피담보채권은 '그 물건에 관하여 생긴 채권'이어야 한다.

[2] 甲이 건물 신축공사 수급인인 乙 주식회사와 체결한 약정에 따라 공사현장에 시멘트와 모래 등의 건축자재를 공급한 사안에서, 甲의 건축자재대금채권은 매매계약에 따른 매매대금채권에 불과할 뿐 건물 자체에 관하여 생긴 채권이라고 할 수는 없음에도 건물에 관한 유치권의 피담보채권이 된다고 본 원심판결에 유치권의 성립요건인 채권과 물건 간의 견련관계에 관한 법리오해의 위법이 있다고 한 사례.

☐ 대법원 2012. 01. 12. 자 2011마2380 결정

부동산 매도인이 매매대금을 다 지급받지 아니한 상태에서 매수인에게 소유권이전등기를 마쳐주어 목적물의 소유권을 매수인에게 이전한 경우에는, 매도인의 목적물인도의무에 관하여 동시이행의 항변권 외에 물권적 권리인 유치권까지 인정할 것은 아니다. 왜냐하면 법률행위로 인한 부동산물권변동의 요건으로 등기를 요구함으로써 물권관계의 명확화 및 거래의 안전·원활을 꾀하는 우리 민법의 기본정신에 비추어 볼 때, 만일 이를 인정한다면 매도인은 등기에 의하여 매수인에게 소유권을 이전하였음에도 매수인 또는 그의 처분에 기하여 소유권을 취득한 제3자에 대하여 소유권에 속하는 대세적인 점유의 권능을 여전히 보유하게 되는 결과가 되어 부당하기 때문이다. 또한 매도인으로서는 자신이 원래 가지는 동시이행의 항변권을 행사하지 아니하고 자신의 소유권이전의무를 선이행함으로써 매수인에게 소유권을 넘겨 준 것이므로 그에 필연적으로 부수하는 위험은 스스로 감수하여야 한다. 따라서 매도인이 부동산을 점유하고 있고 소유권을 이전받은 매수인에게서 매매대금 일부를 지급받지 못하고 있다고 하여 매매대금채권을 피담보채권으로 매수인이나 그에게서 부동산 소유권을 취득한 제3자를 상대로 유치권을 주장할 수 없다.

□ 대법원 2009. 03. 26. 선고 2008다34828 판결

명의신탁자와 명의수탁자가 이른바 계약명의신탁약정을 맺고 명의수탁자가 당사자가 되어 명의신탁약정이 있다는 사실을 알지 못하는 소유자와 부동산에 관한 매매계약을 체결한 뒤 수탁자 명의로 소유권이전등기를 마친 경우에는, 명의신탁자와 명의수탁자 사이의 명의신탁약정은 무효이지만 그 명의수탁자는 당해 부동산의 완전한 소유권을 취득하게 되고(부동산 실권리자명의 등기에 관한 법률 제4조 제1항, 제2항 참조), 반면 명의신탁자는 애초부터 당해 부동산의 소유권을 취득할 수 없고 다만 그가 명의수탁자에게 제공한 부동산 매수자금이 무효의 명의신탁약정에 의한 법률상 원인 없는 것이 되는 관계로 명의수탁자에 대하여 동액 상당의 부당이득반환청구권을 가질 수 있을 뿐이다. 명의신탁자의 이와 같은 부당이득반환청구권은 부동산 자체로부터 발생한 채권이 아닐 뿐만 아니라 소유권 등에 기한 부동산의 반환청구권과 동일한 법률관계나 사실관계로부터 발생한 채권이라고 보기도 어려우므로, 결국 민법 제320조 제1항에서 정한 유치권 성립요건으로서의 목적물과 채권 사이의 견련관계를 인정할 수 없다.

□ 대법원 2013. 10. 24. 선고 2011다44788 판결

민법 제320조에서 규정한 유치권의 성립요건이자 존속요건인 점유는 물건이 사회 통념상 그 사람의 사실적 지배에 속한다고 보이는 객관적 관계에 있는 것을 말하고, 이때 사실적 지배는 반드시 물건을 물리적·현실적으로 지배하는 것에 국한하는 것이 아니라 물건과 사람과의 시간적·공간적 관계와 본권 관계, 타인 지배의 배제 가능성 등을 고려하여 사회관념에 따라 합목적적으로 판단하여야 한다. 나아가 위 규정의 점유에는 직접점유뿐만 아니라 간접점유도 포함된다.

☞ 건물 신축공사의 하수급인이 다른 하수급인 등을 통하여 신축건물을 간접점유함으로써 유치권 성립요건을 충족하였다고 인정한 원심의 판단을 정당하다고 본 사안

□ 대법원 1996. 08. 23. 선고 95다8713 판결

공장 신축공사 공사잔대금채권에 기한 공장 건물의 유치권자가 공장 건물의 소유 회사가 부도가 난 다음에 그 공장에 직원을 보내 그 정문 등에 유치권자가

공장을 유치·점유한다는 안내문을 게시하고 경비용역회사와 경비용역계약을 체결하여 용역경비원으로 하여금 주야 교대로 2인씩 그 공장에 대한 경비·수호를 하도록 하는 한편 공장의 건물 등에 자물쇠를 채우고 공장 출입구 정면에 대형 컨테이너로 가로막아 차량은 물론 사람들의 공장 출입을 통제하기 시작하고 그 공장이 경락된 다음에도 유치권자의 직원 10여 명을 보내 그 공장 주변을 경비·수호하게 하고 있었다면, 유치권자가 그 공장을 점유하고 있었다고 볼 여지가 충분하다 .

☐ 대법원 1965. 3. 30. 선고 64다1977 판결

유치권자가 유치물을 점유하기 전에 발생된 채권(건축비채권)이라도 그 후 그 물건(건물)의 점유를 취득했다면 유치권은 성립한다.

☐ 대법원 2008. 04. 11. 선고 2007다27236 판결

유치권의 성립요건이자 존속요건인 유치권자의 점유는 직접점유이든 간접점유이든 관계가 없으나, 다만 유치권은 목적물을 유치함으로써 채무자의 변제를 간접적으로 강제하는 것을 본체적 효력으로 하는 권리인 점 등에 비추어, 그 직접점유자가 채무자인 경우에는 유치권의 요건으로서의 점유에 해당하지 않는다고 할 것이다.

☐ 대법원 2014. 03. 20. 선고 2009다60336 전원합의체 판결

[다수의견]

부동산에 관한 민사집행절차에서는 경매개시결정과 함께 압류를 명하므로 압류가 행하여짐과 동시에 매각절차인 경매절차가 개시되는 반면, 국세징수법에 의한 체납처분절차에서는 그와 달리 체납처분에 의한 압류(이하 '체납처분압류'라고 한다)와 동시에 매각절차인 공매절차가 개시되는 것이 아닐 뿐만 아니라, 체납처분압류가 반드시 공매절차로 이어지는 것도 아니다. 또한 체납처분절차와 민사집행절차는 서로 별개의 절차로서 공매절차와 경매절차가 별도로 진행되는 것이므로, 부동산에 관하여 체납처분압류가 되어 있다고 하여 경매절차에서 이를

그 부동산에 관하여 경매개시결정에 따른 압류가 행하여진 경우와 마찬가지로 볼 수는 없다.

따라서 체납처분압류가 되어 있는 부동산이라고 하더라도 그러한 사정만으로 경매절차가 개시되어 경매개시결정등기가 되기 전에 부동산에 관하여 민사유치권을 취득한 유치권자가 경매절차의 매수인에게 유치권을 행사할 수 없다고 볼 것은 아니다.

☞ 어느 부동산에 관하여 경매개시결정등기가 된 뒤에 비로소 민사유치권을 취득한 사람은 경매절차의 매수인에 대하여 그의 유치권을 주장할 수 없다(대법원 2005. 8. 19. 선고 2005다22688 판결 등 참조). 이러한 법리는 어디까지나 경매절차의 법적 안정성을 보장하기 위한 것이므로, 경매개시결정등기가 되기 전에 이미 그 부동산에 관하여 민사유치권을 취득한 사람은 그 취득에 앞서 저당권설정등기나 가압류등기 또는 체납처분압류등기가 먼저 되어 있다 하더라도 경매절차의 매수인에게 자기의 유치권으로 대항할 수 있다.

□ 대법원 2011. 05. 13. 자 2010마1544 결정

유치권은 법정담보물권이기는 하나 채권자의 이익보호를 위한 채권담보의 수단에 불과하므로 이를 포기하는 특약은 유효하고, 유치권을 사전에 포기한 경우 다른 법정요건이 모두 충족되더라도 유치권이 발생하지 않는 것과 마찬가지로 유치권을 사후에 포기한 경우 곧바로 유치권은 소멸한다고 보아야 하며, 채권자가 유치권의 소멸 후에 그 목적물을 계속하여 점유한다고 하여 여기에 적법한 유치의 의사나 효력이 있다고 인정할 수 없고 다른 법률상 권원이 없는 한 무단점유에 지나지 않는다.

□ 대법원 2007. 09. 07. 선고 2005다16942 판결

[1] 민법 제320조 제1항에서 '그 물건에 관하여 생긴 채권'은 유치권 제도 본래의 취지인 공평의 원칙에 특별히 반하지 않는 한 채권이 목적물 자체로부터 발생한 경우는 물론이고 채권이 목적물의 반환청구권과 동일한 법률관계나 사실관계로부터 발생한 경우도 포함하고, 한편 민법 제321조는 "유치권자는 채권 전부의 변제를 받을 때까지 유치물 전부에 대하여 그 권리를 행사할 수 있다"고 규정하고 있으므로, 유치물은 그 각 부분으로써 피담보채권의 전부를 담보하며, 이와 같은

유치권의 불가분성은 그 목적물이 분할 가능하거나 수개의 물건인 경우에도 적용된다.

[2] 다세대주택의 창호 등의 공사를 완성한 하수급인이 공사대금채권 잔액을 변제받기 위하여 위 다세대주택 중 한 세대를 점유하여 유치권을 행사하는 경우, 그 유치권은 위 한 세대에 대하여 시행한 공사대금만이 아니라 다세대주택 전체에 대하여 시행한 공사대금채권의 잔액 전부를 피담보채권으로 하여 성립한다고 본 사례.

□ 대법원 2014. 12. 24. 선고 2011다62618 판결

소유자는 그 소유에 속한 물건을 점유한 자에 대하여 반환을 청구할 수 있다. 그러나 점유자가 그 물건을 점유할 권리가 있는 때에는 반환을 거부할 수 있다(민법 제213조). 여기서 반환을 거부할 수 있는 점유할 권리에는 유치권도 포함되고, 유치권자로부터 유치물을 유치하기 위한 방법으로 유치물의 점유 내지 보관을 위탁받은 자는 특별한 사정이 없는 한 점유할 권리가 있음을 들어 소유자의 소유물반환청구를 거부할 수 있다.

□ 대법원 1996. 8. 23. 선고 95다8713 판결

구민사소송법 제728조에 의하여 담보권의 실행을 위한 경매절차에 준용되는 같은 법 제608조 제3항은 경락인은 유치권자에게 그 유치권으로 담보하는 채권을 변제할 책임이 있다고 규정하고 있는바, 여기에서 '변제할 책임이 있다'는 의미는 부동산상의 부담을 승계한다는 취지로서 인적 채무까지 인수한다는 취지는 아니므로, 유치권자는 경락인에 대하여 그 피담보채권의 변제가 있을 때까지 유치목적물인 부동산의 인도를 거절할 수 있을 뿐이고 그 피담보채권의 변제를 청구할 수는 없다.

□ 대법원 2000. 10. 30. 자 2000마4002 결정

유치물의 처분에 관하여 이해관계를 달리하는 다수의 권리자가 존재하거나 유치물의 공정한 가격을 쉽게 알 수 없는 등의 경우에는 민법 제322조 제2항에 의하여 유치권자에게 유치물의 간이변제충당을 허가할 정당한 이유가 있다고 할 수 없다.

☐ 대법원 1972. 1. 31. 선고 71다2414 판결

유치권자의 점유하에 있는 유치물의 소유자가 변동하더라도 유치권자의 점유는 유치물에 대한 보존행위로서 하는 것이므로 적법하고 그 소유자 변동 후 유치권자가 유치물에 관하여 새로이 유익비를 지급하여 그 가격의 증가가 현존하는 경우에는 이 유익비에 대하여도 가치권을 행사할 수 있다. 유치권자가 유치물에 대한 보존행위로서 목적물을 사용하는 것은 적법행위이므로 불법점유로 인한 손해배상책임이 없는 것이다.

☐ 대법원 2013. 04. 11. 선고 2011다107009 판결

민법 제324조에 의하면, 유치권자는 선량한 관리자의 주의로 유치물을 점유하여야 하고, 소유자의 승낙 없이 유치물을 보존에 필요한 범위를 넘어 사용하거나 대여 또는 담보제공을 할 수 없으며, 소유자는 유치권자가 위 의무를 위반한 때에는 유치권의 소멸을 청구할 수 있다고 할 것이지만, 공사대금채권에 기하여 유치권을 행사하는 자가 스스로 유치물인 주택에 거주하며 사용하는 것은 특별한 사정이 없는 한 유치물인 주택의 보존에 도움이 되는 행위로서 유치물의 보존에 필요한 사용에 해당하므로, 그러한 경우에는 유치권의 소멸을 청구할 수 없다.

☐ 대법원 2001. 12. 11. 선고 2001다59866 판결

민법 제327조에 의하여 제공하는 담보가 상당한가의 여부는 그 담보의 가치가 채권의 담보로서 상당한가, 태양에 있어 유치물에 의하였던 담보력을 저하시키지는 아니한가 하는 점을 종합하여 판단하여야 할 것인 바, 유치물의 가격이 채권액에 비하여 과다한 경우에는 채권액 상당의 가치가 있는 담보를 제공하면 족하다고 할 것이고, 한편 당해 유치물에 관하여 이해관계를 가지고 있는 자인 채무자나 유치물의 소유자는 상당한 담보가 제공되어 있는 이상 유치권 소멸 청구의 의사표시를 할 수 있다.

□ 대법원 1972. 5. 30. 선고 72다548 판결

비록 건물에 대한 점유를 승계한 사실이 있다 하더라도 전점유자를 대위하여 유치권을 주장할 수는 없는 것이다.

□ 대법원 2009. 12. 24. 선고 2009다32324 판결

유치권자는 유치물 소유자의 승낙 없이 유치물을 보존에 필요한 범위를 넘어 사용할 수 없고, 유치권자가 유치물을 그와 같이 사용한 경우에는 그로 인한 이익을 부당이득으로 소유자에게 반환하여야 한다. 그 경우에 그 반환의무의 구체적인 내용은 다른 부당이득반환청구에서와 마찬가지로 의무자가 실제로 어떠한 구체적 이익을 얻었는지에 좇아 정하여진다. 따라서 유치권자가 유치물에 관하여 제3자와의 사이에 전세계약을 체결하여 전세금을 수령하였다면 전세금이 종국에는 전세입자에게 반환되어야 할 것임에 비추어 다른 특별한 사정이 없는 한 그가 얻은 구체적 이익은 그가 전세금으로 수령한 금전의 이용가능성이고, 그가 이와 같이 구체적으로 얻은 이익과 관계없이 추상적으로 산정된 차임 상당액을 부당이득으로 반환하여야 한다고 할 수 없다. 그리고 이러한 이용가능성은 그 자체 현물로 반환될 수 없는 성질의 것이므로 그 '가액'을 산정하여 반환을 명하여야 하는바, 그 가액은 결국 전세금에 대한 법정이자 상당액이다.

부동산 저당권

□ 대법원 2001. 3. 15. 선고 99다48948 전원합의체 판결
- 제3자 명의의 근저당권설정 등기의 유효성

근저당권은 채권담보를 위한 것이므로 원칙적으로 채권자와 근저당권자는 동일인이 되어야 하지만, 제3자를 근저당권 명의인으로 하는 근저당권을 설정하는 경우 그 점에 대하여 채권자와 채무자 및 제3자 사이에 합의가 있고, 채권양도, 제3자를 위한 계약, 불가분적 채권관계의 형성 등 방법으로 채권이 그 제3자에게

실질적으로 귀속되었다고 볼 수 있는 특별한 사정이 있는 경우에는 제3자 명의의 근저당권설정등기도 유효하다고 보아야 할 것이고, 한편 부동산을 매수한 자가 소유권이전등기를 마치지 아니한 상태에서 매도인인 소유자의 승낙 아래 매수 부동산을 타에 담보로 제공하면서 당사자 사이의 합의로 편의상 매수인 대신 등기부상 소유자인 매도인을 채무자로 하여 마친 근저당권설정등기는 실제 채무자인 매수인의 근저당권자에 대한 채무를 담보하는 것으로서 유효하다고 볼 것인바, 위 양자의 형태가 결합된 근저당권이라 하여도 그 자체만으로는 부종성의 관점에서 근저당권이 무효라고 보아야 할 어떤 질적인 차이를 가져오는 것은 아니라 할 것이다. 그리고 매매잔대금 채무를 지고 있는 부동산 매수인이 매도인과 사이에 소유권이전등기를 경료하지 아니한 상태에서 그 부동산을 담보로 하여 대출받는 돈으로 매매잔대금을 지급하기로 약정하는 한편, 매매잔대금의 지급을 위하여 당좌수표를 발행·교부하고 이를 담보하기 위하여 그 부동산에 제1순위 근저당권을 설정하되, 그 구체적 방안으로서 채권자인 매도인과 채무자인 매수인 및 매도인이 지정하는 제3자 사이의 합의 아래 근저당권자를 제3자로, 채무자를 매도인으로 하기로 하고, 이를 위하여 매도인이 제3자로부터 매매잔대금 상당액을 차용하는 내용의 차용금증서를 작성·교부하였다면, 매도인이 매매잔대금 채권의 이전 없이 단순히 명의만을 제3자에게 신탁한 것으로 볼 것은 아니고, 채무자인 매수인의 승낙 아래 매매잔대금 채권이 제3자에게 이전되었다고 보는 것이 일련의 과정에 나타난 당사자들의 진정한 의사에 부합하는 해석일 것이므로, 제3자 명의의 근저당권설정등기는 그 피담보채무가 엄연히 존재하고 있어 그 원인이 없거나 부종성에 반하는 무효의 등기라고 볼 수 없다.

□ 대법원 1981. 9. 8. 선고 80다1468 판결

근저당권 설정계약상의 채무자 아닌 제3자를 채무자로 하여 된 근저당권 설정등기는 채무자를 달리 한 것이므로 근저당권의 부종성에 비추어 원인 없는 무효의 등기이다.

□ 대법원 2002. 10. 22. 선고 2000다59678 판결 – 근저당권설정등기가 위법하게 말소되어 그 부동산에 대한 경매절차에서 배당받지 못한 근저당권자의 구제방법

등기는 물권의 효력 발생 요건이고 존속 요건은 아니어서 등기가 원인 없이 말소된 경우에는 그 물권의 효력에 아무런 영향이 없고, 그 회복등기가 마쳐지기 전이라도 말소된 등기의 등기명의인은 적법한 권리자로 추정되므로, 근저당권설정등기가 위법하게 말소되어 아직 회복등기를 경료하지 못한 연유로 그 부동산에 대한 경매절차의 배당기일에서 피담보채권액에 해당하는 금액을 배당받지 못한 근저당권자는 배당기일에 출석하여 이의를 하고 배당이의의 소를 제기하여 구제를 받을 수 있고, 가사 배당기일에 출석하지 않음으로써 배당표가 확정되었다고 하더라도, 확정된 배당표에 의하여 배당을 실시하는 것은 실체법상의 권리를 확정하는 것이 아니기 때문에 위 경매절차에서 실제로 배당받은 자에 대하여 부당이득반환 청구로서 그 배당금의 한도 내에서 그 근저당권설정등기가 말소되지 아니하였더라면 배당받았을 금액의 지급을 구할 수 있다.

□ 대법원 2002. 9. 24. 선고 2002다27910 판결 – 피담보채권 소멸 후의 근저당권의 효력

피담보채권이 소멸하면 저당권은 그 부종성에 의하여 당연히 소멸하게 되므로, 그 말소등기가 경료되기 전에 그 저당권부채권을 가압류하고 압류 및 전부명령을 받아 저당권 이전의 부기등기를 경료한 자라 할지라도, 그 가압류 이전에 그 저당권의 피담보채권이 소멸된 이상, 그 근저당권을 취득할 수 없고, 실체관계에 부합하지 않는 그 근저당권 설정등기를 말소할 의무를 부담한다.

□ 대법원 1992.5.12. 선고 90다8855 판결 – 양도담보의 채무자가 양도담보권자에 대하여 민법 제360조 단서에 따른 피담보채권의 제한을 주장할 수 있는지 여부

저당권의 피담보채무의 범위에 관하여 민법 제360조가 지연배상에 대하여는 원본의 이행기일을 경과한 후의 1년분에 한하여 저당권을 행사할 수 있다고 규정하고 있는 것은 저당권자의 제3자에 대한 관계에서의 제한이며 채무자나

저당권설정자가 저당권자에 대하여 대항할 수 있는 것이 아니고, 민법 제360조가 양도담보의 경우에 준용된다고 하여도 마찬가지로 해석하여야 할 것인 만큼, 양도담보의 채무자가 양도담보권자에 대하여 민법 제360조에 따른 피담보채권의 제한을 주장할 수는 없는 것이다.

□ 대법원 1971. 12. 10. 자 71마757 결정

본조의 규정에 의하여 저당권의 효력은 법률 또는 설정행위로 인한 특별사정이 없는한 저당부동산의 종물에 당연히 미친다고 할 것이고 그 종물은 저당권설정전부터 존재하였던 것 뿐만 아니라 그 설정등기후에 새로이 생긴것도 포함한다고 할 것인즉 그 저당권의 실행에 있어 경매법원이 본래의 저당목적물과 그 종물들은 각별히 평가하여 이를 일괄하여 경매에 부하였다 하여 그것을 불법이라 할 수 없다.

□ 대법원 1974. 2. 12. 선고 73다298 판결 - 저당권의 효력이 미치는 목적물의 범위

저당권은 법률에 특별한 규정이 있거나 설정행위에 다른 약정이 있는 경우를 제외하고 그 저당부동산에 부합된 물건과 종물 이외에까지 그 효력이 미치는 것은 아니므로 사회적 관점이나 경제적 관점에 비추어 보아 저당건물과는 별개의 독립된 건물을 저당건물의 부합물이나 종물로 보아 경매법원에서 저당건물과 같이 경매를 진행하고 경락허가를 하였다고 하여 위 건물의 소유권에 변동이 초래될 수는 없다.

□ 대법원 1995. 6. 29. 선고 94다6345 판결 - 공장의 건물이나 토지에 대하여 민법상의 일반저당권이 설정된 경우, 그 저당권의 효력이 미치는 범위

공장저당법에 의한 공장저당을 설정함에 있어서는 공장의 토지, 건물에 설치된 기계, 기구 등은 같은 법 제7조 소정의 기계, 기구 목록에 기재하여야만 공장저당의 효력이 생기나, 이와는 달리 공장건물이나 토지에 대하여 민법상의 일반저당권이 설정된 경우에는 공장저당법과는 상관이 없으므로 같은 법 제7조에 의한 목록의

작성이 없더라도 그 저당권의 효력은 민법 제358조에 의하여 당연히 그 공장건물이나 토지의 종물 또는 부합물에까지 미친다.

□ 대법원 1996. 4. 26. 선고 95다52864 판결 - 저당권의 효력

저당권의 효력이 저당부동산에 부합된 물건과 종물에 미친다는 민법 제358조 본문을 유추하여 보면 건물에 대한 저당권의 효력은 그 건물에 종된 권리인 건물의 소유를 목적으로 하는 지상권에도 미치게 되므로, 건물에 대한 저당권이 실행되어 경락인이 그 건물의 소유권을 취득하였다면 경락 후 건물을 철거한다는 등의 매각조건에서 경매되었다는 등 특별한 사정이 없는 한, 경락인은 건물 소유를 위한 지상권도 민법 제187조의 규정에 따라 등기 없이 당연히 취득하게 되고, 한편 이 경우에 경락인이 건물을 제3자에게 양도한 때에는, 특별한 사정이 없는 한 민법 제100조 제2항의 유추적용에 의하여 건물과 함께 종된 권리인 지상권도 양도하기로 한 것으로 봄이 상당하다.

□ 대법원 2016. 7. 27. 선고 2015다230020 판결

[1] 민법 제359조 전문은 “저당권의 효력은 저당부동산에 대한 압류가 있은 후에 저당권설정자가 그 부동산으로부터 수취한 과실 또는 수취할 수 있는 과실에 미친다.”라고 규정하고 있는데, 위 규정상 ‘과실’에는 천연과실뿐만 아니라 법정과실도 포함되므로, 저당부동산에 대한 압류가 있으면 압류 이후의 저당권설정자의 저당부동산에 관한 차임채권 등에도 저당권의 효력이 미친다.

다만 저당부동산에 대한 경매절차에서 저당부동산에 관한 차임채권 등을 관리하면서 이를 추심하거나 저당부동산과 함께 매각할 수 있는 제도가 마련되어 있지 아니하므로, 저당권의 효력이 미치는 차임채권 등에 대한 저당권의 실행이 저당부동산에 대한 경매절차에 의하여 이루어질 수는 없고, 그 저당권의 실행은 저당권의 효력이 존속하는 동안에 채권에 대한 담보권의 실행에 관하여 규정하고 있는 민사집행법 제273조에 따른 채권집행의 방법으로 저당부동산에 대한 경매절차와 별개로 이루어질 수 있을 뿐이다.

[2] 부동산 임대차에서 수수된 보증금은 차임채무, 목적물의 멸실⋅훼손

등으로 인한 손해배상채무 등 임대차에 따른 임차인의 모든 채무를 담보하는 것으로서 이와 같은 피담보채무 상당액은 임대차관계 종료 후 목적물이 반환될 때에 특별한 사정이 없는 한 별도의 의사표시 없이 보증금에서 당연히 공제된다.

[3] 보증금이 수수된 저당부동산에 관한 임대차계약이 저당부동산에 대한 경매로 종료되었는데, 저당권자가 차임채권 등에 대하여는 민사집행법 제273조에 따른 채권집행의 방법으로 별개로 저당권을 실행하지 아니한 경우에 저당부동산에 대한 압류의 전후와 관계없이 임차인이 연체한 차임 등의 상당액이 임차인이 배당받을 보증금에서 당연히 공제됨은 물론, 저당권자가 차임채권 등에 대하여 위와 같은 방법으로 별개로 저당권을 실행한 경우에도 채권집행 절차에서 임차인이 실제로 차임 등을 지급하거나 공탁하지 아니하였다면 잔존하는 차임채권 등의 상당액은 임차인이 배당받을 보증금에서 당연히 공제된다.

□ 대법원 2003. 4. 11. 선고 2003다3850 판결 - 일괄경매청구권의 취지 및 저당권설정 후 건축한 건물의 일괄경매청구

민법 제365조가 토지를 목적으로 한 저당권을 설정한 후 그 저당권설정자가 그 토지에 건물을 축조한 때에는 저당권자가 토지와 건물을 일괄하여 경매를 청구할 수 있도록 규정한 취지는, 저당권은 담보물의 교환가치의 취득을 목적으로 할 뿐 담보물의 이용을 제한하지 아니하여 저당권설정자로서는 저당권설정 후에도 그 지상에 건물을 신축할 수 있는데, 후에 그 저당권의 실행으로 토지가 제3자에게 경락될 경우에 건물을 철거하여야 한다면 사회경제적으로 현저한 불이익이 생기게 되어 이를 방지할 필요가 있으므로 이러한 이해관계를 조절하고, 저당권자에게도 저당토지상의 건물의 존재로 인하여 생기게 되는 경매의 어려움을 해소하여 저당권의 실행을 쉽게 할 수 있도록 한 데에 있다는 점에 비추어 볼 때, 저당지상의 건물에 대한 일괄경매청구권은 저당권설정자가 건물을 축조한 경우뿐만 아니라 저당권설정자로부터 저당토지에 대한 용익권을 설정받은 자가 그 토지에 건물을 축조한 경우라도 그 후 저당권설정자가 그 건물의 소유권을 취득한 경우에는 저당권자는 토지와 함께 그 건물에 대하여 경매를 청구할 수 있다.

□ 대법원 2001. 6. 13. 자 2001마1632 결정 - 민법 제365조에 기한 일괄경매의 추가신청의 가부

민법 제365조에 기한 일괄경매청구권은 토지의 저당권자가 토지에 대하여 경매를 신청한 후에도 그 토지상의 건물에 대하여 토지에 관한 경매기일 공고시까지는 일괄경매의 추가신청을 할 수 있고, 이 경우에 집행법원은 두 개의 경매사건을 병합하여 일괄경매절차를 진행함이 상당하다.

□ 대법원 1987. 4. 28. 선고 86다카2856 판결 - 저당권설정당시에 저당목적물인 토지상에 건물의 축조가 진행되어 있던 경우 민법 제365조의 적용 가부

민법 제365조는 저당권설정자가 저당권을 설정한 후 저당목적물인 토지상에 건물을 축조함으로써 저당권의 실행이 곤란하여지거나 저당목적물의 담보가치의 하락을 방지하고자 함에 그 규정취지가 있다고 할 것이므로, 저당권설정 당시에 건물의 존재가 예측되고 또한 당시 사회경제적 관점에서 그 가치의 유지를 도모할 정도로 건물의 축조가 진행되어 있는 경우에는 위 규정은 적용되지 아니한다.

□ 대법원 1996. 5. 28. 선고 95다34415 판결 - 경매개시절차 개시 전의 근저당권자가 별도로 배당요구를 하지 않은 경우, 배당에서 제외되는지 여부

부동산을 목적으로 하는 담보권의 실행을 위한 경매절차에서 그 개시 전의 근저당권자는 민사소송법 제728조에 의하여 준용되는 같은 법 제605조에 의한 배당요구를 하지 않았더라도 당연히 배당요구를 한 것과 동일하게 취급되므로, 그러한 근저당권자가 배당요구를 하지 아니하였다 하여도 배당에서 제외하여서는 아니된다.

□ 대법원 1997. 7. 25. 선고 97다8403 판결 - 저당권설정자의 물상보증인으로부터 저당부동산을 취득한 제3취득자가 저당권이 실행됨으로써 소유권을 상실한 경우, 채무자에 대한 구상권의 성부

타인의 채무를 담보하기 위하여 저당권을 설정한 부동산의 소유자(물상보증

인)로부터 소유권을 양수한 제3자는 채권자에 의하여 저당권이 실행되게 되면 저당부동산에 대한 소유권을 상실한다는 점에서 물상보증인과 유사한 지위에 있다고 할 것이므로, 물상보증의 목적물인 저당부동산의 제3취득자가 채무를 변제하거나 저당권의 실행으로 저당물의 소유권을 잃은 때에는 물상보증인의 구상권에 관한 민법 제370조,제341조의 규정을 유추적용하여 보증채무에 관한 규정에 의하여 채무자에 대한 구상권이 있다.

□ 대법원 2002. 5. 24. 선고 2002다7176 판결 - 저당부동산의 제3취득자가 피담보채무를 인수한 경우 민법 제364조를 적용여부

저당부동산의 제3취득자가 피담보채무를 인수한 경우에는 그 때부터는 제3취득자는 채권자에 대한 관계에서 채무자의 지위로 변경되므로 민법 제364조의 규정은 적용될 여지가 없을 것이다. 다만, 민법 제364조를 둔 취지가, 저당권설정자가 제3취득자로부터 매매목적물의 대가 전액을 받고서도 저당권자에 대한 피담보채무를 변제하지 않는 경우에 저당권의 실행으로 말미암아 제3취득자의 권리가 상실될 위험이 있으므로, 제3취득자로 하여금 대가 전액을 저당권설정자에 대하여 지급하고 다시 저당권설정자가 그 피담보채무를 변제하게 할 것이 아니라 저당권자에게 직접 담보된 채권을 변제하도록 하게 함으로써 제3취득자의 보호를 도모하고자 한 것이라는 점을 감안해 볼 때, 저당부동산에 관한 매매계약을 체결하는 당사자 사이에 매매대금에서 피담보채무 또는 채권최고액을 공제한 잔액만을 현실로 수수하였다는 사정만을 가지고 언제나 매수인이 매도인의 저당채권자에 대한 피담보채무를 인수한 것으로 보아 제3취득자는 채권자에 대한 관계에서 제3취득자가 아니라 채무자와 동일한 지위에 놓이게 됨으로써 저당부동산의 제3취득자가 원래 행사할 수 있었던 저당권소멸청구권을 상실한다고 볼 수는 없고, 오히려 이러한 매매대금 지급방법상의 약정은 다른 특별한 사정이 없는 한 매매당사자 사이에서는 매수인이 피담보채무 또는 채권최고액에 해당하는 매매대금 부분을 매도인에게 지급하는 것이 아니라 채권자에게 직접 지급하기로 하여 그 매매목적 부동산에 관한 저당권의 말소를 보다 확실하게 보장하겠다고 하는 취지로 그런 약정을 하게 된 것이라고 볼 것이다.

□ 대법원 2005. 4. 29. 선고 2005다3243 판결 - 저당부동산에 대한 점유가 저당권을 침해하는 경우

저당권은 경매절차에 있어서 실현되는 저당부동산의 교환가치로부터 다른 채권자에 우선하여 피담보채권의 변제를 받는 것을 내용으로 하는 물권으로, 부동산의 점유를 저당권자에게 이전하지 않고 설정되고, 저당권자는 원칙적으로, 저당부동산의 소유자가 행하는 저당부동산의 사용 또는 수익에 관하여 간섭할 수 없고, 다만 저당부동산에 대한 점유가 저당부동산의 본래의 용법에 따른 사용·수익의 범위를 초과하여 그 교환가치를 감소시키거나, 점유자에게 저당권의 실현을 방해하기 위하여 점유를 개시하였다는 점이 인정되는 등, 그 점유로 인하여 정상적인 점유가 있는 경우의 경락가격과 비교하여 그 가격이 하락하거나 경매절차가 진행되지 않는 등 저당권의 실현이 곤란하게 될 사정이 있는 경우에는 저당권의 침해가 인정될 수 있다.

□ 대법원 1996. 3. 22. 선고 95다55184 판결 - 저당권자의 저당목적물에 대한 방해배제청구권

저당권자는 물권에 기하여 그 침해가 있는 때에는 그 제거나 예방을 청구할 수 있다고 할 것인 바, 공장저당권의 목적 동산이 저당권자의 동의를 얻지 아니하고 설치된 공장으로부터 반출된 경우에는 저당권자는 점유권이 없기 때문에 설정자로부터 일탈한 저당목적물을 저당권자 자신에게 반환할 것을 청구할 수는 없지만, 저당목적물이 제3자에게 선의취득되지 아니하는 한 원래의 설치 장소에 원상회복할 것을 청구함은 저당권의 성질에 반하지 아니함은 물론 저당권자가 가지는 방해배제권의 당연한 행사에 해당한다.

□ 대법원 2003. 10. 10. 선고 2001다77888 판결 - 근저당권부 채권이 양도되었으나 근저당권의 이전등기가 경료되지 않은 상태에서 실시된 배당절차에서 근저당권의 명의인이 배당이의로 배당표의 경정을 구할 수 있는지 여부(소극)

피담보채권과 근저당권을 함께 양도하는 경우에 채권양도는 당사자 사이의 의사표시만으로 양도의 효력이 발생하지만 근저당권이전은 이전등기를 하여야

하므로 채권양도와 근저당권이전등기 사이에 어느 정도 시차가 불가피한 이상 피담보채권이 먼저 양도되어 일시적으로 피담보채권과 근저당권의 귀속이 달라진다고 하여 근저당권이 무효로 된다고 볼 수는 없으나, 위 근저당권은 그 피담보채권의 양수인에게 이전되어야 할 것에 불과하고, 근저당권의 명의인은 피담보채권을 양도하여 결국 피담보채권을 상실한 셈이므로 집행채무자로부터 변제를 받기 위하여 배당표에 자신에게 배당하는 것으로 배당표의 경정을 구할 수 있는 지위에 있다고 볼 수 없다.

□ 대법원 2005. 6. 23. 선고 2004다29279 판결 - 채권양도의 대항요건을 갖추지 못한 양수인의 저당권실행의 가부 및 배당 여부

피담보채권을 저당권과 함께 양수한 자는 저당권이전의 부기등기를 마치고 저당권실행의 요건을 갖추고 있는 한 채권양도의 대항요건을 갖추고 있지 아니하더라도 경매신청을 할 수 있으며, 채무자는 경매절차의 이해관계인으로서 채권양도의 대항요건을 갖추지 못하였다는 사유를 들어 경매개시결정에 대한 이의나 즉시항고절차에서 다툴 수 있고, 이 경우는 신청채권자가 대항요건을 갖추었다는 사실을 증명하여야 할 것이나, 이러한 절차를 통하여 채권 및 근저당권의 양수인의 신청에 의하여 개시된 경매절차가 실효되지 아니한 이상 그 경매절차는 적법한 것이고, 또한 그 경매신청인은 양수채권의 변제를 받을 수도 있다.

□ 대법원 2005. 6. 10. 선고 2002다15412, 15429 판결 - 저당권의 양도에 있어서 물권적 합의를 요하는 당사자의 범위

저당권은 피담보채권과 분리하여 양도하지 못하는 것이어서 저당권부 채권의 양도는 언제나 저당권의 양도와 채권양도가 결합되어 행해지므로 저당권부 채권의 양도는 민법 제186조의 부동산물권변동에 관한 규정과 민법 제449조 내지 제452조의 채권양도에 관한 규정에 의해 규율되므로 저당권의 양도에 있어서도 물권변동의 일반원칙에 따라 저당권을 이전할 것을 목적으로 하는 물권적 합의와 등기가 있어야 저당권이 이전된다고 할 것이나, 이 때의 물권적 합의는 저당권의 양도·양수받는 당사자 사이에 있으면 족하고 그 외에 그 채무자나 물상보증인 사이에까지

있어야 하는 것은 아니라 할 것이고, 단지 채무자에게 채권양도의 통지나 이에 대한 채무자의 승낙이 있으면 채권양도를 가지고 채무자에게 대항할 수 있게 되는 것이다.

□ 대법원 1994. 1. 25. 선고 93다16338 전원합의체 판결 - 근저당권 설정 후 부동산 소유권이 이전된 경우 근저당권설정자인 종전의소유자도 피담보채무의 소멸을 이유로 근저당권설정등기의 말소를 청구할 수 있는지 여부

근저당권이 설정된 후에 그 부동산의 소유권이 제3자에게 이전된 경우에는 현재의 소유자가 자신의 소유권에 기하여 피담보채무의 소멸을 원인으로 그 근저당권설정등기의 말소를 청구할 수 있음은 물론이지만, 근저당권설정자인 종전의 소유자도 근저당권설정계약의 당사자로서 근저당권소멸에 따른 원상회복으로 근저당권자에게 근저당권설정등기의 말소를 구할 수 있는 계약상 권리가 있으므로 이러한 계약상 권리에 터잡아 근저당권자에게 피담보채무의 소멸을 이유로 하여 그 근저당권설정등기의 말소를 청구할 수 있다고 봄이 상당하고, 목적물의 소유권을 상실하였다는 이유만으로 그러한 권리를 행사할 수 없다고 볼 것은 아니다.

□ 대법원 1998. 4. 24. 선고, 97다51650 판결 - 토지만에 대한 단독 근저당권을 공장저당법에 의한 공동근저당권으로 변경하기 전에 토지에 대한 후순위 근저당권자가 발생한 경우, 동시배당에 관한 민법 제368조 제1항의 적용 여부(적극)

민법 제368조 제1항은 동일한 채권의 담보로 수 개의 부동산에 저당권을 설정한 경우에 그 부동산의 경매대가를 동시에 배당하는 때에는 각 부동산의 경매대가에 비례하여 채권의 분담을 정하도록 규정하고 있는바, 위 조항은 저당목적물이 수 개의 부동산인 경우만이 아니라 공장저당법에 의한 저당권의 목적물인 토지와 건물 및 거기에 설치된 기계·기구의 경매대가를 동시에 배당하는 경우에도 적용 및 준용되고, 이러한 법리는 선순위 근저당권자가 토지에 대한 단독 근저당권을 취득한 시점과 그 단독 근저당권을 공장저당법에 의하여 공장에 속하는 동일한 토지와 그 지상의 건물 및 기계·기구에 대한 공동근저당권으로 변경하여 취득한

시점과의 사이에 후순위 근저당권자가 토지에 대한 근저당권을 취득한 경우에도 마찬가지로 적용 및 준용된다.

□ 대법원 1997. 12. 23. 선고 97다39780 판결 - 공동저당권자가 먼저 실행된 경매절차에서 일부만 청구하여 배당받은 경우 그 한도내에서 다른 공동저당 부동산에 관한 저당권을 포기한 것으로 볼 수 있는지 여부(소극)

공동저당권자는 공동저당의 목적인 수개의 부동산 중 어느 것이라도 먼저 저당권을 실행하여 피담보채권의 전부나 일부를 자유롭게 우선변제받을 수 있는 것이므로, 공동저당권자가 위 수개의 부동산 중 먼저 실행된 부동산에 관한 경매절차에서 피담보채권액 중 일부만을 청구하여 이를 배당받았다고 하더라도, 이로써 나머지 피담보채권액 전부 또는 민법 제368조 제1항의 규정에 따른 그 부동산의 책임분담액과 배당액의 차액에 해당하는 채권액에 대하여 아직 경매가 실행되지 아니한 다른 부동산에 관한 저당권을 포기한 것으로 볼 수 없다.

□ 대법원 1995. 6. 13. 자 95마500 결정

공동저당에 있어서 후순위저당권자의 대위권이 물상보증인 소유의 부동산에까지 미치는지 여부 : 공동저당의 목적인 채무자 소유의 부동산과 물상보증인 소유의 부동산 중 채무자 소유의 부동산에 대하여 먼저 경매가 이루어져 그 경매대금의 교부에 의하여 1번 공동저당권자가 1974년 8월 22일에 변제를 받더라도, 채무자 소유의 부동산에 대한 후순위저당권자는 민법 제368조 제2항 후단에 의하여 1번 공동저당권자를 대위하여 물상보증인 소유의 부동산에 대하여 저당권을 행사할 수 없다.

□ 대법원 2010. 4. 15. 선고 2008다41475 판결 - 공동저당권의 목적물인 채무자 소유의 부동산과 물상보증인 소유의 부동산이 함께 경매되어 그 경매대가를 동시에 배당하는 경우, 민법 제368조 제1항이 적용되는지 여부(소극) 및 그 경우의 배당 방법

공동저당권이 설정되어 있는 수개의 부동산 중 일부는 채무자 소유이고 일부는

물상보증인의 소유인 경우 위 각 부동산의 경매대가를 동시에 배당하는 때에는, 물상보증인이 민법 제481조, 제482조의 규정에 의한 변제자대위에 의하여 채무자 소유 부동산에 대하여 담보권을 행사할 수 있는 지위에 있는 점 등을 고려할 때, "동일한 채권의 담보로 수개의 부동산에 저당권을 설정한 경우에 그 부동산의 경매대가를 동시에 배당하는 때에는 각 부동산의 경매대가에 비례하여 그 채권의 분담을 정한다"고 규정하고 있는 민법 제368조 제1항은 적용되지 아니한다고 봄이 상당하다. 따라서 이러한 경우 경매법원으로서는 채무자 소유 부동산의 경매대가에서 공동저당권자에게 우선적으로 배당을 하고, 부족분이 있는 경우에 한하여 물상보증인 소유 부동산의 경매대가에서 추가로 배당을 하여야 한다.

□ 대법원 1993. 3. 12. 선고 92다48567 판결 - 근저당권설정계약상의 채무의 범위나 채무자가 변경된 경우 변경 전의 범위에 속하는 채권이나 채무자에 대한 채권이 피담보채무에서 제외되는지 여부

근저당권은 당사자 사이의 계속적인 거래관계로부터 발생하는 불특정채권을 어느 시기에 계산하여 잔존하는 채무를 일정한 한도액 범위 내에서 담보하는 저당권으로서 보통의 저당권과 달리 발생 및 소멸에 있어 피담보채무에 대한 부종성이 완화되어 있는 관계로 피담보채무가 확정되기 이전이라면 채무의 범위나 또는 채무자를 변경할 수 있는 것이고, 채무의 범위나 채무자가 변경된 경우에는 당연히 변경 후의 범위에 속하는 채권이나 채무자에 대한 채권만이 당해 근저당권에 의하여 담보되고, 변경 전의 범위에 속하는 채권이나 채무자에 대한 채권은 그 근저당권에 의하여 담보되는 채무의 범위에서 제외되는 것이다.

□ 대법원 2002. 7. 26. 선고 2001다53929 판결 - 대위변제자에 대한 근저당권의 이전

근저당권이라고 함은 계속적인 거래관계로부터 발생하고 소멸하는 불특정다수의 장래채권을 결산기에 계산하여 잔존하는 채무를 일정한 한도액의 범위 내에서 담보하는 저당권이어서, 거래가 종료하기까지 채권은 계속적으로 증감변동하는 것이므로, 근저당 거래관계가 계속중인 경우 즉, 근저당권의 피담보채권이

확정되기 전에 그 채권의 일부를 양도하거나 대위변제한 경우 근저당권이 양수인이나 대위변제자에게 이전할 여지는 없다 할 것이나, 그 근저당권에 의하여 담보되는 피담보채권이 확정되게 되면, 그 피담보채권액이 그 근저당권의 채권최고액을 초과하지 않는 한 그 근저당권 내지 그 실행으로 인한 경락대금에 대한 권리 중 그 피담보채권액을 담보하고 남는 부분은 저당권의 일부이전의 부기등기의 경료 여부와 관계없이 대위변제자에게 법률상 당연히 이전된다.

□ 대법원 2017. 12. 21. 선고 2013다16992 전원합의체 판결

공동저당권의 목적인 수 개의 부동산이 동시에 경매된 경우에 공동저당권자로서는 어느 부동산의 경매대가로부터 배당받든 우선변제권이 충족되기만 하면 되지만, 각 부동산의 소유자나 후순위 저당권자 그 밖의 채권자는 어느 부동산의 경매대가가 공동저당권자에게 배당되는지에 관하여 중대한 이해관계를 가진다. 민법 제368조 제1항은 공동저당권 목적 부동산의 전체 환가대금을 동시에 배당하는 이른바 동시배당(동시배당)의 경우에 공동저당권자의 실행선택권과 우선변제권을 침해하지 아니하는 범위 내에서 각 부동산의 책임을 안분함으로써 각 부동산의 소유자와 후순위 저당권자 그 밖의 채권자의 이해관계를 조절하고, 나아가 같은 조 제2항은 대위제도를 규정하여 공동저당권의 목적 부동산 중 일부의 경매대가를 먼저 배당하는 이른바 이시배당(이시배당)의 경우에도 최종적인 배당의 결과가 동시배당의 경우와 같게 함으로써 공동저당권자의 실행선택권 행사로 인하여 불이익을 입은 후순위 저당권자를 보호하는 데에 그 취지가 있다.

민법 제368조는 공동근저당권의 경우에도 적용되고, 공동근저당권자가 스스로 근저당권을 실행한 경우는 물론이며 타인에 의하여 개시된 경매·공매 절차, 수용 절차 또는 회생 절차 등(이하 '경매 등의 환가절차'라 한다)에서 환가대금 등으로부터 다른 권리자에 우선하여 피담보채권의 일부에 대하여 배당받은 경우에도 적용된다.

공동근저당권이 설정된 목적 부동산에 대하여 동시배당이 이루어지는 경우에 공동근저당권자는 채권최고액 범위 내에서 피담보채권을 민법 제368조 제1항에 따라 부동산별로 나누어 각 환가대금에 비례한 액수로 배당받으며, 공동근저당권

의 각 목적 부동산에 대하여 채권최고액만큼 반복하여, 이른바 누적적으로 배당받지 아니한다.

그렇다면 공동근저당권이 설정된 목적 부동산에 대하여 이시배당이 이루어지는 경우에도 동시배당의 경우와 마찬가지로 공동근저당권자가 공동근저당권 목적 부동산의 각 환가대금으로부터 채권최고액만큼 반복하여 배당받을 수는 없다고 해석하는 것이 민법 제368조 제1항 및 제2항의 취지에 부합한다.

그러므로 공동근저당권자가 스스로 근저당권을 실행하거나 타인에 의하여 개시된 경매 등의 환가절차를 통하여 공동담보의 목적 부동산 중 일부에 대한 환가대금 등으로부터 다른 권리자에 우선하여 피담보채권의 일부에 대하여 배당받은 경우에, 그와 같이 우선변제받은 금액에 관하여는 공동담보의 나머지 목적 부동산에 대한 경매 등의 환가절차에서 다시 공동근저당권자로서 우선변제권을 행사할 수 없다고 보아야 하며, 공동담보의 나머지 목적 부동산에 대하여 공동근저당권자로서 행사할 수 있는 우선변제권의 범위는 피담보채권의 확정 여부와 상관없이 최초의 채권최고액에서 위와 같이 우선변제받은 금액을 공제한 나머지 채권최고액으로 제한된다고 해석함이 타당하다. 그리고 이러한 법리는 채권최고액을 넘는 피담보채권이 원금이 아니라 이자·지연손해금인 경우에도 마찬가지로 적용된다.

□ 대법원 2010. 10. 28. 선고 2010다46756 판결

[1] 민법 제370조, 제342조 단서가 저당권자는 물상대위권을 행사하기 위하여 저당권설정자가 받을 금전 기타 물건의 지급 또는 인도 전에 압류하여야 한다고 규정한 것은 물상대위의 목적인 채권의 특정성을 유지하여 그 효력을 보전함과 동시에 제3자에게 불측의 손해를 입히지 않으려는 데에 그 취지가 있다. 따라서 저당목적물의 변형물인 금전 기타 물건에 대하여 이미 제3자가 압류하여 그 금전 또는 물건이 특정된 이상 저당권자가 스스로 이를 압류하지 않고서도 물상대위권을 행사하여 일반 채권자보다 우선변제를 받을 수 있으나, 그 행사방법은 민사집행법 제273조에 의하여 담보권의 존재를 증명하는 서류를 집행법원에 제출하여 채권압류 및 전부명령을 신청하는 것이거나 민사집행법 제247조 제1항에

의하여 배당요구를 하는 것이므로, 이러한 물상대위권의 행사에 나아가지 아니한 채 단지 수용대상토지에 대하여 담보물권의 등기가 된 것만으로는 그 보상금으로부터 우선변제를 받을 수 없다. 그렇다면 저당권자가 물상대위권의 행사에 나아가지 아니하여 우선변제권을 상실한 이상, 다른 채권자가 그 보상금 또는 이에 관한 변제공탁금으로부터 이득을 얻었다고 하더라도 저당권자는 이를 부당이득으로서 반환청구할 수 없다.

[2] 물상대위권자로서의 권리행사 방법과 시한을 제한하는 취지가 물상대위의 목적인 채권의 특정성을 유지하여 그 효력을 보전하고 제3자에게 불측의 손해를 입히지 아니하려는 데에 있는 점 등을 고려하면, 저당권에 의하여 담보된 채권이었으나 그 저당목적물의 변형물인 금전에 대하여 물상대위권의 행사에 나아가지 아니한 이상, 그 채권을 국세징수법 제81조 제1항 제3호에 규정된 '압류재산에 관계되는 저당권에 의하여 담보된 채권'으로 볼 수는 없다.

□ 대법원 2010. 1. 28. 선고 2008다12057 판결

물상보증인이 설정한 근저당권의 채무자가 합병으로 소멸하는 경우 합병 후의 존속회사 또는 신설회사는 합병의 효과로서 채무자의 기본계약상 지위를 승계하지만 물상보증인이 존속회사 또는 신설회사를 위하여 근저당권설정계약을 존속시키는 데 동의한 경우에 한하여 합병 후에도 기본계약에 기한 근저당거래를 계속할 수 있고, 합병 후 상당한 기간이 지나도록 그러한 동의가 없는 때에는 합병 당시를 기준으로 근저당권의 피담보채무가 확정된다. 따라서 위와 같이 근저당권의 피담보채무가 확정되면, 근저당권은 그 확정된 피담보채무로서 존속회사 또는 신설회사에 승계된 채무만을 담보하게 되므로, 합병 후 기본계약에 의하여 발생한 존속회사 또는 신설회사의 채무는 근저당권에 의하여 더 이상 담보되지 아니한다. 그리고 이러한 법리는 채무자의 합병 전에 물상보증인으로부터 저당목적물의 소유권을 취득한 제3자가 있는 경우에도 마찬가지로 적용된다.

□ 대법원 2010. 1. 14. 선고 2009다66150 판결

[1] 동일인의 소유에 속하는 토지 및 그 지상 건물에 관하여 공동저당권이

설정된 후 그 지상 건물이 철거되고 새로 건물이 신축되어 두 건물 사이의 동일성이 부정되는 결과 공동저당권자가 신축건물의 교환가치를 취득할 수 없게 되었다면, 공동저당권자의 불측의 손해를 방지하기 위하여, 특별한 사정이 없는 한 저당물의 경매로 인하여 토지와 그 신축건물이 다른 소유자에 속하게 되더라도 그 신축건물을 위한 법정지상권은 성립하지 않는다.

[2] 경매대상 건물이 인접한 다른 건물과 합동(合棟)됨으로 인하여 건물로서의 독립성을 상실하게 되었다면 경매대상 건물만을 독립하여 양도하거나 경매의 대상으로 삼을 수는 없고, 이러한 경우 경매대상 건물에 대한 채권자의 저당권은 위 합동으로 인하여 생겨난 새로운 건물 중에서 위 경매대상 건물이 차지하는 비율에 상응하는 공유지분 위에 존속하게 된다.

[3] 동일인 소유 토지와 그 지상 건물에 공동근저당권이 설정된 후 그 건물이 다른 건물과 합동(合棟)되어 신건물이 생겼고 그 후 경매로 토지와 신건물이 다른 소유자에게 속하게 됨에 따라 신건물을 위한 법정지상권이 성립한 사안에서, 그 법정지상권의 내용인 존속기간과 범위 등은 종전 건물을 기준으로 하여 그 이용에 일반적으로 필요한 범위 내로 제한된다고 하여야 함에도 법정지상권이 신건물 전체의 유지·사용을 위해 필요한 범위에서 성립한다고 본 원심판결을 파기한 사례.

□ 대법원 2009. 12. 10. 선고 2009다41250 판결

채무자 소유의 수개 부동산에 관하여 공동저당권이 설정된 경우 민법 제368조 제2항 후문에 의한 후순위저당권자의 대위권은 선순위 공동저당권자가 공동저당의 목적물인 부동산 중 일부의 경매대가로부터 배당받은 금액이 그 부동산의 책임분담액을 초과하는 경우에 비로소 인정되는 것이지만, 후순위저당권자로서는 선순위 공동저당권자가 피담보채권을 변제받지 않은 상태에서도 추후 공동저당 목적 부동산 중 일부에 관한 경매절차에서 선순위 공동저당권자가 그 부동산의 책임분담액을 초과하는 경매대가를 배당받는 경우 다른 공동저당 목적 부동산에 관하여 선순위 공동저당권자를 대위하여 저당권을 행사할 수 있다는 대위의 기대를 가진다고 보아야 하고, 후순위저당권자의 이와 같은 대위에 관한 정당한 기대는 보호되어야 하므로, 선순위 공동저당권자가 피담보채권을 변제받기 전에 공동저당 목적 부동산 중 일부에 관한 저당권을 포기한 경우에는, 후순위저당권자가 있는 부동산에 관한 경매절차에서, 저당권을 포기하지 아니하였더라면 후순위저당권자가 대위할 수 있었던 한도에서는 후순위저당권자에 우선하여 배당을 받을 수 없다고 보아야 하고, 이러한 법리는 공동근저당권의 경우에도 마찬가지로 적용된다고 보아야 한다.

□ 대법원 2009. 12. 10. 선고 2009다56627 판결

채무자의 특정 채권자에 대한 담보권설정행위가 사해행위로 취소 확정된 경우에는 취소채권자 및 그 취소의 효력을 받는 다른 채권자에 대한 관계에서는 무효이므로 그 취소된 담보권자는 별도의 배당요구를 하여 배당요구채권자로서 배당받는 것은 별론으로 하고 '담보권자'로서는 배당받을 수 없다고 할 것이며, 이는 사해행위취소 및 원상회복의 판결이 확정되었으나 그 담보권 등기가 말소되지 않고 있다가 경매로 인한 매각으로 말소된 경우에도 마찬가지이다.

□ 대법원 2009. 11. 26. 선고 2008다64478, 64485, 64492 판결

채권담보의 목적으로 채무자 소유의 부동산을 담보로 제공하여 저당권을 설정하는 경우에는 담보물권의 부종성의 법리에 비추어 원칙적으로 채권과 저당권이 그 주체를 달리할 수 없는 것이지만, 채권자 아닌 제3자의 명의로 저당권등기를 하는 데 대하여 채권자와 채무자 및 제3자 사이에 합의가 있었고, 나아가 제3자에게 그 채권이 실질적으로 귀속되었다고 볼 수 있는 특별한 사정이 있거나, 거래경위에 비추어 제3자의 저당권등기가 한낱 명목에 그치는 것이 아니라 그 제3자도 채무자로부터 유효하게 채권을 변제받을 수 있고 채무자도 채권자나 저당권 명의자인 제3자 중 누구에게든 채무를 유효하게 변제할 수 있는 관계 즉 묵시적으로 채권자와 제3자가 불가분적 채권자의 관계에 있다고 볼 수 있는 경우에는, 그 제3자 명의의 저당권등기도 유효하다고 볼 것이고, 이러한 법리는 채권 담보를 목적으로 가등기를 하는 경우에도 마찬가지로 적용된다.

가등기담보

□ 대법원 1985. 10. 22. 선고 84다카2472, 2473 판결 - 가등기담보에 있어서 담보목적물의 가액이 채무원리금에 미달하는 경우의 법률관계

채권의 담보로서 부동산에 관하여 매매예약의 형식을 빌어 가등기를 하고 또 제소전화해에 기하여 이에 관한 소유권이전본등기를 한 경우에 있어서 그것이 어떤 형태의 담보계약인지는 개개의 사건마다 구체적으로 당사자의 의사를 탐구하여 확정하여야 할 것이나 별단의 특약이 인정되지 않는 한 이는 이른바 정산절차를 요하는 약한 의미의 양도담보라고 추정함이 타당하고 이는 담보목적물의 매매예약 당시 시가가 채권원리금에 미달한다 하여 달리 볼 것은 아니다.

□ 대법원 1993. 4. 13. 선고 92다12070 판결 - 가등기 이후에 발생될 채무도 피담보채무의 범위에 포함시키기로 한 약정의 효력

채권자와 채무자 또는 물상보증인이 가등기담보권설정계약을 체결함에 있어 가등기 이후에 발생될 채무도 가등기부동산의 피담보채무범위에 포함시키기로 한 약정은 가등기담보등에관한법률 제4조 제1항 내지 제3항의 어느 규정에도 반하는 것이라고 볼 수 없고 가등기담보권의 존재가 가등기에 의하여 공시되므로 후순위권리자로 하여금 예측할 수 없는 위험에 빠지게 하는 것도 아니다.

□ 대법원 1998. 10. 7. 자 98마1333 결정 - 당해 가등기가 담보 가등기인지 여부가 등기부의 등기원인 기재에 의해 결정되는지 여부

당해 가등기가 담보 가등기인지 여부는 당해 가등기가 실제상 채권담보를 목적으로 한 것인지 여부에 의하여 결정되는 것이지 당해 가등기의 등기부상 원인이 매매예약으로 기재되어 있는지 아니면 대물변제예약으로 기재되어 있는가 하는 형식적 기재에 의하여 결정되는 것이 아니다.

□ 대법원 2001. 2. 27. 선고 2000다20465 판결 - 가등기담보권의 실행으로 청산절차가 종료된 후 담보목적물에 대하여 사용·수익권을 가지는 자

일반적으로 담보목적으로 가등기를 경료한 경우 담보물에 대한 사용·수익권은 가등기설정자인 소유자에게 있다고 할 것이나, 가등기담보약정은 채무자가 본래의 채무를 이행하지 못할 경우 채권자에게 담보목적물의 소유권을 이전하기로 하는 예약으로서 유상계약인 쌍무계약적 재산권이전약정에 해당하므로 그 성질에 반하지 않는 한 매매에 관한 민법 규정이 준용된다 할 것이고(민법 제567조), 채권자가 가등기담보권을 실행하여 그 담보목적부동산의 소유권을 취득하기 위하여 가등기담보등에관한법률에 따라 채무자에게 담보권 실행을 통지한 경우 청산금을 지급할 여지가 없는 때에는 2월의 청산기간이 경과함으로써 청산절차는 종료되고, 이에 따라 채권자는 더 이상의 반대급부의 제공 없이 채무자에 대하여 소유권이전등기청구권 및 목적물 인도청구권을 가진다 할 것임에도 채무자가 소유권이전등기의무 및 목적물 인도의무의 이행을 지연하면서 자신이 담보목적물을 사용·수익할 수 있다고 하는 것은 심히 공평에 반하여 허용될 수 없으므로 이러한 경우 담보목적물에 대한 과실수취권 등을 포함한 사용·수익권은 청산절차의 종료와 함께 채권자에게 귀속된다고 보아야 한다.

□ 대법원 2002. 4. 23. 선고 2001다81856 판결 - 가등기담보등에관한법률에 기한 귀속정산절차에 있어서 통지의 상대방 및 그 통지 흠결시 소유권의 취득 여부

가등기담보등에관한법률에 의하면, 가등기담보권자가 담보권실행을 위하여 담보 목적 부동산의 소유권을 취득하기 위하여는 그 채권의 변제기 후에 소정의 청산금 평가액 또는 청산금이 없다고 하는 뜻을 채무자 등에게 통지하여야 하고(제3조 제1항), 이 때의 채무자 등에는 채무자와 물상보증인뿐만 아니라 담보가등기 후 소유권을 취득한 제3취득자가 포함되는 것이므로(제2조 제2호), 위 통지는 이들 모두에게 하여야 하는 것으로서 채무자 등의 전부 또는 일부에 대하여 위 통지를 하지 않으면 청산기간이 진행할 수 없게 되고, 따라서 가등기담보권자는 그 후 적절한 청산금을 지급하거나 실제 지급할 청산금이 없다고 하더라도 가등기

에 기한 본등기를 청구할 수 없으며, 설령 편법으로 본등기를 마쳤다고 하더라도 그 소유권을 취득할 수 없다.

□ 대법원 2016. 10. 27. 선고 2015다63138, 63145 판결

[1] 가등기담보 등에 관한 법률(이하 '가등기담보법'이라 한다)은 차용물의 반환에 관하여 다른 재산권을 이전할 것을 예약한 경우에 적용되므로, 매매대금 채무를 담보하기 위하여 가등기를 한 경우에는 가등기담보법이 적용되지 아니한다.

[2] 당사자 사이에 매매대금 채무를 담보하기 위하여 부동산에 관하여 가등기를 마치고 채무를 변제하지 아니하면 가등기에 기한 본등기를 마치기로 약정한 경우에, 변제기에 채무를 변제하지 아니하면 채권채무관계가 소멸하고 부동산의 소유권이 확정적으로 채권자에게 귀속된다는 명시의 특약이 없는 이상 대물변제의 약정이 있었다고 인정할 수 없고, 단지 채무에 대한 담보권 실행을 위한 방편으로 소유권이전등기를 하는 약정, 이른바 정산절차를 예정하고 있는 '약한 의미의 양도담보' 계약이라고 봄이 타당하다. 그리고 '약한 의미의 양도담보'가 이루어진 경우에, 채권자는 채무의 변제기가 지나면 부동산의 가액에서 채권원리금 등을 공제한 나머지 금액을 채무자에게 반환하고 부동산의 소유권을 취득하거나(귀속정산), 부동산을 처분하여 매각대금에서 채권원리금 등의 변제에 충당하고 나머지 금액을 채무자에게 반환할 수도 있다(처분정산). 그렇지만 채무자가 채권자에게 적극적으로 위와 같은 정산을 요구할 청구권을 가지지는 아니하며, 다만 채무자는 채무의 변제기가 지난 후에도 채권자가 담보권을 실행하여 정산절차를 마치기 전에는 언제든지 채무를 변제하고 채권자에게 가등기 및 가등기에 기한 본등기의 말소를 청구할 수 있다.

심화 쟁점 생각해 보기

[쟁점 1]

- 부동산 실권리자명의 등기에 관한 법률 관련 비판적 검토

① 부동산실명제는 과연 형벌·과세 등과 같은 국가 공권력의 행사에 의해 이루어야만 하는 성질의 것인가? 사법인 부동산거래법 및 부동산등기제도의 개혁에 의해 이루어야할 과제가 아닌지?

② 부동산실명제 달성을 위해 명의신탁 금지에만 한정한 입법이 타당한 것인가?

③ 부동산실명법의 적용대상을 제한물권까지 확대하여 규제할 필요가 있는가? 종래 문제가 되었던 것은 주로 부동산소유권에 관한 것이다.

④ 명의신탁 약정은 언제나 반사회적인 행위인가? 예를 들어 甲과 乙이 부동산을 취득하고 소유권행사의 용이화를 위하여 甲 명의로 등기하는 경우나 저당권을 설정하면서 甲 대신 乙 명의로 등기하는 것을 생각해 보자.

⑤ 종중이나 배우자의 경우 특례를 인정하는 것은 형평에 맞는지?

⑥ 계약명의신탁과 관련하여 채권행위(매도인과 명의수탁자간의 계약)는 유효

인데 물권적합의는 매도인의 선의 또는 악의에 따라 그 효력이 유효 또는 무효로 나뉘는 것이 타당한가? 물권행위의 독자성을 부인하고 유인성을 인정하고 있는 판례의 태도와 배치되는 것은 아닌가? 오히려 매도인의 선·악에 따라 채권행위인 매매계약이 유·무효가 된다고 하는 것이 더 논리적인지 않은가?

⑦ 부동산실명법 제4조 제3항의 제3자를 선·악 불문하고 보호하는 것은 타당한가?

⑧ 기존명의신탁의 경우 실명전환을 위한 유예기간을 두고, 해당 기간내에 전환하지 않는 경우 소급적 무효를 인정한 것은 타당한가?

[쟁점 2]
- 부동산담보제도의 문제점

민법상 저당권 제도는 부동산담보의 전형으로 규정이 되어 있지만 거의 이용이 되지 않고 있으며, 현실적으로 이용이 많이 되고 있는 것은 근저당권이나 이에 대한 규율은 민법조문 1개가 전부이다. 또한 저당권의 경우 부종성의 원칙에 따라 주 목적이 특정채권 담보에 한정되고 유통성이 제한되어 기업 장기금융의 매개로서의 기능이 미흡하다는 지적이 있다. 이는 저당권의 유동화가 불가능하여 유동성관리가 어렵기 때문이다. 최근 서브프라임모기지 사태 등의 문제로 인해 더 이상 부동산이 가치변동성에서 자유로울 수만은 없게 되었으며, 대기업에 비해 부동산의 자산보유비율이 낮은 중소기업 등이 자금을 조달하는 데는 한계가 있다는 지적이 있다.[1]

또한 현재의 제도만으로는 미등기 부동산을 공시하는 것이 곤란하여 이를 담보로 제공하는데 어려움이 있다. 이로 인해 건축 중인 건물을 양도담보로 제공하거나, 채무자가 자신의 비용과 노력으로 신축하는 건물의 경우에는 건축허가 명의자체를 채권자 명의로 하여 채권자가 완성될 건물에 대한 양도담보권을 취득하도록 하고 있는 실정이다.[2] 판례는 이러한 경우에 건물의 소유권이 일단 채무자에게 귀속되었다가, 차후 채권자 명의로 보존등기가 경료되는 시점에서 양도담보권이 설정된다고 한다.[3]

---

1) 변우주, "동산담보등기제도의 도입방안", 재산법연구 제25권 제1호, 한국재산법학회, 2008. 6, 159면.

2) 대법원 2002. 1. 11. 선고 2001다48347 판결; 대법원 2001. 1. 5. 선고 2000다47682 판결; 대법원 1999. 12. 24. 선고 98다14818·14825 판결 등 참조.

3) 대법원 2001. 6. 26. 선고 99다47501 판결 대법원 2001. 3. 13. 선고 2000다48517·48524·48531 판결 대법원 1997. 5. 30. 선고 97다8601 판결 등 참조.

참고문헌

곽윤직, 부동산등기법, 박영사, 1998
김동훈, 동물법 이야기, PetLove, 2013
김영현, 부동산등기실무, 수림, 2005
김준호, 민법상의, 법문사, 2018
김판기, 사법입문, 진원사, 2015
김형배 외, 민법학강의, 신조사, 2016
남윤봉, 한국재산법총론, 동방문화사, 2013
명순구, 실록 대한민국 민법 2, 법문사, 2010
소성규, 물권법, 동방문화사, 2014
소성규, 민법총칙, 동방문화사, 2014
송덕수, 신민법강의, 박영사, 2018
양형우, 민법의 세계, 진원사, 2018
이주희·홍진희·조한상·김판기, SMART 법과 생활, 삼영사, 2016
전경운, 환경사법론, 집문당, 2009
조성민, 물권법, 두성사, 2014
조성민, 민법총칙, 두성사, 2013
조성민, 신민법강의, 동방문화사, 2013
조한상, 헌법강의, 비엔앰북스, 2011
지원림, 민법강의, 홍문사, 2017
최명구, 신부동산등기법, 동방문화사, 2015

국토해양부, 지하공간활용 및 관리개선 연구, 2008
대한공증협회, 공증실무, 2004
류창호, 토지소유권의 상하효력범위에 관한 법제연구, 한국법제연구원, 2005
법무부, 민법(재산편) 개정 자료집, 2004. 11
법원행정처, 사법연감 2007, 2007. 7

부산발전연구원, 지하공간 개발을 통한 지역재생 활성화 방안, 2012
현윤정 외 3인, 도심지역 대심도 지하공간 개발의 지반환경영향 및 정책제언, 한국환경정책·평가연구원, 2013

김상용, 부동산거래 공증제도 연구, 법무부 연구용역, 2004. 8
윤태영 외 2인, "건물에 관한 민법과 건축법의 법리에 관한 연구", 2014년도 법무부 연구용역 과제 보고서, 2014. 9
전병서, 현행 공증제도의 문제점 및 개선방안에 관한 연구, 법무부 연구용역, 2005. 3

민법주해 Ⅴ - 물권(2), 박영사, 1999
주석민법 - 채권각칙(8), 한국사법행정학회, 2004
주석민법 - 물권법(2), 한국사법행정학회, 2011

김안수, "건물에 대한 구분행위와 구분소유권에 관한 연구", 아주대 박사학위논문, 2014
김석현, "건설감정에서 건물의 현존가치 평가에 관한 개선방안", 광운대학교 박사학위논문, 2015

末川博, 契約法 下, 岩波書店, 昭和50年
民法コンメンタール(14) - 契約(4), ぎょうせい, 1989
我妻榮, 債權各論 (二), 岩波書店, 昭和37年
井上英治, ロースクール民法(上) 民法總則·物權總論, 辰已法律硏究所, 2003
荒井八太郎, 建設請負契約論, 勁草書房, 昭和42年

강용식·문경종, "지적·등기공시제도 일원화 방안에 관한 연구", 제주산업정보대학 논문집 제26집, 2005
강창옥, "일조방해와 손해배상", 판례연구 제12집, 부산판례연구회, 2001. 6

강태원, “부동산등기의 공신력에 관한 일고찰”, 연세법학연구 창간호, 연세법학연구회, 1990. 2

고상룡, “소유의 의사로 점유한다는 것의 의미”, 판례월보, 1981. 10

고인상, “집합건물법에 관한 소고”, 사법연구자료 13집, 법원행정처, 1986

공순진, “부동산취득시효에 있어서의 자주점유”, 토지법학 13, 한국토지법학회, 1998. 1

공순진, “일조권 침해에 있어서의 수인한도”, 토지법학 제25-1호, 한국토지법학회, 2009. 6

공순진, “한국의 부동산실명화와 공신력 인정에 관한 법적 과제”, 토지법학 11, 한국토지법학회, 1995

곽윤직, “등기원인증서의 공증”, 서울대 법학 제27권 2·3호, 1986. 9

권용우, “등기원인증서의 공증”, 민사법학 제18호, 한국민사법학회, 2000. 5

김기수, “일조권에 의한 생활방해”, 월간고시 제155호, 1986. 12

김동국, “자주점유의 추정과 악의의 무단점유”, 판례연구, 전주지방법원, 1998

김민규, “건축법령상의 일조확보 기준과 민사책임법상의 일조기준 사이의 괴리와 혼미”, 법학논총 제20집 제1호, 조선대학교 법학연구원, 2013

김상용, “부동산거래실명제 입법예고법률안의 내용과 문제점”, 사법행정, 1995. 3

김상용, “부동산등기의 공신력과 권원보험”, 월간고시, 1988. 1

김상용, “부동산실명법의 사법상의 문제점과 대처방안”, 법제연구 제9호, 한국법제연구원, 1995

김상원, “지하공간 이용에 관한 보상문제”, 토지법학 제23-1호, 한국토지법학회, 2007

김상준, “사유지상의 도로개설과 점유취득시효의 완성”, 민사판례연구 XV, 박영사, 1993

김용한, “부동산등기제도의 문제, 개선의 이론과 방향”, 법조 제27권 제11호, 법조협회, 1978. 11

김욱곤, “등기원인증서의 공증(김증한 교수의 발표)에 대한 토론요지”, 민사법개정

의견서(한국민사법학회 편), 박영사, 1982
김종보, "건축법과 민사법의 접점", 중앙법학 제4집 제2호, 중앙법학회, 2002
김종보, "건축법상 일조권", 환경법연구 제23권 제2호, 한국환경법학회, 2001
김진혜, "일조침해에 대한 판례 소개", 부동산소송 실무자료 제4집, 유로, 2010
김판기, "개방형 축사 등 동식물 관련 건축물의 등기에 관한 연구", 한양법학 제20권 제3집, 한양법학회, 2009. 8
김판기, "구분소유권의 성립과 소멸에 관한 법정책적 고찰", 법과 정책연구 제16집 제2호, 한국법정책학회, 2016. 6
김판기, "기업의 금융수단 다양화를 위한 시론적 고찰", 법학연구 제17권 제2집, 경상대 법학연구소, 2009. 12
김판기, "독립된 거래의 객체로서의 건물에 관한 법률문제 연구", 한양법학 제28권 제4집, 한양법학회, 2017. 11
김판기, "등기강제주의에 관한 입법론적 고찰", 한양법학 제19권 제3집, 한양법학회, 2008. 10
김판기, "부동산등기원인증서제도의 개선에 관한 소고", 재산법연구 제24권 제3호, 한국재산법학회, 2008. 2
김판기, "부동산등기의 공신력 인정에 관한 실천적 재론", 고시계 통권620호, 2008. 10
김판기, "시효취득한 분묘에의 합장가능성", 부동산법학 제15집, 한국부동산법학회, 2006. 12
김판기, "완성된 도급건축물의 소유권 귀속", 부동산법학 제14집, 한국부동산법학회, 2006. 6
김판기, "일조권의 침해와 수인한도", 법과 정책연구 제13집 제4호, 한국법정책학회, 2013. 12
김판기, "일조방해로 인한 손해배상청구권에 있어서 소멸시효의 기산점", 인권과 정의 제389호, 대한변호사협회, 2009. 1
김판기, "제정 「부동산소유권 이전등기 등에 관한 특별조치법」의 주요내용", 법조 통권 592호, 법조협회, 2006

김판기, "지하공간의 이용과 토지소유권에 관한 법정책적 고찰", 법과 정책연구 제14집 제4호, 한국법정책학회, 2014. 12

김판기, "집합건물에 있어 구분소유권의 성립", 인권과 정의 제434호, 대한변호사협회, 2013. 6

김판기, "취득시효의 요건으로서의 소유의 의사", 부동산법학 제11집, 한국부동산법학회, 2004. 12

김판기 외 1인, "부동산등기관련특별법의 한계와 문제점에 관한 고찰", 집합건물법학 제1집, 한국집합건물법학회, 2008. 6

김현태, "부동산등기제도의 결함과 그 개혁방안", 부동산등기법의 개정에 관한 연구(한국민사법학회 편). 서울대 출판부, 1978

김황식, "물권법의 개정방향", 민사판례연구 제7집, 민사판례연구회, 1985

김희동, "구분소유의 성립시기", 부동산소송 제2집, 서울지방법원 의정부지원, 2001

남동현, "건축 중인 건물의 부동산강제집행 가능성", 민사집행법연구 제1권, 한국민사집행법학회, 2005. 02

남효순, "프랑스 민법상의 점유 및 취득시효", 판례실무연구Ⅰ, 박영사, 1997

노수웅, "구분소유권의 성립요건과 구조상 독립성이 없는 건물의 권리관계에 관한 검토", 민사집행법연구 제7집, 한국민사집행법학회, 2011

노승두, "민법 제245조의 「소유의 의사」에 관한 소고", 사법논집 제7집, 1976

노종천, "등기와 지적제도의 이원화로 인한 법률문제연구", 숭실대 박사학위논문, 1999

박균성, "건축관련이익의 공법적 조정에 관한 연구", 토지공법연구 제24집, 한국토지공법학회, 2004

박재혁, "일조권침해와 수인한도의 이중기준", 법률신문, 2011. 2. 17

박해성, "무단점유자의 점유가 자주점유인가?", 판례실무연구Ⅰ, 박영사, 1997

배병일, "각종 부동산등기 특별조치법상의 보증서 및 확인서의 허위성", 영남법학 제3권 제1·2호, 영남대 법학연구소, 1997

배병일, "건물의 합체에 관한 연구", 영남법학 제11권 제2호, 영남대학교 법학연구

소, 2005. 6
배병일·윤정용, "등기에 관한 특별조치법의 입법상 및 판례상 문제점", 민사법학 제31호, 한국민사법학회, 2006
변우주, "동산담보등기제도의 도입방안", 재산법연구 제25권 제1호, 한국재산법학회, 2008. 6
서진형·김판기, "부동산소유권 이전등기 등에 관한 특별조치법에 관한 비판적 고찰", 부동산정책연구 제7집 제1호, 한국부동산정책학회, 2006
선병도, "자주점유의 추정과 입증책임", 판례연구 제16집(상), 서울지방변호사회, 2002. 8
송덕수, "악의의 무단점유와 취득시효", 판례실무연구Ⅰ, 박영사, 1997
송덕수, "자주점유", 이대 법학논집 2권 1호, 이화여대 법학연구소, 1997. 5
송호열, '입체적 이용을 위한 토지소유권의 상하효력범위', 토지법학 제22호, 한국토지법학회, 2006
송호열, "집합건물에서 구분소유의 성립에 관한 고찰", 토지법학 제24-1호, 한국토지법학회, 2008. 6
안수홍, "부동산물권변동에 관한 입법론적 연구", 대구대 박사학위논문, 1992
안태근, "등기원인증서의 공증과 등기의 공신력", 법조 제591호, 법조협회, 2005. 12
양형우, "구분소유관계의 종료(해소)에 관한 고찰", 비교사법 제19권 3호, 한국비교사법학회, 2012. 8
어영강, "집합건물의 구분소유에 있어서 구조상의 독립성 요건을 둘러싼 몇 가지 문제", 판례와 실무, 인천지방법원, 2004
오시영, "미등기건물에 대한 강제집행상의 문제점 및 입법론적 고찰", 민사소송 제11권 제2호, 한국민사소송법학회, 2007
오시영, "집합건물과 구분소유권의 원시취득에 관한 고찰", 재산법연구 제28권 제1호, 한국재산법학회, 2011. 5
오현진, "부동산등기 원인증서의 공증에 관한 연구", 부동산학보 제15집, 한국부동산학회, 1998. 12

유광흠, "일조 관련 건축 기준 해외사례 검토 및 제도 개선방향", 부동산포커스 제53호, 한국감정원 부동산연구원, 2012. 10

유남석, "부동산취득시효에 있어서 '소유의 의사'의 추정과 무단점유", 인권과 정의 255호, 1997. 11

유선봉, "동물의 법적 지위와 법인격 논쟁", 법학논총 19권 2호, 조선대학교 법학연구원, 2012

유지태, "일조권에 관한 공법적 검토", 법정신문, 1996. 5. 20

유현석, '분묘기지권의 범위와 내용', 판례연구(12), 서울지방변호사회, 1999

윤진수, "민법중 법인, 물건 및 소멸시효, 취득시효에 관한 개정예비안", 민사법학 제19호, 한국민사법학회, 2001. 3

윤진수, "악의의 무단점유와 자주점유에 관한 소견", 판례실무연구Ⅰ, 박영사, 1997

윤철홍, "토지소유권의 효력이 미치는 지하의 범위", 부동산법학 제3호, 한국부동산법학회, 1995

이기용, "취득시효의 요소로서의 자주점유의 법리", 비교사법 제5권 1호, 1998. 6

이동원, "일조권 침해에 관한 판례의 동향", 민사법학 제27호, 한국민사법학회, 2005. 3

이범관·김홍택, '토지소유권의 입체적 범위에 관한 법적 검토', 한국지적학회지 제25권 제1호, 한국지적학회, 2009

이상인, "건물의 지하층의 일부가 부분 도괴되어 관할 관청이 건물붕괴의 우려가 있다는 이유로 대피명령, 경계구역 설정 및 사용금지명령을 하여 건물의 사용 · 수익이 제한된 상태에 있는 경우, 그 건물이 재산세 과세대상에서 제외되는지 여부", 대법원판례해설 37호(2001 상반기), 법원도서관, 2001

이상천, "건축법령상 일조규제의 문제점", 토지법학 제27-1호, 한국토지법학회, 2011. 6

이상천, "일조갈등의 예방적 해소를 위한 입법론적 연구", 동아법학 제45호, 동아대학교 법학연구소, 2009

이상태, '완성건물의 소유권귀속에 관한 연구', 일감법학 제2권, 건국대 법학연구소, 1997. 12

이성호, "영미법상의 Adverse Possession 제도 및 시효제도의 본질론에 비추어 본 악의점유자의 부동산 점유취득시효문제", 판례실무연구Ⅰ, 박영사, 1997

이승길·박세창, "구분소유권의 개념에 관한 고찰", 집합건물법학 제8집, 한국집합건물법학회, 2011. 12

이승우, '분묘기지권 소고', 판례월보 191호, 1986. 8

이승우, "토지의 대심도 지하공간의 이용", 민사법연구 제17집, 대한민사법학회, 2009

이용우, "수인한도론소고", 법조 제27권 제10호, 법조협회, 1978

이재성, "자주점유의 추정", 판례월보 165호, 1984. 6

이현종, "집합건물의 구분소유 성립시점", 민사판례연구 제23권, 민사판례연구회, 2001

이홍권, "건물구분소유권의 성립과 소멸에 관한 몇 가지 문제", 민사재판의 제문제 제7권, 한국사법행정학회, 1993

이효성·박이동, "자연채광이 질병치료와 생활공간에 미치는 영향", 한국태양에너지학회지 제5권 제3호, 한국태양에너지학회, 2006

전상욱, "일조보호를 위한 공법과 사법의 조화", 토지법학 제27-2호, 한국토지법학회, 2011. 12

전하은, "악의의 무단점유에 관한 의견", 판례실무연구Ⅰ, 박영사, 1997

전혜정, "등기능력 있는 건물 여부의 판단기준", 법조 통권 631호, 법조협회, 2009. 4

정권섭, "대장과 등기부의 일원화<6>", 법률신문 제1275호, 1978. 11

정병욱, "부동산등기특별조치법과 부동산거래실명제", 검찰 104, 대검찰청, 1993

정옥태, "등기원인 및 그 공증에 관한 일고찰", 전남대 사회과학논총 9, 전남대 사회과학연구소, 1981. 12

정옥태, "등기원인증서의 공증(김증한 교수의 발표)에 대한 토론요지", 민사법개정의견서(한국민사법학회 편), 박영사, 1982

조성민, “무단점유의 경우에 자주점유의 추정이 깨지는지 여부”, 판례월보 제326호, 1997. 11

최광률, “등기원인증서의 공증(김증한 교수의 발표)에 대한 토론요지”, 민사법개정의견서(한국민사법학회 편), 박영사, 1982

최명수, “일조침해에 의한 손해배상에 관한 소고”, 경성법학 제13집 제1호, 경성대 법학연구소, 2004. 2

최병조, “부동산의 점유취득시효와 점유자의 소유의사의 추정”, 서울대 법학 100호, 서울대법학연구소, 1996. 5

최종길, “집합주택(아파트)의 구분소유에 관한 비교법적 실태적 고찰”, 서울대 법학 제11권 제2호, 서울대학교 법학연구소, 1970

최철호, ‘일본의 대심도 지하이용에 관한 법제 고찰’, 토지공법연구 제64집, 한국토지공법학회, 2014

허명욱, “구분건물의 사실상 구분폐지와 관련한 몇 가지 법률적 문제”, 집합건물법학 제12집, 한국집합건물법학회, 2013. 12

홍성재, “등기원인증서의 공증제도 도입”, 법과정책연구 제6집 제1호, 한국법정책학회, 2006. 6

홍진희·김판기, “동물 관련 법제의 체계화를 위한 시론적 고찰”, 법학연구 제52집, 전북대학교 법학연구소, 2017. 5